Brindisi und Tarent
Seiten 110–137

Lecce
Seiten 138–165

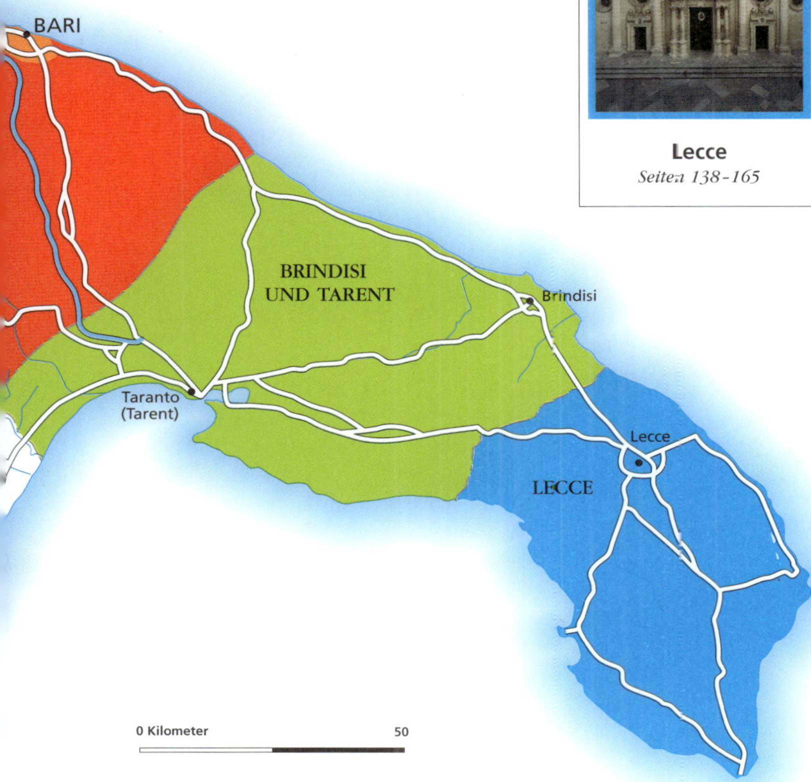

Vis-à-Vis

APULIEN

Hauptautoren: Stefano Maldini,
Juliane Adameit und Gerhard Bruschke

DORLING KINDERSLEY
LONDON • NEW YORK • MÜNCHEN
MELBOURNE • DELHI
www.dorlingkindersley.de

Ein Dorling Kindersley Buch

www.dorlingkindersley.de

Produktion
Fabio Ratti Editoria S.r.l., Mailand
Dorling Kindersley Verlag GmbH, München (Relaunch)

Texte
Stefano Maldini, Juliane Adameit D.E.A., Gerhard Bruschke

Fotografien
Ghigo Roli

Kartografie
Suresh Kumar, Uma Bhattacharya, DK India;
Roberto Capra; Kartographie Huber, München

Umschlaggestaltung
Petra Kühner, München

Redaktion und Gestaltung
Mondadori Electa: Donatella Ceriani, Oriana Bianchetti,
Stefania Testa, Voltapagina Associato, Mailand,
Modi Artistici, Mailand, Alberto Ipsilanti
Dorling Kindersley Verlag: Stefanie Franz, Dr. Jörg Theilacker,
Juliane Adameit

•

Titel der italienischen Originalausgabe:
Guida Mondadori *Puglia*
Zuerst erschienen 2003 in Italien bei
Mondadori Electa S.p.A.

Aktualisierte Neuauflage 2013 / 2014

•

Programmleitung Dr. Jörg Theilacker, Dorling Kindersley Verlag
Projektleitung Stefanie Franz, Dorling Kindersley Verlag
Übersetzung Dr. Benjamin Schwarz, Berlin
Redaktion Gerhard Bruschke, München
Schlussredaktion Philip Anton, Köln
Satz und Produktion Dorling Kindersley Verlag
Lithografie Lineatre Service, Mailand
Druck L. Rex Printing Co. Ltd., China

ISBN 978-3-8310-1373-9
4 5 6 7 8 16 15 14 13 12

Dieser Reiseführer wird regelmäßig aktualisiert. Angaben wie Telefonnummern, Öffnungszeiten, Adressen, Preise und Fahrpläne können sich jedoch ändern. Der Verlag kann für fehlerhafte oder veraltete Angaben nicht haftbar gemacht werden. Für Hinweise, Verbesserungsvorschläge und Korrekturen ist der Verlag dankbar. Bitte richten Sie Ihr Schreiben an:

Dorling Kindersley Verlag GmbH
Redaktion Reiseführer
Arnulfstraße 124 • 80636 München
travel@dk-germany.de

◁ **Die buchtenreiche Küste des Gargano *(siehe S. 66f)***
◁◁ **Umschlag: Trulli-Häuser bei Locorotondo *(siehe S. 126f)***

Inhalt

Eine barocke Statue an der Kathedrale von Lecce *(siehe S. 144f)*

Apulien stellt sich vor

Im Reich der Trulli: Stadtteil Monti in Alberobello *(siehe S. 128f)*

Felsbogen an der Küste der Insel Capraia *(siehe S. 65)*

Typisch für Apulien: Lammfleisch-*tiella* *(siehe S. 181)*

Die Provinzen Apuliens

Bodenmosaik der Kathedrale von Otranto *(siehe S. 156f)*

Zu Gast in Apulien

Grundinformationen

Kathedrale von Trani *(siehe S. 92f)*, direkt hinter dem Hafen der Stadt

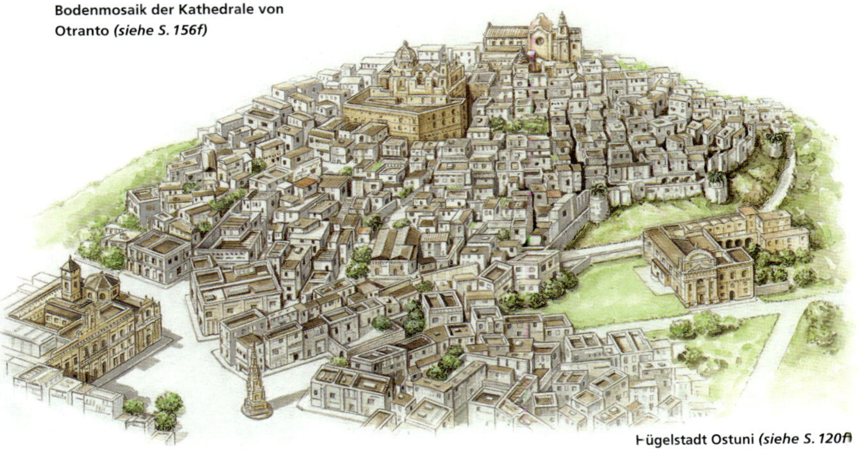

Hügelstadt Ostuni *(siehe S. 120f)*

Benutzerhinweise

Dieser Reiseführer soll mit seinen detaillierten Informationen und nützlichen Tipps Ihre Reise durch Apulien zu einem Erlebnis machen. In *Apulien stellt sich vor* wird die Region in ihrem historischen und kulturellen Kontext porträtiert. *Die Regionen Apuliens* präsentiert die Sehenswürdigkeiten mit Karten, Illustrationen und Fotos. Über Hotels, Restaurants und Läden informiert *Zu Gast in Apulien*. In den *Grundinformationen* finden Sie praktische Hinweise zum Reisen in der Region, zu Dienstleistungen, medizinischer Versorgung, Banken und Verkehrsmitteln.

Die Regionen Apuliens
Apulien ist in diesem Buch in vier Regionen unterteilt worden, die in jeweils eigenen Kapiteln beschrieben werden. Durch die Farbcodierung findet man sich rasch zurecht. Eine *Straßenkarte* und die Zeichenerklärung finden Sie auf der hinteren Umschlagklappe.

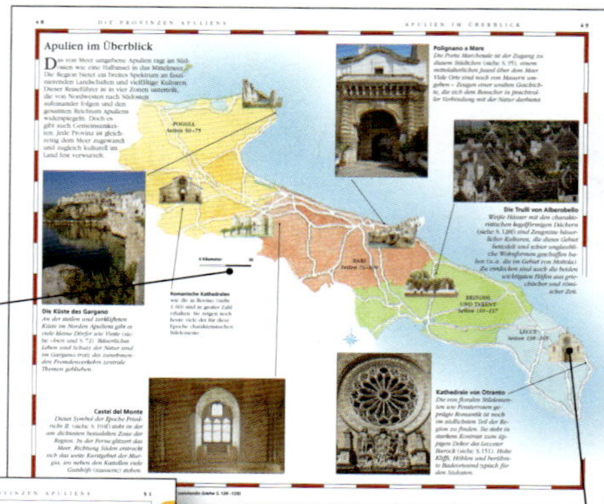

1 Apulien im Überblick
Diese Seite zeigt Apulien in seiner Gesamtheit, unterteilt in die vier Regionen und entsprechend der Farbcodierung koloriert.

Zeichnungen zeigen die wichtigsten Attraktionen jeder Region.

2 Einführung
Dieser Abschnitt beschreibt Landschaft, Geschichte und Charakter jeder Region und zeigt ihre Entwicklung im Lauf der Jahrhunderte bis heute auf.

Die **Farbcodierung** der Region findet sich an den Griffmarken.

Eine **Orientierungskarte** mit Farbcodierung zeigt die Lage der behandelten Region innerhalb Apuliens.

3 Regionalkarte
Diese Karte zeigt das Straßennetz und eine Übersicht der behandelten Region mit nummerierten Sehenswürdigkeiten. Sie gibt außerdem Tipps zum Erkunden des Gebiets per Auto, Bus oder Eisenbahn.

Die **Infobox** enthält die Telefonnummer des örtlichen Verkehrsamts und andere nützliche Hinweise.

4 Städte
Alle wichtigen Städte werden einzeln beschrieben. Zu Hauptsehenswürdigkeiten gibt es detaillierte Informationen. Ein Zentrumsplan zeigt ihre genaue Lage.

Die **Zentrumskarte** führt zu Sehenswürdigkeiten, Parkplätzen, Verkehrsbüros sowie Bahn- und Busbahnhöfen.

5 Detaillierte Informationen
Alle wichtigen Städte und andere Orte von besonderem Interesse werden einzeln beschrieben, und zwar in der Reihenfolge ihrer Nummerierung auf der Regionalkarte.

Textkästchen bieten zusätzliche Details und Informationen.

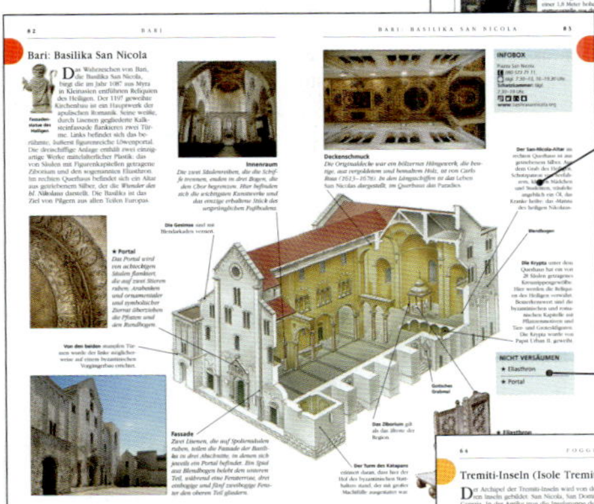

6 Hauptsehenswürdigkeiten
Gebäude von historisch-künstlerischer Bedeutung werden detailliert beschrieben und in einem Aufriss dargestellt. Interessante Städte und ihre Sehenswürdigkeiten werden aus der Vogelperspektive präsentiert.

Sterne kennzeichnen Attraktionen, die man nicht versäumen sollte.

7 Natur
Inseln, National- und Naturparks sowie Grotten werden anhand von Fotos und einer Lagekarte ausführlich beschrieben. Straßen, Wanderwege und besonders schöne Routen und Aussichtspunkte sind verzeichnet.

Der **Maßstab** ermöglicht es, Entfernungen zu schätzen. Der Nordpfeil bietet Orientierung.

Apulien stellt sich vor

Apulien entdecken

Die hier vorgestellten Provinzen verbinden viele Gemeinsamkeiten – stimmungsvolle Städte mit eindrucksvollen Bauwerken, vielfältige Naturräume sowie Meeresküsten mit Hafenstädten und Stränden. Und doch hat jede Provinz ihren eigenen Charakter und Charme.

Statue von Luigi Galvani

Besucher können sich auf einen Streifzug durch die Geschichte der Region begeben und apulische Kultur- wie Naturwunder erleben. Mit der Trulli-Hauptstadt Alberobello und Castel del Monte birgt Apulien auch einige UNESCO-Welterbestätten.

Foggia

- **Kaiserliches Foggia**
- **Prachtwerk der Romanik**
- **Auf Erzengels Spuren**
- **Natur pur – Gargano und Tremiti**

Auf eine lange und bedeutsame Geschichte blickt die Provinzhauptstadt **Foggia** zurück. Einige Bauwerke erinnern noch an ihre Zeit als Residenz des Stauferkaisers Friedrich II. Moderne Adelspaläste bereichern die Architektur der Stadt. Zu den eindrucksvollsten Zeugnissen romanischer Baukunst auf apulischem Boden gehört die weltberühmte **Kathedrale** von Troia *(siehe S. 62f)* aus dem 11. Jahrhundert. Einige Schmuckelemente wie die reich mit Symbolen verzierte Fensterrose sind so filigran wie kunstvoll gearbeitet, dass sie stilbildend wurden. Eindrucksvoll präsentieren sich auch die bronzenen Portale.

Kathedrale von Trani *(siehe S. 92f)* mit hoch aufragendem Glockenturm

In **Monte Sant'Angelo** *(siehe S. 70f)* wird seit dem 5. Jahrhundert der Erzengel Michael verehrt, der seinerzeit hier erschienen sein soll. Um das Heiligtum mit Basilika und Krypta in einer Grotte entwickelte sich das Städtchen mit zunehmender Zahl von Pilgern aus ganz Europa. Sehenswert in Monte Sant'Angelo ist auch das normannische Kastell (9. Jh.).

Für seine reiche Tier- und Pflanzenwelt bekannt ist der bis 1065 Meter hohe **Gargano**, der sich auf einer Halbinsel weit in die Adria vorschiebt. Ein großer Teil dieses Vorgebirges steht im Nationalpark Gargano *(siehe S. 66f)* unter Schutz. Wälder, Sumpfland und Seen prägen das Hinterland, an der Küste gibt es lange Sandstrände. Die vorgelagerten **Tremiti-Inseln** *(siehe S. 64f)* faszinieren durch bizarre Grotten und eine abwechslungsreiche Küstenlandschaft.

Bari

- **Bari vecchia**
- **Kathedrale von Trani**
- **Grottenzauber**
- **Rätselhaftes Stauferkastell**

Die apulische Hauptstadt **Bari** *(siehe S. 80–87)* ist Wirtschafts- und Kulturmetropole der Region und nach Neapel die zweitgrößte Stadt in Süditalien. Die bezaubernde Altstadt (Bari vecchia) erstreckt sich auf einer Halbinsel. Das Ambiente prägen hier verwinkelte Gassen und mittelalterliche Bauwerke wie das

Trulli in Alberobello – für viele Besucher ein Inbegriff Apuliens

Kastell und die Basilika San Nicola *(siehe S. 82f)*. An Bedeutung noch übertroffen wird diese von der **Kathedrale von Trani** *(siehe S. 92f)* – vom Hauptportal bis zur Spitze des Campanile ein Meisterwerk apulischer Romanik.

Ein spektakuläres Höhlenerlebnis ist ein Besuch der wie ein Labyrinth geformten **Castellana-Grotten** *(siehe S. 96f)*. Die effektvoll beleuchtete Märchenwelt aus Stalagmiten und Stalaktiten in unterschiedlichsten Formen zieht jeden Betrachter in ihren Bann.

Das sehr exponiert gelegene **Castel del Monte** *(siehe S. 104f)*, eine mächtige, aus Kalkstein errichtete Festung, entstand im 13. Jahrhundert. Noch heute ranken sich Mythen und Legenden um das auch durch seine klaren Grundrisse beeindruckende Kastell. Die Anlage gehört zu den meistbesuchten Attraktionen in Apulien und ist auf der italienischen 1-Cent-Münze abgebildet.

◁ ***Frühling in Apulien*** **von Giuseppe de Nittis im Museo Civico von Barletta, dem Geburtsort des Malers**

Brindisi und Tarent

- **Metropolen an zwei Meeren**
- **Ein Hauch von Antike**
- **Kunstvolle Keramik**
- **Trulli-Architektur**

Die beiden Hauptstädte der gleichnamigen, aneinandergrenzenden Provinzen **Brindisi** *(siehe S. 114f)* und **Tarent** *(siehe S. 130–132)* befinden sich an Meeresbuchten der Adria bzw. des Ionischen Meeres. Beide verfügen über lebhafte Hafenviertel, Altstädte mit vielen kunsthistorisch wichtigen Bauwerken sowie vielfältige Shopping-Möglichkeiten. Brindisi kann mit Stolz von sich behaupten, schon einmal Hauptstadt Italiens gewesen zu sein.

Eine Zeitreise in die Antike unternehmen Besucher der Ausgrabungsstätte **Egnazia** *(siehe S. 124f)*. Zu den interessantesten Bauten gehören das Amphitheater und das Forum aus der Römerzeit, einige Teile der Anlage sind aber noch älteren Datums. Die Grabungsarbeiten in der Anlage dauern noch an.

Kunsthandwerk aus Apulien genießt auch überregional einen sehr guten Ruf. Bekannt ist die Region u. a. für farbenprächtig glasierte Tonwaren. Diese jahrtausendealte Keramiktradition wird vor allem in **Grottaglie** *(siehe S. 118f)* aufrechterhalten. In manchen Straßen reihen sich Werkstätten aneinander. Die gesamte Bandbreite dieses Kunstgewerbes erlebt man im Museo della Ceramica.

Wehrmauern des Kastells *(siehe S. 85)* am Rand von Baris Altstadt

Ein spannendes architektonisches Kontrastprogramm zu den größeren Städten der Region bietet **Alberobello** *(siehe S. 126)* mit seinen einzigartigen **Trulli-Häusern** *(siehe S. 128f)*. Diese mit einem markanten kegelförmigen Dach versehenen Bauten erstrecken sich über einige Viertel des Städtchens.

Lecce

- **Im Zeichen des Barock**
- **Mosaik als Bilderkosmos**
- **Spuren aus der Bronzezeit**
- **Naturschätze des Salento**

Einige der bedeutendsten Baumeister ihrer Zeit schufen in **Lecce** *(siehe S. 142–151)* ganze Ensembles barocker Prachtbauten. Zu den Perlen gehören vor allem die Basilika Santa Croce mit üppig gestalteter Fassade und die reich mit Skulpturenschmuck versehenen Kirchen- und Profanbauten rund um die Piazza del Duomo – Wahrzeichen und Schmuckkästchen der Stadt.

Von höchstem kulturhistorischem Wert ist die **Kathedrale von Otranto** *(siehe S. 156f)* mit ihrem unschätzbar wertvollen Mosaikboden aus dem 12. Jahrhundert. In zahllosen bunten Mosaiksteinchen wird nicht mehr und nicht weniger als die gesamte Menschheitsgeschichte künstlerisch dargestellt.

Bei der Processione dei Misteri am Karfreitag in Tarent

Gut erhaltene Spuren bronzezeitlicher Besiedelung der südöstlichsten Region Italiens sind die zahlreichen **Megalithbauten** *(siehe S. 154f)* auf der Halbinsel Salento. Neuzeitlicher Deutung nach dienten sie als Grabmonumente, Verteidigungsanlagen bzw. Kultstätten.

Die Küstenlandschaften des Salento bergen grandiose Naturphänomene – Höhlen wie die **Grotta Zinzulusa** *(siehe S. 160)* oder die **Grotta della Poesia** *(siehe S. 152)* faszinieren ebenso wie die **Alimini-Seen** *(siehe S. 152)* mit ihrer reichen Fisch- und Vogelwelt.

Strand bei Vieste *(siehe S. 72)*, einem Küstenort östlich des Gargano

Apulien auf der Karte

Die italienische Region Apulien (Puglia) hat eine Fläche von 19 362 Quadratkilometern. Sie erstreckt sich von Nordwesten nach Südosten und grenzt an die Regionen Molise, Kampanien und Basilikata sowie an das Adriatische und das Ionische Meer. Die Küstenlänge beträgt rund 830 Kilometer, worin Apulien von keiner anderen italienischen Region übertroffen wird.

Die Einwohnerzahl beträgt rund vier Millionen. Apulien gliedert sich verwaltungsmäßig in sechs Provinzen – dies sind (von Nordwesten nach Südosten): Foggia, Barletta-Andria-Trani, Bari, Brindisi, Tarent und Lecce. Die größte Bevölkerungsdichte der Region herrscht im Küstengebiet der Provinz Bari, die geringste im Subappennino Dauno.

In Apulien unterwegs

Apulien ist von Norditalien gut zu erreichen. Die A14 führt von Bologna – streckenweise entlang der Adriaküste – bis Tarent (Taranto). Neben größeren Städten sind auch viele kleinere Orte an das Schienennetz angeschlossen. Bari und Brindisi haben internationale Flughäfen, von denen Verbindungen auch zu vielen Airports in Mitteleuropa bestehen. Bari, die Hauptstadt der Region Apulien, verfügt über einen wichtigen Fährhafen mit Verbindungen nach Kroatien und Griechenland.

Satellitenfoto von Süditalien mit Apulien

Geografische Besonderheiten

Die Landspitze Capo d'Otranto markiert den östlichsten Punkt der italienischen Halbinsel. An dieser Stelle beträgt die Entfernung zwischen Italien und Albanien nur rund 80 Kilometer.

Trotz der landschaftlichen Vielfalt werden nur weniger als zwei Prozent Apuliens von Gebirge eingenommen – damit ist es die flachste Region Italiens.

28

Ein Porträt Apuliens

Die Region an Sporn und Absatz des »italienischen Stiefels« prägen traumhafte Landschaften und spektakuläre Zeugnisse einer reichen Kulturgeschichte. Als Drehscheibe des Handels war Apulien schon früh eine Brücke zwischen Europa und dem Orient. In dieser etwas anderen mediterranen Region gibt es für Reisende durchaus noch verborgene Schätze zu entdecken.

Der berühmte Mönch Padre Pio

Wegen der abgeschiedenen Lage im Südosten Italiens und zwischen zwei Meeren (Adria und Ionisches Meer) verströmt die lang gestreckte Region stellenweise das beschauliche Flair einer Insel mit reichen Naturschätzen. Neben seiner landschaftlichen Schönheit bietet Apulien aber auch pulsierende Städte – allen voran die Regionshauptstadt Bari oder die Provinzhauptstädte Brindisi, Tarent, Foggia und Lecce – mit einer bemerkenswerten Vielfalt an Bauwerken aus verschiedenen Epochen, mit stimmungsvollen Altstädten, buntem Markttreiben und bewegtem Nachtleben. Einige apulische Küstenstädte verfügen über gut ausgebaute Häfen, die wichtige Knotenpunkte der Fracht- und Personenschifffahrt im Mittelmeer sind. An manchen Abschnitten der insgesamt rund 830 Kilometer langen Küste können alle Arten von Wassersport betrieben werden. Die Faszination Apuliens setzt sich sogar unter der Erdoberfläche in bizarren Höhlensystemen wie den Castellana-Grotten *(siehe S. 96f)* und einigen Höhlenkirchen wie etwa in Mottola *(siehe S. 134f)* fort.

Die strategische Bedeutung ließ die Region trotz ihrer Abgelegenheit bereits in der Antike ins Zentrum von Machtinteressen rücken. Zur Sicherung ihrer Vorherrschaft im Mittelmeerraum errichteten schon die Römer größere Umschlagplätze.

Strandleben in Marina di Leuca, dahinter erheben sich orientalisch anmutende Villen

◁ **Weiße Häuser und Schmiedeeisengeländer in Locorotondo** ***(siehe S. 126f)***

Blick über Altstadt und Hafen von Bari, Hauptstadt der gleichnamigen Provinz

Über die Via Appia und die Via Traiana erreichten sie Häfen, von denen sie in den östlichen Mittelmeerraum segelten – wie später so viele Kreuzritter und Kaufleute. Zudem wurde Apulien zu einer Kornkammer des Römischen Reichs.

Wirtschaft und Gesellschaft

Traditionell von großer Bedeutung sind Landwirtschaft (u. a. Wein, Mandeln, Oliven, Obst und Gemüse), Fischfang und Kunsthandwerk (z. B. Keramik und Webarbeiten). Im produzierenden Gewerbe dominieren Schwerindustrie und Verarbeitung von Lebensmitteln. Eine herausragende Devisenquelle ist der Fremdenverkehr, die entsprechende Infrastruktur ist in allen Provinzen gut ausgebaut.

Landwirtschaft in der fruchtbaren Ebene des Tavoliere in der Gegend von Rignano Garganico

Die Menschen in Apulien sind eifrige Kirchgänger, in kaum einer anderen italienischen Region gibt es – bezogen auf die Einwohnerzahl – mehr Gotteshäuser. Auch die Zahl kirchlicher Feste und Feiertage *(siehe S. 28–31)* ist in Apulien sehr hoch.

Teller mit typischem Dekor des Salento

In fast jedem größeren und kleineren Ort findet ein Wochenmarkt statt, auf dem sich die Einheimischen treffen und sich aus dem breiten Spektrum regionaler Produkte mit allen Zutaten für ausgedehnte und genussvolle Abendessen eindecken. Doch trotz des lebhaften Treibens auf den Märkten, in den Hafenvierteln und an den Strandpromenaden haben sich die Bewohner ein (für italienische Verhältnisse) hohes Maß an Gelassenheit bewahrt.

Kunst und Kultur

Apulien birgt zahlreiche Dokumente seiner wechselvollen Vergangenheit. Faszinierende Zeugnisse früher Kulturen sind steinzeitliche Höhlenmalereien. Aus Bronze- und Eisenzeit stammen Dolmen und Menhire. Fast jeder Ort wird von eindrucksvollen Kirchen und Profanbauten wie Palazzi und Kastellen geprägt, von denen viele im Mittelalter entstanden. Um einige dieser Bauten wie etwa Castel del Monte *(siehe S. 104f)* ranken sich – typisch für Apulien – Legenden. Wohlstand und kulturelle Blüte fanden im Lecceser Barock *(siehe S. 151)* einen architektonischen Ausdruck. Einzigartig sind die Trulli genannten Wohngebäude *(siehe S. 128f)*.

Apuliens frühester Beitrag zur Filmgeschichte ist Rodolfo Valentino (1895–1926) aus Castellaneta, der während seiner kurzen, aber intensiven Hollywoodkarriere in den 1920er Jahren zum Inbegriff des männlichen Verführers wurde *(siehe S. 136)*. Zu großem Ruhm auf der Theaterbühne brachte es Carmelo Bene (1937–2002) aus Campi Salentina. Er brillierte u. a. als Hauptdarsteller in *Caligula* von Albert Camus und in provokanten Interpretationen von Klassikern wie *Hamlet* und *Othello*.

In dem kleinen Hafen von Marina di Novaglie gehen Fischer ihrer Arbeit nach

Pilger während der Karwoche

Der schwungvolle wie anmutige apulische Volkstanz Tarantella entstand aus dem als *tarantismo* bekannten Aberglauben. Heftige Bewegungen galten lange Zeit als einzig wirksames Gegenmittel nach dem Stich einer Tarantel, denen man vor allem bei der Getreideernte ausgesetzt war. Der schnelle, überwiegend auf kurzen Schritten basierende Tanz erlebt als Bestandteil apulischer Identität seit einiger Zeit eine Renaissance.

Grün, Braun, Weiß und Blau: alle Farben Apuliens nahe der Torre di Sant'Emiliano in Porto Badisco

Landschaften

Obwohl die ganze Region vorwiegend maritim geprägt ist und die Höhenunterschiede insgesamt recht gering sind, präsentiert sich Apulien auch im Landesinneren überaus vielgestaltig. Die Region lädt zu langen Wanderungen durch faszinierende Natur ein. In der zum Teil an nördlichere Gebiete erinnernden Foresta Umbra führen Wanderwege zu berühmten Naturdenkmälern. Zwischen den Feldern der Hochebene Murgia verläuft ebenfalls ein Wegenetz. Im Gargano, in der Murgia und im Salento sieht man oft für Karstlandschaften typische Phänomene, darunter die Schluchten des tarentinischen Amphitheaters oder die Dolinen. Wasserläufe sind hingegen selten.

Die Aleppokiefer wächst auf Sand- und Kalkböden

Tavoliere

Mit einer Fläche von rund 3000 Quadratkilometern bildet der Tavoliere die größte Ebene im Süden der italienischen Halbinsel. Er neigt sich von Westen nach Osten und besteht vorwiegend aus lehmigem Schwemmland, ist also geologisch gesehen jung. Die leicht gewellte, von Flüssen wie etwa dem Ofanto (134 km) durchzogene Landschaft wird intensiv bewirtschaftet. Im Süden von Apulien erstreckt sich mit der sogenannten Tavoliere Salentino eine weitere Ebene, die aus Kalkstein aufgebaut ist.

***Die Hartweizenkulturen** sind sehr ausgedehnt. Daher heißt der Tavoliere, obwohl er im Vergleich zur Po-Ebene ertragsschwach ist, auch »Kornkammer Italiens«.*

***Neben** Kampanien und der Emilia-Romagna ist Apulien Hauptproduzent italienischer Tomaten.*

Gargano

Das Kalk(vor)gebirge Gargano weist mediterrane wie nahezu alpine Züge auf. Hier wechseln kargere mit üppig bewachsenen Gebieten ab, die Flora ist sehr artenreich. Unter den mehr als 2000 Arten findet man Eichen, Buchen, Steineichen und Linden. Dort, wo die Vegetation lichter wird, gedeihen neben den landschaftstypischen Pflanzen mehr als 60 Arten Orchideen. Den höchsten Punkt bildet der Monte Calvo mit 1065 Metern.

***Meeresfossilien** sind auf dem Gargano, der in prähistorischer Zeit eine Insel war, nicht selten.*

***Mastix**, Zistrose, Myrte, Rosmarin und Erdbeerbaum verleihen der Mittelmeermacchia Farben und Düfte.*

Transhumanz

Eine Schafherde auf der Winterweide in der Ebene um Foggia

Die Transhumanz ist eine Form der Weidehaltung, die im Apennin seit der Antike praktiziert wird. Bei ihr lässt man die Herden je nach Jahreszeit wandern: In den Wintermonaten führt man das Vieh von den Almen der Abruzzen und benachbarter Regionen hinunter in die Ebene. Wenn es wieder warm wird, geht es zurück in die Höhe. So wird der Pflanzenbewuchs am besten genutzt, gleichzeitig kann sich die Vegetation erholen. Der Zug der Schafe, der früher einmal streng überwacht wurde (im 15. Jahrhundert wurde eigens ein Zoll eingerichtet), verläuft entlang den *tratturi* genannten Wegen. Mit zunehmendem Ackerbau auf Kosten der Viehzucht ging die Bedeutung der Transhumanz im Tavoliere mittlerweile zurück.

Subappennino Dauno

Der von lockeren, gut zu bearbeitenden Böden geprägte Subappennino Dauno ist in den tieferen Lagen eine Hügellandschaft mit Wiesen, weiten Feldern und kleinen Dörfern. In größeren Höhen gleicht seine Vegetation der des Apennin. Hauptgipfel sind der Monte Cornacchia (1151 m) und der Monte Crispiniano (1105 m), wichtigster Fluss ist der Fortore.

Der Mäusebussard *ist ein scheuer, tagsüber jagender Raubvogel, der häufig in bewaldeten Gebieten anzutreffen ist. Bei der Jagd auf Mäuse, Wühlmäuse, Reptilien und Insekten kreist er lauernd in der Luft.*

Die Flaumeiche (Quercus pubescens *oder* lanuginosa) *ist in den Berggegenden Südeuropas weitverbreitet.*

Murgia

Die größte Karsthochebene Italiens, im Westen von der Fossa Bradanica begrenzt, nimmt einen Großteil der Provinz Bari ein. Die bis 700 Meter hohe Alta Murgia ist fast kahl, mit Felsen zwischen Weiden und Feldern. Die rote Erde der in Stufen zur Adria abfallenden Premurgia dagegen ist dicht mit Reben, Oliven- und Mandelbäumen bewachsen. Im Süden, jenseits der berühmten Trulli-Zone *(siehe S. 128f)*, öffnet sich die Murgia fächerförmig zum Ionischen Meer. Ähnliche Kalksteinlandschaften gibt es auch im äußersten Süden Apuliens im Salento delle Serre.

Mandelbäume *stammen aus dem westlichen Zentralasien und wachsen im gesamten Mittelmeerraum. Ihre weißen Blütenblätter haben einen rosafarbenen Schimmer*

Die Oliven *werden im Oktober und November geerntet*

Naturschutzgebiete

Eine wilde Orchidee

Trotz der großen Vielfalt an Naturräumen und der zahlreichen Pflanzen- und Vogelarten, die es in Apulien gibt, nehmen die geschützten Flächen nicht mehr als sieben Prozent der Region ein. Sie umfassen zwei Nationalparks, zwei Regionalparks, drei Meeresschutzgebiete und viele Natur- und Landschaftsschutzgebiete. Besonders interessant sind die Feuchtgebiete, die wegen ihrer Besonderheiten als unschätzbares Naturerbe gelten: Sie sind bevorzugtes Brutgebiet für Vögel und Rastplatz zahlreicher Tierarten entlang den mediterranen Wanderwegen. Die Feuchtgebiete sind auf unterschiedliche Weise entstanden: durch Austritt von Regenwasser an wasserstauenden Gesteinsschichten, durch Versumpfung eines Flussdeltas oder durch Abschnürung einer Meeresbucht wie im Fall des Binnensees Alimini Grande.

Die Tremiti-Inseln *(siehe S. 64f)* sind eines der drei Meeresschutzgebiete Apuliens.

Die Wälder des Subappennino Dauno *(siehe S. 58f)* sind ein wichtiges Naturschutzgebiet im Herzen Süditaliens und gelten auch als grüne Lunge der Region.

Naturschutzgebiet Saline di Margherita di Savoia *(siehe S. 74f)*

Der Gargano-Nationalpark (siehe S. 66f) *umfasst verschiedene Natur- und Landschaftsschutzgebiete, darunter die Foresta Umbra, die Riserva di Falascone, die Riserva di Sfilzi, den Sumpf von Frattarolo und die Feuchtgebiete des Lago di Lesina und des Lago di Varano.*

Der Nationalpark Alta Murgia *wurde 1998 gegründet. Für ihn typisch sind außer vielen Karsterscheinungen die Steppenlandschaften, in denen man Reste uralter Hirtenkultur findet, wie die* tratturi *oder die Meilen- und Grenzsteine. Von großer Bedeutung sind die* masserie *genannten Gutshöfe, die Burgen und Grottenkirchen. Verbreitet gedeihen Flechten, Moose und Orchideen, zur Fauna gehören u. a. Reptilien, Amphibien und zahllose Vogelarten wie etwa Kalanderlerche und Kolkrabe.*

LEGENDE

- Nationalpark
- Regionalpark
- Natur- oder Landschaftsschutzgebiet
- Meeresschutzgebiet

Vielfältige Tierwelt

Gargano-Reh

Die Naturschutzgebiete bieten zahllosen Tierarten Lebensraum. In den Wäldern des Gargano findet man das Gargano-Reh *(Capreolus capreolus)*, Symbol des gleichnamigen Parks. Die Tremiti-Inseln beherbergen eine endemische Albatrosart *(Diomedea)*, deren Schrei die Klage der toten Gefährten des Diomedes sein soll. Die Feuchtgebiete werden von zahlreichen Zugvogelarten aufgesucht, so auch von den seltenen Flamingos *(Phoenicopterus ruber)*, die oft die Lagunen bevölkern – ihr Name bedeutet wörtlich übersetzt »mit roten Flügeln«. Andere Vögel sind der Sperber *(Accipiter nisus)*, ein Raubvogel, der sich von kleinen Vögeln ernährt, und die Zwergtrappe *(Tetrax tetrax)*, eine inzwischen selten gewordene Spezies, die für Steppengebiete typisch ist. Sie lebt in kleinen Gruppen und nistet am Boden.

Zwergtrappe

Der Regionalpark Lama Balice liegt in einem Karsttal mit kleinen Feuchtgebieten, dessen Hänge mit zweierlei Eichenarten bewachsen sind. Sehenswert sind auch die *masserie*, alte befestigte Gutshöfe.

Die Gravine dell'Arco Ionico *sind ein Naturschutzgebiet mit den interessantesten Karstphänomenen der Region: tiefe Schluchten mit steilen Wänden, die Cañons ähneln und von Flüssen in den Kalkstein gegraben wurden.*

Il Bosco delle Pianelle *war einst Teil der riesigen Wälder, die die südöstliche Murgia bedeckten. Der Wald liegt im Naturschutzgebiet gleichen Namens und ist Lebensraum vieler Raubvögel.*

Naturschutzgebiet Torre Guaceto *(siehe S. 119)*

Das Meeresschutzgebiet Porto Cesareo umfasst einen Meerabschnitt, der zu den interessantesten Apuliens gehört und auch im Museo di Biologia Marina dargestellt ist *(siehe S. 162)*.

Naturschutzgebiet Le Cesine *(siehe S. 152)*

Naturschutzgebiet Laghi Alimini *(siehe S. 152)*

Regionalpark Portoselvaggio-Torre Uluzzo *(siehe S. 162)*

Küste

Die Region Apulien ist von zwei Meeren umgeben, dem Ionischen und dem Adriatischen. Letzteres erreicht zwischen Lagosta und Otranto seine größte Tiefe (1233 m). Die Wasserqualität an der etwa 830 Kilometer langen Küste, an der es auch einige Binnenseen gibt, ist in den meisten Abschnitten gut: Viele Orte haben die begehrte blaue Strandfahne der EU erhalten, 2002 belegte Otranto bei einer Bewertung italienischer Küstenorte durch die Umweltschutzorganisation Legambiente den ersten Platz.

Von überragender Bedeutung für die regionale Wirtschaft ist der Fischfang, der in Molfetta seinen Haupthafen hat. Der Hafen von Brindisi ist dagegen in erster Linie für den Personenverkehr bedeutsam, der Hafen von Tarent für die Handelsschifffahrt.

Die Tremiti-Inseln wurden auch Inseln des Diomedes genannt, weil hier der Sage nach der berühmte griechische Held begraben ist. Die hohen Steilküsten aus Kalkstein weisen typische Erosionserscheinungen wie die Felsenbogen von Capraia auf.

Der Leuchtturm Torre Preposti steht im Küstenvorland des Gargano. Er entstand 1946 auf den Resten eines bourbonischen Turmes.

Am Fuß des Gargano (S. 66f) *findet man zwischen Rodi Garganico und Manfredonia abwechselnd weiße Sandstrände, nur vom Meer erreichbare Buchten, Bogen, hohe Klippen sowie Felsnadeln* (faraglioni), *wie den berühmten Scoglio di Pizzomunno in Vieste oder die beiden in der Baia delle Zagare.*

Meeresfauna

Gorgonia

Das Meer vor der Küste Apuliens zählt zu den saubersten und artenreichsten rund um die italienische Halbinsel. Der Fang von Fischen, Weichtieren und Krustentieren ist streng reglementiert. Die Fächerkoralle *(Gorgonia media)*, deren Zweige bis zu einem Meter hoch wachsen, kann diverse Farben annehmen. Die Languste *(Palinurus vulgaris)*, die über 50 Zentimeter groß werden kann und an Felsenküsten lebt, ist im Mittelmeer weitverbreitet. Barben leben in Tiefen zwischen zehn und 500 Metern. Meerbarbe *(Mullus barbatus)* und Streifenbarbe *(Mullus surmuletus)* unterscheiden sich auch in der Form ihres Maules: flach bei jener, länger und abgerundet bei der Streifenbarbe.

Streifenbarbe

Die Küste der Murgia *zwischen Manfredonia und Brindisi ist stellenweise sandig (sogar mit Dünen), in anderen Bereichen felsig, aber im Allgemeinen flach. Es gibt jedoch vereinzelt auch hohe Klippen, auf denen oft schneeweiße Dörfer errichtet sind, wie beispielsweise Polignano a Mare* (siehe S. 95).

Die ionische Küste des Salento *zeigt sich anders als die adriatische sanft und ziemlich flach, mit weißen, leicht erreichbaren Stränden und zahlreichen Wachtürmen. Auch zwischen Tarent und der Grenze zur Basilikata findet man Sandstrände mit seichtem Wasser und grünen Pinienhainen.*

Otranto war aufgrund seiner geografischen Lage stets ein bevorzugtes Ziel für Eroberer.

Nur 80 Kilometer trennen Capo d'Otranto, den östlichsten Punkt Italiens, vom Capo Linguetta in Albanien.

Im adriatischen Salento *nimmt die Küste nach flachen, wenn auch manchmal felsigen Abschnitten ihren Charakter als steile, schroffe Küste mit vielen Buchten, Grotten und Kliffs wieder auf. So findet man südlich von Otranto, in Castro Marina, die herrliche Grotta Zinzulusa* (rechts), *die Hirschgrotte und die Grotta Romanelli, echte Museen prähistorischer Kunst.*

Architektur

Die an äußeren Einflüssen reiche Architektur Apuliens erlebte Zeiten großer Blüte, aber auch ereignislose Phasen, wie die Zeit zwischen der Herrschaft der Anjou und dem Barock. Die Romanik weist in Apulien eine Verschmelzung lokaler Elemente mit langobardischen, byzantinischen, arabischen und normannischen Einflüssen auf. Die Epoche Friedrichs II. mit Elementen der Klassik und Gotik ist heute vor allem bei bürgerlichen und militärischen Bauten zu entdecken. Der Barock hat Lecce und einigen Orten um Otranto ein völlig neues Gesicht gegeben. Außer den Zeugnissen der griechischen und römischen Vergangenheit sind auch die Grottenarchitekturen des Hochmittelalters und die Trulli der Valle d'Itria von großer Bedeutung.

Zwillingssäulen mit Sockellöwe, Kathedrale von Troia

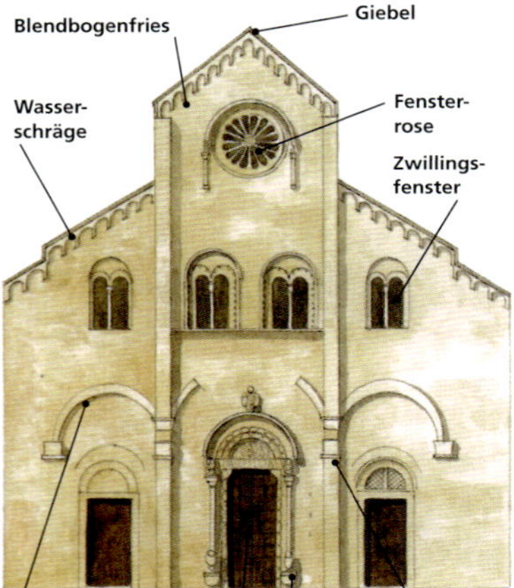

Apulische Romanik: Kathedralen

Nach der Krise des Hochmittelalters begann man eine lokale Architektursprache zu entwickeln, die Elemente aus dem Norden, wie das Schrägdach, mit byzantinischen verband. Im 12. Jahrhundert, in dem sich mit dem Prototyp von San Nicola in Bari die apulische Romanik durchsetzte, entstand eine Reihe weißer Kathedralen, wie die in Bitonto, Ruvo und Trani. Im Jahrhundert darauf schmückten die Staufer die romanischen Kirchen mit dekorativen Elementen aus und führten gotische Motive ein.

***Die Kathedrale von Bitonto** ist berühmt für ihre typisch romanischen Kalksteinreliefs. Aus dem Stein, der zur Verzierung von Kapitellen, Portalen oder Architraven diente, wurden vor allem groteske Figuren gemeißelt.*

Byzantinische Einflüsse: Kuppeln

Eines der interessantesten Motive byzantinischen Ursprungs, denen man in apulischen Kirchen begegnen kann, ist neben dem zentralen Grundriss der Kuppelbau. Die klassische Form sieht einen dreischiffigen Langbau ohne Querhaus vor, dessen Mittelschiff in drei von Kuppeln bekrönte Felder unterteilt ist. Man findet sie in der Capitanata und in der Provinz Bari, so in Ognissanti di Cuti (Valenzano), San Benedetto in Conversano und Santa Maria di Calena (Peschici).

***Der Dom von Molfetta** aus dem 13. Jahrhundert ist jünger als andere byzantinische Kirchen, die in der Regel im 11. Jahrhundert entstanden, hat aber dieselbe typische Bauweise. Das gekuppelte Mittelschiff flankieren zwei Glockentürme.*

Staufische Renaissance: Burgen und Kastelle

Vor allem Apulien und die Basilikata wurden im 13. Jahrhundert von Friedrich II. einem umfassenden städtebaulichen und zivilen Entwicklungsplan unterworfen, der die Schaffung eines regelrechten Burgennetzes vorsah. Geometrische Strenge, klassische Vorbilder und die Einführung gotischer Elemente waren die angewandten Hauptkriterien. Das berühmteste Beispiel unter vielen ist Castel del Monte. Nicht immer wurde völlig neu gebaut: In einigen Burgen blieben Teile von (oftmals normannischen) Vorgängerbauten erhalten, wie etwa der Hauptturm, der die Funktion eines Burgfrieds hatte.

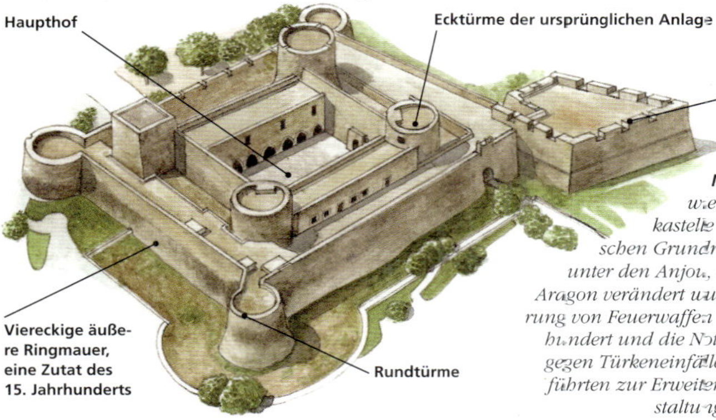

***Das Kastell von Manfredonia** hat wie andere Stauferkastelle einen quadratischen Grundriss, der aber erst unter den Anjou, dann unter den Aragon verändert wurde. Die Einführung von Feuerwaffen im 15./16. Jahrhundert und die Notwendigkeit, sich gegen Türkeneinfälle zu verteidigen, führten zur Erweiterung und Umgestaltung vieler Bauteile.*

Barock: Kirchen von Lecce

Die Spielart des Barock, die in der zweiten Hälfte des 17. Jahrhunderts von Lecce ausgehend das ganze Salento erfasste, war eher ein dekoratives als ein architektonisches Phänomen. Fantasie und Überschwang förderte der lokale Kalkstein, der leicht in Früchte, Blätter, Girlanden, Putten oder Tiere zu verwandeln war.

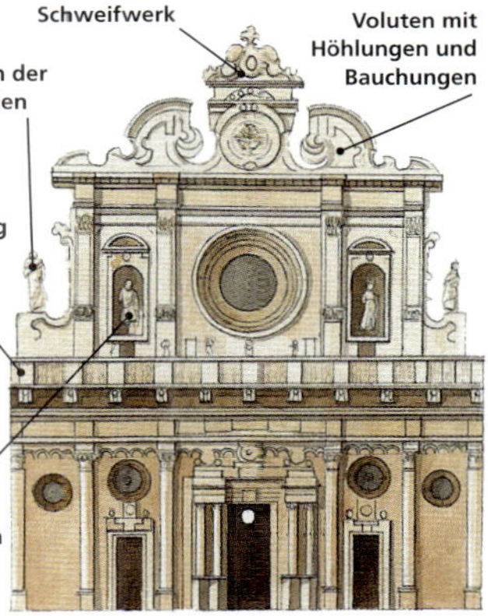

***Die Kirche Santa Croce** und die Seitenfassade des Doms sind die berühmtesten Beispiele. Besonders auffällig ist, wie bei der Kirche San Matteo, das Spiel zwischen konkaven und konvexen Elementen, das auf die römischen Lektionen Borrominis verweist.*

***Der Salon der Fürstin Matilde** von de Nittis*

Malerei

In Apulien wurden, in benachbarten Jahrhunderten, zwei Künstler geboren, deren Ruhm über Italien hinausgegangen ist. Corrado Giaquinto (1703–1765) aus Molfetta, ein Schüler Francesco Solimenas, wirkte teils in Rom, teils in Madrid im Dienst Ferdinands VI. Giuseppe de Nittis (1846–1884) aus Barletta ging, nachdem er mit Künstlerkollegen die Schule von Resina gegründet hatte und in Kontakt mit den Macchiaioli gekommen war, 1867 nach Paris, wo er sich, mit aufmerksamem Blick auf die bürgerliche Welt, den Impressionisten näherte, ohne ihnen jemals gänzlich anzugehören.

Die apulischen Masserie

Die »Masserie« genannten Gutshöfe prägen den Charakter Apuliens maßgeblich. Sie stehen einzeln mitten in der Landschaft wie kleine autonome Dörfer. Ihre Funktionen reichen von der Viehzucht bis zum Ackerbau und im Fall der Königs-Masserie aus dem 15. Jahrhundert zur Kontrolle der wandernden Herden. Vor allem zwischen Bari und Brindisi weisen viele Masserie zusätzlich Türme und Bollwerke auf, die sie zu einer zweiten Verteidigungslinie in relativ kurzer Entfernung hinter der Küste machten. Neben den Grundelementen – Hof, Wohnteil, Gerätespeicher – kann man noch andere Räume entdecken: die Wohnungen der Arbeiter, die Ölpresse, die Kapelle. Heute dienen viele Masserie als Ferienbauernhöfe (Agriturismi) oder Restaurants *(siehe S. 169)*.

Befestigte Masseria, an deren Mauer eine Bougainvillea blüht

Masseria Spina

Sie steht auf dem Gebiet der Stadt Monopoli und verdankt ihr herrschaftliches Äußeres den Umbauten des 18. Jahrhunderts und den Erweiterungen, die entsprechend den Bedürfnissen der hier lebenden und arbeitenden Menschen vorgenommen wurden. Die nahe Torre Spina Piccola, seit dem 16. Jahrhundert unverändert, weist dagegen die typischen Merkmale eines befestigten Baus auf: Brücke, Pechnasen und einen offenen Glockengiebel. Die Masseria Spina enthält heute ein Begegnungszentrum und ein Restaurant mit traditioneller Küche.

Contrada Spina 437, Monopoli.
☎ *080 80 23 96.* **www.** masseriafortificataspina.it

Masseria Maccarone

Der Bau wirkt wie eine Villa, enthält aber Befestigungen und unterirdische Bogengänge, in denen Mensch und Vieh Schutz fanden. Die Masseria mit geschlossenem Hof besitzt u. a. eine unterirdische Ölpresse des 13. Jahrhunderts mit basilianischen Fresken am Eingang, eine Kapelle von 1758 und eine Ölmühle von 1760 neben der modernen. Hier wird seit Jahrhunderten auf traditionelle Weise natives Olivenöl produziert; viele der Bäume wurden bereits von basilianischen Mönchen gepflanzt. Heute ist die Masseria ein Agriturismo.

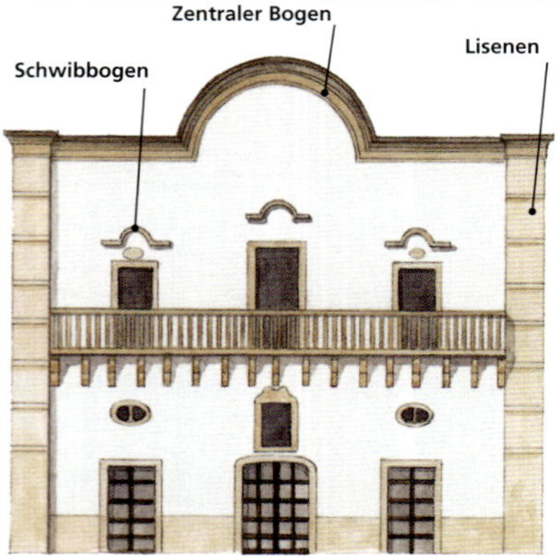

Contrada Carbonelli 29, Fasano.
☎ *080 482 93 00.* **www**.masseriamaccarone.it

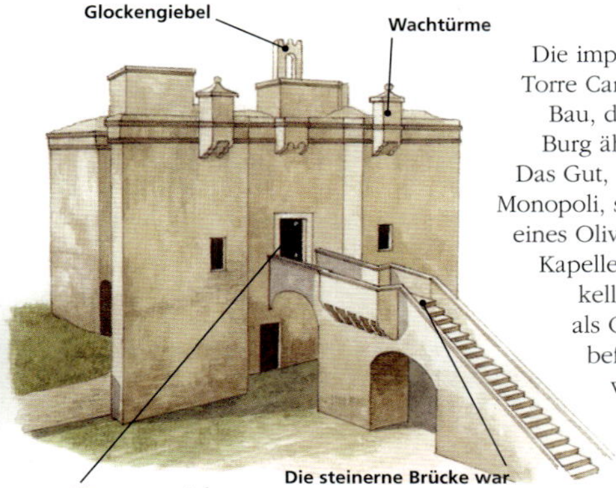

Masseria Pettolecchia

Die imposante Masseria zwischen Savelletri und Torre Canne ist ein Beispiel für einen befestigten Bau, dessen ursprünglicher Kern, einer echten Burg ähnlich, aus dem 16. Jahrhundert stammt. Das Gut, lange im Besitz der Familie Palmieri aus Monopoli, später des Jesuitenordens, steht inmitten eines Olivenhains und besitzt unter anderem eine Kapelle des 18. Jahrhunderts und einen Felsenkeller, der zunächst als Ölpresse und später als Gefängnis diente. Über dem Hauptportal befinden sich eine Inschrift und das Adelswappen. Hinter der Mauerkrone verbirgt sich ein Laufgraben.

Ortsteil Pettolecchia, Savelletri.
APT *Fasano, Piazza Ciaia 10, 080 441 30 86.*

Masseria San Domenico

Wenige Meter vom Meer entfernt entstand im 15. Jahrhundert ein Wachturm, der heute der Kern der Masseria ist und von dem noch die originalen Schießscharten und Schornsteine zu sehen sind. Im 18. Jahrhundert wurde der Turm zu einer echten Masseria ausgebaut, die bis ins 20. Jahrhundert je nach den landwirtschaftlichen Bedürfnissen erweitert wurde. Nach aufwendiger Restaurierung ist sie heute ein Luxushotel, in dem die Originalstrukturen erhalten sind. Sie ist von uralten Oliven und Obstbäumen umgeben.

Strada Litoranea 379, Savelletri.
080 482 77 69.
www.masseriasandomenico.com

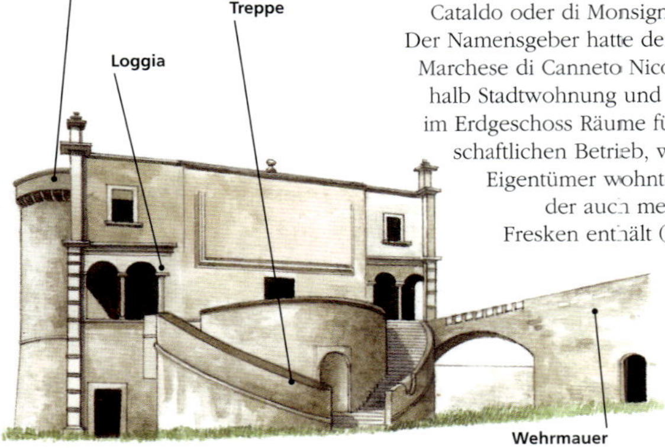

Casina di Don Cataldo

Am Weg von Bari nach Adelfia steht die Casina di Don Cataldo oder di Monsignore aus dem 17. Jahrhundert. Der Namensgeber hatte den ursprünglichen Bau für den Marchese di Canneto Nicolai erweitert. Die Masseria ist halb Stadtwohnung und halb Landresidenz. So gibt es im Erdgeschoss Räume für das Vieh und den landwirtschaftlichen Betrieb, während im Obergeschoss der Eigentümer wohnte. Der Bau aus weißem Stein, der auch mehrere leider stark beschädigte Fresken enthält (die im achteckigen Hauptsaal zeigen Motive aus Ariosts *Orlando furioso*), ist seit den 1950er Jahren nicht mehr bewohnt.

Ortsteil Castello delle Fascina, Adelfia.
Municipio, 080 459 81 11.

Das Jahr in Apulien

Die Bedeutung der katholischen Kirche spiegelt sich – wie in ganz Italien – auch in Apulien in einer großen Zahl von kirchlichen Festen und Feiertagen wider. Jeder Ort feiert mit großem Aufwand seinen Schutzheiligen. Bei den Paraden, Prozessionen und Umzügen ist scheinbar die gesamte Bevölkerung auf den Beinen. Andere Feierlichkeiten in Apulien halten bäuerliche Traditionen am Leben und dokumentieren dabei die starke Heimatverbundenheit der Menschen. Die stimmungsvollen Heiligenprozessionen (vor allem die in der Karwoche), historischen Gedenkfeiern und Feste für landwirtschaftliche Produkte sind schon seit langer Zeit auch für Besucher der Region herausragende Attraktionen. An den Feiertagen sind alle öffentlichen Einrichtungen wie Museen und Sammlungen geschlossen.

Statue des hl. Nikolaus

Frühling

Der Frühling beginnt frühzeitig und ist mit der Baumblüte und vielen Feiern verbunden, vor allem in der Karwoche.

März

San Giuseppe *(19. März)*, San Marzano. Prozession mit der Statue und Segnung der geschmückten Tische.
Expolevante *(Ende März)*, Bari. Freizeitmesse.

April

San Leone *(6. Apr)*, Bitonto. Uralte, schon von Boccaccio (12. Jh.) erwähnte Messe.
San Giorgio *(23. Apr)*, Chieuti. Ochsenrennen in den Straßen des Ortes.
Festa dell'Annunziata *(Ende Apr)*, Castro. Verkauf der Stangen, die die Statue der Madonna stützen.
Festa dell'Incoronata *(letzter Sa im Apr)*, Foggia. Zug zum Heiligtum, dem die feierliche Einkleidung der Madonna und der Ritt der Engel vorausgeht.
Gargano by bike *(25. Apr oder 1. Mai)*, Vieste und Foresta Umbra. Nationales Radrennen im Parco del Gargano.

Ostern

Processione dei Misteri, Tarent. Historische Karfreitagsprozession.
Processione delle fracchie *(Karfreitag)*, San Marco in Lamis. Brennende Holzstöße werden mit der Statue der Madonna dell'Addolorata durch die Straßen gezogen.
Passione di Cristo *(Ostersamstag)*, Ginosa. Die Passion wird mit Hunderten von Statisten nachgestellt.
Pasqua, Troia. Traditioneller Kuss zwischen der Madonna und Jesus: Die beiden Ikonen treffen nach einer langen Prozession auf dem Hauptplatz zusammen.
Riten der Karwoche, Ruvo di Puglia. Prozession der Desolata (Grün-Do), der Pietà (Oster-Sa); Sparo del Quarandon (Ostern).

Festa dell'Incoronata in Foggia *(Apr)*

La Processione dei Misteri in der Karwoche in Tarent

Mai

San Nicola *(7./8. Mai)*, Bari. Fest des Heiligen, dessen Reliquie 1087 nach Bari kam. Die Statue wird aufs Meer geschafft, wo sie von den Gläubigen auf Booten verehrt wird.
Pellegrinaggio di San Michele *(8. Mai u. 29. Sep)*, Monte Sant'Angelo. Besuch der Grotte im Zentrum der Wallfahrtskirche, die angeblich vom Erzengel geweiht wurde.
Madonna della Coltura *(letzter So)*, Parabita. Fest der Madonna, deren Bildnis ein Bauer gefunden haben will. Prozession am Samstagabend und sonntägliches Wettgehen in Kostüm, »la curratura«.
Festa di San Cataldo *(8.–10. Mai)*, Tarent. Heiligenfest mit Prozession auf dem Meer *(8.)* und zu Lande *(10.)*.
Sagre degli aquiloni *(2. oder 3. So)*, Polignano a Mare. Papierdrachenfest.
Madonna SS. Annunziata *(27. Mai)*, Carlantino. Uraltes Hirtenfest, das in der *Sagra della ricotta* wiederauflebt.

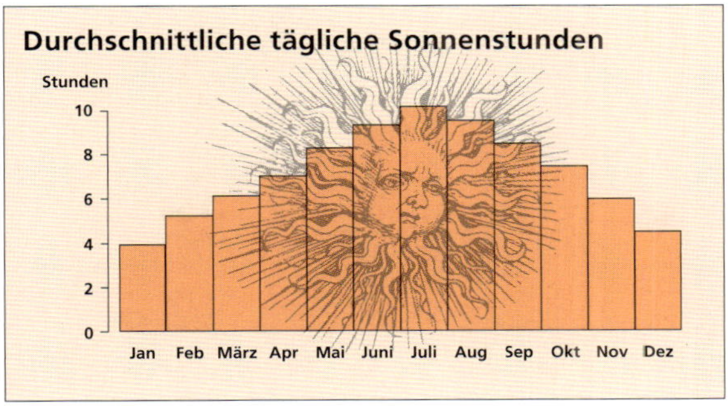

Sonnenschein
Das Klima Apuliens wird durch die Nähe zum Mittelmeer und die Lage im Regenschatten des Apennin geprägt. Die Sonne scheint reichlich in der Region, vor allem natürlich in den heißen Monaten von Juni bis September.

Sommer

In der Hauptsaison des Fremdenverkehrs gibt es viele Veranstaltungen, Festivals und Spektakel.

Juni

Processione del Cavallo Parato *(Fronleichnam)*, Brindisi. Die Hostie wird auf einem verhüllten Pferd durch die Stadt getragen. Erinnert an eine Episode mit Ludwig IX. von Frankreich und dem Erzbischof von Brindisi.

Scamiciata *(Wochenende Ende Juni)*, Fasano. Schauspiel vom Sieg über die Türken 1678.

Santi Pietro e Paolo *(29. Juni)*, Galatina. Folkloregruppen zeigen die berühmten Tarantellatänze.

Die Processione del Cavallo Parato am Fronleichnamstag in Brindisi

Juli

Madonna del Carmine *(16. Juli)*, Trani. Nach der Prozession ziehen einige Taucher zu Ehren der Schutzheiligen der Fischer eine Blumenkrone aufs Meer hinaus.

San Nicola il Pellegrino *(letztes Wochenende Juli)*, Trani. Drei Festtage zu Ehren des Schutzheiligen.

Festival della Valle d'Itria *(Ende Juli–Anfang Aug)*, Martina Franca. Musikalische Schau apulischer Künstler.

August

Festa dei Martiri idruntini *(13.–15. Aug)*, Otranto. Weltliches *(13.)* und religiöses *(14.)* Fest für die Märtyrer des Türkenüberfalls 1480.

Festa del Polso sano *(13. Aug)*, Pulsano. Erinnert an die Heirat von Ladislao d'Anjou-Durazzo, König von Neapel, mit Maria d'Enghien; verdankt ihren Namen (»starkes Handgelenk«) einer Kraftprobe.

Madonna di Sovereto *(zweiter So)*, Terlizzi. Ein Madonnenbildnis wird auf einem geschmückten Ochsenwagen durch die Stadt gezogen.

Corteo storico di Federico II *(2. Woche)*, Oria. Erinnert an das Reiterturnier zur Hochzeit Friedrichs II. mit Isabella di Brienne.

Madonna della Madia *(14. Aug)*, Monopoli. Das Fest erinnert an das Wiederfinden des Madonnenbildes auf einem Floß in Form eines Backtrogs (»madia«).

Festa di Santa Maria di Leuca *(15. Aug)*. Die Prozession beginnt auf dem Land und endet auf dem Meer.

Künstler beim Festival della Valle d'Itria

Danza della spada *(15./16. Aug)*, Torrepaduli. Am St.-Rochustag tanzen vor dem Heiligtum zwei Parteien und ahmen zum Rhythmus der Pizzica mit bloßen Händen einen Schwertkampf nach.

Madonna del Belvedere *(16.–18. Aug)*, Carovigno. Berühmt ist die »gara delle 'nzegne«, Standarten, die zum Rhythmus der Tarantella in die Luft gewirbelt werden.

Sant'Oronzo *(24.–26. Aug)*, Lecce. Fest des Heiligen. Am 24. feierliche Prozession durch die Stadt.

Cavalcata di Sant'Oronzo *(25.–27. Aug)*, Ostuni. Zum Fest des Heiligen findet ein Umzug mit Pferden und Reitern im Kostüm, den »vaticali«, statt, die die silberne Statue des Heiligen begleiten. Entstanden wohl als Dank für die Verschonung der Stadt vor der Pest 1657.

Parade beim historischen Umzug für Friedrich II. in Oria *(Aug)*

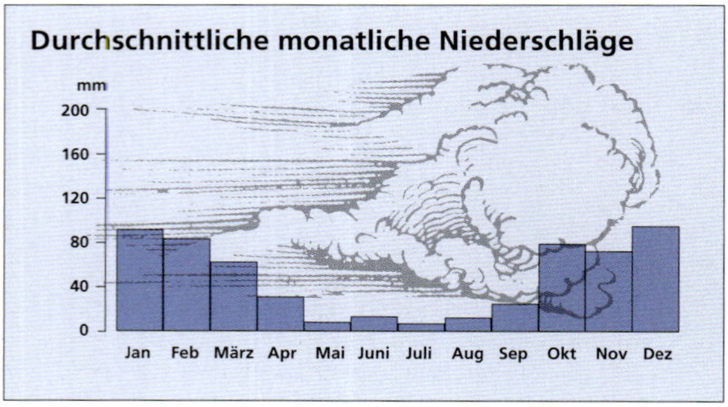

Niederschläge
Apulien ist eine recht regenarme Region, die sich oft mit lang anhaltender Trockenheit herumplagen muss. Vereinzelt treten sehr starke Gewitter auf. Die Niederschläge konzentrieren sich vornehmlich auf die Herbst- und Wintermonate.

Reiterturnier in Erinnerung an die Herausforderung von Barletta *(Sep)*

Herbst

Auch der Herbst bietet interessante Feste und Veranstaltungen in einem Klima, das lange mild bleibt.

September

San Teodoro d'Amasea *(1. Woche im Sep)*, Brindisi. Heiligenfest mit Prozession auf dem Meer.
Settembre andriese *(Anfang Sep)*, Castel del Monte. Musik, Ballett und Theater im Burghof.
Processione di Sant'Andrea *(1. Sep)*, Manfredonia. Prozession auf dem Meer zu Ehren des Schutzheiligen der Fischer.
Madonna di Costantinopoli *(erster Di im Sep)*, Acquaviva delle Fonti. Der Umzug erinnert an die Ankunft des Heiligenbildes in Apulien.
Maria Santissima dei Martiri *(8. Sep)*, Molfetta. Prozession auf dem Meer.
Santa Cesarea *(11./12. Sep)*, Santa Cesarea Terme. Prozession auf dem Meer und Fest.
Fiera del Levante *(zweiter So im Sep)*, Bari. Größte Mustermesse des Südens.
Disfida di Barletta *(2. Woche im Sep)*, Barletta. Rekonstruktion des Kampfes der italienischen Reiter von Ettore Fieramosca gegen die französischen unter Guy de la Motte am 13.2.1503.
San Giuseppe *(16.–18. Sep)*, Copertino. Prozessionen zur Grotte des Heiligen.

Oktober

Sagra dei Santi Medici *(3. So im Okt)*, Bitonto. Umzug mit Jahrmarkt.
Convegno di studi sulla Magna Grecia *(Okt)*, Tarent. Bedeutender Archäologiekongress, seit 1961.

November

San Trifone *(10. Nov)*, Adelfia Montrone. Heiligenfest mit großer Prozession. Berühmt vor allem wegen des Feuerwerks.

Winter

Weihnachten und Karneval sind die Hauptereignisse im Winter, der in Apulien oft mild ist.

Dezember

Presepe vivente *(Dez)*, Molfetta. Lebende Krippe im Pulo, einer 30 Meter tiefen Schlucht, etwa zwei Kilometer von der Stadt entfernt.
Sagra delle Pettole *(Dez)*, Rutigliano. Fest zu Ehren der typischen zarten Pfannkuchen mit Ricotta-, Anchovis- und Olivenfüllung.
Fiera di Santa Lucia *(13.–24. Dez)*, Lecce. Stände mit traditionellen Krippen und Puppen aus Terrakotta und Papiermaché.
Presepe *(19. Dez–6. Jan)*, Crispiano. Krippe mit 110 lebensgroßen Figuren auf einem 600 Meter langen Grat in Felsgrotten, die früher einmal von Basilianermönchen bewohnt waren.
Festa delle Panare *(Heiliger Abend)*, Spongano. In einem Freudenfeuer werden die Binsenkörbe verbrannt, die bei der Olivenernte benutzt wurden.

Die *pettole*, zarte Pfannküchlein

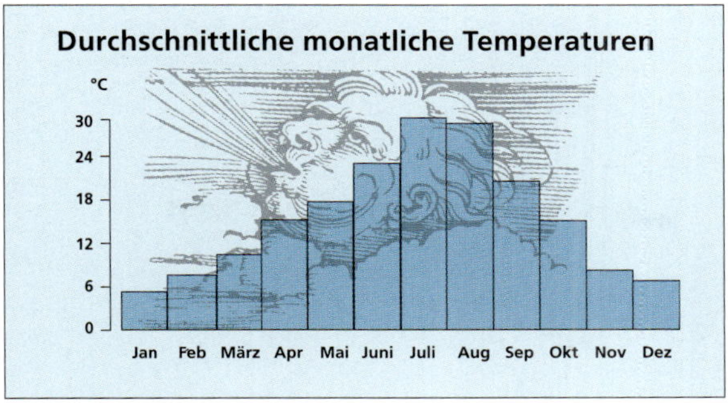

Temperaturen
Die Sommer sind lang und warm, allerdings nicht schwül, die Winter hingegen sind relativ mild. Der Januar ist der kälteste Monat, Juli und August sind die heißesten. In dieser Zeit können Hitzeperioden mit ausgeprägten Dürren auftreten.

Die Statue des hl. Antonio Abate bei der Prozession in Novoli *(Jan)*

Januar

Cavalcata dei Re Magi *(6. Jan)*, Mesagne. Reiterparade in der Altstadt.
Falò *(11. Jan)*, Grotte di Castellana. Freudenfeuer zur Erinnerung ans Ende der Pest.
Sant'Antonio Abate *(16.–18. Jan)*, Novoli. Am 16. Prozession der Bruderschaften mit riesigen Wachskerzen und Freudenfeuer, la »focara«. Am 17. Fest der Bevölkerung mit Buden und Marktschau. Am 18. Schweinefest.
Sant'Antonio Abate *(17. Jan)*, Rutigliano. Messe mit großer Ausstellung von Tonflöten. Jeden Sonntag im Januar Marktschau in der Altstadt.
San Ciro *(30./31. Jan)*, Grottaglie. Heiligenfest; auf dem Scheiterhaufen aus Reblingen wird das Bild des Heiligen verbrannt.

Februar

San Valentino *(14. Feb)*, Vico del Gargano. Fest des Heiligen, der nicht nur Beschützer der Verliebten ist, sondern auch der Zitrushaine. Segnung der Orangen und Zitronen auf der Colle del Carmine.

Feiertage

Capodanno Neujahr *(1. Jan)*
Epifania Hl. Drei Könige *(6. Jan)*
Pasqua Ostermontag *(März/Apr)*
Anniversario della Liberazione Tag der Befreiung *(25. Apr)*
Festa del Lavoro Tag der Arbeit *(1. Mai)*
Festa della Repubblica Tag der Republikgründung *(1. So im Juli)*
Ferragosto Mariä Himmelfahrt *(15. Aug)*
Ognissanti Allerheiligen *(1. Nov)*
Immacolata Concezione Mariä Empfängnis *(8. Dez)*
Natale Weihnachten *(25. Dez)*
Santo Stefano Stephanstag *(26. Dez)*

Karneval

Carnevale dauno, Manfredonia *(Karneval So–Di)*. Korso allegorischer Wagen. Am Sonntag zuvor Umzug der »meraviglie«, der Kinder aus den Kindergärten und Grundschulen.

Maske beim Karneval in Putignano

Putignano. Der längste Karneval Italiens (entstanden 1394) beginnt am 26. Dezember mit der Festa delle Propaggini. Darauf folgen die maskierte Verspottung der verschiedenen Organisationen *(jeden Do ab 17. Jan)* und die Festa dell'Orso *(2. Feb)*. Er endet mit dem Begräbnis des Karnevals *(Faschings-Mo und -Di)*, symbolisiert durch eine Puppe, und mit der Campana dei Maccheroni.
Palio del Viccio *(Faschings-Di)*, Palo del Colle. Der Viccio, die Wetttrophäe, ist ein Puter, der durch einen mit Wasser gefüllten Ballon an einer Schnur symbolisiert wird, den die Reiter aus den verschiedenen Stadtvierteln aufspießen müssen.

Einer der allegorischen Wagen beim Carnevale dauno

ϹΟΦΙΑ Ο
ΛΟΓΟ
ΤΟΥ ΘΥ

Die Geschichte Apuliens

Bereits in der Antike hatte Apulien als Drehscheibe des Handels mit dem Orient eine Brückenfunktion zwischen dem europäischen Kontinent und dem östlichen Mittelmeer inne. Griechen, Römer, Normannen, Staufer, französische und spanische Dynastien und viele andere prägten hier einzelne Epochen der Geschichte und hinterließen vielfältige Spuren.

Apulien ist seit der Altsteinzeit besiedelt, wie älteste Funde aus dem Gargano zeigen. Von großer Bedeutung für die Deutung der Geschichte war eine Entdeckung (1993) in der Grotte von Lamalunga (Altamura): Das 200 000 Jahre alte Skelett eines erwachsenen, 160 bis 165 Zentimeter großen Mannes ist ein Zwischenglied zwischen *Homo erectus* und Neandertaler. Auf den in der Mittelsteinzeit verbreiteten Neandertaler weisen dagegen zahlreiche Spuren in der gesamten Region. Ab der Jungsteinzeit, in der der *Homo sapiens sapiens* erschien, entstanden bedeutende Zeugnisse figurativer Kunst: die Malereien in den Grotten Romanelli (Castro) und Paglicci (Rignano Garganico) oder die Venusfiguren aus Parabita.

Aryballos mit Reliefgesichtern

Erste Siedlungen

Im Neolithikum wuchs die Bevölkerung rapide, wurde sesshaft und baute Hüttendörfer, die von tiefen Gräben oder Steineinfriedungen umgeben waren. Vor allem in der Ebene des Tavoliere entstanden viele Dörfer. Hochwertige Keramiken zeugen von jener Epoche.

Bald trat man mit Bewohnern anderer Regionen in Kontakt, was die weite Verbreitung des Lipari-Obsidians belegt. Erste kollektive Grabstätten wurden angelegt (Scoglio del Tonno), die den Höhlengräbern (Cellino San Marco) und den megalithischen Grabanlagen der Metallzeit vorausgingen, zu denen der berühmte Dolmen della Chianca (Bisceglie, *siehe S. 88*) gehört. In der Bronzezeit festigten sich die Siedlungen, die auch zur besseren Verteidigung oft auf Anhöhen entlang der Küste errichtet wurden. Die Beziehungen zur ägäischen Welt nahmen zu. In der Folge entwickelte sich ein spezialisiertes Kunsthandwerk, das griechische Vorbilder in sich aufnahm und umformte.

Nach dem Niedergang Mykenes nahm der Einfluss aus dem östlichen Mittelmeerraum ab. In der Eisenzeit bildete sich eine regionale Identität: Die Iapyger, die als die apulische Urbevölkerung gelten, teilten sich in Daunier (Norden), Peuketier (Mitte) und Messapier (Süden), denen sich Kalabrier und Salentiner anschlossen. Messapier und Peuketier sind der Überlieferung nach Illyrer.

ZEITSKALA

200 000 Altsteinzeit: Mann von Altamura

Venus von Parabita

1300 Dolmen della Chianca und megalithische Grabstätten

900 Eisenzeit: Teilung in die Gebiete der verschiedenen Volksgruppen

200 000 v. Chr. | **9000** | **6000** | **3000** | **1000** | **700**

9000 Jungsteinzeit: Höhlenmalereien und Skulpturen

6000 Neolithikum: Kultur der geprägten und der bemalten Keramik

1600 Bronzezeit: mykenische Keramik und Megalithkultur

◁ **Fresko im byzantinischen Stil in der Apsis der Kirche Santo Stefano in Soleto in der Nähe von Lecce**

Griechische Zeit

Skyphos, eine altgriechische Trinkschale

Ab dem 8. Jahrhundert v. Chr. begann Griechenland mit der systematischen Kolonisation der Küstenregionen Unteritaliens. In dieses von Messapiern und Iapygern bewohnte Gebiet strömten griechische Siedler, die ihre Heimat wegen Überbevölkerung und Mangel an Ackerland verlassen hatten. An strategisch günstigen Orten gründeten sie Siedlungen, 706 v. Chr. auf einer Landzunge zwischen zwei Meeresarmen auch *Taras* (Tarent). In der Folgezeit weiteten die Griechen ihr »Magna Graecia« weit ins Hinterland und bis nach Sizilien aus. Tarent entwickelte sich zur Machtbasis der Griechen in Unteritalien und erlebte eine Blütezeit. Im Zuge der Expansion des Römischen Reichs kam es zum Krieg, in dessen Verlauf die Römer Tarent besetzten. 123 v. Chr. wurde die Stadt Teil einer römischen Kolonie *(colonia Neptunia)* und 89 v. Chr. als *municipium* mit dem Namen Tarentum in das Römische Reich integriert.

In Magna Graecia um Tarent bildeten sich in der Zeit der Hochblüte der Stadt kleine und mittlere landwirtschaftliche Anwesen. Nach griechischem Vorbild widmeten sich die Bauern den Tätigkeiten, für die Apulien bis heute bekannt ist: Schafzucht sowie Anbau von Oliven, Reben, Feigen Getreide und Gemüse.

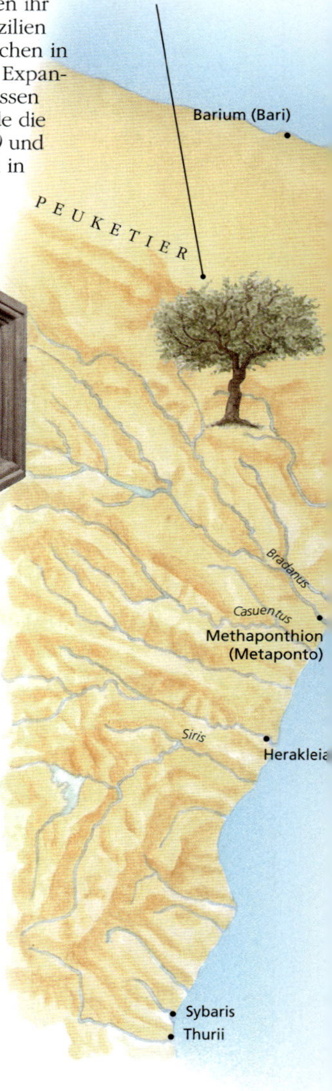

Archytas *war Mathematiker und Philosoph der pythagoräischen Schule. Er regierte Tarent von 367 bis 361 v. Chr. Ihm schreibt man die Begründung der wissenschaftlichen Mechanik und Erfindungen wie die der Schraube, der Riemenscheibe und einer fliegenden mechanischen Taube zu. Er soll zudem der Erste gewesen sein, der die arithmetische Progression von der geometrischen unterschied.*

Pyrrhus

Pyrrhus (319–272 v. Chr.), König in Epeiros (306–302 und 297–272 v. Chr.), wurde von Tarent gegen Rom zu Hilfe gerufen. Mit der Entsendung von Kriegsschiffen vor die Küste von Tarent hatte Rom den zwischen beiden geschlossenen Vertrag von 303 verletzt. Nach ersten Siegen bei Herakleia (280) und Ausculum (Ascoli Satriano, 279) begab sich Pyrrhus zum Kampf gegen die Karthager nach Sizilien, musste aber bald zurückkehren. Er wurde von den Römern bei Malventum (275) geschlagen, das seitdem Beneventum heißt. Ohne seinen Plan verwirklicht zu haben, auf Kosten Roms und Karthagos eine griechische Herrschaft zu errichten, starb er beim Versuch, Argos einzunehmen. Unterdessen ergab sich Tarent den Feinden. Noch heute heißen verlustreiche Scheinsiege »Pyrrhussiege«.

***Byssos und Purpur** gehörten zu den begehrten Produkten aus Tarent. Byssos sind Fäden, die aus dem Sekret bestimmter Muscheln gewonnen wurden, aus denen man einen hauchdünnen Stoff webte. Purpur dagegen ist ein Farbstoff, der aus Purpurschnecken gewonnen wird. Mit dem von den Phöniziern entdeckten Pigment wurden Stoffe gefärbt, die dadurch äußerst kostbar wurden.*

***Zu den Kunstformen**, die bei den Tarentinern besonders beliebt waren, gehörte zweifellos die Goldschmiedekunst. Vor allem Ohrringe wurden in großer Zahl gefertigt und stellten raffinierte und sehr fantasievolle Schmuckstücke dar.*

***Neben der Herstellung** von Schmuck und vielen anderen Waren war Tarent auch als Umschlagplatz für achäische Keramik und kostbare Terrakotten bekannt. Auf dem Foto (links) ein* Pas de deux *des 3. Jahrhunderts v. Chr., der im Archäologischen Museum in Tarent aufbewahrt wird.*

Auch Brindisi kam zu Beginn des 5. Jahrhunderts unter Tarentiner Einfluss, löste sich aber mithilfe Athens nach kurzer Zeit davon. Dann herrschten hier die Römer. Sie stellten in der Stadt am Ende der Via Appia eine symbolträchtige Säule auf.

Zu den berühmten Monumentalstatuen auf der Agora von Tarent gehörten *Zeus*, 40 Ellen hoch, der von dem Erzgießer Lisippos geschaffene *Herakles* (Quintus Fabius Maximus verbrachte die Statue später nach Rom) und die *Thronende Europa* von Pythagoras aus Reggio.

Dorische Säulen in Tarent

Tarents Blütezeit

Das 4. Jahrhundert stellte in vieler Hinsicht die Hochblüte der Stadt dar – künstlerisch, städtebaulich, wirtschaftlich und politisch. Tarent wurde ein wichtiger Hafen für Schiffe aus dem Orient. Die eigene Flotte rivalisierte mit der römischen. Der Handel florierte, Waren wurden ins gesamte Mittelmeergebiet exportiert – darunter der berühmte Schmuck, Keramiken, Stoffe, Wein und Öl. Legendär sind Tarents monumentale Statuen auf der Agora und seine Athleten, die sich bei den griechischen Spielen hervortaten.

Kultur der Iapyger und Ankunft der Griechen

Im 8. Jahrhundert v. Chr. wurde in einer Periode griechischer Expansion nach Unteritalien die spartanische Kolonie Tarent gegründet. Tarent gehörte neben Sybaris zu den ersten Städten dieser Region, die Ausgangspunkt systematischer Hellenisierung wurden, andererseits aber zu kultureller Blüte gelangten. Dies belegen die messapischen Inschriften mit griechisch-tarentinischen Buchstaben und die Mauern, mit denen sich alle Städte des Salento umgaben. Die iapygische Kultur blieb weitestgehend erhalten. Zeugnisse hierfür sind die polychromen Keramiken mit geometrischen Mustern und die sipontischen Grabstelen des 7. und 6. Jahrhunderts v. Chr., die als daunische Stelen bekannt sind. Die Daunier von Arpi, Ausculum, Herdonia, Salaria und Siponto waren auch weniger von griechischer Kultur durchdrungen als Teile Peuketiens und Messapiens. Bemerkenswert ist, dass sich in einigen Fällen die Beziehungen zur hellenischen Welt in Opposition zu Tarent gestalteten: Die Messapier etwa halfen Athen bei der Belagerung des korinthischen Syrakus (414–413 v. Chr.), was die Tarentiner verweigerten. In der Zeit bis zur Ankunft der Römer ereigneten sich noch zahlreiche Konflikte, wie etwa der von 473 v. Chr., als das mit Reggio verbündete Tarent von den Iapygern geschlagen wurde. Darüber hinaus kam es zu Auseinandersetzungen mit einigen anderen großgriechischen Kolonien, etwa mit Thurii um den Besitz von Siris: Aufgrund des Krieges zwischen diesen beiden Städten (444–433 v. Chr.) wurde die Kolonie Herakleia gegründet, die dann unter tarentinischen Einfluss geriet.

Daunische Stele einer Frauenfigur

Eroberung durch Rom

Im 6. Jahrhundert v. Chr. – in dem aus der reichen Vasenproduktion die Keramik von Gnathia mit lebhaftem Dekor auf schwarzem Grund herausragt – zeigte Rom das erste Mal in Apulien Präsenz. Dort existierten verschiedene Interessenssphären: die griechischen Städte Tarent, Callipolis und Neapolis (Polignano), die Iapyger illyrischer Herkunft und nördlich des Ofanto die Daunier, die oft an Auseinandersetzungen, aber auch an Verschmelzungen mit der samnitischen Welt interessiert waren. Rom besetzte Lucera (314 v. Chr.) im Tavoliere und gründete eine Kolonie. Es be-

Mauern der Messapier gegen den Vormarsch der Griechen

ZEITSKALA

444–433 Krieg zwischen Thurii und Tarent

414–413 Belagerung von Syrakus mit Beteiligung der Messapier

244 Kolonie von Brindisi

314 Besetzung von Lucera

600 v. Chr. | **500** | **400** | **300**

8. Jahrhundert Gründung von Tarent

473 Die Iapyger schlagen Tarent und Reggio

Büste des Pyrrhus

275 Pyrrhus' Niederlage: Tarent wird römisch

Erinnerungssäule auf dem Feld der Schlacht von Cannae zwischen Römern und Karthagern

gann nun auf Tarent Druck auszuüben. Nachdem Kleonymos und Agathokles um Hilfe ersucht wurden, gelang es auch Pyrrhus trotz erster Erfolge nicht, die Eroberung der Stadt durch die Römer (275 v. Chr.) zu verhindern. Wie viele messapische Zentren war auch Tarent gezwungen, dem Machtbereich Roms beizutreten, der bereits mehrere daunische Orte umschloss. Nach dem Sieg Hannibals im Zweiten Punischen Krieg bei Cannae am 2. August 216 v. Chr., bei dem die karthagische Schlachtordnung absichtlich in der Mitte zurückwich, um dann die Römer von den Seiten mit der Kavallerie anzugreifen, verbündeten sich viele apulische Städte mit Karthago. Aber Rom gewann bald wieder die Oberhand. Dieselben Städte kämpften danach etwas über ein Jahrhundert später (90–88 v. Chr.) um das römische Bürgerrecht.

Römische Epoche

Als Teil der zweiten Augusteischen Region *(Apulia et Calabria)* erlangte Apulien in der Kaiserzeit Wohlstand durch seine landwirtschaftlichen Produkte (Öl, Wein, Getreide), vor allem aber durch seine Lage: Es war Drehscheibe für den Handel mit dem Orient und Ausgangspunkt der schnellsten Route dorthin. Von fundamentaler Bedeutung für die Entwicklung der Region wurde daher die Via Appia, die mit der Via Traiana die Direktverbindung mit Rom herstellte. Die auf einer schon von den Etruskern benutzten Route erbaute erste Heerstraße berührte die Orte Capua (312 v. Chr.), Benevent (um 268 v. Chr.) und Tarent (Gracchenzeit) und endete in Brindisi, das als Hafen zum Osten bedeutsam war. Die 109 n. Chr. eingeweihte Via Traiana dagegen nahm östlich von der Via Appia eine neue Route von Benevent nach Brindisi. Sie verlief durch Aecae (Troia), Herdonia, Canusium, Rubi, Butuntum, Barium und, entlang der Küste, durch Gnathia und war auch im Winter benutzbar. Zeugnisse dieser Zeit finden sich vor allem in Lecce und Brindisi, den Zentren, die den ehemals bedeutenden Orten Tarent und Arpi den Rang abgelaufen hatten.

Spuren römischer Kultur in Herdonia

Bildnis Hannibals

218–201
Zweiter Punischer Krieg

Meilenstein an der Via Traiana

200 | **100** | **0** | **100 n. Chr.**

2. August 216
Schlacht bei Cannae

90–88
Revolte der Städte um das römische Bürgerrecht

109
Einweihung der Via Traiana

Friedrich II., der *Stupor Mundi*

Stempel mit dem Bildnis Friedrichs II.

Friedrich II., der von Zeitgenossen und Historikern viel diskutierte Herrscher, prägte mit seiner starken Persönlichkeit Politik und Kultur des 13. Jahrhunderts. Er verkörperte zum letzten Mal die universale Idee des mittelalterlichen Kaisertums, die danach nur noch als utopischer Traum von Einheit und Frieden weiterlebte. Er verlieh dem Dialog zwischen den sich im Süden verflechtenden griechischen, lateinischen und arabischen Kulturen starke Impulse. Friedrich II. förderte etwa die lateinische Übersetzung der Werke Averroes' sowie naturphilosophische Studien, Kunst und Architektur – berühmt sind seine Kastelle – und tat sich als großzügiger Mäzen hervor.

***Nach dem Aufbruch zum 6. Kreuzzug** 1227 in Otranto musste Friedrich II. wegen einer Epidemie umkehren und wurde exkommuniziert. Im folgenden Jahr brach er wieder auf und schloss mit Sultan al-Kamil den Vertrag von Giaffa, mit dem Jerusalem, Bethlehem und Nazareth für zehn Jahre in christliche Hand zurückkehrten.*

***Pier della Vigna**, geboren 1190, war Kanzler Friedrichs II., wurde aber 1246 wegen seiner angeblichen Beteiligung an einer Verschwörung verurteilt. Der Überlieferung nach, die Dante im 13. Gesang des* Inferno *aufnimmt, nahm er sich im selben Jahr das Leben.*

Friedrich II. schrieb 30 Jahre an der Abhandlung *De arte venandi cum avibus* (»Von der Kunst, mit Vögeln zu jagen«). Die Miniatur ist einer französischen Kopie entnommen, die in der Bibliothèque Nationale in Paris aufbewahrt wird.

FRIEDRICH II.

1197 Tod des Vaters

1198 Tod der Mutter. Am 17. Mai Krönung Friedrichs zum König von Sizilien unter der Vormundschaft von Papst Innozenz III.

1212 In Frankfurt Wahl zum König von Deutschland

1220 Kaiserkrönung durch Honorius III.

1227–1241 Papst Gregor IX.

1228 Wiederholt Kreuzzug

1229 Vertrag von Giaffa

1237 Besiegt die Lombardische Liga

1243–1254 Papst Innozenz IV.

1244 Die Muslime erobern Jerusalem zurück

1190 | **1200** | **1210** | **1220** | **1230** | **1240** | **1250**

1194 in Iesi geboren

1198–1216 Papst Innozenz III.

1209 Heiratet Konstanze d'Aragon

1216–1227 Papst Honorius III.

1224 Gründet Universität Neapel

1225 Heiratet Isabella di Brienne

1226 Reichstag von Cremona. Bestätigt Autorität der Kommunen

1227 Aufbruch zum Kreuzzug, Umkehr und Exkommunikation

1230 Widerruf der Exkommunikation

1239 Erneute Exkommunikation

1248 Niederlage bei Parma

1250 Tod am 13. Dezember in Castel Fiorentino bei San Severo

***Der Kampf zwischen Guelfen und Ghibellinen**, d. h. zwischen dem Papsttum und den oberitalienischen Städten mit Friedrich II., brach bei der Rückkehr vom Kreuzzug aus. Nach der Vertreibung der Papsttruppen aus dem Süden und der Niederschlagung einiger Aufstände besiegt das kaiserliche Heer in der zweiten Phase des Konflikts den Städtebund im Norden. Doch der Kampf zwischen den Verteidigern der Papstmacht und den Anhängern des römischen Rechts und der Kaiserehre endet mit mehreren Niederlagen Friedrichs II. (links die bei Parma 1248, aus der* Chronica *von Giovanni Villani).*

Der Hof Friedrichs II.

Am Hof des Herrschers weilten Persönlichkeiten wie Leonardo Fibonacci, einer der berühmtesten Mathematiker des Mittelalters. Auch die erste italienische Dichterschule, die sich wie die provenzalischen Troubadoure der Vulgärsprache bediente, blühte hier. Der Kaiser selbst war Autor einiger Traktate, so des berühmten *De arte venandi cum avibus*, dem die zentrale Miniatur auf dieser Seite entnommen ist.

Reichsapfel

Stammbaum

Zweig der Hohenstaufen

Friedrich I. Barbarossa *(Großvater)*

Heinrich VI. *(Vater)*

Zweig der Altavilla

Roger II. *(Großvater)*

Konstanze *(Mutter)*

Friedrich II. Hohenstaufen

Ehefrauen

- Konstanze d'Aragon
- Isabella di Brienne
- Isabella von England

Söhne

- Heinrich (VII.)
- Konrad IV.
- Heinrich

uneheliche Söhne

- Enzio
- Manfred
- Friedrich

Byzantiner, Langobarden, Araber

Beim Fall des Weströmischen Reichs (476 n. Chr.) wurde Apulien, das dem Machtbereich von Byzanz angehörte, zum Schlachtfeld zwischen diesem und der römisch-germanischen Welt. Dem Ostreich gelang es, die Goten zurückzudrängen, nicht aber die Langobarden, die im 7. Jahrhundert wiederholt aus dem Herzogtum Benevent einfielen. Sie eroberten Brindisi, Tarent und Bari und ließen den Byzantinern nur den Salento, Gallipoli und Otranto. In Italien wuchs indessen die Macht der Kirche Roms, die immer stärker in Einflussbereiche der Byzantiner vordrang. Byzanz sah sich auch vom Expansionsdrang der Araber bedroht, die im 9. Jahrhundert in der Region auftauchten. Sie profitierten von den inneren Zwistigkeiten der Langobarden und gründeten in Tarent und Bari Emirate. Den Byzantinern gelang es dennoch am Ende des Jahrhunderts, die regionale Vorherrschaft wiederherzustellen und die folgenden 200 Jahre zu halten.

Darstellung der Ankunft einer arabischen Handelskarawane

Von der Hauptstadt Bari, dem Sitz des Katapans, kontrollierten die Byzantiner auch die Basilikata, Kalabrien und die schwachen langobardischen Fürsten. Die apulischen Städte erhoben sich trotzdem unter der Führung von Melo da Bari (1009–18) und versuchten sich von der Herrschaft Byzanz' zu befreien. Die Aufstände, die von Kaiser Basilius II. unterdrückt wurden, öffneten den Normannen das Tor zur Region: Sie mischten sich zu Beginn nur mit kleineren Söldnergruppen in die lokalen Streitigkeiten ein und kämpften schließlich auf eigene Faust.

Normannisches Zeitalter

Den Normannen gelang der Sturz der arabischen und byzantinischen Herrschaft und die Wiedervereinigung Süditaliens. Als Erstes nahmen sie die Grafschaft Aversa in Besitz, die Rainulf Drengot übertragen wurde. Nach der Familie Drengot waren die Brüder Hauteville an der Reihe: Wilhelm, genannt »Eisenarm«, wurde Graf von Apulien (1042); Robert, genannt »Guiscard«, wurde von Papst Nikolaus II. der Titel Herzog von Apulien und Kalabrien (1059) und auch des arabischen Sizilien verliehen, dessen Wiedereroberung durch Roger I. 1091 abgeschlossen war. Sein Sohn Roger II. wurde 1128 Herzog und 1130 König von Sizilien. Die normannische Herrschaft brachte eine gewisse politische Stabilität. Sie führte zum Wiederaufblühen des Handels und der guten Beziehungen zu Venedig, zur Errichtung vieler Kirchen und Profanbauten und zur Entfaltung der Küstenstädte,

Relief im arabisch-normannischen Stil (12. Jh.)

ZEITSKALA

476 Fall des Weströmischen Reichs

7. Jahrhundert Ständiges Vorrücken der Langobarden in Apulien

8. Jahrhundert Angriff Roms und der Araber auf die byzantinische Vorherrschaft

9. Jahrhundert Arabische Emirate in Tarent und Bari

10. Jahrhundert Neue byzantinische Vorherrschaft: Gründung des Militärbezirks Langobardia

600 | 700 | 800 | 900

Der byzantinische Hof

Robert Guiscard wird von Papst Nikolaus II. zum Herzog von Apulien und Kalabrien gekrönt

die für Kreuzfahrer und den Handel mit dem Heiligen Land bedeutsam waren. Der Feudalismus wurde eingeführt, als Oberitalien gerade am Wiedererstehen der Kommunen interessiert war. Es fehlte nicht an Bürgeraufständen, die unter Wilhelm I. mit der Teilzerstörung Baris (1156) endeten. Der Streit um die Nachfolge Wilhelms II. des Guten, der 1189 kinderlos starb, ließ schließlich die Herrschaft von den Normannen auf die Staufer übergehen: Heinrich VI., Sohn Friedrich Barbarossas und Gatte von Konstanze d'Hauteville, wurde 1194 zum König von Sizilien gekrönt.

Stauferdynastie

Der Staufer Friedrich II., Sohn Heinrichs VI., musste für die Anerkennung der Krone durch den Papst Verpflichtungen eingehen. Er gründete seine Politik auf den Vorsätzen, die Ambitionen Roms einzudämmen, die oberitalienischen Städte wieder unter seinen Einfluss zu bringen und das von den Normannen geerbte Reich neu zu ordnen. Für den gesamten Süden und Apulien wurde administrative und richterliche Effizienz sichergestellt, zudem wurden die Kräfte gegen den städtischen und feudalen Partikularismus gebündelt. Hierzu dienten die 1231 erlassenen Konstitutionen von Melfi. Widrige Umstände stellten sich den Plänen Friedrichs entgegen, der bei seinem Tod 1250 einen geordneten, doch durch die Kriege geschwächten Staat hinterließ. Die Pläne des Papstes kollidierten nun mit den Ansprüchen Manfreds, des natürlichen Sohnes Friedrichs, der die Macht übernahm und die ghibellinische Politik des Vaters fortsetzte. Rom suchte einen neuen Verbündeten und fand ihn in Karl von Anjou, einem Bruder des französischen Königs Ludwig IX. Karl zog nach Kalabrien, schlug 1266 die Staufer bei Benevent und tötete Manfred. Er erhielt die Krone Siziliens und verlieh der Guelfenpartei neue Macht. Der Hof zog von Palermo nach Neapel um. Der letzte Versuch, die kaiserliche Macht wiederherzustellen, endete mit Niederlage und Enthauptung Konradins (1268), des letzten Staufers.

Das Kastell in Manfredonia, das Manfred gemeinsam mit der Stadt errichten ließ, die seinen Namen trägt

1000

1030 Erstes normannisches Lehen an die Drengot

1042 Wilhelm d'Hauteville gründet die normannische Grafschaft Apulien

1060–91 Normannische Eroberung Siziliens

1088 Trennung in Herzogtum Apulien und Kalabrien und Fürstentum Tarent

1100

1128 Roger II. Herzog von Sizilien und Apulien

1130 Roger II. König von Sizilien und Apulien

1186 Heinrich VI. heiratet Konstanze d'Hauteville

1194 Heinrich VI. König von Sizilien

1198 Friedrich II. König von Sizilien

1200

1231 Konstitutionen von Melfi

1258 Manfred König von Sizilien

1265 Einfall Karls von Anjou

1266 Schlacht von Benevent

1268 Tod des letzten Staufers

Von den Anjou zum Haus Aragon

Karl von Anjou knüpfte an die Stauferpolitik an und setzte sich zum Ziel, in Süditalien ein ausgedehntes Reich zu schaffen. Das arrogante Gebaren der neuen Machthaber und die Verlagerung des politischen und ökonomischen Zentrums nach Westen lösten jedoch überall Unzufriedenheit aus. Sie gipfelte in der Sizilianischen Vesper. Das angevinische Sizilien kam 1302 an Manfreds Schwiegersohn Peter von Aragon. Auf Karl folgte 1309 Robert von Anjou, dessen Regierungszeit besonders stark von Unstimmigkeiten geprägt war. Zwistigkeiten zwischen den verschiedenen Zweigen der Anjou (Ungarn, Tarent, Durazzo, Frankreich), Spannungen mit den Mächtigen von Aragon und Aufstände der Lehnsherren von Trani und Tarent (mit den Orsini del Balzo Hauptstadt eines großen Fürstentums) schufen ein Klima der Instabilität. Diese Periode endete erst 1442, als es Alfons dem Großmütigen, König von Aragon und Herrn von Sizilien und Sardinien, mit der Hilfe Filippo Maria Viscontis gelang, Unteritalien an sich zu bringen und so das Reich zu vereinen. Das traditionell nach Osten gewandte Apulien sah sich von der Verlagerung der Interessen nach Spanien bedroht. Zu den sozialen Konflikten gesellte sich bald der Expansionsdrang der französischen Könige. Der Aufstand der Lehnsherren brach unter Alfons I. aus, ging aber unter seinem Nachfolger Ferdinand I. dem Katholischen weiter. Dieser heiratete 1469 Isabella von Kastilien und vereinigte so die spanischen Reiche.

Robert von Anjou, König von Neapel

Die spanischen Jahrhunderte

Der französische König Karl VIII., Erbe der Rechte der Anjou, zog 1495 nach Neapel und zerstörte so die Machtbalance in Italien. Gegen ihn erhob sich eine von Ferdinand und Isabella organisierte Liga, die den Nachfolger Karls, Ludwig XII., zwang, sich den Spaniern zu beugen. Es war nur der Beginn des langwierigen Machtwechsels zwischen den beiden Häusern, der mit dem Waffenstillstand von Lyon 1504 und der Vormacht der Spanier endete. Karl V., 1516 König von Spanien und 1519 Kaiser, war es dann, der die Vorherrschaft bis ins 18. Jahrhundert sicherte. Apulien wurde neu geordnet und in drei Zonen geteilt: in die Capitanata (mit Molise) sowie die Provinzen Bari und Otranto. Die Zeit als Kolonie, die jetzt ganz Unteritalien umfasste, war eine Periode des Niedergangs. Antispanische Tendenzen traten wiederholt zutage, auch weil im allgemeinen Krisenklima Europas

Karl VIII., der französische König, der sich der Macht Spaniens in Süditalien entgegenstellte

ZEITSKALA

Alfons von Aragon

1300

- **1302** Ende des Vesperkrieges: mit dem Frieden von Caltabellotta fällt Sizilien an Aragon
- **1309** Robert von Anjou besteigt den Thron
- **1398** Raimondo Orsini del Balzo erhält das Fürstentum Tarent

1400

- **1421** Johanna II. von Anjou ernennt Alfons von Aragon zum Erben
- **12. Juni 1442** Alfons von Aragon erobert Neapel

1450

- **1462** Ferdinand I. siegt über die Barone
- **1495** Karl VIII. erobert Neapel
- **1500** Vertrag von Granada: Neapel an Spanien

1500

- **1503** Ludwig XII. besetzt Neapel
- **1504** Waffenstillstand von Lyon: Neapel kommt wieder zu Spanien
- **1516** Karl V. König von Spanien

Ferdinand von Aragon und Isabella von Kastilien auf einer Miniatur des 14. Jahrhunderts

die Steuerbelastung, Hungersnöte und Seuchen merklich zunahmen. Es kam zu Aufständen. Am bedeutsamsten war der von Masaniello (1647) – er brach in Neapel aus und dehnte sich über das ganze Reich aus.

Habsburg und Bourbon

Der Spanische Erbfolgekrieg löste die Ordnung Süditaliens auf. Ein österreichisches Heer durchquerte 1707 Italien und besetzte mühelos den Süden. Nach den Verträgen von Utrecht und Rastatt (1713/14) bemächtigte sich Karl VI. von Österreich-Habsburg Neapels und Sardiniens. Unter den Habsburgern verbesserte sich die wirtschaftliche Lage Apuliens: Mit der Ankurbelung des Adria- und Mittelmeerhandels stieg die Bedeutung seiner Häfen. Aber die Österreicher unterlagen in der Schlacht bei Bitonto und mussten im Frieden von Wien (1738) das Königreich Neapel und Sizilien an Karl III. von Bourbon abtreten. Nach dem Frieden von Aachen, der den Österreichischen Erbfolgekrieg (1740–48) beendete, begann ein 50-jähriger Friede, in dem man das lange verlorene Gefühl der Einheit wiederherzustellen versuchte. Mit Palmieri, Briganti und anderen trug auch Apulien seinen Teil zur Erneuerung des Reiches bei, das unter Karl eine Epoche der Reformen erlebte. Wichtige Beiträge hierzu stammten von dem Ökonomen Antonio Genovesi und dem Minister Bernardo Tanucci, der die feudale und kirchliche Übermacht bekämpfte. Außer Finanzreformen wurde eine Umstrukturierung der Landwirtschaft im Tavoliere in Angriff genommen, auch wenn das auf die wirtschaftliche Lage der Bewohner kaum Auswirkungen hatte. Als Karl 1759 nach Spanien ging, setzte Tanucci seine Arbeit für den minderjährigen Ferdinand IV. fort. Aber der Drang zur Erneuerung, der die jakobinische Revolution vorbereitete, schwächte sich ab und kam in den letzten Jahrzehnten des Jahrhunderts zum Erliegen.

Karl III. von Bourbon, der aufgeklärte Herrscher, unter dem Apulien eine Zeit der Ruhe erlebte

1556–98 Regierung Philipps II., des Nachfolgers Karls V.

1647 Aufstand von Masaniello

1713–14 Frieden von Utrecht und Rastatt

1759 Ferdinand IV. folgt Karl unter der Vormundschaft Bernardo Tanuccis nach

1550 | 1600 | 1650 | 1700

Karl V.

17. Jahrhundert Neuordnung Apuliens in Capitanata, Provinz Bari und Provinz Otranto

1656 Pestepidemie

1738 Frieden von Wien. Neapel und Sizilien an Karl von Bourbon

Gioacchino Murat, Napoléons Schwager und König von Neapel, während der französischen Herrschaft

Von Napoléon zur Einheit Italiens

Das Echo der Französischen Revolution, das in Neapel zur Gründung der Repubblica Partenopea (1799) führte, drang auch nach Apulien. 1806 eroberte jedoch Napoléon das Königreich Neapel, das erst seinem Bruder Joseph und zwei Jahre später seinem Schwager, General Murat, übertragen wurde. Großgrundbesitz wurde abgeschafft, nach dem Wiener Kongress und der Rückkehr Ferdinands von Bourbon aber wieder eingeführt. Dies verursachte Aufstände (u.a. in Foggia 1820, Manfredonia, Lucera, Bisceglie) und schürte Konflikte zwischen den bäuerlichen Massen und den Grundherren. Die Lage änderte sich auch nicht, als sich Apulien 1861 per Volksentscheid der neu gegründeten konstitutionellen Monarchie Italien anschloss. Der Beitritt Apuliens war ein wichtiger Schritt bei der Einigung Italiens.

Der apulische Intellektuelle Gaetano Salvemini

Trotz der immer noch anhaltenden Unzufriedenheit breiter Bevölkerungsschichten gab es allerdings auch positive Aspekte in einer Region, die im süditalienischen Kontext geradezu dynamisch erschien: Die Ausfuhren stiegen (v.a. im Bereich Weinbau), Eisenbahnverbindungen zum Rest Italiens entstanden (u.a. die Adrialinie Lecce–Bologna). Im Frühjahr 1898 wurden neue Bauernunruhen von General Luigi Pelloux unterbunden. 1902 entstand auf Betreiben der Sozialisten die Föderation der Landarbeiter. Die starke Abwanderung ins Ausland wurde inzwischen von einem Umbau der apulischen Wirtschaft begleitet, die nicht mehr ausschließlich an die Landwirtschaft gebunden war. Obwohl in seinen Häfen Teile der italienischen Flotte vor Anker lagen, wurde Apulien im Ersten Weltkrieg von Angriffen verschont. Allerdings starben viele Männer aus der Region an der Front.

Die Jahre des Faschismus

Der Faschismus breitete sich – von Grundbesitzern, aber auch von Intellektuellen und Gewerkschaftern unterstützt – schon ab 1920 aus. Es fehlte jedoch nicht an Gegnern wie Gaetano Salvemini, der später aus Italien fliehen musste. Apulien galt in der Hochzeit des Regimes als eine Modellregion: Bedeutende Projekte

ZEITSKALA

Jan–Juni 1799 Republik Partenopea

1808 Das Königreich Neapel geht an Murat

1815 Wiener Kongress: Murat wird erschossen

1816 Formelle Gründung des Königreichs beider Sizilien

1800 — 1850 — 1900 — 1920

1860 Zug der Tausend unter Führung von Giuseppe Garibaldi

Giuseppe Garibaldi

1902 Bildung der Föderation der Landarbeiter

1914–18 Erster Weltkrieg

1920 Bauernaufstände gegen die Großgrundbesitzer

1925/26 Errichtung des faschistischen Regimes

wurden umgesetzt, wie die am Mitte der 1930er Jahre fertiggestellten apulischen Aquädukt, am Hafen, an der Seepromenade Nazario Sauro und der Fiera del Levante in Bari und in der Landwirtschaft im Tavoliere. Diese Landschaft im Nordwesten Apuliens entwickelte sich zum wichtigsten Weizenanbaugebiet in ganz Italien, der Agrarsektor lag in der Hand einiger Großkonzerne.

Während des Zweiten Weltkriegs wurden mehrere apulische Städte – vor allem Foggia, Bari, Brindisi und Tarent – von den Alliierten bombardiert, die Infrastruktur der Region nahm insgesamt jedoch nur wenig Schaden. Nach dem Sturz von Staatschef Mussolini und dem Waffenstillstand residierten der König und die Regierung Italiens für kurze Zeit in Brindisi. Von diesem provisorischen Amtssitz aus erklärten die italienischen Machthaber Deutschland, unter dessen Kontrolle die nördliche Hälfte des Landes stand, den Krieg. Nur die apulischen Provinzen, auf die die Ministerien verteilt waren, standen de facto bis Januar 1944 unter italienischer Verwaltung.

Wappen der Republik Italien, deren Verfassung am 1.1.1948 in Kraft trat

1950er Jahre bis heute

Nach dem Kriegsende und der Abdankung des Königs Emanuel III wurde die Republik Italien gegründet. (Beim Referendum über die neue Staatsform am 2. Juni 1946 votierte Apulien – wie fast der gesamte Süden Italiens – für den Erhalt der Monarchie.)

Die folgenden Jahrzehnte waren von starker Abwanderung in den Norden Italiens geprägt, der in den 1960er Jahren auch die Gründung großer Produktionsbetriebe wie der Stahlhütte Italsider in Tarent und einer Großraffinerie in Brindisi kaum entgegenwirken konnte. In den vergangenen Jahrzehnten wurde vor allem der Dienstleistungssektor gezielt gefördert. Ein großer Teil des investierten Kapitals – darunter Subventionen seitens der EU – kam dem Fremdenverkehr zugute. Machten lange Zeit vorwiegend Italiener in Apulien Urlaub, begrüßt die Region längst auch Besucher aus anderen Ländern. Ende der 1990er Jahre war Apulien Ziel vieler Kosovo-Albaner, die ihre Heimat wegen des dort herrschenden Bürgerkriegs verlassen mussten. In den letzten Jahren verzeichnete Apulien eine starke Zunahme illegaler Einwanderer.

Aus Teilen der Provinzen Bari und Foggia wurde 2004 die Provinz Barletta-Andria-Trani gegründet.

Illegale Zuwanderer aus dem Osten gehen in Apulien an Land, nachdem sie die Küstenwache entdeckt hat

1930 Eröffnung der Fiera del Levante
1940 Italien tritt in den Krieg ein
Sep 1943 Flucht des Königs und Badoglios nach Brindisi
2. Juni 1946 Referendum zur Staatsform
1990er Jahre Ausbau des Dienstleistungssektors (v. a. Tourismus)
Juli 2007 Verheerende Waldbrände im Gargano

1940 | 1960 | 2000 | 2020

1961 Italsider in Tarent gegründet
1950 Landreform und Cassa per il Mezzogiorno
Juli 1943 Sturz Mussolinis und Regierung Badoglio
2004 Gründung der Provinz Barletta-Andria-Trani
2001 Zustrom illegaler Zuwanderer nimmt zu

General Badoglio

Die Provinzen Apuliens

Apulien im Überblick

Das von Meer umgebene Apulien ragt im Südosten wie eine Halbinsel in das Mittelmeer. Die Region bietet ein breites Spektrum an faszinierenden Landschaften und vielfältige Kulturen. Dieser Reiseführer ist in vier Zonen unterteilt, die von Nordwesten nach Südosten aufeinander folgen und den gesamten Reichtum Apuliens widerspiegeln. Doch es gibt auch Gemeinsamkeiten: Jede Provinz ist gleichzeitig dem Meer zugewandt und zugleich kulturell im Land fest verwurzelt.

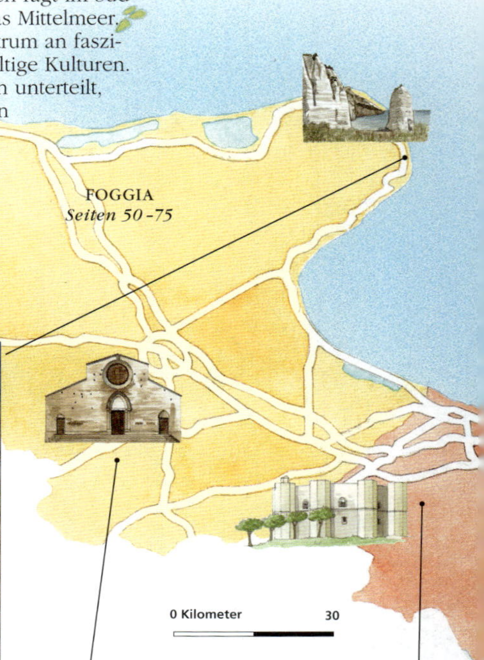

Küste des Gargano
An der steilen und zerklüfteten Küste im Norden Apuliens gibt es viele kleine Dörfer wie Vieste (siehe oben und S. 72). *Bäuerliches Leben und Schutz der Natur sind im Gargano trotz des zunehmenden Fremdenverkehrs zentrale Themen geblieben.*

Romanische Kathedralen
wie die in Bovino *(siehe S. 60)* sind in großer Zahl erhalten. Sie zeigen noch heute viele der für diese Epoche charakteristischen Stilelemente.

Castel del Monte
Dieses Symbol der Epoche Friedrichs II. (siehe S. 104f) *steht in der am dichtesten besiedelten Zone der Region. In der Ferne glitzert das Meer, Richtung Süden erstreckt sich das weite Karstgebiet der Murgia, wo neben den Kastellen viele Gutshöfe* (masserie) *stehen.*

◁ **Die typischen Kegelformen der Trulli-Häuser in der Nähe von Locorotondo *(siehe S. 126–129)***

Polignano a Mare

Die Porta Marchesale ist der Zugang zu diesem Städtchen (siehe S. 95), *einem mittelalterlichen Juwel über dem Meer. Viele Orte sind noch von Mauern umgeben – Zeugen einer uralten Geschichte, die sich dem Besucher in prachtvoller Verbindung mit der Natur darbietet.*

Die Trulli von Alberobello

Weiße Häuser mit den charakteristischen kegelförmigen Dächern (siehe S. 128f) *sind Zeugnisse bäuerlicher Kulturen, die dieses Gebiet besiedelt und schier unglaubliche Wohnformen geschaffen haben (u.a. die im Gebiet von Mottola). Zu entdecken sind auch die beiden wichtigsten Häfen aus griechischer und römischer Zeit.*

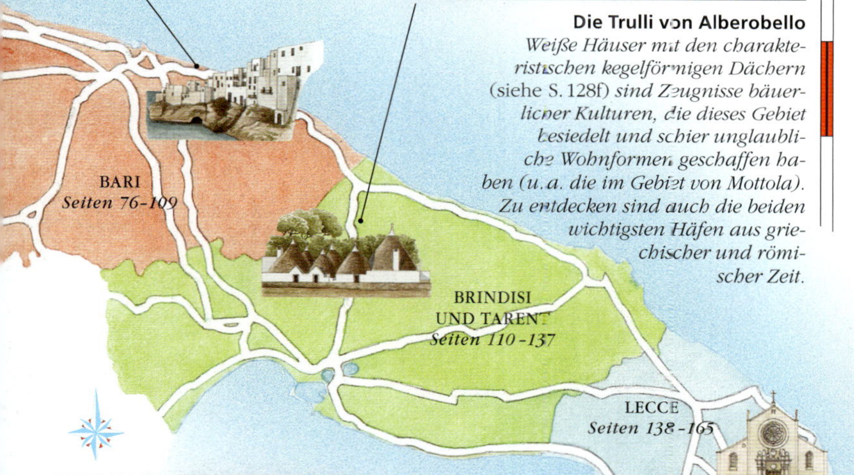

Kathedrale von Otranto

Die von floralen Stilelementen wie Fensterrosen geprägte Romanik ist noch im südlichsten Teil der Region zu finden. Sie steht in starkem Kontrast zum üppigen Dekor des Lecceser Barock (siehe S. 151). *Hohe Kliffe, Höhlen und berühmte Badeorte sind typisch für den Südosten.*

Foggia

Weite Flächen und Ebenen, Berge und Felsen, die steil ins Meer fallen - so lässt sich die Provinz Foggia mit dem berühmten italienischen Stiefelsporn, der Halbinsel Gargano, beschreiben. Doch nicht nur die faszinierende Natur, sondern auch das reiche kulturelle und historische Erbe lockt Natur- und Sportbegeisterte, Kunstliebhaber und Erholungsuchende hierher.

Die Provinz Foggia nimmt den nordwestlichen Teil Apuliens ein. In ihrem Zentrum, inmitten der weitläufigen Tavoliere-Ebene, liegt die Stadt Foggia, die für die Erkundung der Natur, Kunst, Kultur und Historie der Gegend ein guter Ausgangspunkt ist. Von hier aus ist auch die Adria nicht mehr weit. Besuchen sollte man auf jeden Fall den Gargano, eine weit ins Meer vorgelagerte, bergige Halbinsel, und den Subappennino Dauno, ein Ausläufer des Apennin. Über eine Fährverbindung ab Rodi Garganico (oder Termoli) sind außerdem die bezaubernden Tremitischen Inseln bequem erreichbar.

Funde in der Grotta Paglicci und in vielen neolithischen Dörfern weisen darauf hin, dass die Geschichte der Region bis in prähistorische Zeiten zurückreicht. Schon in der Antike gab es erste Städte wie Herdonia und Luceria. Getreidezisternen, Stadtmauern und Ausgrabungen sind teils gut erhaltene Zeugnisse dieser Ära und sollten auf einer Reise durch die Provinz besichtigt werden.

Die Stadt Foggia ist das moderne Zentrum der Provinz. Der Gegenpol dazu ist der Gargano, der mit seiner einzigartigen Natur eher beschaulich ist. Auffallend ist, dass sich hier – wie nirgendwo sonst – endlos scheinende Getreidefelder mit Olivenhainen abwechseln. Früher war die Region deshalb auch als »Kornkammer Italiens« bekannt.

Eine besonders schöne Gargano-Rundreise mit Adriapanorama und zahlreichen einsamen Felsbuchten bietet die kurvenreiche Küstenstrecke über Orte wie Mattinata und Vieste, das sich an der Ostküste der Halbinsel befindet. Ein Highlight ist die Burg mit Panoramablick auf die Adria und den Gargano.

Ein weiterer Anziehungspunkt der Gargano-Halbinsel ist der Monte Sant'Angelo mit der Wallfahrtsstätte San Michele.

Relief im byzantinischen Stil im Architrav des Portals der Kathedrale von Troia

◁ **Auf den Tremiti-Inseln: Blick aus den Felsen von San Domino auf San Nicola** ***(siehe S. 64f)***

Überblick: Foggia

Weite Teile der Provinz Foggia mit der gleichnamigen Hauptstadt werden von der landwirtschaftlich genutzten Ebene des Tavoliere eingenommen. Sie erstreckt sich zwischen dem an Karsterscheinungen reichen Kalksteingebirge des Gargano und den südlichsten Ausläufern des Apennin und gilt als Kornkammer Apuliens. In ihren natürlichen Grenzen, die in etwa dem Lauf des Fortore im Norden, des Ofanto im Süden und dem Kamm zwischen den Quellgebieten der beiden Flüsse im Westen folgen, finden sich sehr unterschiedliche Landschaften: Sand- und Felsstrände, Küstenseen und uralte Wälder. Eindrucksvoll sind auch Dörfer hoch an den Hängen des Apennin und imposante Kastelle. Unter den vielen romanischen Bauwerken ragt die berühmte Kathedrale von Troia besonders hervor.

Typische Landschaft des Subappennino Dauno

In der Provinz Foggia unterwegs

Foggia erreicht man über die Autobahn: über die A14 Bologna–Tarent oder, von Westen, über die A16. Parallel zur A14 führt die SS16 Adriatica durch San Severo, Foggia und Cerignola. Von Foggia gehen sternförmig alle wichtigen Straßen ab. Landschaftlich überaus interessant sind die Gargano-Küstenstraße von Rodi Garganico nach Mattinata, die SS528 durch die Foresta Umbra und der Teil der SS159 von Zapponeta nach Margherita di Savoia. In Foggia treffen sich die beiden Haupteisenbahnlinien: die adriatische, die bis Lecce geht, und die aus Neapel über Benevento. Fast alle Orte der Provinz Foggia sind außerdem mit den Buslinien der Ferrovie del Gargano erreichbar. In Foggia gibt es auch einen Flughafen: Gino Lisa. Zu den Tremiti-Inseln gelangt man das ganze Jahr ab Termoli.

Brachvogel

Weitere Zeichenerklärungen *siehe hintere Umschlagklappe*

…unta dell'Elefante auf San Domino; im Hintergrund San Nicola

Sehenswürdigkeiten auf einen Blick

Bovino 5
Cerignola 6
Foggia S. 54–56 1
Lucera 2
Manfredonia 18
Mattinata 17
Monte Sant'Angelo 12
Nationalpark Gargano S. 66f 9
Naturschutzgebiet Saline di Margherita di Savoia 19
Peschici 15
Rodi Garganico 14
San Giovanni Rotondo 11
San Marco in Lamis 10
San Severo 7
Subappennino Dauno S. 58f 3
Tremiti-Inseln (Isole Tremiti) S. 64f 8
Troia 4
Vico del Gargano 13
Vieste 16

Die Kirche San Francesco in Vieste

SIEHE AUCH

- ***Hotels*** S. 172f
- ***Restaurants*** S. 182f

0 Kilometer 20

LEGENDE

- Autobahn
- Schnellstraße
- Hauptstraße
- Nebenstraße
- Panoramastraße
- Eisenbahn
- Provinzgrenze
- Gipfel

Foggia ❶

Teil eines Hochreliefs, Palazzo del Municipio

Foggia, Herz der historischen Landschaft Capitanata und Kreuzungspunkt wichtiger Straßen und Eisenbahnstrecken, ist mittelalterlichen Ursprungs – die erste Erwähnung stammt aus dem Jahr 1069. Die nahe beim antiken Arpi gelegene Siedlung erhielt ihren Namen von den *foveae* genannten Getreidespeichern. Foggia erlangte rasch an Bedeutung. So wählte Kaiser Friedrich II. *(siehe S. 38f)* den Ort 1223 als Residenz, sein Sohn Manfred wurde hier gekrönt. Die Herrscher des Hauses Aragon bestimmten Foggia 1447 zur Zollstadt, die die Steuer auf die zum Winter in den Tavoliere herunterziehenden Schafherden einzutreiben hatte. Die Bevölkerung Foggias zeigte sich stets entschlossen, z. B. mit der Beteiligung an den Unruhen von 1648 oder Erhebungen gegen die Bourbonen, vor allem aber in der Art, wie es auf seine vielen Zerstörungen reagierte: Nach dem Erdbeben von 1731 baute man viele Gebäude im Stil des Barock wieder auf, auch Bombenschäden im Zweiten Weltkrieg wurden rasch beseitigt. Foggia ist heute Hauptstadt der gleichnamigen apulischen Provinz. Neben traditionell wichtigen Branchen wie Landwirtschaft und Industrie ist mittlerweile auch der Dienstleistungssektor von großer Bedeutung.

Überblick: Foggia

Foggia kann man gut zu Fuß erkunden, die wichtigsten Sehenswürdigkeiten liegen relativ nahe beieinander. Ein beliebter Ausgangspunkt für einen Streifzug durch das Zentrum ist die Kathedrale. Nicht weit entfernt von ihr befinden sich die wichtigsten Denkmäler und die elegantesten Straßen, die von erhabenen Palazzi und schicken Läden gesäumt werden. Nur der Stadtpark Villa Comunale liegt ein wenig abseits der anderen Attraktionen der Provinzhauptstadt.

Kathedrale

Piazza Cattedrale. ☎ *0881 77 34 82.* ◯ *tel. erfragen.*

Die Kathedrale Santa Maria Icona Vetere ist mehrmals umgebaut worden und bietet heute ein im Wesentlichen barockes Äußeres, wie man bereits im oberen Teil der Fassade sieht. Dennoch hat sie sich ihren romanischen Ursprung – sie wurde auf Geheiß Wilhelms des Guten 1172 gegründet – im unteren Teil bewahrt, wo die Blendbogen an analoge Motive in Troia und an der Kirche Santa Maria di Siponto erinnern. Sehr interessant ist auch der skulptierte Kranzfries mit Tierfiguren, wahrscheinlich ein Werk von Bartolomeo da Foggia. Im barocken einschiffigen Inneren mit Kuppel birgt die Kapelle der Icona Vetere das heilige Bildnis der Madonna der Sieben Schleier. Es wurde angeblich 1067 in einem Teich gefunden, auf dem drei Flammen brannten, woran auch das Stadtwappen erinnert. Bemerkenswert sind vor allem die Kapitelle der Krypta von Nicola di Bartolomeo da Foggia aus dem 13. Jahrhundert. Unmittelbar neben der Kirche befindet sich in der ehemaligen Kirche Sta. Maria Annunziata das Diözesanmuseum.

Teil der Fassade der Kathedrale und des gleichnamigen Platzes

Corso Garibaldi

Archivio di Stato, Piazza XX Settembre 3. ☎ *0881 72 16 96.* ◯ *Mo–Fr 8.15–17.30 Uhr, Sa 8.15–13.30 Uhr.* ● *So.*

Palazzo Dogana (Zollamt), Piazza XX Settembre. ☎ *0881 79 14 05.* ◯ *Mo–Fr 10–13 Uhr.*

Am Corso Garibaldi stehen die Paläste der Macht: das Rathaus, der frühere Bürgermeisterpalast und die Präfektur – typische Beispiele der Architektur der 1920er Jahre. An der trapezförmigen Piazza

Fassade des Rathauses aus der Zeit des Faschismus

Hotels und Restaurants in der Provinz Foggia *siehe Seiten 172f und 182f*

XX Settembre befindet sich der Palazzo Filiasi, der Sitz des Staatsarchivs. Der **Palazzo dell'Antica Dogana** gegenüber vom Palazzo Perrone (18. Jh.) erinnert an die lange Geschichte der Schafzucht im Tavoliere. Er wurde nach dem Erdbeben von 1731 unter Leitung Vanvitellis wiedererbaut und war bis 1865 Sitz des Zollamts. Heute residieren hier die Provinzverwaltung und eine Gemäldesammlung.

Via Arpi

Museo Civico, Piazza V. Nigri 1. *0881 81 40 41. tägl. 9–13 Uhr, Di, Do auch 17–19 Uhr.*
Museo del Territorio, Via Fuiani 16. *FAX 0881 71 11 34. Di–So 9–13, 16–21 Uhr.*
Die Straße trägt den Namen der legendären Stadt der Daunier. Arpi wurde der Legende nach von Diomedes gegründet. Es verbündete sich mit den Römern gegen die Samniter und wurde von den Sarazenen im 11. Jahrhundert zerstört. Reste der Stadt verwahrt das **Museo Civico** von Foggia im Palazzo Arpi. In den 1940er Jahren war man bei Ausgrabungen auf hellenistisch-römische Bauten und die Nekropole gestoßen. Das Museum hat auch eine Gemäldegalerie, u.a. mit Werken des Foggianer Historienmalers

Portal des Palastes Friedrichs II. in der Nähe des Palazzo Arpi

Francesco Saverio Altamura (1822–1897). An der Fassade des Palazzos sind die einzigartigen Reste des alten, völlig zerstörten Kaiserpalasts Friedrichs II. zu sehen: die Archivolte des (gemauerten) Eingangs, die sich auf zwei Konsolen in Adlerform stützt, ein Werk von Bartolomeo da Foggia. Die Inschrift erinnert an die Grundsteinlegung (1223).

Die Via Arpi, die die gesamte Altstadt durchzieht, säumen der Palazzo de Vita mit einigen Loggien der Spätrenaissance sowie die Kirchen Santa Chiara (am gleichnamigen Platz), San Tommaso (die älteste der Stadt), Sant'Agostino und San Giovanni di Dio. Am Ende der Via Arpi, Ecke Via Fuiani, steht das **Museo del Territorio**.

INFOBOX

Straßenkarte A1.
153 000. FS Piazza Vittorio Veneto, 89 20 21; Ferrovie del Gargano (Züge und Busse), 0881 72 51 88. A.T.A.F., 0881 75 36 74/5; S.I.T.A., 0881 77 31 17.
Gino Lisa (keine Linienflüge); Fluginformationen (SEAP), 0881 61 03 54. **APT**, *Piazza Moro 33a, 0881 72 31 41.*
www.viaggiareinpuglia.it
Madonna der Sieben Schleier, 22. März, 15. Aug; Internationale Landwirtschaftsschau, Ende Apr–Anfang Mai; Festa dell'Incoronata, letzter Sa Apr; Mariä Himmelfahrt 13.–15. Aug.
www.comune.foggia.it

San Giovanni Battista

Piazza Piano delle Croci.
0881 72 27 81.
9.30–11.30 Uhr.
Am antiken Piano delle Fosse, der einst die unterirdischen Kornspeicher barg, steht die Kirche San Giovanni Battista aus der Zeit um 1700. Draußen ruht auf einer Säule ein aus Stein gemeißeltes Kreuz, zu dem Karl V. den Auftrag gab (16. Jahrhundert).

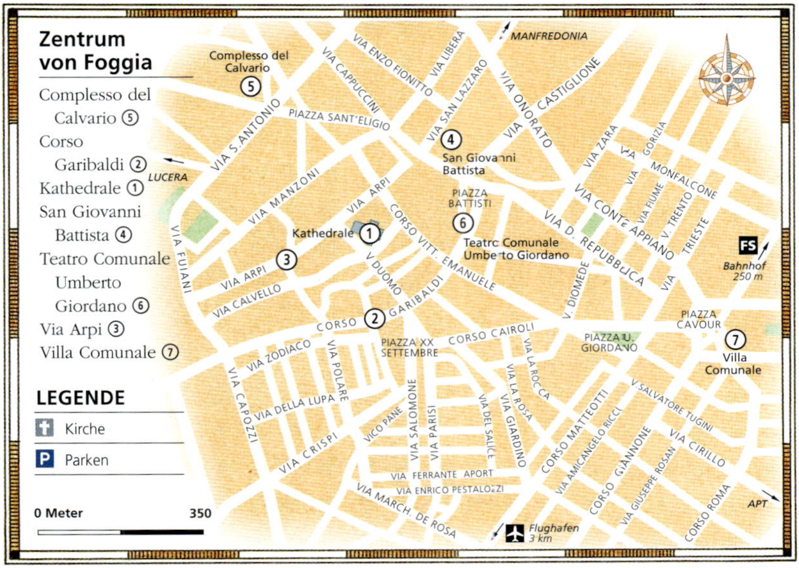

Die fünf Kapellen des Complesso del Calvario

Complesso del Calvario

Piazza Sant'Eligio.
APT, *0881 72 31 41.*
Ein Barockbogen eröffnet den ebenen Kreuzweg (Complesso delle Croci). Er umfasst fünf Kapellen und die Kirche delle Sette Croci. Das Beispiel für den »armen« Barock vom Anfang des 17. Jahrhunderts steht am Schnittpunkt der antiken Schafstriften.

Teatro Comunale Umberto Giordano

Piazza C. Battisti 21. *0881 77 38 83.* *wegen Restaurierung.*
Das Theater mit dem Namen des Foggianer Komponisten Umberto Giordano – als sein Hauptwerk gilt die Oper *Andrea Chénier* von 1896 – wurde 1828 eröffnet. Hier finden sich u.a. Manuskripte, Partituren und Musikinstrumente. Den klassizistischen Bau entwarf Luigi Oberty. In der Nähe liegt die Piazza Purgatorio mit der Kirche dei Morti und dem Palazzo Nicastro. Kurz hinter dem Theater überquert man den Corso Vittorio Emanuele, die wichtigste Geschäftsstraße Foggias. An ihrem Ende, an der Piazza Giordano, steht die Kirche Gesù e Maria.

Villa Comunale

Piazza Cavour.
Zum Stadtpark Villa Comunale gelangt man am Ende des Corso Vittorio Emanuele. Man betritt ihn durch einen Portikus aus 24 ionischen Säulen (19. Jh.), der wie die Parkanlage ein Werk von Oberty ist. Im Park selbst ist ein kleiner Tempel dem Gelehrten Giuseppe Rosati gewidmet.

Umgebung: Wenige Kilometer von Foggia entfernt steht die moderne **Wallfahrtskirche der Incoronata** am Rand des einstigen Jagdreviers Friedrichs II. Interessant ist auch der **Parco Archeologico di Passo di Corvo** mit Resten und Rekonstruktionen des größten neolithischen Dorfes Europas.

Wallfahrtskirche der Incoronata
SS16 nach Bari, nach 15,5 km Abzweigung zum Santuario. *0881 81 00 16.* *7–12.30, 15–19.30 Uhr.* *nach Vereinbarung.* **www**.santuarioincoronata.it

Parco Archeologico di Passo di Corvo
SS89 nach Manfredonia, nach 7 km Richtg. San Marco in Lamis. *0881 70 06 93.* *9–13, Di und Do auch 15–17 Uhr.* *Mo.* *n. Vereinb.*

Lucera 2

Foggia. **Straßenkarte** A1.
36 000. FS *0881 89 20 21.*
CIT, *Piazza Nocelli 6, 800 76 76 06.* **Pro Loco**, *Via Cairoli 9, 0881 54 53 74.* *Fest der Madonna della Vittoria, 14.–16. Aug.*

Am Fuß des Subappennino Dauno, inmitten eines landwirtschaftlich fruchtbaren Gebiets, liegt das schon in der Antike bedeutende Lucera. Es wurde von Dauniern gegründet, war mit Rom gegen die Samniter verbündet und ab 314 v.Chr. Kolonie unter dem Namen Luceria. Wegen ihrer Treue genoss die Stadt viele Privilegien. Unter Konstantin wuchs Luceras Bedeutung, es wurde Hauptstadt der Provinz Apulien, was es auch unter den Langobarden blieb, die es zu einem Vorposten machten. 663 wurde Lucera von den Byzantinern zerstört, die es dann im 10. Jahrhundert eroberten.

Die von Friedrich II. auch wegen der strategischen Lage bevorzugte Stadt erblühte im 13. Jahrhundert dank der Entscheidung des Kaisers, hier seinen Palast zu errichten und die in Sizilien sesshaft gewordenen Araber hierher umzusiedeln (daher *Luceria Saracenorum*).

Die Sarazenen, die stets unter dem Schutz der Staufer gelebt hatten, fielen dem Glaubenseifer Karls II. von Anjou zum Opfer, nachdem sie sich schon Karl I. hatten ergeben müssen. Die Stadt wurde von Giovanni Pipino di Barletta zerstört, die Sarazenen wurden im Jahr 1300 vertrieben. Die imposanten Mauern der Burg, die sich oberhalb der Altstadt erhebt, stammen aus der angevinischen Phase ihrer Geschichte, wie auch die **Porta Troia**, der einzige Rest des von Robert von Anjou erbauten Mauerrings. Die Adelspaläste vom Beginn des 16. Jahrhunderts belegen den Reichtum der Stadt auch in der Folgezeit, trotz der Misswirtschaft der Regierung und des langsamen Aufstiegs Foggias, das 1806 neue Hauptstadt der Capitanata wurde. Heute ist Lucera ein modernes Handels-, Industrie- und Urlaubszentrum.

Eines der zwei Hauptportale des römischen Amphitheaters in Lucera

Hotels und Restaurants in der Provinz Foggia *siehe Seiten 172f und 182f*

Ein Gang durch die Stadt beginnt an der zentralen Piazza Duomo, wo die von Karl II. Anfang des 14. Jahrhunderts erbaute Kathedrale an der Stelle der einstigen Moschee steht, um an die endgültige Vertreibung der Sarazenen zu erinnern. Sie ist der Stadtheiligen Maria geweiht und in der Anlage rein gotisch – was die Strebepfeiler der Apsis und Analogien zu der Kathedrale St-Maximine in der Provence belegen. Sie hat eine asymmetrische Spitzgiebelfassade mit Fensterrose und drei Portalen, deren mittleres eine Statue

Mittelportal in der Fassade des Doms von Lucera

des hl. Michael überragt. Über dem linken Portal findet sich ein einbogiges Fenster, das rechte führt in die Basis des Glockenturms, der sich wohl an der Stelle des früheren Minaretts erhebt. Das dreischiffige Innere mit flachen Holzdecken ist in der Apsis freskiert. Die grünen Marmorsäulen der Querhausbogen sind wie die des Portals griechischer Herkunft und waren Bestandteil römischer Tempel oder der Moschee. Der marmorne Hochaltar dagegen enthält die Mensa Friedrichs II. aus Castel Fiorentino. Unter ihren vielen Kunstwerken ragen ein *Abendmahl* von Jacopo Palma il Giovane, eine *Himmelfahrt Mariä* des Garofalo, ein Holzkruzifix von etwa 1320, die Kanzel unter der ersten Arkade des rechten Schiffes, das Taufbecken und das nahe Ziborium des 15. Jahrhunderts heraus.

Nicht weit vom Dom dokumentiert das **Museo Civico Giuseppe Fiorelli** im Palazzo Nicastri etappenweise die überreiche Geschichte der Stadt. Unter den Exponaten ragen ein Mosaikfußboden aus den Thermen der Piazza Nocelli mit geometrischen Mustern, eine *Venusstatue* aus der römischen Kaiserzeit, ein *Herakleskopf* aus der Schule des Lisippos und einige außergewöhnliche arabische Keramiken des 13. Jahrhunderts sowie in Lucera geprägte Münzen heraus.

Daunische Keramik Museo Civico G. Fiorelli

Weiter westlich stößt man an der Piazza Tribunali nahe dem Justizpalast (17. Jh.) auf die **Kirche San Francesco**, die etwa aus der Zeit der Kathedrale ist. Ihre einfachen Formen werden durch ein Portal mit Baldachin, eine Fensterrose und eine Apsis mit Strebepfeilern und einbogigen Fenstern verschönt. Im einschiffigen Inneren werden die Gebeine des hl. Francesco Antonio Fasani (1681–1742) verwahrt. Noch weiter westlich, auf dem Gipfel des Colle Albano, findet man die Überreste des **Stauferkastells**, das Friedrich II. 1233 erbauen ließ und das außer dem Kaiserpalast die Münze und die Kammer des Staatsschatzes enthielt. Zwischen 1269 und 1283 bauten es die Anjou zur größten Burg der Region um, mit 14 Meter hohen Mauern, vier- und fünfeckigen Türmen und runden Wachtürmen an der äußersten Ostseite, die zur Stadt blicken: links die Torre della Regina oder Leonessa, die im unteren Teil Bossenmauerwerk zeigt, rechts die Torre del Re oder Leone. Das Kastell hat einen fünfeckigen Grundriss mit einer fast einen Kilometer langen Umfassungsmauer. Im Inneren sieht man außer Funden aus verschiedenen Epochen die Ruinen aus der Stauferzeit und der angevinischen Umbauten. Bemerkenswert sind außerdem die mächtigen Spitzbogentore.

Ebenfalls außerhalb der Stadt liegt im Osten das **Römische Amphitheater**, das M. Vecilius Campus zu Ehren des Kaisers Oktavian in einer natürlichen Senke errichten ließ, in der sich zuvor Nekropolen und Siedlungen befanden. Zum elliptischen Zuschauerraum und zur Arena gelangt man durch vier Tore. Die Hauptportale, die 1932 rekonstruiert wurden, erinnern an Triumphbogen mit ionischen Säulen und dreieckigem Giebelfeld.

Dom
Piazza Duomo. *0881 52 08 80.* *8–12, 17–20 Uhr (Winter: 8–12, 16–19 Uhr).*

Museo Civico G. Fiorelli
Via dei Nicastri 74. *0881 54 70 41.* *Di–So 9–13, 16–18 Uhr.*

San Francesco
Piazza Tribunali. *0881 52 14 82.* *7–12, 16–22 Uhr.*

Stauferkastell
CIT, *800 76 76 06.* *Di–So 9–14, im Sommer auch Di–Fr 15–18 Uhr.*

Amphitheater
CIT, *800 76 76 06.* *9–14, 15–20 Uhr.*

Der Wachturm an der südöstlichen Ecke des Stauferkastells

Subappennino Dauno ❸

Der Subappennino Dauno erstreckt sich zwischen den Flüssen Fortore und Ofanto. Neben größeren Orten wie Lucera, Troia und Bovino *(siehe S. 56f, 60)* sind auch einige Dörfer architektonisch interessant. Meist sind sie eingebettet in eine Landschaft, die reich ist an Hügeln, Wäldern und Wasserläufen. In dem von Byzantinern und Langobarden stets begehrten, strategisch bedeutenden Grenzgebiet wurden viele Türme und Befestigungsanlagen errichtet. Die Region, in der Ackerbau und Kunsthandwerk wichtigste Wirtschaftszweige sind, leidet unter Abwanderung vor allem junger Menschen. Sie hat nichts von dem mediterranen Charakter des übrigen Apulien, hält jedoch viele unerwartete Überraschungen bereit. So gibt es im Celone-Hochtal Dörfer, in denen noch immer die dem Provenzalischen verwandte Sprache der Soldaten Karls I. von Anjou gesprochen wird.

Der Lago di Occhito an der Grenze zu Molise staut den Fortore auf. Der See fasst 333 Millionen Kubikmeter Wasser, das privaten wie industriellen Zwecken dient.

Sant'Agata di Puglia besitzt ein normannisches Kastell, das in späterer Zeit in einen herrschaftlichen Wohnsitz umgewandelt wurde.

Castello di Dragonara
Foggia. **Straßenkarte** A2.
An der Straße von Torremaggiore hinauf nach Casalnuovo Monterotaro befindet sich mit dem verlassenen Kastell von Dragonara eine der wichtigsten Sehenswürdigkeiten der gesamten Umgebung. Es wurde im Jahr 1000 errichtet und fiel im 15. Jahrhundert an die Familie di Sangro. Die viereckige Anlage ist von runden und eckigen Türmen umgeben. Von einigen sind nur noch Überreste vorhanden.

Hinter Casalnuovo, in **Casalvecchio di Puglia**, findet man noch immer Spuren der albanischen Stämme der Slawonier, die auf der Flucht vor den Türken hier wohnten. Die Kirche Santi Pietro e Paolo dagegen wurde im 18. Jahrhundert von Kardinal Orsini geweiht.

Das Kastell von Dragonara

Hotels und Restaurants in der Provinz Foggia *siehe Seiten 172f und 182f*

Hügel der Daunia mit dem Turm von Pietra Montecorvino

Pietra Montecorvino

Foggia. **Straßenkarte** A2.

Municipio, *Piazza Martiri del Terrorismo, 0881 55 50 20.*

Processione dei palii, 16. Mai.

Hinter Castelnuovo della Daunia liegt das Dorf Pietra Montecorvino. Überragt wird es von einem eckigen Turm mit Zinnen – Rest des mittelalterlichen Herzogspalasts. Sehenswert ist auch die Hauptkirche aus dem 18. Jahrhundert.

Celenza Valfortore

Foggia. **Straßenkarte** A2.

Municipio, *Via C. Alberto 2, 0881 55 40 16.*

Das Dorf gab es schon in der Antike, wurde aber von den Römern zerstört. Im völlig umgestalteten Kastell der Gambacorta ist ein runder Hauptturm des 15. Jahrhunderts erhalten. Nicht weit weg liegt der Ort **San Marco la Catola**. Außer dem Kastell gibt es hier ein Kapuzinerkloster, das ein Gemälde der byzantinischen Schule besitzt *(Madonna von Josaphat)*, und den Wald von San Cristoforo. Das nächste Dorf, **Volturara Appula**, zeichnet sich durch eine ehemalige Kathedrale (im Inneren ein interessantes Marmor-Antependium) und die befestigte Residenz der Caracciolo aus. Weiter südlich liegt das Städtchen **Roseto Valfortore** mit einer schönen Hauptkirche aus Stein.

Biccari

Foggia. **Straßenkarte** A2.

Das mittelalterliche Dörfchen ist Ausgangspunkt für viele interessante Wanderungen in die Natur oder Picknicks an entsprechend ausgestatteten Plätzen. Von dem Ort Orto di Zolfo kann man zum Lago Pescara wandern (ca. eine halbe Stunde) oder den Gipfel des **Monte Cornacchia** (ca. eine Stunde) erklimmen, der mit seinen 1151 Metern der höchste Berg Apuliens ist.

Faeto

Foggia. **Straßenkarte** A2.

Municipio, *Via Cappella 1, 0881 97 32 90.* *Schinkenfest, Aug.*

Inmitten herrlicher Buchenwälder, nach denen Faeto benannt ist (»faggeto«), bewahrt das Dorf zusammen mit Celle San Vito und Castelluccio Valmaggiore das franko-provenzalische Erbe. Faeto ist auch für seine Schinken berühmt. Einen Besuch lohnen vor allem die Hauptkirche und das Völkerkundemuseum.

Weiter südlich kommt man nach **Orsara di Puglia**, wo einst die Ritter von Calatrava lebten, ehe sie am Ende des 13. Jahrhunderts nach Spanien aufbrachen, um gegen die Mauren zu kämpfen. Neben dem Turm des Adelspalastes sind das von Basilianern gegründete Kloster Sant'Angelo (jetzt Annunziata), der bemalte öffentliche Brunnen, Geschenk der Guevara, sowie das Jagdschloss Torre Guevara bedeutsam.

Wappen der Guevara, Orsara di Puglia

Völkerkundemuseum
Vico Valentino 1. *0881 66 45 16, 340 743 93 03.* *Juli, Aug: Mo–Sa 9–13, 16–20 Uhr, So 10–13 Uhr. Sep–Juni: So 10–13 Uhr; an den anderen Tagen nach Vereinbarung.*

Ascoli Satriano

Foggia. **Straßenkarte** B3.

Municipio, *Via San Donato, 0885 65 28 11.*

Hinter **Deliceto**, in dem ein interessantes Kastell mit eckigem normannischen Hauptturm, runden Türmen und Laufgräben steht, gelangt man auf der letzten Etappe dieser Rundreise nahe der Grenze zum Tavoliere an einen berühmten Schauplatz der Antike. Von ihm sind noch viele Spuren vorhanden: **Ascoli Satriano** erinnert an Pyrrhus' unglücklichen Sieg. Das Städtchen war erst mit Hannibal gegen die Römer verbündet, dann Kolonie und besaß später viele Privilegien, darunter eine eigene Münze. Der hervorragend gelegene Ort zwischen Lucania und Capitanata war byzantinisch und normannisch und blickt auf eine bewegte Geschichte zurück. Sehenswert sind die romanisch-gotische (oft umgestaltete) Kathedrale Maria Santissima della Natività und der herzogliche Palast. Das Stadtmuseum zeigt Funde aus der Vergangenheit Ascolis, es arbeitet mit dem Parco Archeologico dei Dauni zusammen.

Museo Civico Archeologico Pasquale Rosario
Vico Montebello 1. *0885 65 14 99.* *Di–So 10.30–13.30 Uhr.*

Parco Archeologico dei Dauni Pasquale Rosario
Piazza Maria Teresa Di Lascia. *0885 66 21 86.* *Di–Fr 8–13.30, 14–15.30, So 8–14 Uhr.*

Blick auf den Lago di Occhito

Troia ❹

Foggia. **Straßenkarte** A2.
8000. **URP**, *Via Regina Margherita 80, 0881 97 84 33;* **URP**, *Via Piazza Giovanni XXIII, 0881 97 00 20.*
Osterprozession; Sant'Anastasio und Sant'Urbano, 18.–20. Juli.

Mit der Vereinigung der Ländereien eines Benediktiner- und eines Basilianerklosters gründete der Katapan Boioannes 1019 Troia an der Stelle des antiken *Aecae* am Fuß des Subappennino Dauno. Der Ort war in der Kaiserzeit eine Station an der Via Traiana und später ein byzantinisches Bollwerk gegen die Überfälle des Herzogs von Benevento. Der Bischofssitz erlebte einige Konzile. Das papsttreue und auf die eigene Autonomie bedachte Troia widersetzte sich Normannen und Staufern, weshalb Friedrich II. 1229 die Stadt zerstörte. Troia erholte sich unter den Anjou, ohne zu altem Glanz zu gelangen, und wurde mehrmals zu Lehen gegeben. Weltberühmt ist es wegen seiner grandiosen romanischen Kathedrale *(S. 62f)*. Bedeutend ist auch die älteste Kirche der Stadt, San Basilio (11. Jahrhundert, mit mehreren späteren Erweiterungen) im romanischen Stil. Bemerkenswert an der Fassade sind die Blendbogen und im dreischiffigen Inneren das Kreuzgewölbe. Am Corso Regina Margherita findet man viele bedeutende Gebäude: den Palazzo Tricarico (18. Jh.), den Palazzo Vasto, Sitz des Rathauses, das Kloster San Benedetto mit dem Diözesanmuseum, den Bischofspalast (18. Jh.) und den Palazzo d'Avalos (16. Jh.). Letzterer enthält das Stadtmuseum mit dem aus Konstantinopel stammenden Sarkophag San Secondinos (7. Jh.). In der Stadt ist Antonio Salandra (1853–1931) geboren, der in der schwierigen Zeit des Ausbruchs des Ersten Weltkrieges italienischer Ministerpräsident war.

Fassade der Kathedrale von Bovino aus dem 13. Jahrhundert

Die Kirche San Basilio, das älteste Gotteshaus in Troia

Museo Civico
Palazzo d'Avalos, Via Regina Margherita.
0881 97 00 20.
Mo–Fr 10–12, 16–17.30, So 10–12 Uhr.

Museo Diocesano
Piazza Episcopio.
0881 97 00 20. *Mo 9–13 Uhr und nach Vereinbarung.*

Bovino ❺

Foggia. **Straßenkarte** A3.
4000. *0881 96 67 11.*
Madonna di Valleverde, mit historischer Reiterparade, 29. Aug.

Das Dorf geht auf das antike samnitische Vibinum zurück, dessen Reste beim örtlichen Archäologischen Museum zu besichtigen sind. Aufgrund seiner strategisch günstigen Lage zwischen Kampanien und Apulien auf der rechten Seite des Flusses Cervaro wurde Bovino oft angegriffen (von Römern, Langobarden und Sarazenen) und war dann byzantinischer und später normannischer Stützpunkt. Nach langen Perioden wechselnder Herrschaften fiel es an die Herzöge von Guevara. Die Kathedrale Santa Maria Assunta (10. Jh.) ist die bedeutendste architektonische Sehenswürdigkeit des Ortes. Trotz zahlreicher Umbauten ist die asymmetrische Fassade aus dem 13. Jahrhundert noch erhalten. Sie zeigt als wichtige Stilelemente gotische Portale, Fensterrosen und einen Ochsenkopf (»testa bovina«) am First. Die drei Schiffe im Inneren trennen römische Granitsäulen. Bemerkenswert ist auch das angebaute romanische Kirchlein San Marco (Ende des 12. Jahrhunderts). Einen Besuch lohnt zudem der Herzogspalast der Guevara: vom einstigen Kastell Drogos, das schon Friedrich II. erweitern ließ, ist noch ein Rundturm erhalten. Der Palast enthält das Diözesanmuseum, dessen bedeutendstes Exponat ein kostbarer *Heiliger Sebastian* von Mattia Preti ist.

Detail aus einem Portal, Dom von Bovino

Museo Civico Archeologico Nicastro
Villa Comunale. *0881 96 67 00.*
Di und Do 10–13, 15.30–18.30 Uhr. *nach Vereinbarung.*

Museo Diocesano
Castello Ducale. *0881 91 20 15.*
Di, Do, Sa 16–19 Uhr.

Hotels und Restaurants in der Provinz Foggia *siehe Seiten 172f und 182f*

Cerignola 6

Foggia. **Straßenkarte** B3.
59 000. **Municipio**, *Piazza Repubblica 1, 0885 41 01 11.*
Madonna di Ripalta mit Viehmarkt, 7.–9. Sep; Prozessionen der Karwoche; Fest im antiken Viertel in mittelalterlichen Kostümen, Ende Apr.

Der Ort entstand in normannischer Zeit über einer antiken Siedlung und wurde im 14. Jahrhundert von den Ungarn zerstört. Heute ist Cerignola ein reiches Landwirtschaftszentrum (außer für sein Getreide bekannt für seinen Wein und die aromatischen Tafeloliven »Belle di Cerignola«), das sich nach dem furchtbaren Erdbeben von 1731 entwickelt hat. In der Nähe fand am 28. April 1503 die Schlacht statt, nach der Süditalien an die Spanier unter ihrem Heerführer Gonzalo de Córdoba fiel. Die Stadt wird überragt vom Dom (1873–1934), der nach Plänen der Architekten Enrico Alvino und Giuseppe Pisanti erbaut wurde. Sein eklektischer Stil enthält Renaissance-Elemente (die Rippenkuppel frei nach Santa Maria del Fiore), Gotisches (die Fensterrosen und Fassadenornamente), Romanisches (Dreischiffigkeit in lateinischer Kreuzform). Mittelalterlich ist dagegen die Wallfahrtskirche Santa Maria di Ripalta außerhalb des Ortes an der Stelle, an der 1173 angeblich das von der Stadt verehrte Marienbild aufgefunden wurde (in Wahrheit aus dem 13. Jahrhundert). Die älteste Kirche der Stadt aber ist die umfassend umgestaltete Kirche San Francesco (ehemals Hauptkirche). Außer dem Piano delle Fosse mit seinen antiken Kornzisternen sind das Kornmuseum und das Völkerkundliche Museum bäuerlicher Kultur Zeugnisse der engen Bindung des Ortes an die Landwirtschaft.

Museo del Grano
Via San Tommaso d'Aquino 11.
0885 42 00 59. *tel. erfragen.*

Museo Etnografico di Civiltà Contadina
Via G. Di Vittorio 70.
0885 42 12 03.
Apr–Sep: Do u. Sa 19–21 Uhr; Okt–März: Sa 17–19 Uhr.
nach Vereinbarung.

Umgebung: Nicht weit von Cerignola, nahe Ordona (SS16 Richtung Foggia, dann SS161), wurden Reste des Daunierortes **Herdonia** und eines Amphitheaters ausgegraben. Die Siedlung, die an der Via Traiana lag, war in römischer Zeit sehr wohlhabend, verfiel jedoch im Mittelalter.

Antike unterirdische Getreidezisternen in Cerignola

San Severo 7

Foggia. **Straßenkarte** A2.
55 000. *89 20 21.* **Pro Loco Associazione Turistica**, *Via San Giuseppe 129, 0882 22 19 42.*
Madonna del Soccorso, dritter So im Mai.

Das blühende, für seinen Wein berühmte Landwirtschafts- und Handelszentrum im nördlichen Tavoliere entstand im 6. Jahrhundert. Normannen und später Benediktiner prägten den Ort, der 1230 an die Templer fiel. Nach verschiedenen anderen Herrschaften, so der Di Sangro, wurde San Severo Residenz des Gouverneurs der Capitanata und Bischofssitz. Das Erdbeben von 1627 zwang zum Wiederaufbau vieler Bauten: der dreischiffigen Kathedrale dell'Assunta (bereits im 16. Jahrhundert umgebaut); San Severino mit der Fassade (bedeutend die Fensterrose und die kleinen Löwen, die deren Bogen tragen) und dem Glockenturm im romanischen Stil; San Giovanni Battista mit römischen Reliefs an der Turmbasis; San Nicola, San Francesco und der Kirche del Carmine. Völlig barock ist dagegen die Fassade der Kirche San Lorenzo oder der Benediktinerinnen und die Wallfahrtskirche Madonna del Soccorso. Das Stadtmuseum zeigt Funde aus der daunischen Welt.

Reste der Stauferburg Castel Fiorentino, in der Friedrich II. starb

Museo Civico Archeologico
Piazza San Francesco 48.
0882 33 44 09. *Okt–Juni: Mo–Fr 9–13.30, 16–19.30 Uhr; Juli–Sep: Mo–Fr 9–13.30, 17–20 Uhr.* *nach Vereinbarung.*

Umgebung: Hinter San Severo in Richtung Castelnuovo Daunia sieht man an den Hängen eines Hügels die Reste von **Castel Fiorentino**, in dem am 13. Dezember 1250 Friedrich II. starb. Nicht weit entfernt liegt **Torremaggiore** mit einem schönen Herzogspalast aus dem 16. Jahrhundert.

Troia: Kathedrale

Adler an der linken Fassade

Bischof Girardus ließ die Kathedrale im Jahr 1093 in lateinischer Kreuzform auf den Resten einer byzantinischen Kirche errichten, vollendet wurde sie im 12. Jahrhundert. Sie zählt zu den Hauptwerken der apulischen Romanik, berühmt ist vor allem die Fensterrose in der Fassade. Die drei Schiffe im Inneren werden durch dreizehn Säulen getrennt. Es heißt, die dreizehnte, gleich hinter dem Eingang rechts, stelle Christus dar, die anderen die zwölf Apostel. Sehr bemerkenswert ist auch der Kirchenschatz mit Kunstobjekten wie Gemälden und einigen Exsultet-Rollen.

Südportal
In der Lünette des Portals an der linken Längsseite zertritt Christus, flankiert von zwei Engeln, einen Löwen und einen Drachen.

Kanzel
Die 1169 für die Kirche San Basilio angefertigte Marmorkanzel kam 1860 in die Kathedrale. Das Lesepult zeigt einen Adler, der einen Hasen reißt. Das Relief an der Seite dagegen ist durch den 21. Psalm inspiriert.

★ Fensterrose
Mit elf Zwickeln, die von ebenso vielen kleinen Säulen gebildet werden, ist die Fensterrose einzigartig. Die Maßwerke sind alle unterschiedlich, haben aber wiederkehrende geometrische Symbolfiguren: Quadrate, Rauten, Kreuze, Kreise.

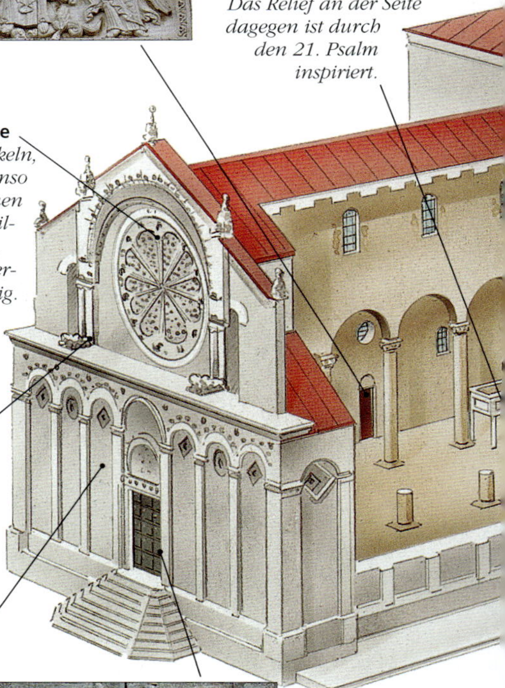

Der Bogen, der die Fensterrose rahmt, wird von Doppelsäulen getragen und ist mit zahlreichen Skulpturen geschmückt. Löwen treten in diversen Varianten auf der ganzen Fassade auf, im Zentrum der Archivolte der Fensterrose reitet sogar ein Mensch auf einem Löwen.

Sechs Blendbogen, von Lisenen unterteilt, die Rauten- und Kreisöffnungen rahmen, bilden das Motiv der unteren Fassade und erinnern an die Kirche Santa Maria Maggiore in Siponto.

★ Portal
Oderisius aus Benevento führte es 1119 in Bronze aus. Zwei Drachen und acht Löwen bereichern die Erzählungen der Bronzefelder.

Leben Mariä
Auf dem Fresko der Dormitio Virginis *aus dem 15. Jahrhundert in der Apsis links sind in drei Schichten Szenen vom Tod und der Himmelfahrt Mariä zu sehen.*

INFOBOX

UTC, *0881 97 00 20.*
Kathedrale: Piazza Cattedrale.
☎ *0881 97 00 64.*
◯ *tägl. 8–13, 16–19 Uhr (Sommer: tägl. 8–13, 16–20 Uhr).*
Kirchenschatz: c/o Seminario, Piazza Episcopio 1.
☎ *0881 97 02 58 (Don Mario Maitilasso).*
◯ *Di, Do 17.30–20.30, Sa 10–13 Uhr.*

Glockenturm aus dem 17. Jahrhundert

In der Apsiswand öffnet sich eine zweite wunderschöne Fensterrose mit 15 Segmenten. Hier hängt auch das Holzkruzifix von Pietro Frasa (18. Jahrhundert).

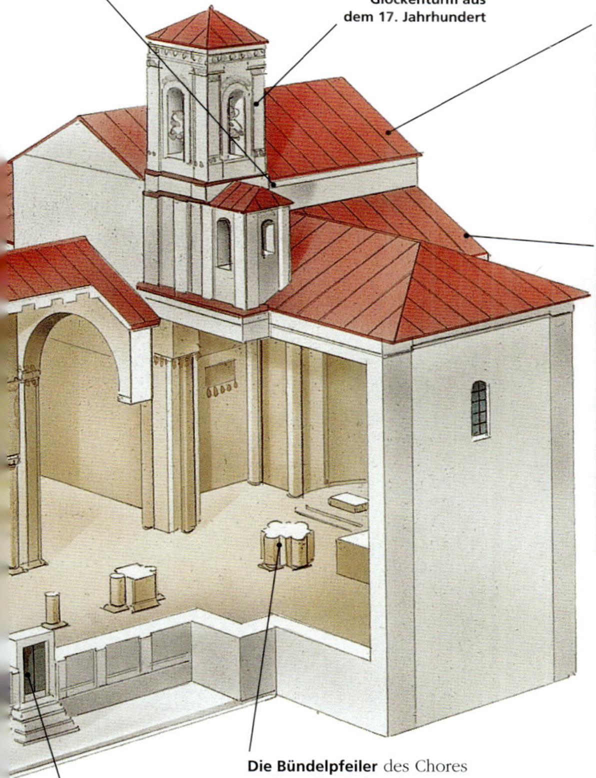

Apsis
Vier übereinandergestellte Säulenpaare schmücken die Apsis. In der Mitte öffnet sich das »Löwenfenster«, das seinen Namen den beiden Katzen verdankt, die es bewachen: Es ist nur von außen zu sehen, weil innen hinter ihm eine Mauer errichtet wurde.

Die Bündelpfeiler des Chores sind aus herrlichen byzantinischen Porphyrsäulen gebildet.

Porta della Libertà
Das bronzene Portal wurde 1127 von Oderisius gefertigt. Auf seinen Platten bietet es viele Informationen über die Geschichte der Stadt.

NICHT VERSÄUMEN

★ Fensterrose

★ Portal

Tremiti-Inseln (Isole Tremiti) ❽

Der Archipel der Tremiti-Inseln wird von drei größeren Inseln gebildet: San Nicola, San Domino und Capraia. In der Antike trug die Inselgruppe den Namen *Insulae Diomedis*, weil hier der Legende nach der Held Diomedes nach dem Fall Trojas beerdigt wurde. Die Inseln mit ihren 400 Einwohnern sind beliebtes Ziel von Badegästen, die das glasklare Wasser und die zerklüfteten grotten- und buchtenreichen Küsten lieben. Das Tierleben unter Wasser und auf den Felsen ist sehr artenreich. Vom Festland aus ist der einzige Anlegeplatz auf den Tremiti der Hafen von San Nicola, die anderen Inseln sind nur mit Fischerbooten zu erreichen. 1989 wurde der Archipel zum Meeresschutzgebiet erklärt.

Kreuzgang im Kloster Santa Maria a Mare auf San Nicola

Eingang zur Grotta delle Viole auf San Domino

San Domino

Die etwa 2600 Meter lange und 1100 Meter breite Insel ist die größte und mit ihren Weinbergen und Olivenhainen landschaftlich schönste Insel. Das Südwestende zur Punta di Ponente hin und um den Colle dell'Eremita herum ist mit einem rund 90 Hektar großen Pinienhain und mediterraner Macchia bewachsen. Die bei Urlaubern überaus beliebte Insel prägen zerklüftete Felsküsten mit zahlreichen Meeresgrotten, die man auf Bootstouren erkunden kann, wie etwa die **Grotta del Coccodrillo** (die nach ihrer Krokodilform benannt ist), die **Grotta delle Rondinelle** (so genannt, weil in ihr Schwalben nisten) und die **Grotta delle Viole**. In der rund 70 Meter langen **Grotta del Bue Marino** an der Westküste gab es früher Mittelmeerseehunde.

San Nicola

Lang und schmal ist die kleinste, aber historisch wichtigste der Tremiti-Inseln, die von einer Hochebene mit 70 Meter hoher Steilküste eingenommen wird. Die **Abtei Santa Maria a Mare** wurde 1045 von Benediktinern auf den Resten einer Kirche aus dem Jahr 300 gegründet. Die **Befestigungsanlagen** aus dem 14. Jahrhundert stärkten die Macht des Klosters, das im 16. Jahrhundert wesentlich erweitert wurde und so 1567 dem Angriff von Sultan Suleiman II. standhielt. 1737 fiel es an die Bourbonen und wurde unter Ferdinand II. Strafkolonie, später nutzten es die Faschisten als Verbannungsort. Die weiße Fassade zieren ein Portal aus dem 15. Jahrhundert und Reliefs dalmatinischer Künstler. Das Innere auf dem quadratischen Grundriss des 11. Jahrhunderts enthält ein großes Bodenmosaik aus derselben Zeit mit geometrischen Mustern im römisch-byzantinischen Stil. Äußerst kostbar sind das Holzkruzifix eines anonymen Künstlers des 13. Jahrhunderts und ein großer im venezianischen Stil vergoldeter Schnitzflügelaltar des 15. Jahrhunderts.

Die Grotta delle Viole verdankt ihren Namen der violetten Färbung der Kalkalgen.

Blick auf die Burg, die den Hafen der Insel San Nicola überragt

Hotels und Restaurants in der Provinz Foggia *siehe Seiten 172f und 182f*

Einer der vielen »architelli« genannten Felsenbogen vor Capraia

Capraia
Die von zwei 50 Meter hohen Hügeln gebildete Insel, wegen der vielen Kapernbüsche auch Capperara genannt, hat die Form eines Schulterblatts. Das unwegsame, von schroffen Küsten begrenzte Eiland ist mit Macchia bedeckt. Im Westen befindet sich die Bucht **Cala dei Turchi**, im Osten der alte Leuchtturm. Capraia ist reich an »architelli« genannten Felsenbogen.

INFOBOX

Foggia. **Straßenkarte** A1.
400. Agenzia Marittima Vasto, 0873 36 26 80; Intercontinental Viaggi Termoli, 0875 70 23 45; Navigazione Libera del Golfo Termoli, 0875 70 48 59; Navigargano, 0884 70 74 89; Ctm, 0884 96 42 34. SEAP, 0881 61 79 16; Alidaunia, 0881 61 79 16.
APT Foggia, *0881 72 31 41;* **Municipio San Nicola**, *0882 46 30 53.*
www.leisoletremiti.it

Il Cretaccio
Das Inselchen aus Kreide (»creta«) zwischen San Domino und San Nicola besitzt eine tiefe, sich nach Norden öffnende Bucht, die es gewissermaßen zweiteilt. Il Cretaccio ist weniger die kleinste der Tremiti-Inseln als vielmehr der größte Fels des Archipels.

Die Kliffe Pagliai und Punta del Diamante vor San Domino

Zwischen San Nicola und Capraia wurde 1998 eine drei Meter hohe Bronzestatue von Padre Pio, ein Werk des Foggianer Bildhauers Domenico Norcia, ins 15 Meter tiefe Meer versenkt.

Die Insel San Nicola ist historisch und architektonisch die wichtigste der Tremiti-Inseln. Hier steht die 1045 gegründete Abtei Santa Maria a Mare.

Die Cala Sorrentino und die Cala Pietra del Fuccillo auf Capraia

Nationalpark Gargano ❾

Der Nationalpark Gargano wurde 1991 gegründet. Seine nicht mehr zum Apennin gehörenden Kalksteingebirge stürzen schroff ins Meer bzw. grenzen landeinwärts an die Schwemmlandebene des Tavoliere. Eine Besonderheit des Schutzgebiets ist die Vielfalt an Ökosystemen. In dem 121 118 Hektar großen, an endemischen Arten reichen Botanikerparadies gibt es mehr als 60 Orchideenarten. Auch die Tierwelt präsentiert sich artenreich. In den dicht bewachsenen Bergregionen finden u.a. Gargano-Rehe, Wildkatzen und Zwergtrappen geeigneten Lebensraum.

Buchenwald des Schutzgebiets Sfilzi in der Foresta Umbra

Foresta Umbra

Der »dunkle Wald« gehört zu den eindrucksvollsten Orten im Nationalpark Gargano. Die Vegetation ist überaus vielfältig, die riesigen Bäume sind in ihren Ausmaßen eindrucksvoll. Zu den vorherrschenden Baumarten gehören Buchen und Hainbuchen, Zerr- und Steineichen sowie Eiben. Im Unterholz der dichten Baumschicht gedeihen u.a. Farne, Stechpalmen und Orchideen. Auch die Fauna ist artenreich: Neben Wildschwein, Hase, Wildkatze, Bussard, Specht und Waldtaube finden sich Damwild und Rehe. Die Fläche von 15 000 Hektar umfasst Zonen, die seit 1977 als Naturschutzgebiete gelten (Foresta Umbra und **Falascone** mit Buchenmischwald), sowie Übergangszonen zwischen Buchen- und Zerreichenwäldern. Zu diesen Zonen gehören auch die **Sfilzi** genannten Schutzgebiete. Das Gelände ist ideal für ausgedehnte Wanderungen, bei denen man sich die gesamte biologische und zoologische Vielfalt erschließt. Die Wege sind gut markiert. Es gibt eigens ausgestattete Rast- und Picknickplätze und in der Waldmitte ein Hotel sowie einen kleinen See.

Seen Lesina und Varano

Die Küstenseen Lago di Lesina (51,4 km^2) und Lago di Varano (60,5 km^2) sind vom Meer durch schmale, von Kanälen durchschnittene Nehrungen getrennt. Der Lago di Varano wird von unterirdischen Quellen gespeist. Beide Seen sind nicht sehr tief und haben sich durch die Abschnürung von Buchten gebildet. Sie sind fischreich (im Lago di Lesina hat die Aalfischerei Tradition), aber vor allem reich an Wasservögeln, von denen hier viele überwintern. Außer

Die Torre Mileto zwischen wilden Oliven

Hotels und Restaurants in der Provinz Foggia *siehe Seiten 172f und 182f*

INFOBOX

Foggia. **Straßenkarte** B1–2. FS *Rodi Garganico oder San Severo, 89 20 21; Ferrovie del Gargano (Züge und Busse), 0881 72 51 88.* *A.T.A.F., 0881 75 36 74/5; S.I.T.A., 0881 77 31 17.* **Ente Parco**, *0884 56 89 11;* **Corpo Forestale dello Stato Coord. Terr. per l'Ambiente**, *0884 56 09 67;* **Centro Visite Lesina**, *0882 99 27 27.* *9–13.30, 16–20 Uhr.* **Centro Visite Manfredonia**, *0884 57 10 09;* **Centro Visite Monte Sant'Angelo**, *0884 56 54 44;* **Municipio di Lesina**, *Piazza Aldo Moro, 0882 99 24 81.* *Carpino Folk Festival, 1. Woche im Aug, Carpino.* **www**.parcogargano.it

Lesina, das auch Grafen- und Bischofssitz war, ist zwischen den Seen die befestigte, von Oleander eingerahmte Masseria Palmieri e Torre Mileto sehenswert. Im Hinterland, südlich des Lago di Lesina, lohnen einige Dörfer einen Besuch: Sannicardo mit seinem Kastell und der Kirche der Madonna von Konstantinopel und Apricena, bekannt für seine Marmorhöhlen, wo der Rundturm des Adelspalastes an das Kastell Friedrichs II. erinnert. Kurz hinter Cagnano Varano, in dessen Nähe wahrscheinlich das römische Uria stand, bietet Carpino Reste eines Stauferkastells und im August ein beliebtes Folkfestival.

Sümpfe von Frattarolo

Von naturkundlichem Interesse ist das Gebiet der sipontischen Sümpfe im Delta des Candelaro mit dem Naturschutzgebiet Frattarolo und der ehemaligen Daunia Risi.

Die Dolina Pozzatina, eine kreisrunde Absenkung

San Marco in Lamis ⑩

Foggia. **Straßenkarte** B2. *15 000.* **Municipio**, *Piazza Municipio 6, 0882 83 39 83.* *Processione delle fracchie, Karfreitag.*

In einer Mulde an der uralten Pilgerstraße, die die Gläubigen nach San Giovanni Rotondo und Monte Sant'Angelo führt, liegt im Zentrum eines an Grotten und Kultstätten reichen Gebiets San Marco in Lamis. Das mittelalterliche Städtchen verdankt seinen Ruf außer seinen Goldschmieden vor allem dem Kloster San Mateo, vormals San Giovanni Battista. Das Kloster, eine Gründung aus langobardischer Zeit, war zunächst ein mächtiges, mit großzügigen Schenkungen bedachtes benediktinisches Zentrum, später ein Zisterzienserkloster. Im 16. Jahrhundert fiel es an die Franziskaner, die ihm den neuen Namen gaben. Heute beherbergt es ein Museum und eine Bibliothek mit kostbaren Inkunabeln.

Lünette im Heiligtum Santa Maria di Stignano

Kloster San Matteo
Via Convento San Matteo. *0882 83 11 51.* *9–19 Uhr (im Sommer bis 20.30 Uhr).*

Umgebung: In Richtung San Severo erreicht man den im 16. Jahrhundert rekonstruierten Komplex von **Santa Maria di Stignano**. Die Anlage umfasst ein ehemaliges Kloster mit zwei Kreuzgängen (der kleinere mit Loggia, Laubengang und Brunnen aus dem 16. Jahrhundert) und ein Heiligtum. Ein anderer sehenswerter Ort in der Umgebung ist **Rignano Garganico**, von dem man einen atemberaubenden Blick auf den Tavoliere, den Apennin und den Golf von Manfredonia hat. In der Nähe des Ortszentrums befindet sich die Grotta Paglicci, die durch neolithische Funde berühmt geworden ist. Nicht weit von San Marco entfernt gibt es zwei beeindruckende Karstphänomene – die **Grotta di Montenero** im Wald Difesa San Matteo und in Richtung Sannicardo die **Dolina Pozzatina**. Sie ist mit ungefähr 100 Metern die tiefste Karstmulde der Region.

Santa Maria di Stignano
Stignano. *0882 83 10 33.* *8–17 Uhr.*

Das flache Feuchtgebiet der Sümpfe von Frattarolo

Häuser des Küstenorts Vieste *(siehe S. 72)* spiegeln sich im Meer ▷

San Giovanni Rotondo ⓫

Foggia. **Straßenkarte** B2. *27 000.* **IAT**, *Piazza Europa 104, 0882 45 62 40.*

San Giovanni Rotondo entstand im 11. Jahrhundert an der Stelle einer runden, Johannes dem Täufer geweihten Taufkapelle, die ihrerseits möglicherweise auf einem antiken Janustempel errichtet worden war. Mittelalterlich ist die Kirche Sant'Onofrio, jünger sind dagegen die Kirche der Madonna di Loreto und die Kirche Sant'Orsola aus dem 17. Jahrhundert, die einen schönen Glockengiebel besitzt. Das Städtchen ist heute international berühmt und Ziel vieler Pilger dank Padre Pio aus Pietralcina (1887–1968). Dem Priester, der hier einen Großteil seines Lebens verbrachte und im Jahr 2002 heiliggesprochen wurde, ist vor Ort ein Museum gewidmet. Padre Pio ist der Bau der Wallfahrtskirche zu verdanken, in deren Krypta er begraben ist, sowie des Krankenhauses Casa Sollievo della Sofferenza, das zu den modernsten Süditaliens gehört. Die Stationen des Kreuzwegs am Monte Castellano schmücken Bronzeskulpturen von Francesco Messina. Neben dem Kloster Santa Maria delle Grazie aus dem 16. Jahrhundert entstand eine neue große Kirche nach Entwürfen von Renzo Piano, die 2004 eingeweiht wurde.

Grab Padre Pios in der Krypta der Wallfahrtskirche

Blick in die Treppengassen der Ortschaft Monte Sant'Angelo

Kloster Santa Maria delle Grazie
0882 41 71. *tägl. 6–21.15 Uhr.* **www**.conventopadrepio.com

Sala esposizione Torre Antica
Corso Matteotti. *0882 45 15 81.* *Di–So 10–12.30, 16–19 Uhr.*

Museo delle Cere di Padre Pio
Via Pirgiano 25. *0882 45 97 28.* *tägl. 10–13, 15.30–18.30 Uhr.*

Umgebung: Bei Monte Sant' Angelo sind zwei Naturphänomene zu sehen: der **Sumpf von Sant'Egidio**, ein antiker Karstsee, und die Riesenhöhle **Grava di Campolato**.

Monte Sant'Angelo ⓬

Foggia. **Straßenkarte** B2. *13 000.* **Pro Loco**, *0884 565 520;* **Centro Visite del Parco Nazionale del Gargano**, *0884 56 54 44.* *Wallfahrt des hl. Michael, 8. Mai und 29. Sep.*

In Monte Sant'Angelo ist das Leben untrennbar mit dem Kult des Erzengels Michael verbunden, der nach der Legende in den Jahren 490, 492 und 493 in einer Höhle erschien. Auf dieser Grotte wurde vom Bischof von Siponto, Lorenzo Maiorano, der Grundstein dafür errichtet, was zum Heiligtum St. Michael werden sollte. Um den Massen der Pilger, die zu der Grotte strömten, ein Obdach zu geben, wurden Hospize gebaut, in denen die ersten Wohnungen des Dorfes entstanden. Die Ortschaft breitete sich dann an den Hängen des Hügels aus, und so entstand das Labyrinth der typischen Treppengassen. Der heutige doppelbogige Eingang zum Heiligtum und der angebaute achteckige Campanile, der an die Türme von Castel del Monte *(S. 104f)* erinnert, waren Ideen Karls I. von Anjou. Das Portal rechts ist ein Werk von Simeone di Monte Sant'Angelo (14. Jh.). Eine Treppe führt hinauf zu der Basilika mit der Andrea Contucci (»Il Sansovino«) zugeschriebenen Statue von *St. Michael* und dem Bischofsthron aus dem 12. Jahrhundert. Die Krypta befindet sich in der originalen Grotte. Im oberen Teil der Ortschaft, nordwestlich vom Zentrum und unweit des Heiligtums, thront das normannische Kastell mit der fünfeckigen Torre dei Giganti, das später mehrfach umgebaut wurde. Bedeutend ist hier die aragonesische Erweiterung, an der vermutlich Francesco di Giorgio Martini beteiligt war. Im Stadtzentrum steht die dreischiffige romanische Kirche Santa Maria Maggiore mit einem schönen Reliefportal.

In der Nähe, links von der Apsis der teilweise eingestürzten Kirche San Pietro (der ältesten der Stadt) befindet

Hotels und Restaurants in der Provinz Foggia *siehe Seiten 172f und 182f*

Portal der Kirche Santa Maria Maggiore in Monte Sant'Angelo

sich die Tomba di Rotari. Trotz ihres Namens handelt es sich um ein Baptisterium aus dem 12. Jahrhundert mit bedeutenden Reliefs, die Szenen des Todes und der Auferstehung Jesu darstellen.

Das Volkskundemuseum (Museo Arti e Tradizioni Popolari del Gargano) wurde 1925 von dem Ethnologen Giovanni Tancredi im einem ehemaligen Franziskanerkloster (14. Jh.) eingerichtet. Das nahe Viertel Junno besteht aus den typischen weißen Reihenhäusern.

Heiligtum St. Michael
Via Reale Basilica. *0884 56 11 50.* *Juli–Sep: 7.30–19.30; Apr–Juni, Okt: 7.30–12.30, 14.30–19 Uhr; Nov–März: 7.30–12.30, 14.30–17 Uhr (an Feiertagen bis 18 Uhr).*

Museo Lapideo (Krypta)
Apr–Sep: 9–12, 15–18 Uhr (Juli, Aug: bis 19 Uhr); Nov–März: 9–12, 15–16.30 Uhr.

Museo Arti e Tradizioni Popolari del Gargano Giovanni Tancredi
Piazza San Francesco 15. *0884 56 20 98.* *Sommer: 9–13, 14.30–19 Uhr; Winter: 9–13, 14.30–18 Uhr.* *nach Vereinbarung.*

Umgebung: In südwestlicher Richtung liegt die eindrucksvolle **Abtei Santa Maria di Pulsano**, 1128 vom hl. Giovanni da Matera an der Stelle eines zerstörten Klosters errichtet. Im Norden des Dorfes gedeihen die Buchenwälder des **Bosco Spigno** und die Eichenwälder des **Bosco Quarto** und des **Bosco di Manfredonia**.

Vico del Gargano ⓭

Foggia. **Straßenkarte** B1. *8000.* *0884 99 36 58.* *Processione dell'Addolorata, Karfreitag; St. Valentin, 14. Feb.*

Der malerische Ort Vico del Gargano auf einem Hügel zwischen der Foresta Umbra und dem Meer ist antiken Ursprungs. Im mittelalterlichen Zentrum stehen die Reste des Kastells mit dem Rundturm, vielleicht im Auftrag Friedrichs II. 1240 erbaut und mehrmals verändert. Im nahen Museo Trappeto Maratea kann man eine antike Ölmühle mit den originalen Mahlwerken und Pressen besichtigen. Beim Kapuzinerkloster in der typisch franziskanischen Architektur steht die gigantische Steineiche, die wohl im 17. Jahrhundert von dem Mönch Nicola da Vico gepflanzt wurde.

Museo Trappeto Maratea
Castello Normanno-Svevo. *0884 99 46 66 (Bibliothek).* *Juni–15. Sep: 10–13, 16–24 Uhr, ansonsten Führungen nur nach Vereinbarung.*

Umgebung: Nicht weit von Vico liegt das schöne **Ischitella**, Geburtsort des Historikers Pietro Giannone. Der von Mauern umgebene Ort ist in zwei Teile geteilt, von denen der ältere Terra heißt. Sehenswert sind das Kastell (18. Jh.) und die Kirche Sant'Eustachio. Das nahe Naturschutzgebiet Ischitella e Carpino mit seinen Buchenwäldern lohnt einen Besuch.

Portalschmuck in Ischitella

Rodi Garganico ⓮

Foggia. **Straßenkarte** B1. *4000.* **Pro Loco**, *Corso Madonna della Libera 54.* *Madonna della Libera, 2.–3. Juli; St. Rochus, 19.–21. Aug; Orangenfest, Ende Mai.*

Hinter dem Lago di Varano liegen an der Garganoküste mehrere malerische Dörfer, deren erstes, Rodi, auf einem Hügel thront. Geprägt ist es von Ackerbau und Fischerei, deren Boote heute jedoch vorwiegend dem Fremdenverkehr dienen. Die griechische Gründung war vielen Angriffen ausgesetzt: Im 5. Jahrhundert wüteten die Goten in Rodi, 1240 plünderten es die Venezianer, im 15. Jahrhundert schließlich die Franzosen. Mehrfach musste es sich gegen Angriffe der Türken verteidigen. Im mittelalterlichen Gewühl enger, steiler Gassen sind vor allem die Kirche der Madonna della Libera (mit einer Ikone aus Konstantinopel), San Pietro, die Reste des Kastells und der Campanile von San Nicola di Mira sehenswert.

Ein schöner langer Sandstrand reicht bis nach San Menaio und zum Monte Pucci, wo ein Küstenwachturm und am Meer ein traditioneller »trabucco«, eine alte Fischfangapparatur, zu besichtigen sind.

Madonna della Libera
0884 96 50 75. *Sommer: 7.30–12.30, 17.30–21 Uhr; Winter: 7.30–12, 17–19 Uhr.*

Blick auf das Dorf Vico del Gargano

Blick vom Meer auf das Vorgebirge mit dem Dorf Peschici

Peschici ⓯

Foggia. **Straßenkarte** B1. *4000.* FS *Ferrovie del Gargano, 0881 77 24 91.* **APT**, *Via Magenta 3, 0884 91 53 62.* *Sant'Elia, 19.–21. Juli.*

Der Ort entstand um das Jahr 1000, als Dalmatiner und Slawonier zum Kampf gegen die Sarazenen angesiedelt wurden. Im historischen Zentrum auf dem Gipfel einer Felsnase kann man die einstöckigen weißen Häuser mit ihren arabischen Kuppeldächern, das Kastell, das zur Abtei auf den Tremiti-Inseln gehörte, Teile der Stadtmauern und die dem hl. Elias geweihte Hauptkirche bewundern. Nahe dem Dorf steht die antike Kirche Santa Maria di Calena, daneben eine riesige Eiche. In Richtung Vieste findet man kleine Vorgebirge und Buchten wie etwa die von San Nicola, Manaccora und Calalunga mit vielen Türmen und »trabucchi«, uralten Fischfangapparaturen.

Vieste ⓰

Foggia. **Straßenkarte** B1. *14 000.* **APT**, *Piazza Kennedy 1, 0884 70 88 06.* *St. Georg, 23. Apr; Gargano by bike, Wochenende um den 25. Apr oder 1. Mai; Santa Maria di Merino, 9. Mai.*

Vieste ist der größte und östlichste Ort des Gargano. Das typisch mediterrane Dorf mit seinem mittelalterlichen Kern und den weißen Häusern an engen Gassen und Plätzen liegt auf einem Felssporn. Über Treppen gelangt man zum höchsten Punkt hinauf, der **Punta San Francesco**, wo das befestigte Kloster San Francesco und das Kastell normannisch-staufischen Ursprungs stehen, das zum Schutz gegen die Türken mehrfach ausgebaut wurde. Dennoch tötete der Pirat Dragut 1554 Tausende von Einwohnern auf einem Fels, der *chianca amara*, in der Nähe der romanischen Kathedrale. Die Kirche (11. Jh.) besitzt ein schönes Seitenportal und einen spätbarocken Campanile. Im dreischiffigen Inneren sind die Säulenkapitelle bemerkenswert. Ebenfalls im mittelalterlichen Kern liegen die Piazzetta del Seggio mit einer Sonnenuhr und die Piazzetta delle Ripe. Beachtenswert sind auch das **Museo Civico Archeologico** und das **Museo Malacologico** mit seinen Sammlungen von Muscheln aus aller Welt. Am Ende des Strandes unter dem Kastell ragt der Pizzomunno-Fels auf, in den sich der Legende nach ein verliebter Selbstmörder verwandelt hat.

Museo Civico Archeologico
Via Celestino V 78. *0884 70 85 78.* *Sommer: Mo–Sa 17–23 Uhr; Winter: Mo, Mi, Fr 8–11 Uhr.*

Museo Malacologico
Via Pola 8. *0884 70 76 68.* *Apr, Mai: 9–13 Uhr; Juni, Sep, Okt: 15–22 Uhr; Juli, Aug: 9–12.30, 17–23 Uhr.* *Jan–März.*

Umgebung: Unweit von Vieste, nahe der Wallfahrtskirche Santa Maria di Merino, stehen die Reste einer **römischen Villa** der Stadt Merinum, Zeugen antiker Besiedlung. Wunderschön ist die Straße von Vieste zum Strand von Mattinata an der sehr zerklüfteten Küste entlang, die von Türmen (wie der **Torre Gattarella**), weißen Klippen und Erosionserscheinungen geprägt wird. Man durchfährt zauberhafte Landschaften wie die **Cala San Felice** mit dem Felsentor oder die Buchten von Campi (mit den Inselchen), Pugnochiuso und Vignanotica. Von den Grotten, die man per Motorboot von Vieste aus besucht und vor allem zwischen der Torre Gattarella und der **Baia delle Zagare** (berühmt für die Felsnadeln und das Naturschutzgebiet Monte Barone) findet, sind die **Grotten** del Serpente, Campana Grande, Smeraldo, dei Sogni, dei Marmi und dei due Occhi die schönsten. Überall dazwischen wächst üppige mediterrane Macchia.

Villa Romana
c/o Santuario di Sta Maria di Merino. *0884 70 16 08 (Pfarrer).* *10–12.30, 16.30–19 Uhr.*

Felsklippen in der Baia delle Zagare zwischen Peschici und Mattinata

Gräber der daunischen Nekropole des Monte Saraceno

Mattinata 17

Foggia. **Straßenkarte** B2. *6500.* **APT**, *Corso Mattino 68, 0884 55 91 69.*

Das zwischen Olivenhainen versteckte Dorf wirkt heute modern, aber bis ins 18. Jahrhundert standen hier nur »pagliai«, kleine Hütten aus Trockenmauern. Funde aus der Nekropole am Monte Saraceno und dem Gebiet um den Hafen, die man in der Farmacia Sansone und im Stadtmuseum betrachten kann, sind Zeugen der daunischen, später römischen Siedlung Matinum. Auf dem Monte Sacro, nördlich des Dorfes, stehen die Reste des einst blühenden Benediktinerklosters Santissima Trinità.

Museo Civico Archeologico
Via Giuseppe Di Vittorio. *0884 55 10 01.* *Sommer: 17–22 (Mi, Do auch 9–12 Uhr); Winter: 9–12, 16–19 Uhr (Änderungen möglich).* *Mo.*

Collezione M. Sansone
c/o Farmacia Sansone, Corso Matino 114. *0884 55 95 37.*

Manfredonia 18

Foggia. **Straßenkarte** B2. *57 000.* **Pro Loco**, *Piazza del Popolo 10, 0884 58 19 98.* *Maria Santissima di Siponto, 29.–31. Aug; St. Andreas-Prozession, 1. Sep; Daunischer Karneval.*

Das am gleichnamigen Golf gelegene Städtchen, das sich seine ursprüngliche schachbrettartige Stadtanlage bewahrt hat, wurde 1256 von König Manfred gegründet. Hier siedelte er die Bewohner von Siponto an, einer antiken daunischen Stadt zwischen Salapia und Arpi mit einem im Mittelalter sehr wichtigen Hafen, die 1223 von einem Erdbeben zerstört worden war. Zeitgleich mit Manfredonia entstand, anfangs außerhalb des Orts direkt am Meer, der erste Bau des Kastells auf einem vierseitigen Grundriss mit vier Ecktürmen, von denen einer quadratisch ist. Es wurde von den Anjou vollendet (nach Entwürfen von Pierre d'Angicourt) und zwischen dem 15. und 16. Jahrhundert durch einen neuen Mauerring erweitert. Das in spanischer Zeit als Gefängnis genutzte **Museo Archeologico Nazionale** beherbergt heute zahlreiche Funde (z.B. aus der Grotta Scaloria, aus Coppa Nevigata und Masseria Cupola) sowie eine berühmte und faszinierende Sammlung daunischer Stelen. Aufgrund ihrer strategisch günstigen Lage wurde die Stadt mehrfach angegriffen. 1620 wurde sie von den Türken belagert und im selben Jahrhundert von starken Erdbeben heimgesucht. So wurde die **Kathedrale** vom Erzbischof Orsini – dem späteren Papst Benedikt XIII. – 1680 auf den Ruinen des gotischen Vorgängerbaus im Stil des Barock wiedererrichtet. Sie enthält die Ikone der Madonna von Siponto (12. Jh.), die ihr geweihte, Sipontina genannte Holzstatue und ein Holzkruzifix aus San Leonardo. Sehenswert sind auch die Kirchen San Domenico, unter Karl II. von Anjou erbaut – auch dies ein Nachfolgebau (gotisch sind nur das Portal und die Cappella della Maddalena) –, San Benedetto und San Francesco.

Museo Archeologico Nazionale
Castello, Corso Manfredi. *0884 58 78 38.* *tägl. 8.30–13.30, 15.30–19.30 Uhr.*

Raccolta Etnografica del Centro Studi Pugliesi
Fraz. Siponto, Piazza Santa Maria 2. *0884 54 15 44.* *n. Vereinb.*

Portal der Nordseite von San Leonardo di Siponto

Umgebung: Einige Kilometer außerhalb liegt **Santa Maria di Siponto** (11. Jh.), eine der schönsten romanischen Kirchen mit byzantinischem Einfluss. Sehenswert sind die Fassade mit einem Portal des 13. Jahrhunderts, die zwei Apsiden und die Krypta. In der Nähe findet man Reste von Katakomben und einer frühchristlichen Basilika, von der Fußbodenmosaiken erhalten sind. Nach etwa zehn Kilometern in Richtung Foggia erreicht man die Kirche **San Leonardo di Siponto** (11./12. Jh.), dreischiffig mit zwei Kuppeln und einem wegen seiner herrlichen Reliefs berühmten Portal (13. Jh.).

Santa Maria di Siponto
0884 54 14 70, 333 592 16 93. *9.30–12.30, 15–18 Uhr.* *Di.*

San Leonardo di Siponto
n. Vereinbarung (347 651 90 76).

Das Kastell von Manfredonia direkt hinter dem Hafen der Stadt

Ein Schwarm Flamingos *(Phoenicopterus ruber)* bei den Salzgruben

Naturschutzgebiet Saline di Margherita di Savoia ⓳

Foggia. **Straßenkarte** B2.
Corpo Forestale dello Stato Ufficio Territoriale per la Biodiversità, *Foresta Umbra, 0884 56 09 44;* **Comando Stazione Forestale di Margherita di Savoia**, *0883 65 62 78;* **APT**, *Margherita di Savoia, 0883 65 40 12;* **Municipio Ufficio Cultura**, *0883 65 91 11.* *Prozession durch die Salinen, 7. Dez; Fest Santa Maria de Salinis, 7. Dez.*
www.margheritadisavoia.com

Das 3871 Hektar große Gebiet wurde 1977 unter besonderen Schutz gestellt und bildet seit 1979 ein Feuchtgebiet von internationaler Bedeutung. Damit wird ein Areal umschrieben, in dem sich aufgrund natürlicher oder künstlicher Ursachen ein stehendes oder fließendes Gewässer bis zu einer Wassertiefe von maximal sechs Metern befindet, dessen Merkmal in diesem Fall ein erhöhter Salzgehalt ist. Diese Bedingungen erschaffen ein empfindliches Ökosystem, das günstig für eine Reihe von Pflanzen und Tieren ist, die wiederum die Grundnahrung vieler Zugvögel bilden. Die auffällige Rotfärbung der Gewässer in diesem Naturschutzgebiet erzeugt ein Pigment, das Teil von in halophilem (sehr salzigem) Wasser gedeihenden Mikroorganismen ist, etwa von den mikroskopischen Archäonten aus der Familie der *Halobacteriaceae* oder Algen wie der Dunaliella. Was die Vögel betrifft, so bietet Margherita di Savoia Raum etwa für die hier überwinternden Säbelschnäbler und Brandenten, Pfeifenten und Stockenten sowie Brutmöglichkeiten für seltene Arten wie den rosafarbenen Flamingo. Man begegnet auch Graureihern, Stelzenläufern, Seidenreihern, Sichlern und Brachvögeln mit ihren langen, nach unten gebogenen Schnäbeln. Seespargel, Schilf, spanisches Rohr und Binsen vervollständigen das Landschaftsbild.

Brachvogel

Das Leben im Schutzgebiet ist eng an die Salinen gebunden, die schon in römischer Zeit in Betrieb waren, als man das Salz abtrug, das sich bei Flut im antiken See von Salpi abgelagert hatte. Die Salinen von Margherita di Savoia sind die größten Italiens und produzieren etwa die Hälfte des italienischen Meersalzbedarfs, vor allem aber bilden sie eine faszinierende Landschaft, die mit ihren weißen Salzflächen und den Farben des Wassers Lichteffekte von seltener Schönheit hervorruft. Entscheidend für den Verdampfungsprozess sind die Klimaverhältnisse, die zwischen Mai und September sehr günstig sind: viel Wind und hohe Sonneneinstrahlung bei wenig Regen.

Nicht weit von den Salinen liegt der Wohnort Margherita di Savoia, den es schon im 3. Jahrhundert unter dem Namen Salinis gab, als er dem wichtigen prärömischen Ort Salapia unterstand. Leben und Arbeit in dem Ort blieben im Lauf der Jahrhunderte mit der Salzgewinnung verbunden. Den heutigen Namen bekam er 1879 zu Ehren der Königin Italiens, die sich sehr für die Lebensbedingungen der Salinenarbeiter interessierte und Gesetze zu ihren Gunsten erließ.

Die Stadt bietet den Besuchern ein interessantes Museum über die Verarbeitung des Salzes und ein wunderbares Thermalbad. Der therapeutische Vorzug der berühmten Meermutterlauge (»acqua madre« oder »acqua rossa«), die Mineralien wie Jod, Brom und Chlor enthält, war auch schon den Römern bekannt, aber die ersten Thermen, inzwischen mehrmals umgestaltet, wurden erst 1930 eröffnet. Heute gibt es hier Moor- und Thermalbäder, auch viele weitere moderne Therapien, die die Verwendung von Wasser vorsehen, werden praktiziert.

Museo Storico delle Saline
Corso Vittorio Emanuele. *0883 65 75 19.* *Juni–Sep: 19–23 Uhr; Okt–Mai: Mo–Fr 10–12 Uhr.*

Terme di Margherita di Savoia
Piazza Libertà 1. *0883 65 54 02.*
www.termemargherita.it

Der Eingang zum Thermalbad bei den Salinen

Hotels und Restaurants in der Provinz Foggia *siehe Seiten 172f und 182f*

Der Zyklus des Salzes

Salinen-arbeiter

Für den Menschen ist Salz ebenso unentbehrlich zum Leben wie Wasser, und daher ist es in vielen Kulturen etwas Heiliges und Symbolisches: das »Salz der Weisheit« im katholischen Ritus, das Salz der Gerechtigkeit (die biblischen Salzsäulen), das Salz des Exorzismus (das den bösen Blick vertreibt). Seine Gewinnung ist also ältesten Ursprungs und hat das Leben der Orte bestimmt, die im Umkreis von Salinen liegen. Bis zum Beginn des letzten Jahrhunderts war die Arbeit in den Salinen sehr hart, denn der Großteil wurde per Hand erledigt. Im weiteren Verlauf des 20. Jahrhunderts wurde die Salzgewinnung immer stärker mechanisiert, bis sie in den 1960er Jahren ein Industriezweig wurde. Heute vollzieht sich der Produktionszyklus in einer Zeitspanne von drei bis fünf Jahren. Die Salinen Margherita di Savoia, die sich auf undurchlässigen Böden befinden, produzieren jährlich mehr als 500 000 Tonnen Meersalz.

Die erste Verdampfungszone hieß früher »Zone der verdammten Seelen«, denn hier litten die Arbeiter unter Mückenplagen.

Das vom Salz befreite Wasser heißt Mutterlauge (»acqua madre«) und dient als Schutz für das Salz, das während der Jahre des Produktionszyklus am Boden des Beckens bleibt.

***Ein Schleusensystem** sorgt für den Fluss zwischen den Becken, da es kein natürliches Gefälle gibt.*

Salzgewinnung

Zur Verdampfung wird Meerwasser mit Pumpen in drei Phasen in Becken geleitet, die in Form und Oberfläche unterschiedlich sind. In diesen Becken erhöht sich die Salzkonzentration, bis sie die volle Sättigung erreicht hat. Danach gelangt das Salz in Salzwannen. Später wird es mit Baggern zu den typischen weißen Hügeln aufgehäuft, die in der Sonne glitzern.

Das Salz wird *mit Förderbändern auf Lastwagen verladen. Dann wird es verpackt und verschickt, was meistens auf dem Seeweg geschieht.*

***Der Salzgehalt** des Wassers wird in Baumé (abgekürzt bé) gemessen; bei 25 bis 30 bé fällt das Natriumchlorid (Kochsalz) aus – die einzige Substanz, die vor dem Verpacken gewaschen wird.*

SALVI

Bari

Bari ist als Ausgangspunkt ins östliche Mittelmeer und in den Orient von zentraler Bedeutung. Auch die vielen Fährverbindungen in die umliegenden Mittelmeerländer bescheren Bari seit jeher viele Besucher. Doch nicht nur die Stadt, auch die Provinz Bari und die in diesem Kapitel ebenfalls vorgestellte Provinz Barletta-Andria-Trani bieten viele Gründe für einen längeren Aufenthalt.

Großstädtisches Flair erwartet den Reisenden in Bari, der Hauptstadt Apuliens. Mit 320000 Einwohnern ist es inzwischen das größte und wichtigste Handels- und Geschäftszentrum der Region. Als Universitätsstadt hat sich Bari einen jungen Charakter erhalten und ist heute eine moderne, dynamische und weltoffene Stadt. Überwältigend ist außerdem das Angebot an Trendboutiquen und Designerläden. Gourmets finden hier typische italienische und regionale Delikatessen. Doch auch historisch interessierte Besucher kommen in Bari auf ihre Kosten: Besondere Attraktionen sind neben einigen Museen die Basilika San Nicola und das Stauferkastell.

Da viele verschiedene Kulturen das Bild der Provinz im Lauf der Jahrhunderte geprägt haben, stößt man bei einer Reise durch Bari auf zahlreiche historische Schätze.

Auf der Route am Meer entlang liegt beispielsweise Trani mit der berühmten romanischen Kathedrale San Nicola Pellegrino. In der Nähe von Andria liegt, schon von Weitem auf einem Hügel zu sehen, das weltberühmte Castel del Monte. Der Überlieferung nach soll die achteckige Burg von Stauferkaiser Friedrich II. erbaut worden sein. Rund um das Kastell reihen sich auch heute noch zahlreiche Sagen und Legenden, weshalb ein Besuch gerade hier so faszinierend ist.

Erfrischende Meerluft von der Adria bekommt der Reisende wieder in der Gegend um Monopoli. An der rund 13 Kilometer langen Küste mit feinen Sandstränden oder in einer der über 25 Buchten bietet sich ein erholsamer Bade- und auch Tauchurlaub an. Nicht weit von Monopoli befinden sich mit den Castellana-Grotten außerdem die größten und interessantesten Höhlen Apuliens.

Das barocke Innere der Kathedrale von Monopoli mit seinem reichen Marmorschmuck

◁ **Obst- und Gemüsemarkt auf der Piazza San Nicola, Bari** ***(siehe S. 80–87)***

Überblick: Bari

Kathedrale von Trani

Die Provinz Bari wird durch den Unterlauf des Ofanto vom Tavoliere getrennt und präsentiert sich als teils ebenes, teils hügeliges Gebiet, das von der Küste allmählich ansteigt. Je nach Siedlungsdichte und Kultivierung ändert sich der Charakter: Mehr auf Gemüseanbau ist der fruchtbare Küstenstrich spezialisiert, der bis auf die Gegend in Richtung Polignano flach und felsig ist. Daran schließt eine von Olivenhainen und Weinbau geprägte Zone an, die landeinwärts in eine von Getreideanbau und Weidewirtschaft dominierte Region übergeht. Typisch für die Landschaft sind der Mangel an Gewässern und die vielen Karsterscheinungen – sei es an der Oberfläche wie bei den »Puli« (*siehe S. 94*), sei es unterirdisch wie bei den Grotte di Castellana. Sehr imposant ist auch die Architektur der Provinz Bari und der hier ebenso vorgestellten, 2004 gegründeten, kleinen Provinz Barletta-Andria-Trani: Man findet u. a. megalithische und mittelalterliche Bauten, besonders eindrucksvoll sind die Kastelle und die monumentalen romanischen Kathedralen.

Castel del Monte

Sehenswürdigkeiten auf einen Blick

- Acquaviva delle Fonti 14
- Altamura 15
- Andria 21
- *Bari S. 80–87* 1
- Barletta 4
- Bisceglie 2
- Bitetto 24
- Bitonto 23
- Canne della Battaglia 20
- Canosa di Puglia 19
- *Castel del Monte S. 104f* 17
- *Castellana-Grotten S. 96f* 10
- Conversano 11
- Gioia del Colle 13
- Giovinazzo 6
- Gravina 16
- Minervino Murge 18
- Mola di Bari 7
- Molfetta 5
- Monopoli 9
- Polignano a Mare 8
- Putignano 12
- Ruvo di Puglia 22
- *Trani S. 90–93* 3

Weitere Zeichenerklärungen *siehe hintere Umschlagklappe*

In der Provinz Bari unterwegs

Die Gegend ist mit dem Auto leicht erreichbar, sei es aus Norden über die A14, sei es vom Westen her über die A16. Am Meer entlang verläuft die Küstenstraße SS16, die durch alle wichtigen Orte führt. Von Bari gehen dann viele andere Hauptstraßen ab. Auch im Eisenbahnverkehr ist Bari ein Knotenpunkt. Vom Hauptbahnhof, durch den die Adrialinie führt, zweigen die Nebenstrecken ab: die Linie Bari–Barletta über Bitonto, Ruvo und Andria (Ferrotramviaria – Ferrovie del Nord Barese), die Linie Bari–Altamura–Gravina–Matera (Ferrovie Appulo-Lucane) und die Linie Bari–Conversano–Martina Franca–Tarent (die auch Castellana Grotte, Putignano und Alberobello erreicht). Bari besitzt zudem den größten Flughafen der Region. Vom Hafen verkehren Schiffe und Tragflügelboote u. a. zu Häfen in Kroatien und Griechenland.

Die Torre Calderino nahe Molfetta

Prozession zu Ehren des hl. Nikolaus in Bari

LEGENDE

- Autobahn
- Schnellstraße
- Hauptstraße
- Nebenstraße
- Panoramastraße
- Eisenbahn
- Provinzgrenze

0 Kilometer 20

SIEHE AUCH

- ***Hotels*** S. 173f
- ***Restaurants*** S. 184f

Skulptur im Kastell von Bari

Bari ❶

Votivbild des hl. Nikolaus

Die apulische Hauptstadt präsentiert sich heute als moderne Großstadt. Der von Illyrern gegründete Ort, in römischer Zeit wichtiger Straßenkreuzungspunkt an der Via Traiana, geriet, ehe er staufisch wurde, nacheinander in die Hände der Langobarden, Araber (847–871), Byzantiner und Normannen. Im Mittelalter war die Stadt zutiefst von der Ankunft der Reliquen des hl. Nikolaus (1087) und vom Bau der ihm gewidmeten Basilika geprägt, die sie zu einem Hauptort der Christenheit machten. Bari fiel ans Haus Anjou, danach an die Aragonier. Zu Beginn des 16. Jahrhunderts erlebte es eine Glanzzeit unter der Herzogin Isabella von Aragon, bevor mit den Spaniern düstere Zeiten mit Hungersnöten und Aufständen begannen. Während des napoleonischen Zwischenspiels wurde 1813 unter Gioacchino Murat mit dem Bau der Neustadt mit ihren breiten Straßen im rechtwinkligen Raster begonnen, die zusammen mit dem mittelalterlichen Kern das Gesicht des heutigen Bari ausmacht. In der Zeit des Faschismus wurde die Stadt um die Universität (1925) und die Fiera del Levante (1930) bereichert.

Typische Bogendurchgänge in der Gegend des alten Hafens

Überblick: Bari

Die Altstadt, das wahre Herz Baris und der erste bewohnte Teil, liegt auf einer kleinen Halbinsel. Sie zeigt die typischen Merkmale eines mittelalterlichen Viertels mit einem wahren Labyrinth verwinkelter Gassen, mit Bogendurchgängen (z. B. Arco Vanese und Arco Meraviglia), Höfen, Palästen und Kirchen. Überdies ist sie von alten Mauern umgeben, an denen entlang man einen schönen Spaziergang mit Blick auf den alten Hafen und das Kastell unternehmen kann. Viele Häuser der Altstadt gruppieren sich in unmittelbarer Nähe der Kathedrale und der Basilika San Nicola. Den Besucher beeindruckt hier das geschäftige Treiben, in dem sich Bari als typisch süditalienische Stadt zeigt.

Die großen berühmten Kirchenbauten präsentieren sich vorwiegend im Stil der Romanik, man begegnet allerdings auch verschiedenen Barockbauwerken, darunter etwa der Loggia des Palazzo del Sedile, der Chiesa del Gesù und der Chiesa Santa Teresa dei Maschi. Der Corso Antonio de Tullio und die Seepromenade Imperatore Augusto, die um die Wälle des alten Bari herum verlaufen, sind Erweiterungen des 20. Jahrhunderts.

Museo Civico

Strada Sagges 13. *080 577 23 62.* *Okt–Juni: Fr 9–13, Sa 17.30–20.30, So 10–13 Uhr; Juli–Sep: Fr 9–13, So 19–22 Uhr.*

Kathedrale

Piazza Odegitria. *080 521 06 05.* *Mo–Sa 8–12.30, 16–19.30, So 8–12.30, 17–20.30 Uhr.*

Museo della Cattedrale

Via Dottula. *080 521 00 64.* *Do, So 9.30–12.30, Sa 9.30–12.30, 16.30–19.30 Uhr.*

Die dem hl. Sabinus geweihte Kathedrale entstand im 11. Jahrhundert über einer frühchristlichen Basilika, was Funde unter dem Mittelschiff

LEGENDE

Kirche

Hotels und Restaurants in der Provinz Bari *siehe Seiten 173f und 184f*

belegen. Sie wurde aber nach ihrer Zerstörung durch Wilhelm I. (1156) im folgenden Jahrhundert neu erbaut und hat in der Folgezeit starke Veränderungen erfahren. Viele barocke Elemente wurden im 20. Jahrhundert wieder entfernt. Nur einer ihrer originalen romanischen Glockentürme ist erhalten (der andere stürzte 1613 ein). Die Fassade mit Schrägdächern ist durch Lisenen gegliedert (bemerkenswert sind die originalen Portale mit schönem Dekor des 18. Jahrhunderts und die figurenreiche Fensterrose).

An der Ostfassade fällt das prächtige Rundbogenfenster (12. Jh.) mit seinem herrlichen Figurenschmuck auf. Im dreischiffigen Inneren mit drei Apsiden und der Vierungskuppel auf achteckigem Tambour sind die Scheinemporen und die säulentragenden Löwen am Eingang zum Chor bemerkenswert, aber auch der Bischofsthron, die Kanzel und das Ziborium, die aus Originalfragmenten rekonstruiert wurden.

Vom linken Schiff gelangt man in eine antike, Trulla genannte Taufkapelle, die jetzt als Sakristei dient. In der Krypta mit dem Grab des hl. Sabinus wird die Ikone der Madonna Odegitria über dem Altar verehrt.

Nahe der Kathedrale steht an der rechten Seite des Platzes die Kirche San Giacomo, auch sie romanisch, wenn auch mit barocken Elementen. Hier sollte man den Campanile und im Inneren den Fußboden (18. Jh.) aus glasierter Keramik beachten. Nicht weit entfernt gelangt man schließlich zum **Museo della Cattedrale** und zum **Museo Civico**, die beide einen Besuch wert sind.

Die dreiteilige Fassade der Kathedrale mit der Fensterrose

INFOBOX

Straßenkarte D3.
320 000. FS Corso Italia 23, 080 521 35 74, 89 20 21. S.I.T.A., 080 579 01 11. Bari Palese, 800 94 99 44. **APT**, Piazza Aldo Moro 33/A, 080 524 23 61. Expolevante, Ende März; San Nicola, 7.–8. Mai; Fiera del Levante, Sep.
www.comune.bari.it

San Nicola

Siehe S. 82f.

Die Exsultet-Rolle

Das Kathedralenmuseum bewahrt eine kostbare Exsultet-Rolle des 11. Jahrhunderts auf. Das ist eine bebilderte Pergamentrolle in beneventischer Schrift. Damit die Gläubigen, während der Priester den Text las, die Bilder der von der Kanzel herabhängenden Rolle betrachten konnten, sind diese auf dem Kopf stehend dargestellt.

Detail einer Miniatur

Zentrum von Bari

Corso Cavour ⑩
Corso Vittorio Emanuele II ⑨
Corso Vittorio Veneto ⑫
Kathedrale ①
Lungomare di Crollalanza ⑪
Piazza del Ferrarese ⑦
Piazza Mercantile ⑥
San Gregorio ③
San Marco ④
San Nicola ②
Santa Scolastica ⑤
Stauferkastell ⑧

Bari: Basilika San Nicola

Fassadenstatue des Heiligen

Das Wahrzeichen von Bari, die Basilika San Nicola, birgt die im Jahr 1087 aus Myra in Kleinasien entführten Reliquien des Heiligen. Der 1197 geweihte Kirchenbau ist ein Hauptwerk der apulischen Romanik. Seine weiße, durch Lisenen gegliederte Kalksteinfassade flankieren zwei Türme. Links befindet sich das berühmte, äußerst figurenreiche Löwenportal. Die dreischiffige Anlage enthält zwei einzigartige Werke mittelalterlicher Plastik: das von Säulen mit Figurenkapitellen getragene Ziborium und den sogenannten Eliasthron. Im rechten Querhaus befindet sich ein Altar aus getriebenem Silber, der die *Wunder des hl. Nikolaus* darstellt. Die Basilika ist das Ziel von Pilgern aus allen Teilen Europas.

Innenraum
Die zwei Säulenreihen, die die Schiffe trennen, enden in drei Bogen, die den Chor begrenzen. Hier befinden sich die wichtigsten Kunstwerke und das einzige erhaltene Stück des ursprünglichen Fußbodens.

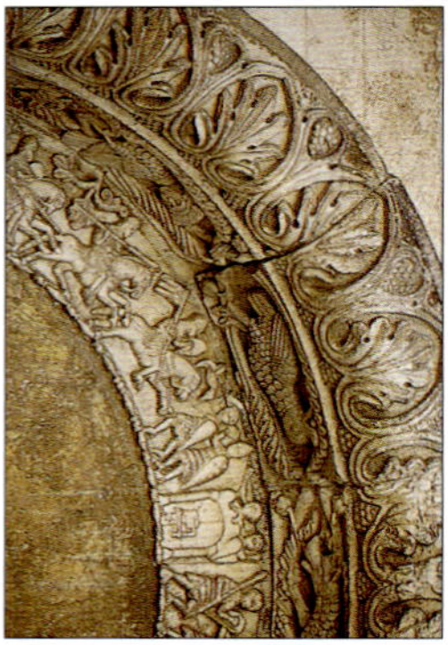

★ Portal
Das Portal wird von achteckigen Säulen flankiert, die auf zwei Stieren ruhen. Arabesken sowie ornamentaler und symbolischer Zierrat überziehen die Pfosten und den Rundbogen.

Die Gesimse sind mit Blendarkaden verziert.

Von den beiden stumpfen Türmen wurde der linke möglicherweise auf einem byzantinischen Vorgängerbau errichtet.

Fassade
Zwei Lisenen, die auf Spoliensäulen ruhen, teilen die Fassade der Basilika in drei Abschnitte, in denen sich jeweils ein Portal befindet. Ein Spiel aus Blendbogen belebt den unteren Teil, während eine Fensterrose, drei einbogige und fünf zweibogige Fenster den oberen Teil gliedern.

Deckenschmuck
Die Originaldecke war ein hölzernes Hängewerk, die heutige, aus vergoldetem und bemaltem Holz, ist von Carlo Rosa (1613–1678). In den Längsschiffen ist das Leben San Nicolas *dargestellt, im Querhaus das* Paradies.

INFOBOX

Piazza San Nicola.
080 573 71 11.
Mo–Sa 7–20.30, So 7–22 Uhr.
Schatzkammer: *tägl. 7.30–19 Uhr.*
www.basilicasannicola.org

Der San-Nicola-Altar im rechten Querhaus ist aus getriebenem Silber. Aus dem Grab des Heiligen, Schutzpatron von Seefahrern, kleinen Mädchen und Studenten, träufelte angeblich ein Öl, das Kranke heilte: das »Manna des heiligen Nikolaus«.

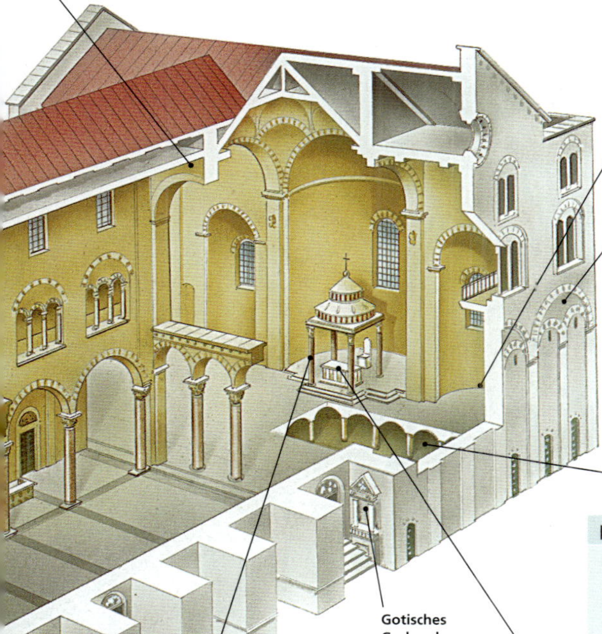

Blendbogen

Die Krypta unter dem Querhaus hat ein von 28 Säulen getragenes Kreuzrippengewölbe. Hier werden die Reliquien des Heiligen verwahrt. Bemerkenswert sind die byzantinischen und romanischen Kapitelle mit Pflanzenmotiven und Tier- und Groteskfiguren. Die Krypta wurde von Papst Urban II. geweiht.

NICHT VERSÄUMEN

★ Eliasthron

★ Portal

Gotisches Grabmal

Das Ziborium gilt als das älteste der Region.

Der Turm des Katapans erinnert daran, dass hier der Hof des byzantinischen Statthalters stand, der mit großer Machtfülle ausgestattet war.

★ Eliasthron
Der Thron ist ein eindrucksvolles Beispiel romanischer Kunst des 12. Jahrhunderts. Er wird von drei Groteskfiguren getragen, die Fußbank stützen zwei Löwen.

Die Kirche San Gregorio mit dem Arco di San Nicola links

San Gregorio

Piazzetta 62 Marinai. ☎ *080 573 71 11.* 🕐 *tel. erfragen.*

Die Kirche San Gregorio nahe der Basilika San Nicola, zu deren Komplex sie gehört, hat byzantinische Ursprünge (11. Jh.). Die romanische Fassade ist durch Lisenen, einbogige Fenster mit Perlstabdekor – das Motiv wiederholt sich an der Zentralapsis – und ein großes Fenster mit Arkadenbogen gegliedert. Im dreischiffigen Inneren, das in halbkreisförmigen Apsiden endet, sind die Kapitelle und ein Holzkruzifix des 18. Jahrhunderts bemerkenswert. An der linken Seite der Kirche führt der spitzbogige Arco di San Nicola in den Hof des Katapans, der vom Haus Anjou errichtet wurde, worauf die Lilienwappen verweisen. Schön ist auch der Portikus der Pilger (13. Jh.) mit Rundbogen und einbogigen Fenstern. Geht man zur Strada della Quercia weiter, findet man unter einem Architrav den steinernen Kopf eines enthaupteten Muslims. Nahebei sind auch die Kirche **San Giovanni Crisostomo** (14. Jh.) und die Barockkirche **Santa Chiara**.

San Marco

Strada San Marco 7. ☎ *080 523 34 45.* 🕐 *Sommer: 8–13, 17–19 Uhr; Winter: 10–12, 16–18.30 Uhr. Voranmeldung empfehlenswert.*

Im Zentrum des einstigen Viertels der venezianischen Händler steht die romanische Kirche San Marco. Interessant sind in der Fassade das Rundbogenportal, das Motive aufnimmt, die man von San Gregorio kennt, und die durchbrochene Fensterrose mit dem Löwen im Zentrum. Am Ende der Strada San Marco (mit einem steinernen Löwen auf der Höhe der ehemaligen Residenz des Konsuls) liegen Kloster und Kirche del Carmine aus dem 17. Jahrhundert. Im Inneren sind Gemälde von Miglionico zu sehen.

Complesso di Santa Scolastica

Via Venezia 7. ☎ *080 522 73 16.*

Die Kirche und das ehemalige Kloster Santa Scolastica wurden wohl bereits vor dem Jahr 1100 gegründet, worauf die ersten Erwähnungen verweisen. Die Barockfassade der Kirche ziert ein großes Fenster. Auf dem Portal steht die Statue des hl. Benedikt, zwei Engel beiderseits des Bogens tragen die Mitra und den Bischofsstab. Das Innere ist dreischiffig. Der Komplex der Santa Scolastica wird nach umfassenden Restaurierungs- und Umbauarbeiten das bedeutende Archäologische Museum aufnehmen, das früher im Palazzo Ateneo untergebracht war.

Nicht weit entfernt befindet sich die Piazza **Santa Maria del Buonconsiglio** mit römischen und frühchristlichen Säulenfragmenten und einem Fußboden, die zu einer romanischen Kirche gehörten, die einst hier stand.

Von Santa Scolastica kann man zur Bastion spazieren und von dort den herrlichen Blick aufs Meer genießen, oder man flaniert die **Via Venezia** entlang (so genannt zu Ehren des Dogen Orseolo II., der Bari von sarazenischer Belagerung befreite). Sie verläuft durch das Zentrum von Bari bis zum Fort Sant'Antonio und gehört wegen ihrer besonderen Lage und der stellenweise grandiosen Aussicht zu den schönsten des Viertels.

Reste der Kirche Santa Maria del Buonconsiglio

Isabella von Aragon und Bona Sforza

Isabella von Aragon

Die Tochter Alfonsos II. von Aragon und Witwe des Giangaleazzo Sforza, Isabella von Aragon (1470–1524), war von 1500 bis zu ihrem Tod Herzogin von Bari. Unter ihr erlebte die Stadt eine Epoche des Glanzes, der die schwierigen Jahrhunderte unter spanischer Herrschaft folgten. Den Renaissance-Hof besuchten viele Geistesgrößen ihrer Zeit. Das Stauferkastell ließ sie zu Verteidigungs- und Wohnzwecken erweitern. Ihr folgte die ebenfalls kunstliebende Tochter Bona Sforza (1494–1557), die 1518 den polnischen König Sigismund I. heiratete. Nach dem Tod des Königs und ihrer Rückkehr aus Krakau lebte sie bis zu ihrem Tod in Bari. In San Nicola kann man an der inneren Apsiswand ihr großes Grabmal bewundern.

Hotels und Restaurants in der Provinz Bari *siehe Seiten 173f und 184f*

Piazza Mercantile

Am wichtigsten Handelsplatz der Stadt, den die Strada Re Manfredi mit dem alten Hafen verbindet, steht der Renaissance-**Palazzo del Sedile dei Nobile**, dessen mit Büsten gekrönte Loggia des 18. Jahrhunderts beeindruckt. In dem Palast traten die Stadtregierung und der **königliche Hof** zusammen, zu Beginn des 19. Jahrhunderts diente er für kurze Zeit als Theater. An der Seite des Platzes steht noch heute die Richtsäule mit einem Steinlöwen, an die Schuldner und Bankrotteure gekettet wurden. Von hier gelangt man durch den Vico Fiscardi zu dem restaurierten Geburtshaus des Komponisten Niccolò Piccinni. Nicht weit davon entfernt gelangt man durch die Via Fragigena schließlich zur barocken Chiesa del Gesù. Wenn man in die Strada Palazzo di Città einbiegt, stößt man auf die Kirche Sant'Agostino (genannt Sant'Anna, 16. Jh.), die auf Resten eines romanischen Vorgängerbaus errichtet wurde.

Piazza del Ferrarese

Auf der Piazza del Ferrarese (benannt nach einem Kaufmann aus Ferrara, der hier wohnte), dem antiken Ein-

Die Ostseite der Chiesa della Vallisa an der Piazza del Ferrarese

gang zur Stadt, befanden sich der alte Fischmarkt und die Markthalle. Hier kann man den **Palazzo Starita** mit einer Sonnenuhr an der Fassade sowie die halbrunden Apsiden der dreischiffigen **Chiesa della Vallisa** bewundern, die eine Fassade mit Portikus besitzt. In der Nähe stehen die barocke Kirche **San Michele** und, in Richtung Kathedrale, die ebenfalls barocke Kirche Santa Teresa dei Maschi, früher San Giuseppe. Ein griechisches Kreuz bildet den Grundriss dieser Kirche.

Stauferkastell

Piazza Federico II di Svevia.
080 528 62 60. Mo, Di, Do–So 8.30–19.30 Uhr. Mi, 1. Jan, 1. Mai, 25. Dez.

Das Kastell am Rand der Altstadt ist normannischen Ursprungs, hat aber byzantinische Vorläufer. Bei den Ausgrabungen kamen auch Spuren einer Kirche ans Licht. Um 1230 wurde das Kastell von Friedrich II. umgebaut und erweitert, nachdem es durch Wilhelm I. schwer beschädigt worden war. Den Kern bildet die trapezförmige Burg, die ursprünglich von vier Ecktürmen eingefasst war. Isabella von Aragon und ihre Tochter Bona Sforza bauten sie zu einem Renaissance-Königshof um, den sie an den landeinwärts gelegenen Seiten mit mächtigen Bastionen umgaben. Das Kastell diente in bourbonischer Zeit auch als Gefängnis und ist im Moment Sitz verschiedenster Ämter und Behörden Apuliens. Eine Sammlung von Gipsfiguren präsentiert in wechselnden Ausstellungen Abgüsse der wichtigsten Beispiele apulischer Plastik zwischen dem 11. und 17. Jahrhundert.

Hinter der Außenmauer überquert man die Brücke und gelangt zur **Torre del Semaforo**, dem einstigen Signalturm der Marine mit einem angegliederten Jugendgefängnis. Ein Portal mit skulptierter Archivolte führt in den Innenhof. Hier findet man eine sehr schöne Loggia mit Kapitellen in Adler- und Blattform. An der Seite, die in Richtung Meer zeigt, sind die zweibogigen Fenster und das Portal aus angevinischer Zeit einige der bemerkenswertesten Elemente. Der Legende nach fand die Begegnung zwischen Friedrich II. und dem Hl. Franziskus mit der Versuchung durch den Herrscher in eben diesem Kastell statt.

Die Burgmauer des Stauferkastells Friedrichs II., die Isabella von Aragon erbauen ließ

Corso Vittorio Emanuele II

Er führt von der Piazza Garibaldi zum alten Hafen und markiert die Grenze zwischen der Altstadt und dem Murat-Viertel, zu dem 1813 der erste Spatenstich getan wurde. Auf der Höhe der Piazza della Libertà befinden sich die **Präfektur** (Anfang 19. Jh.) und das **Stadttheater** einander gegenüber. Das Theater wurde von A. Niccolini entworfen und 1854 mit einem Werk von Donizetti eingeweiht. Benannt ist es nach dem berühmten Komponisten Niccolò Piccinni. Daneben steht das Rathaus. Kurz hinter dem Theater geht rechts die **Via Sparano** ab, eine Fußgängerzone voller Läden, in der man auch die Kirche San Ferdinando (mit moderner Fassade) und den Palazzo Mincuzzi findet. Ein Stück weiter, am Park der Piazza Umberto I, steht der Palazzo Ateneo, Sitz der Universität Bari und zuvor des Archäologischen Museums. Geht man aber den Corso weiter, stößt man am Ende, hinter der Piazza 4 Novembre am alten Hafen, auf das im Jugendstil errichtete **Politeama Margherita**. An dem früheren Varietétheater geht nach rechts die Seepromenade Crollalanza ab. Am alten Hafen findet jeden Tag ein lebhafter Fischmarkt statt, der bei Einheimischen wie bei Besuchern der Stadt sehr beliebt ist. Hier kann man in aller Ruhe zusehen, wie die Fischer die Polypen weich klopfen.

Die bevölkerte Via Sparano ist von Geschäften gesäumt

Das Teatro Petruzzelli am Corso Cavour in Bari

Corso Cavour

Palazzo dell'Acquedotto pugliese, Via Cognetti 36. *080 572 31 11.* *Sa, So 10–12 Uhr nach Voranmeldung.* *Aug.*

Im rechten Winkel zum Corso Vittorio Emanuele verläuft der Corso Cavour, die wichtigste Verkehrsachse des Murat-Viertels. Die Erweiterung dieses Viertels im 19. Jahrhundert durch Gioacchino Murat, den König von Neapel, nach dem es benannt ist, war Ausdruck des wirtschaftlichen Fortschritts der Zeit. Unterstrichen wurde er durch die Fülle an Prachtbauten, die sich an dem Corso aufreihen. Hintereinander stehen hier der weiße Palazzo della Camera di Commercio (Palast der Handelskammer, Ende 19. Jh.), der der Banca d'Italia und das **Teatro Petruzzelli** – allesamt an der Seite zum Meer hin. Das 1903 mit der Oper *Die Hugenotten* von Giacomo Meyerbeer eingeweihte Theater ist nach den Brüdern Petruzzelli benannt. Nach ihren Plänen entstand das Gebäude. Die schöne Fassade kulminiert in einem Giebel, der mit Statuen bekrönt ist. Im ersten Geschoss ist sie durch Lisenen gegliedert und durch Balkone und Fenster belebt, die die Büsten von Verdi, Rossini und Bellini tragen. Leider erlitt das Innere des Gebäudes bei einem Großbrand im Jahr 1991 schwere Schäden. Neben dem Theater führt die Via Cognetti zum **Palazzo dell'Acquedotto pugliese** (1921), in dem der Architekt C. Brunetti augenscheinlich den Stil der apulischen Romanik aufgenommen hat. Der inzwischen restaurierte Bau enthält ein Museum, das Ausstattungen und Dekorationen des Bühnenbildners Duilio Cambellotti zeigt.

Auf der Seepromenade Nazario Sauro

Lungomare di Crollalanza

Pinacoteca Provinciale, Lungomare Nazario Sauro 29. *080 541 24 22.* *Di–Sa 9–13, 16–19, So 9–13 Uhr.* *Mo.* *für Schulklassen.*

Die Seepromenade Crollalanza erhielt ihre heutige architektonische Gestalt in den 1920er und 1930er Jahren. Die öffentlichen Gebäude reihen sich ab dem Molo San Nicola aneinander, wo sich der Sportclub Circolo Canottieri Barion befindet. Nicht weit entfernt stehen auch das 1988 restaurierte Teatro Kursaal Santa Lucia (mit Anleihen vom Jugendstil in seinen vielen floralen Dekors) und die elegante Sala Giuseppina. Hinter der Rotonda setzt sich der Lungomare di Crollalanza im Lungomare Nazario Sauro fort. Hier ste-

Hotels und Restaurants in der Provinz Bari *siehe Seiten 173f und 184f*

hen der ehemalige Albergo delle Nazioni und der Palazzo della Provincia. Der von Luigi Baffa entworfene Palast greift Stilelemente der Renaissance auf und ist schon von Weitem an seinem hohen Turm zu erkennen. In ihm befindet sich das Kunstmuseum **Pinacoteca Provinciale** mit einer Mittelalterabteilung mit Skulpturen und Ikonen. Eine weitere Abteilung ist der venezianischen Malerei des 15. und 16. Jahrhunderts gewidmet und zeigt Werke von Antonio und Bartolomeo Vivarini, Giovanni Bellini, Paris Bordone, Veronese *(Thronende Madonna mit den Heiligen Ursula und Katherina)* und Tintoretto *(Christus erscheint St. Rochus unter den Pestkranken)*, dazu Werke von Finoglio, Matthias Stomer, Luca Giordano und Corrado Giaquinto. Unter den apulischen Malern des 19. Jahrhunderts ragen Giuseppe de Nittis, Saverio Altamura und Francesco Netti heraus. Die Sammlung Luigi Grieco zeigt Bilder der Macchiaioli und von Künstlern des 20. Jahrhunderts, darunter Giorgio de Chirico und Giorgio Morandi.

Geht man noch ein kurzes Stück weiter, kommt man unter anderem am Luftfahrtgebäude vorbei. Mit der Sanierung des Strandes Pane e Pomodoro wurde ein beliebter Küstenabschnitt wieder zugänglich gemacht. Der Abriss des Gebäudekomplexes der Punta Perotti machte außerdem den Weg frei für die Einrichtung eines Stadtparks. Geht man anschließend die gleiche Strecke zurück, gelangt man zum

Verlagshaus Laterza

Benedetto Croce

Diese Kulturinstitution Italiens wurde 1901 in Bari als Weiterführung eines kleinen Familienunternehmens gegründet und hatte in dem Philosophen Benedetto Croce den ersten ihrer Mitarbeiter. Dank der verlegerischen Leidenschaft Vito Laterzas (1926–2001) war der Verlag in der zweiten Hälfte des 20. Jahrhunderts ein geistiger Mittelpunkt für Italiens Intellektuelle. Er brachte u. a. die erste philosophische Taschenbuchreihe Italiens heraus. Gegenwärtig hat das Verlagshaus seinen Sitz in Rom.

Der Eingang zu den Gebäuden der Fiera del Levante

Molo San Nicola, hinter dem ein schöner Spazierweg am Meer entlang bis zum Corso Vittorio Veneto führt.

Corso Vittorio Veneto

Der Corso, der die Seepromenaden fortsetzt, die die Altstadt in nordöstlicher Richtung umziehen, läuft am neuen Hafen entlang bis zur Punta San Cataldo und der **Fiera del Levante**. Sie ist in einem Gebäude mit einem monumentalen Eingang mit orientalisierenden Motiven untergebracht. Wenn man den Corso an dem Kastell entlanggeht, kommt man an Gebäuden vor allem aus der Zeit des Faschismus vorbei, darunter dem Palazzo della Finanza und dem Gebäude der ehemaligen wirtschaftswissenschaftlichen Fakultät. Das Acquario provinciale am Molo Pizzoli lohnt den Besuch.

Umgebung: Am Südwestrand der Stadt steht das **Stadion San Nicola**. Dieses interessante Beispiel für moderne Architektur entwarf der Architekt Renzo Piano zur Fußballweltmeisterschaft 1990. Die Anlage, die von der Umgehungsstraße aus wie eine aufgeklappte Blüte wirkt, fasst bis zu 58 000 Zuschauer. Um das Stadion herum wurde ein Park angelegt.

Nicht weit von Bari entfernt liegt die Ortschaft **Valenzano**, in deren Nähe man die Kirche Ognissanti di Cuti bewundern kann. Sie stammt aus dem 11. Jahrhundert und weist mit drei axial hintereinander angeordneten Kuppeln ein typisches Dach nach byzantinischem Muster auf.

Der mächtige Bau des Stadions San Nicola nach einem Entwurf von Renzo Piano

Bisceglie ❷

Bari. **Straßenkarte** C3. *55 000.* **FS** *Piazza Armando Diaz, 080 395 53 34.* **Pro Loco**, *Via Giulio Frisari 5, 080 396 80 84.* *Fest der Schutzheiligen Maurus, Sergius und Pantaleon, 1. So Aug.*

Der Ort, dessen Name sich vielleicht von einer wilden Eiche ableitet, die auch im Wappen zu sehen ist, hat eine hübsche Altstadt, die sich um die Kathedrale San Pietro windet und am Hafen endet. Die Kirche, im 11. Jahrhundert begonnen, aber erst 1295 geweiht, hat in der Fassade ein schönes Portal mit Vorhalle und einer Reihe von Tierfiguren, die im Apsisteil wieder auftauchen. Im Inneren sind die Empore mit Drillingsfenstern und das hölzerne Chorgestühl sehenswert. Weitere interessante Kirchen sind Sant'Adoeno (St. Ouen aus Rouen) mit einer Spitzgiebelfassade und, ein wenig außerhalb der Mauern, die romanische Kirche Santa Margherita. Die 1197 von Falco Falcone errichtete Kirche hat eine Zentralkuppel mit pyramidenförmiger Deckung. Sehenswert sind links die drei Grabmale, besonders das zweite, reich geschmückte, und im Inneren der schöne Baldachin, der auf zwei Löwen ruht. Robert Guiscard schenkte die Stadt dem Grafen Pietro di Trani. Dieser versah sie mit Mauern (die heute sichtbaren sind allerdings angevinisch, die Bastionen fügten die Spanier hinzu) und der **Torre Normanna** (heute Sitz des Völkerkundemuseums). Die Staufer verstärkten die Wehranlagen, als sie das Kastell errichteten, von dem nur drei der vier Türme und im Innern das Kirchlein San Giovanni erhalten sind.

Zahlreich sind auch die Adelspaläste (wie der Palazzo Tupputi in der gleichnamigen Straße) sowie im Umland die Türme und Gehöfte, die romanische Kirchlein schützen (Ognissanti, Santa Maria di Giano). Bei Grabungen in der Gegend (Grotte di Santa Croce, Cave Mastrodonato) wurden paläolithische und neolithische Objekte freigelegt, die heute im **Museo Civico Archeologico Saverio Majellaro** im ehemaligen Kloster Santa Croce zu sehen sind. In diesem Museum befinden sich darüber hinaus eine Urne aus dem 1. Jahrhundert n. Chr. sowie verschiedene römische Amphoren.

Taufbecken in der Kirche Sant'Adoeno

Museo Etnografico
Torre Normanna, Largo Castello. *080 395 52 63.* *nach Voranmeldung.*

Museo Civico Archeologico Saverio Majellaro
Via Frisari 5. *080 395 75 76.* *Di–Fr 9–13 Uhr (Di, Do nur nach Voranmeldung).* *für Schulklassen.*

Trani ❸

Siehe S. 90–93.

Der Dolmen della Chianca

Bisceglie ist bekannt für seine Dolmen, vor allem für den Dolmen della Chianca (auch der Dolmen dei Paladini ist bemerkenswert), wenige Kilometer vom Ort entfernt. Die sehr gut erhaltene Form (15. Jh. v. Chr.) wurde 1909 entdeckt und besteht aus einem Gang *(dromos)* und einer 1,8 Meter hohen Bestattungszelle aus drei vertikalen Platten und einem Stein als Deckung.

Dolmen della Chianca

Frauengestalt **von Giuseppe de Nittis in der Pinacoteca De Nittis**

Barletta ❹

Bari. **Straßenkarte** C2. *95 000.* **FS** *Piazza F. Conteduca 1, 0883 51 58 44.* **IAT**, *0883 53 15 55.* *Kostümaufführung der Disfida di Barletta, 2. Woche im Sep; Madonna dello Sterpeto, 2. So im Juli.*

Barletta war in römischer Zeit Hafen von Canosa im Süden der Ofantomündung. Heute ist die Stadt ein Landwirtschafts-, Handels- und Industriezentrum. In angevinischer Zeit stand sie dank des Handels, des Verkehrs und der Beziehungen zum Orient in hoher Blüte. Es folgte eine Zeit des Niedergangs voller Plünderungen, Epidemien und Erdbeben. Erst im 18. Jahrhundert erholte sich die Stadt. Berühmt geworden ist sie durch die sogenannte Disfida vom 13. Februar 1503, an die jedes Jahr erinnert wird. Ihr ist auch ein Parco Letterario gewidmet. Bei der Episode geht es um den französisch-spanischen Streit um den Besitz der Capitanata. Man erzählt, dass der Franzose Guy de la Motte, der Gefangener der Spanier war, die Italiener der Feigheit bezichtigte. Daraufhin nahmen 13 italienische Ritter mit Ettore Fieramosca an der Spitze die Herausforderung an und besiegten 13 Franzosen im Duell. Um an das Gefecht zu erinnern, das zwischen Andria und Corato stattfand, wurde die **Cantina della Disfida** rekonstruiert, wo unter den Augen des Wirtes Veleno die Beleidigung getilgt worden sein soll.

Ebenfalls in der Via Cialdini stehen der Palazzo della Marra (16. Jh., beachtenswert sind das Portal, die Galerie und die allegorischen Darstellungen), die Barockkirchen San Ruggero und San Gaetano und der Komplex des Monte di Pietà mit der ehemaligen Jesuitenkirche. Im selben Stil ist auch die Chiesa del Purgatorio gehalten. Die wichtigste Kirche der Stadt aber ist die **Kathedrale**, die von einem Campanile flankiert wird, der auf einem Bogendurchgang ruht. Mit dem Bau der Santa Maria Maggiore geweihten Kirche wurde 1140 begonnen. Augenscheinlich ist das Stilgemisch: Zu den romanischen Elementen an der Fassade gesellen sich solche der Renaissance. Gleiches gilt für die gotischen Elemente der Apsispartie außen (Strebepfeiler) und innen (Chor, Radialkapellen und Spitzbogen). In der Kirche wurde Ferdinand I. von Aragon zum König von Neapel gekrönt. Bemerkenswert sind die Krypta (12. Jh.) sowie der Ambo und das Ziborium (13. Jh.).

Andere wichtige Kirchen sind die im 16. Jahrhundert umgestaltete romanische Kirche Sant'Andrea und die gewölbte Santo Sepolcro, die romanischen Ursprungs ist, später aber mit gotischen Elementen und schließlich mit solchen der Renaissance verändert wurde. Sie enthält einen kostbaren Kirchenschatz.

Neben der Kirche ragt die über fünf Meter hohe Bronzestatue eines Giganten orientalischer Herkunft auf. Allgemein wird sie Herkules genannt, möglicherweise jedoch stellt sie einen Kaiser dar, dessen Identität ungewiss ist; die Originalbeine sind zu Glocken geschmolzen worden. Nicht weit davon steht das klassizistische Teatro Curci. Hinter der Kathedrale, nahe dem Hafen, in dem einst mit einer Schwebebahn das Salz aus Margherita di Savoia ankam, erhebt sich das isoliert gelegene Stauferkastell. Die auf normannischen Bauten errichtete Residenz Manfreds wurde von den Anjou durch Pierre d'Angicourt umgebaut, dann von den Aragoniern befestigt und von den Spaniern mit Bastionen versehen (im Hof die Treppe und Zugangsrampe zu den Glacis). Heute enthält das Kastell mehrere sehenswerte Sammlungen: die Sammlungen Ricci (mit zeitgenössischer Kunst), Cafiero, Gabbiani (mit Werken von Luca Giordano, Tiepolo und anderen) sowie die Sammlung Immesi (mit Marionetten). Die **Pinacoteca De Nittis** gleich neben dem Palazzo della Marra zeigt rund 200 Werke von Giuseppe de Nittis. Sie geben einen Überblick über die künstlerische Entwicklung dieses Malers aus Barletta, der in Paris mit den Impressionisten ausstellte.

In der Umgebung von Barletta steht das Santuario della Madonna dello Sterpeto mit der Ikone, die die Stadt beschützt.

Statue des Ettore Fieramosca, Anführer der Revolte von 1503

Blick auf die Kathedrale von Barletta

Pietro Mennea

»Freccia del Sud« war der Spitzname des Sprinters Pietro Mennea aus Barletta. Der Gewinner der Goldmedaille bei den Olympischen Spielen in Moskau 1980 stellte 1979 in Mexico City den Weltrekord über 200 Meter (19,72 Sek.) auf, der über 17 Jahre hielt. Nach seinen fünften Olympischen Spielen, 1988 in Seoul, zog er sich vom aktiven Sport zurück.

Castello
0883 57 86 21. *Sommer: 10–20 Uhr; Winter: 9–19 Uhr.* *Mo.*

Cantina della Disfida
Via Cialdini. *0883 55 22 04.*
9–13, 15–19 Uhr. *Mo.*

Parco Letterario Ettore Fieramosca
Corso Garibaldi 198. *0883 53 11 70.* *Mo–Fr 9.30–13 Uhr (Di, Do auch 17–19 Uhr).*

Pinacoteca De Nittis
Palazzo della Marra, Via Cialdini.
9–13, 15–19 Uhr. *Mo.*

Kathedrale
Via Duomo 52. *0883 57 81 11.*
9–12, 15–20 Uhr.

Trani ❸

Detail der Kathedralenfassade

Trani ist eine der faszinierendsten Städte der Region, nicht nur wegen seiner berühmten Kathedrale. Der Sage nach wurde es von Tyrrhenus, dem Sohn Diomedes', gegründet, erste Zeugnisse der Stadt stammen aus dem 3./4. Jahrhundert n. Chr. Tranis mittelalterlicher Kern erstreckt sich um den Hafen. Bereits unter den Normannen entwickelte sich Trani zu einem der wichtigsten Häfen am Adriatischen Meer für den Handel mit dem Orient. Auch in staufischer Zeit hielt diese Entwicklung an. Die Stadt genoss vielfältige Privilegien und war mit einer gewissen Autonomie ausgestattet, bis sie unter Karl V. Sitz der Sacra Regia Udienza der Provinz wurde. Bis 1808 war Trani Provinzhauptstadt. Die Stadt besitzt einen modernen Teil mit breiten Straßen und ist reich an Denkmälern und Palästen, die ihre Bedeutung in der Vergangenheit eindrucksvoll dokumentieren. Nicht zu vergessen ist Tranis Wirtschaftskraft, die es vor allem dem Abbau von Marmor und der Weinproduktion verdankt.

Überblick: Trani

Die Kathedrale, romanisches Bollwerk der Altstadt, ist Ausgangspunkt für eine Stadtbesichtigung, die weiter zum Stauferkastell führt, dem anderen bedeutenden Bauwerk aus Tranis Vergangenheit. Von hier schlendert man durch die Straßen des Zentrums mit ihren eleganten Gebäuden vor allem in der Via Ognissanti. Am Hafen entlang führt der Weg zum Park der Villa Comunale.

Kathedrale

Siehe S. 92f.

Stauferkastell

Piazza Re Manfredi 16. ☎ *0883 50 66 03.* 🕒 *8.30–19.30 Uhr.*

Das Kastell erstrahlt heute wieder in altem Glanz. Es liegt direkt am Meer gegenüber der Kathedrale, die das Arkadenmotiv wieder aufnimmt. Friedrich II. ließ die Festung 1230–1233 auf den Resten einer normannischen Anlage erbauen (der Mauerring ist jedoch von 1249). Hier fand 1259 die Hochzeit Manfreds mit Helena von Epirus statt, die nach dem Tod des Gatten von den Anjou in Benevento gefangen gesetzt wurde. Der quadratische Grundriss mit zentralem Hof, ursprünglich mit vier Ecktürmen, wurde mehrfach umgestaltet. Vor allem der Bau von zwei neuen Bastionen im 16. Jahrhundert (der spitzen und der quadratischen) veränderte den der Stadt zugewandten Teil, da auch der frühere Portikus entfernt wurde. Mitte des 19. Jahrhunderts entstanden die Brücke und der Turm mit der Sonnenuhr an der Seite zur Piazza Re Manfredi. Ab jener Zeit diente das Kastell bis 1974 als Gefängnis. Man kann die Räume zum Meer hin besichtigen, in einem Museum sind Reste der Marmordekorationen der Stauferzeit ausgestellt.

Die strenge Form des Stauferkastells

Borgo Antico

Von der Piazza Duomo, auf die außer der Kathedrale auch der Palazzo Torres (16. Jh.) blickt, begibt man sich ins Herz der Stadt Trani. Einen Besuch lohnen die Kirchen **San Martino** in der gleichnamigen Straße und San Giacomo (13. Jh.) mit ihrer an tierischem und menschlichem Figurenschmuck reichen Fassade. An der Via Beltrani findet man Paläste des 17. Jahrhunderts (u. a. Rogadeo und Beltrani) und die Kirche San Giovanni, an der Piazza Lambert den Palazzo Palagano und die Kirche San Luigi (18. Jh.). Andere schöne Spaziergänge führen durch die Via Prologo, die Via Dogana Vecchia und die Via Porta Antica. An der Piazza Scolanova, dem alten Judenviertel, befindet sich eine ehemalige Synagoge. Die andere Synagoge, Sant'Anna, steht in der Via la Giudea.

Reich dekoriertes Apsisfenster der Chiesa Ognissanti

Via Ognissanti

Die Via Ognissanti bietet viele Attraktionen. Am Anfang steht der **Palazzo Caccetta** (15. Jh.) mit seiner schönen Fassade mit Spitzbogenportal. In venezianischer Zeit war er Sitz der Gouverneure. Ihm folgt die Barockkirche Santa Teresa. Ein Stück weiter gelangt man zur romanischen **Chiesa Ognissanti** (12. Jh.), auch Kirche der Tempelritter genannt, denen sie bis zur Unterdrückung des Ordens gehörte. Die Fassade markieren ein interessanter doppelter Portikus und reich skulptierte

Typische Fischerboote im Hafen

Portale (in der Lünette des größeren eine *Verkündigung*). Der hintere Teil zum Hafen hin weist drei halbrunde Apsiden mit reich dekorierten Fenstern auf.

Bemerkenswert sind auch die Palazzi de Angelis und Covelli sowie die Casa de Agnete (13. Jh.). Auf die Piazza della Libertà blickt die Kirche **San Francesco** mit ihrer typischen Decke mit hintereinandergereihten Kuppeln. In der nicht weit entfernten Via Pagano findet man die Kirche Sant'Andrea (12. Jh.) mit dem Grundriss eines griechischen Kreuzes und einer Zentralkuppel, in der Via San Giorgio die Kirche San Rocco aus dem 14. Jahrhundert.

Chiesa del Carmine

Via Tiepolo. *Feiertage, Tage vor einem Feiertag: 10–13, 16–19 Uhr.*
Hinter der Piazza Quercia kehrt man an die Seepromenade der Via Tiepolo zurück, die an dem kleinen Hügel der Villa Comunale vorbeiführt. An der verbreiterten Straße vor dem Park stehen die Barockkirchen del Carmine und San Domenico. In der Nähe finden wir auch die Barock-Palazzi Quercia und Antonacci. Den Hafen sichert im Osten die stattliche Festung Sant'Antonio.

Villa Comunale

Piazza Plebiscito.
Vom schönen Park der Villa Comunale, von der zwei Seiten zum Meer zeigen, hat man einen herrlichen Blick zur Halbinsel Colonna.

Monasterio di Santa Maria di Colonna

Penisola di Colonna. *0883 48 44 00.* *8–13, 15–20 Uhr.*
Etwa zwei Kilometer vom Zentrum entfernt ist die Abtei und Kirche Santa Maria di Colonna (11./12. Jh.).

INFOBOX

Bari. **Straßenkarte** C2.
54 000. *89 20 21.*
IAT, *Piazza Trieste 10, 0883 58 88 30.* *Madonna del Carmine, 16. Juli; San Nicola il Pellegrino, Ende Juli; Croce di Colonna, 3. Mai.*
www.comune.trani.bt.it

Kathedrale von Trani

Die Ende des 11. Jahrhunderts über der Basilika Santa Maria errichtete Kirche, eine der berühmtesten Apuliens, wurde Mitte des 13. Jahrhunderts vollendet und steht heute isoliert hinter dem Hafen. Die Fassade belebt eine doppelläufige Treppe, die zum Hauptportal hinaufführt. Im oberen Teil, unter der Rose, öffnen sich drei einbogige Fenster. Rechts erhebt sich der Glockenturm (14. Jh). Das Innere besteht aus drei Kirchen übereinander. Auf Straßenniveau liegt die Unterkirche Santa Maria, eine lange, von 22 Säulen in drei Schiffe unterteilte Halle, von der man in das Hypogäum des hl. Leucius aus dem 5.–7. Jahrhundert hinuntersteigt. Die Oberkirche dagegen wird von Doppelsäulen, die die Emporen tragen, in drei Schiffe unterteilt. Der originale offene Dachstuhl wurde in den 1950er Jahren freigelegt.

Innenraum
Doppelsäulen tragen die Emporen im recht schmucklosen Innenraum. Nur im Altarbereich sind Fragmente der Mosaiken erhalten, die einst wohl die ganze Kirche auskleideten.

Rückfassade
Betrachtet man die Kathedrale vom Meer aus, fallen die halbrunden Formen der drei großen Apsiden ins Auge.

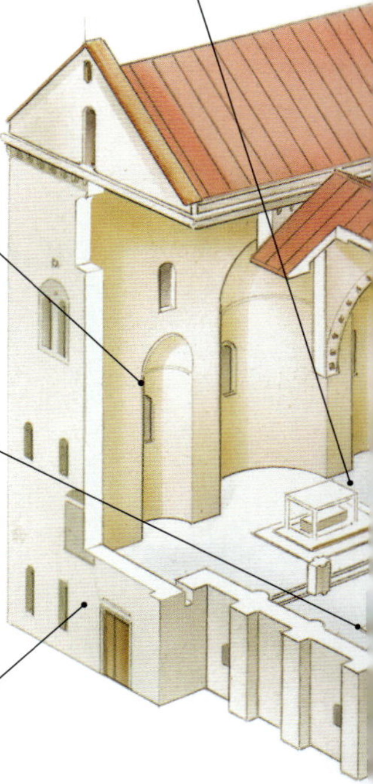

Das Innere mit der Grundfläche eines lateinischen Kreuzes teilen Doppelsäulen in drei Schiffe.

★ Krypta San Nicola
Unter dem Querhaus öffnet sich hinter dem Altar der Kirche Santa Maria die Krypta mit einigen Reliquien des Heiligen. 28 Säulen aus griechischem Marmor tragen herrliche Kapitelle diverser Stile.

NICHT VERSÄUMEN

★ Hauptportal

★ Krypta San Nicola

Offener Dachstuhl
Im Zuge der Restaurierungsarbeiten an der Kathedrale wurden die originalen offenen hölzernen Dachstühle im Haupt- und Querschiff wieder freigelegt und die Decken des 18. Jahrhunderts entfernt. Die Seitenschiffe dagegen haben Kreuzrippengewölbe.

INFOBOX

Piazza Duomo.
IAT, *0883 49 42 10.*
Mai–Okt. tägl. 9.30–12.30, 15.30–18.30, Nov–Apr: tägl. 9.30–12.30 Uhr. *0883 48 05 57.*
Diözesanmuseum: Piazza Duomo 5. *0883 49 19 38.*
Di–Fr 9.30–13, 15.30–19, Sa, So 10–13 Uhr.

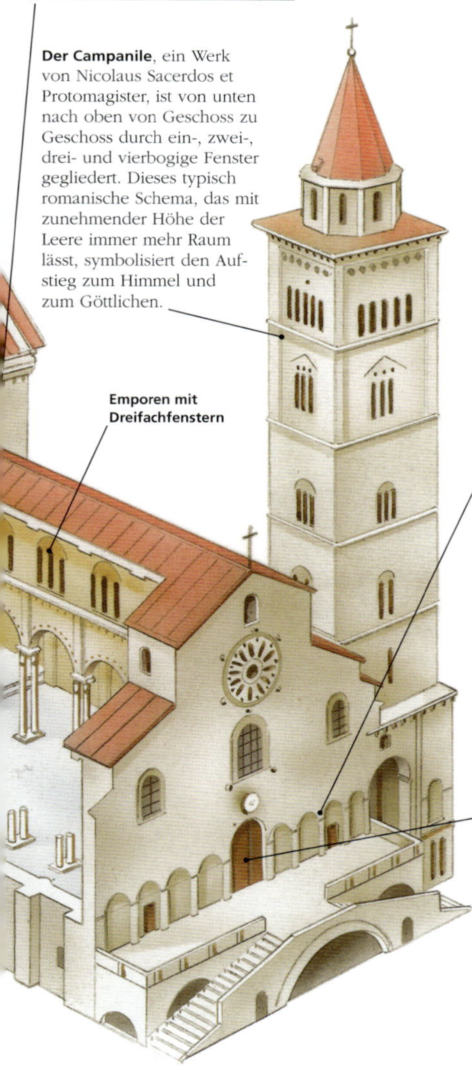

Der Campanile, ein Werk von Nicolaus Sacerdos et Protomagister, ist von unten nach oben von Geschoss zu Geschoss durch ein-, zwei-, drei- und vierbogige Fenster gegliedert. Dieses typisch romanische Schema, das mit zunehmender Höhe der Leere immer mehr Raum lässt, symbolisiert den Aufstieg zum Himmel und zum Göttlichen.

Emporen mit Dreifachfenstern

Arkaden der Fassade
Im unteren Teil ist die Fassade durch Blendarkaden gegliedert, die an den Pfosten und Archivolten menschlichen, tierischen und geometrischen Figurenschmuck zeigen.

★ Hauptportal
Der Portalbogen wird von Säulen und zwei Löwen getragen und ist mit Reliefs von Tieren, Ungeheuern und biblischen Szenen geschmückt. Ihn beschließt eine Bronzetür, die Barisanus aus Trani Ende des 12. Jahrhunderts schuf und die aus 32 Relieftafeln besteht.

Der Alte Dom von Molfetta

Molfetta 5

Bari. **Straßenkarte** C3.
60 000. FS *Piazza Aldo Moro, 080 334 50 15, 89 20 21.*
Pro Loco u. **IAT**, *080 335 94 02.*
Processione dei Misteri, Karfreitag; Lebende Krippe, Dez.

Molfetta ist ein wichtiger Fischerei-, Handels- und Industrieort mit einem mittelalterlichen Stadtkern. Um das frühere Melphi (dann Melphicta) stritten sich Langobarden und Byzantiner, es wurde normannisch und 1529 von den Franzosen teilweise zerstört. An seinem äußersten Rand erhebt sich der **Duomo Vecchio** (Alter Dom), der leicht an seinen Türmen und seinen Tambouren mit pyramidenförmiger Deckung zu erkennen ist. Er entstand zwischen dem 12. und 13. Jahrhundert nach dem Schema der drei axial angeordneten Kuppeln und ist dem hl. Konrad von Bayern geweiht. Ihn beansprucht auch die nahe Einsiedelei Modugno für sich, da er sich als Eremit in eine Grotte in ihrer Nähe zurückgezogen hatte. Bemerkenswert sind im Innenraum die Ornamente der Kapitelle und Pilaster im Kompositstil, das Weihwasserbecken mit dem Sarazenen als Sockelfigur (12. Jh.), das Hochrelief des Erlösers (13. Jh.) und der Lettner mit Personen der Kirchengeschichte (12. Jh.). An der Außenfassade fallen vor allem das Bogenmotiv und das große Apsisfenster auf.

Ebenfalls in der Altstadt, die die Via Piazza durchzieht, sind die Kirche San Pietro (im 17. Jh. umgebaut), der Palazzo Giovene und die Sala dei Templari von Interesse. Am Corso Dante, gleich außerhalb der Altstadt, steht die neue, der Assunta geweihte Kathedrale (17. Jh.), die seit 1785 auch die Reliquie des hl. Konrad birgt. Sehenswert ist hier die *Assunta* von Corrado Giaquinto, der 1703 in Molfetta geboren wurde. In der Nähe stehen auch das mittelalterliche, aber später veränderte Kirchlein Santo Stefano (Piazza Mazzini) und San Domenico (17. Jh., mit Werken von Giaquinto). Bei der nahe gelegenen Villa Garibaldi befindet sich San Bernardino. Das Heiligtum Madonna dei Martiri neben dem Ospedale dei Crociati enthält eine verehrte byzantinische Ikone.

Duomo Vecchio
Banchina Seminario.
080 397 19 71. *tägl. 9–11.30, 16.30–19 Uhr.*

Kathedrale
Via Dante. *080 397 14 24.*
tägl. 8–12 Uhr.

Giovinazzo 6

Bari. **Straßenkarte** C3.
20 500. **Pro Loco**, *Piazza Umberto I 12, 080 394 10 52 (besitzt auch eine archäologische Sammlung: tägl. 18–21 Uhr, im Sommer nach Vereinbarung).* *Fest Santa Maria di Corsignano, 1. So nach Mariä Himmelfahrt (15. Aug).*

Der Ort zwischen Bari und Molfetta wurde vermutlich von Bewohnern des zerstörten Netium gegründet. Im Mittelalter blühte der Handel von dem malerischen kleinen Hafen aus, noch heute sind Teile der alten Stadtmauern zu sehen.

In der Altstadt, die man durch den Arco di Traiano erreicht, thront die **Kathedrale** über dem Meer. Sie wurde im 12. Jahrhundert erbaut, im 18. Jahrhundert jedoch umfassend umgestaltet. Von der romanischen Anlage hat sie das Portal und die Rose sowie den Apsisbereich zwischen den zwei Campanili bewahrt (der niedrigere entstand Ende des 17. Jahrhunderts). Schön sind die Krypta (früher Purgatorium genannt) und die Ikone der Madonna di Corsignano. In der Nähe befinden sich der bemerkenswerte Herzogspalast (17. Jh.) sowie andere sehenswerte Bauten wie der Palazzo Saraceno (15. Jh.), die Chiesa dello Spirito Santo (Ende 14. Jh.) mit Kuppeln und Glockengiebel (im Inneren die *Madonna del Buon*

Der Arco di Traiano, Zugang zur Altstadt von Giovinazzo

Der Pulo von Molfetta

Der Pulo in der Nähe von Molfetta ist eine von Vegetation bedeckte 30 Meter tiefe Doline mit steilen Wänden. Die Grotten in ihm waren in prähistorischer Zeit bewohnt. Im Pulo und seiner Umgebung wurden äußerst wichtige Funde aus der lokalen neolithischen Kultur gemacht (Behausungen, Nekropolen, Keramik).

Blick in den Pulo mit Ausgrabungen

Hotels und Restaurants in der Provinz Bari *siehe Seiten 173f und 184f*

Blick in den kleinen Hafen von Giovinazzo

Soccorso), San Domenico (mit dem *Lehrenden hl. Felix* von Lorenzo Lotto) und die Kirche San Lorenzo.

Kathedrale
Piazza Duomo. *080 394 26 23.*

Umgebung: Einige Kilometer entfernt, in Richtung Terlizzi, liegt der **Dolmen di San Silvestro** (2. Jahrtausend v. Chr.), der zu Gemeinschaftsbestattungen benutzt wurde.

Mola di Bari 7

Bari. **Straßenkarte** D3. *26 000.* **Municipio**, *080 473 56 58. Madonna Addolorata, 2. So im Sep.*

Der Ort wurde im Mittelalter erstmals erwähnt und später mehrfach zu Lehen gegeben (u. a. an portugiesische Kaufleute, die Vaaz). Die Altstadt von Mola di Bari nimmt einen kleinen Hügel ein, auf dem auch das Kastell steht. Es wurde auf Geheiß Karls I. von Anjou zeitgleich mit dem Wiederaufbau des von ihm selbst zerstörten Ortes von Pierre d'Angicourt errichtet und später von den Spaniern weiter befestigt. Hier stehen auch die ursprünglich romanische Kathedrale San Nicola, die aber im 16. Jahrhundert umgebaut wurde, die Kirche Santa Maria di Loreto, der Palazzo Roberti und das klassizistische Teatro Van Westerhout. In der Nähe von Mola gibt es Sümpfe und Grotten. Bei Cala Padovano wurden Reste aus römischer Zeit gefunden.

Polignano a Mare 8

Bari. **Straßenkarte** D3. *18 000.* FS *89 20 21.* **Municipio**, *Viale Rimembranze 13, 080 425 15 47. Papierdrachenfest, 2. So im Mai; Festa di San Vito Martire, 14.–16. Juni; Festa dei Santi Medici, 2. So im Aug.*

In einer Höhe von 24 Metern thront Polignano an einer Steilküste mit zahlreichen Grotten und Buchten wie der Cala Paura. Dem Besucher bietet sich ein wundersames Zusammenspiel von Naturschönheit und Geschichte, bilden doch die gewaltigen, vom Meer ausgespülten Grotten einen Kontrast zu den weißen, dicht an dicht stehenden Häusern, die hoch oben eine Felsspitze einnehmen. Der Ort griechischen Ursprungs liegt in einem Gebiet, das wegen seiner strategischen Bedeutung durch die Nähe zum Meer schon in prähistorischen Zeiten besiedelt war.

Polignano war von 672 bis 1818 Bischofssitz. Zentrum der Stadt ist die Piazza Vittorio Emanuele II, einst Piazza dell'Orologio, mit der dreischiffigen Hauptkirche Santa Maria Assunta. Sie wurde im 13. Jahrhundert erbaut, aber öfter verändert. Sehenswert darin sind insbesondere die intarsierte hölzerne Kanzel (16. Jh.), das Chorgestühl (17. Jh.), die mächtige Orgel und einige kostbare Werke von Stefano da Putignano wie die *Madonna mit Kind*, die *Pietà* in den Kapellen am Hochaltar und die berühmte Krippe. In der Sakristei befindet sich das Polyptychon von Bartolomeo Vivarini über das Martyrium des Schutzheiligen St. Veit (15. Jh.). Von den Befestigungsmauern mit Türmen, die den Ort einst umgaben, sind einige Teile um die Piazza Garibaldi erhalten. Nahe dem Arco Marchesale, bis ins 18. Jahrhundert der einzige Zugang zur Stadt, steigt man zum alten Hafen in der Bucht Monachile hinunter. Über die Bucht führen zwei Brücken: eine römische, über die die Via Traiana verlief, und eine jüngere, die Gioacchino Murat bauen ließ. Interessant sind auf dem Weg die Grotten (bemerkenswert die **Grotta Palazzese**), die Bauten, die einst zur Aufbewahrung von Lebensmitteln dienten, die Fischerhäuschen sowie der Turm, der als Ausguck diente.

Grotta Palazzese
nach Anmeldung bei der Direktion des Hotels Grotta Palazzese, Via Narciso 59, 080 424 06 77.

Der mittelalterliche Kern von Polignano über der Steilküste

Reste der Bastionen in der Stadtmauer von Monopoli

Monopoli ❾

Bari. **Straßenkarte** D3.
50 000. **FS** *Via Armando Diaz 1, 89 20 21.* **i Municipio,** *080 414 01 11, 800 25 37 35.*
Madonna della Madia, 14. Aug.

Der ursprünglich wohl griechische Hafen, der den Einwohnern des von Totila zerstörten Egnazia Zuflucht bot, war ein wohlhabender Ort, der nicht dem Lehnswesen unterstand, aber mehrmals geplündert wurde. Im antiken Zentrum sind einige schöne Bauten erhalten, wie z. B. die **Kathedrale** aus dem 12. Jahrhundert (barock umgestaltet im 18. Jh.) mit vielen Gemälden von Palma il Giovane und der Ikone der Madonna della Madia.

In der Nähe befinden sich die Renaissance-Kirche San Domenico (mit einem Gemälde von Palma il Giovane und einer schönen Fensterrose sowie Skulpturen von Stefano da Putignano an der Fassade) und die Grottenkirche Madonna del Soccorso. Den Weg zum Kastell säumen die dreischiffige Basilika Santa Maria degli Amalfitani (12. Jh., mehrfach umgestaltet) über einer basilianischen Krypta, der Palazzo Rendella (heute Bibliothek) und der Palazzo Palmieri. Das **Kastell** auf der Punta Penna errichtete Karl V. an der Stelle früherer Befestigungen.

Kastell
080 930 13 14. *10–12, 18.30–21.30 Uhr.* *Mo.*

Castellana-Grotten ❿

Die Grotte di Castellana sind die interessanteste Karsterscheinung in der Region Apulien. Die bereits im 18. Jahrhundert bekannten, aber von Bauern als Müllplatz benutzten Höhlen wurden in ihrer ganzen Pracht erst von dem Höhlenforscher Franco Anelli entdeckt, als er sich am 23. Januar 1938 in die Grave abseilte. Die von einem unterirdischen Fluss gegrabenen, drei Kilometer langen Höhlen sind überwältigend in der Vielfalt und Schönheit ihrer Kalkformationen. Zwei verschiedene Führungen werden angeboten: Die erste (1 km, ca. 50 Minuten) führt von der Grave zum »Abgrund«, die zweite (3 km, ca. 2 Stunden) geht bis zur Weißen Grotte. Die tiefste Stelle liegt bei 71 Metern, die Durchschnittstemperatur beträgt etwa 18 °C bei einer Luftfeuchtigkeit von ca. 90 Prozent. Zu den wenigen Tieren, die in den Höhlen leben, gehören Waldohreulen, Fledermäuse, einige Insekten und Krebse. Andere Grotten in dem Karstgebiet, wie z. B. den Komplex des Pozzo Cucù, kann man nicht besichtigen.

Die Schwarze Grotte *verdankt ihren Namen der Farbe ihrer mit Mikroorganismen besiedelten Wände. »Wölfin« ist der Name einer sehr schöne Stalaktitenformation.*

Die Höhle der Monumente zeigt fantastische statuenartige Formationen, die z. B. an ein Kamel oder an einen Fischer erinnern. Mit 40 Metern Höhe ist sie die größte in sich geschlossene Höhle.

Aufzüge

»Zyklopen«

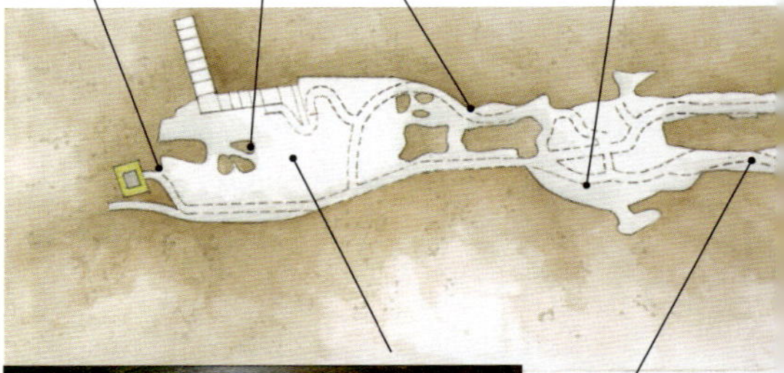

Grave
Der erste Raum, den die Besucher betreten, ist 100 Meter lang, fast 50 Meter breit und 60 Meter hoch. Vom Boden erheben sich die »Zyklopen« genannten Stalagmiten. Die schwärzlichen Flächen an den Wänden sind auf Kolonien von Algen (cianoficee) *zurückzuführen, die durch die Öffnung oben Licht erhalten.*

Der Korridor de Engels *ist de Zugang zum reic mit Alabaster ge schmückten Ki chenschiff de »Tempels«. Be einem auf einen Fels gewachsenen Stalagmiten fäl der Blick auf ein Formation, die a ein Käuzche erinnert*

Hotels und Restaurants in der Provinz Bari *siehe Seiten 173f und 184f*

Stalaktiten und Stalagmiten
Diese Gebilde aus Kalziumkarbonat wachsen aus der Decke nach unten bzw. aus dem Boden nach oben. Die Formen in den Grotte di Castellana nehmen so überraschende Formen an, weil sie unregelmäßig wachsen.

INFOBOX

Bari. **Straßenkarte** D3.
080 499 82 21, 080 499 82 13.
Apr–Sep: 9–19 Uhr (Mitte Juli–Aug: 9–20 Uhr); Okt, 2. Märzhälfte: tägl. 9.30–16.30 Uhr; Nov–Mitte März: tägl. 9.30–12.30 Uhr (26. Dez–6. Jan und während Karnevalsumzügen in Putignano wie Okt). 25. Dez, 1. Jan. obligatorisch, tägl. mehrere Termine.
Museo speleologico Franco Anelli 9.30–13, 14.30–18.30 Uhr; Mitte Okt–Mitte März: 9–12 Uhr. nach Vereinbarung.
Osservatorio Astronomico Sirio 080 499 82 30. nach Vereinbarung.
www.grottedicastellana.it

Höhle des Altars
So wird die Höhle wegen der hohen, schlanken Stalagmiten genannt, die Kerzen gleichen. Dahinter gelangt man sofort in das »Kleine Paradies«.

Die Kuppelhöhle *ist mit einer Gewölbedecke geschlossen, die die Form einer Kuppel hat. In deren Öffnung kann man eine halbrunde Formation erkennen, die »Baldachin« genannt wird.*

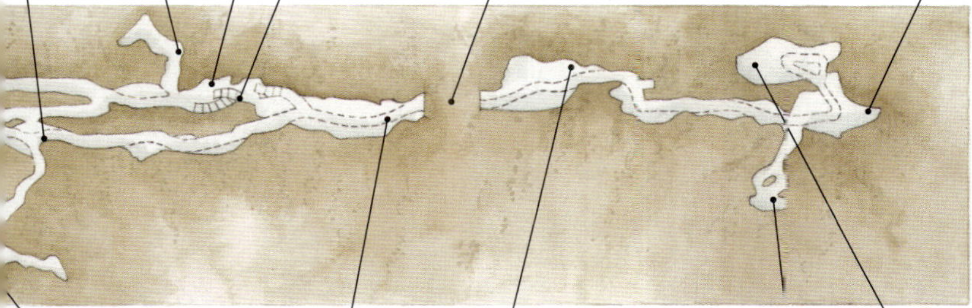

Kleiner Kristallsee
Erstaunlich sind die kristallinen Formationen, die Korallen ähneln und diesem natürlichen Becken seinen Namen geben.

Weiße Grotte
Nach dem »Kleinen Kristallsee«, dem »Roten Saal« und der »Kuppelhöhle« gelangt man in den letzten Raum, die »Weiße Grotte«. Sie wurde 1940 entdeckt und gilt wegen des makellosen Weiß ihrer Kristalle als die schönste der Welt.

Conversano ⓫

Bari. **Straßenkarte** D3.
26 000. FS *Ferrovie del Sud Est, 080 495 46 00.* **Pro Loco**, *Piazza Castello 13, 080 495 12 28.*
Madonna del Carmine, 16. Juli; Festival Mediterraneo, Aug; Karfreitagsprozessionen.

Der von Peuketiern gegründete Ort wurde in späterer Zeit nacheinander römisch, langobardisch und byzantinisch, ehe er unter Gottfried d'Hauteville Grafensitz wurde. Er kam in den Besitz verschiedener Familien, aber seine wahre Geschichte ist mit der Herrschaft der Acquaviva von Aragon verbunden. Sie währte fast vier Jahrhunderte, aus ihr ragen Persönlichkeiten hervor wie der Humanist Andrea Matteo und Giangirolamo II. Dieser galt als grausam, war aber auch in der Lage, sich mit Künstlern zu umgeben, die die Stadt bereicherten, wie dem neapolitanischen Maler Paolo Domenico Finoglio. Von ihm stammen die zehn grandiosen Gemälde über das »Befreite Jerusalem« (darunter *Rinaldo verlässt die Zauberinsel*).

Den mittelalterlichen Ortskern beherrscht das **Kastell** an der Piazza della Conciliazione. Der normannische Bau wurde von den Acquaviva zum Herrschaftssitz umgebaut (in der alten Galerie befindet sich heute die Kunstabteilung des Museo Civico). Nahebei steht die romanische Kathedrale, von der das Apsisfenster und die Fassade mit Fensterrose und skulptiertem Portal bemerkenswert sind. In der Kathedrale wird die Ikone der Madonna della Fonte aufbewahrt, die angeblich Bischof Simplizius hierherbrachte. Das nahe gelegene Kloster San Benedetto ist berühmt für die Machtfülle seiner Äbte, die denen der Bischöfe glich, mit denen sie oft Streit hatten. Die romanische Kirche mit drei Kuppeln ist innen verändert und zeigt Werke von Carlo Rosa und Finoglio. Sehr schön sind der mittelalterliche Kreuzgang, die frühchristliche Krypta, der barocke Campanile und die Majoliken der Kuppel. Das **Museo Civico** mit seiner archäologischen Sammlung ist hier untergebracht. Interessant sind auch die barocke Kirche der hl. Cosma und des hl. Damiano mit Werken Finoglios sowie die Kirche Madonna del Carmine.

In der Umgebung befinden sich die Kirche Santa Maria dell'Isola (15. Jh.) mit dem Grabmal von Giulio Antonio Acquaviva, die Kirche Santa Caterina auf kleeblattförmigem Grundriss und das Castello Marchione (18. Jh.), ein Jagdschloss mit großer Freitreppe. Ein eigentümliches Phänomen sind die Seen von Conversano, Dolinen, die sich nur im Winter füllen.

Museo Civico
Sezione archeologica (archäologische Abteilung) Convento di San Benedetto. *080 495 95 10.*
9–12, 16.30–19.30 Uhr (So, feiertags 10–13, 16.30–19.30 Uhr).
Mo.

Detail aus *Das Wunder des hl. Dominikus* von Finoglio

Sezione artistica (Kunstabteilung) Castello, Piazza della Conciliazione. *080 495 95 10.* *9–12, 16.30–19.30 Uhr (So und feiertags 10–13, 16.30–19.30 Uhr).* *Mo.* *Auch die Torre Maestra des Kastells ist zugänglich.*

Umgebung: Nicht weit von Conversano liegen die Orte **Rutigliano** (sehenswert: Santa Maria della Colonna, Archäologisches Museum und Sant' Apollinare) und **Turi** (Hauptkirche mit Werken von Stefano da Putignano sowie Palazzo Venusio).

Museo Civico Archeologico
Rutigliano. *080 476 22 16.*

Das Normannenkastell von Conversano

Putignano ⓬

Bari. **Straßenkarte** D3.
27 000. FS *Ferrovie del Sud Est, 080 405 45 06.* **Pro Loco**, *Piazza del Plebiscito 1, 080 405 34 39.*
Karneval von Putignano.

Putignano ist berühmt für die Umzüge und Masken beim Karneval, eine Tradition, die bis ins 14. Jahrhundert zurückgeht. Die Festa delle Propaggini am 26. Dezember bildet jeweils den Auftakt. Das Landwirtschafts-, Handels- und Industriezentrum (vor allem Produktion von Fest- und Hochzeitskleidung) hat antike Wurzeln, war römische

◁ Die Kathedrale von Trani *(siehe S. 92f)*, Symbol romanischer Baukunst

Innenhof des normannisch-staufischen Kastells von Gioia del Colle

Gemeinde und im Hochmittelalter zum Teil heftig umkämpft. Es wurde erst den Benediktinern, dann den Malteserrittern zum Lehen gegeben. In der Altstadt stehen an der Piazza Plebiscito die Kirche San Pietro aus dem 12. Jahrhundert und der Palazzo del Balì oder Romanazzi. Die Kirche San Pietro mit Werken des Bildhauers Stefano da Putignano, Gemälden von Miglionico und einer Orgel des 18. Jahrhunderts ist ebenso barock verändert (das Portal und die Rose sind besonders beachtenswert) wie die Kirche Santa Maria la Greca (14. Jh.). In der Altstadt stehen auch der Sedile, das alte Rathaus, und die Chiesa del Carmine (17. Jh.).

Außerhalb liegen Kirche und Kloster San Domenico mit barocker Fassade und romanischem Turm, die Villa Karusio (19. Jh.), die **Grotte di Putignano**, ein 1931 entdeckter Karsthöhlenkomplex, sowie die Krypta von San Michele.

Grotte di Putignano
080 491 21 13. Juni–Sep: 9–12.30, 14.30–18.30 Uhr; Okt–Mai: 10–12.30, 14.30–17 Uhr.

Umgebung: Einige Kilometer entfernt liegt der Ort **Noci**. Hier lohnen die Hauptkirche, direkt daneben die Abtei Madonna della Scala, die Masseria (Gutshof) Murgia Zappullo und das Kirchlein Santa Maria del Barsento einen Besuch.

Madonna della Scala
080 497 58 38.

Gioia del Colle ⓭

Bari. **Straßenkarte** D3.
28 000. FS *Piazza Kennedy 1.*
Municipio, *Piazza Margherita di Savoia, 080 348 32 73.*

Auf dem Bergsattel, der die Murgia durchschneidet, liegt dieses überregional bedeutende Handelszentrum, das für seinen Käse berühmt ist. Es hat hochmittelalterliche Ursprünge und wurde im Lauf seiner Geschichte vom Fürstentum Tarent und den Acquaviva von Aragon beherrscht. Nahe der Stadt, bei der archäologischen Zone Monte Sannace, sind bedeutende Zeugnisse (Mauern, Reste von Wohnbauten, Gräber, Grabbeigaben) einer antiken apulischen Siedlung (6.–3. Jh. v. Chr.) gefunden worden, die vielleicht dem antiken Ort *Turum* zugehören. Sie werden im **Museo Archeologico Nazionale** aufbewahrt. Es befindet sich im bedeutendsten Bauwerk der Stadt, dem berühmten normannisch-staufischen Kastell, das die Altstadt beherrscht. Das 1230 von Friedrich II. über älteren Befestigungen errichtete Kastell wirkt majestätisch mit seinen bossierten Mauern und der süditalienischen Fassade mit zwei mächtigen Türmen, deren rechter eine Fensterrose hat. Im Hof sind die Freitreppe und die schönen Fenster zu beachten, im Inneren der Thronsaal und das Kaminzimmer. Hier wurde der Legende nach Bianca Lancia von Friedrich II. eingekerkert, der sie des Verrats bezichtigte. Einen Besuch lohnt auch die mittelalterliche Kirche Santa Maria Maggiore, die jedoch barock umgestaltet wurde.

Museo Archeologico Nazionale e Castello
Piazza dei Martiri 1.
080 348 13 05. tägl. 8.30–19.30 Uhr.

Umgebung Etwas außerhalb des Ortes steht das Kirchlein der Annunziata (14. Jh.). Nicht weit, in Richtung Altamura, liegt **Santeramo in Colle**, der Geburtsort des Malers Francesco Netti, mit einer schönen Hauptkirche, der romanischen Kirche Sant'Eligio und dem Palazzo Marchesale.

Zona archeologica di Monte Sannace
Anfahrt über Turi. *080 348 30 52. Mi–So 9–15 Uhr.*

Thronsaal im Kastell von Gioia del Colle

Hotels und Restaurants in der Provinz Bari *siehe Seiten 173f und 184f*

Acquaviva delle Fonti ⓮

Bari. **Straßenkarte** D3.
21 000. **FS** *Piazza Aldo Moro 1, 199 89 20 21.* **i** **Municipio**, *Via Atrio Palazzo di Città 1, 080 76 15 51.* *Madonna di Costantinopoli, erster Di im Sep.*

Den landwirtschaftlichen Reichtum verdankt der Ort seinen Quellen, die ihm auch seinen Namen gaben. Er entstand im Hochmittelalter – auch wenn in der Nähe, wo auch die Ruine der Kirche Santa Maria dei Salentini steht, einige Reste aus dem 4. Jahrhundert v. Chr. gefunden wurden. Unter verschiedensten Herrschern erlebte Acquaviva turbulente Zeiten. Wichtigstes Bauwerk ist die Kathedrale, eine palatinische Basilika. Das ursprünglich romanische Gotteshaus, das eine schöne Fensterrose, Lisenen, Dreiecksgiebel und Nischen über den Seitenportalen kennzeichnen, ist im 16. Jahrhundert im Stil der Renaissance umgebaut worden. In der Krypta finden sich drei Altäre, zwei davon versilbert. Der Kathedrale gegenüber steht der über einer normannischen Burg errichtete barocke Palazzo del Principe, in dem heute das Rathaus residiert. Ebenfalls im Zentrum findet man die reich stuckierte Kirche San Domenico sowie die Kirchen Santa Chiara (mit Gemälden von Carlo Rosa und Bodenfliesen mit Pelikandarstellungen) und Sant'Agostino.

Umgebung: Nicht weit von Acquaviva, in **Sammichele di Bari**, findet man im Castello Caracciolo das **Museo della Civiltà Contadina**. Ein Stück weiter, in **Casamassima**, steht die Kirche Santa Croce. Einen Besuch wert sind auch **Santa Maria degli Angeli** nahe Cassano delle Murge und, in Richtung Altamura, der Wald von Mercadante.

Die Renaissance-Fassade der Kathedrale von Acquaviva

Lünette des Portals der Kathedrale von Altamura

Museo della Civiltà Contadina
Sammichele di Bari. *080 891 72 97.*

Altamura ⓯

Bari. **Straßenkarte** C3.
70 000. **FS** *89 20 21; Ferrovie Appulo Lucane, 080 310 71 11.* **i** **Pro Loco**, *Piazza Repubblica 11, 080 314 39 30.* *Hll. Irene und Assunta, 14.–16. Aug; Karfreitagsprozession; Madonna del Buoncammino mit Reiterumzug im Kostüm, erster So nach 15. Aug und zweiter Sa im Sep.*

Die Geschichte dieses wichtigen Handels- und Landwirtschaftszentrums der Alta Murgia, das für sein typisches Brot berühmt ist, reicht lange zurück. Dies belegen viele Funde wie die »specchie« (Steinhaufen, die einmal Gräber oder Wachtürme waren) und die noch immer vorhandenen peuketischen Mauern aus dem 5. Jahrhundert v. Chr. Nachdem die Stadt im Mittelalter zerstört worden war, erholte sie sich unter Friedrich II. wieder. Er räumte ihr Privilegien ein und machte sie für zahlreiche Fremde attraktiv, darunter griechische und jüdische Gemeinden. Die Architektur hat die Erinnerung an diese Gruppen in vielen Klausen in der Altstadt bewahrt. In diese winzigen Höfe mit Behausungen gelangt man meistens nur durch enge Gassen, wie etwa Tricarico und Giudecca, die von der Via Santa Lucia aus erreichbar sind. In der Folgezeit war Altamura umkämpft, der Freiheitswille der Bewohner setzte sich aber oft durch. Ab 1748 zeigte die Universitätsstadt ihren Charakter in der Unterstützung erst revolutionärer Ideen – weshalb sie von den Sanfedisti zerstört und geplündert wurde – und später des Risorgimento.

Die **Kathedrale** ist der bedeutendste Bau der Stadt. Friedrich II. gründete sie 1232, die Anjou ließen sie umbauen. Auffallend sind ihre beiden Türme des 16. Jahrhunderts (mit barockem Abschluss), die Fensterrose, das Zwillingsfenster und das herrliche Portal, das außer Szenen aus dem Leben Jesu die hinreißende *Madonna mit Kind* in der Lünette und im Architrav das *Abendmahl* zeigt. Beachtlich sind darüber hinaus die Arkaden und Drillingsfenster an der rechten Flanke. Im Inneren sind die Kanzel und der Chor des 16. Jahrhunderts sehenswert. In der Nähe, am Corso Federico di Svevia, steht San Nicolò dei Greci (13. Jh.), in der sich bis 1601 der griechische Ritus hielt. Schön ist hier das skulptierte Portal, das Innere ist barock. Im Zentrum findet man auch

Fassadenskulptur der Kathedrale

Hotels und Restaurants in der Provinz Bari *siehe Seiten 173f und 184f*

den Palazzo De Angelis (nahe der Porta Bari), das **Museo Civico** (in der Nähe des Klosters San Domenico, zu dem auch die Barockkirche gehört) und das **Museo Etnografico dell'Alta Murgia**. Das **Museo Archeologico Nazionale** dagegen wurde 1993 anlässlich einer Ausstellung eröffnet, die dem Fund des Mannes von Altamura in der Grotta di Lamalunga galt: eines gut erhaltenen, etwa 200 000 Jahre alten Skeletts. Das Museum dokumentiert zahlreiche Fundstellen, darunter den Pulo (eine trichterförmige riesige, tiefe Doline einige Kilometer vom Ort entfernt), Villaggio Pisciulo, Casal Sabini, Botromagno und Belmonte. Zu den Schätzen gehören der »Osso a globuli«, ein Knochen mit geometrischen Zeichen (2. Jahrtausend v. Chr.), ein korinthischer Bronzehelm, der Schatz aus dem Grab der Via Bari und der Goldschmuck der Via Genova. Etwas außerhalb gibt es einige Grottenkirchen: Iesce, Carpentino und Sant'Angelo delle Grotte mit Fresken des 14. Jahrhunderts.

Kathedrale
Piazza Duomo. *080 311 70 32.*
tägl. 8.30–12, 16–20 Uhr.

Museo Civico
Piazza Zanardelli 30. *080 311 17 08.* *Mo–Fr 10–13, 16–19 Uhr, Sa 10–12 Uhr.* *So.*

Museo Etnografico dell'Alta Murgia
Piazza Santa Teresa. *080 310 73 08.* *8–14 Uhr.* *So.*

Museo Archeologico Nazionale
Via Santeramo 88. *080 314 64 09.* *8.30–19.30 Uhr (Do bis 22 Uhr, an Feiertagen bis 13.30 Uhr).* *1. Jan, 1. Mai, 25. Dez.*

Gravina 16

Bari. **Straßenkarte** C3.
44 000. *Ferrovie Appulo-Lucane, Via Madonna delle Grazie 1, 080 326 58 02.* **Municipio**, *Via Vittorio Veneto 12, 080 325 91 11.* *Fiera di San Giorgio, historischer Umzug und Ringelstechen, Apr.*

Die an den Ausläufern karstiger Tuffsteinschluchten *(gravina)* gelegene Stadt ist reich an landschaftlich und künstlerisch bedeutsamen Zeugnissen. Menschliche Siedlungen gab es hier seit der Antike, wie es der nahe **Parco Archeologico di Botromagno** belegt. Die in der Eisenzeit entstandene Siedlung wurde von den Römern Silvium genannt. Während der Einfälle der Barbaren zogen sich die Bewohner eine Zeit lang in die Grotten zurück. Gravina erstand unter den Byzantinern neu und wurde dank der Anjou sogar Ort einer wichtigen Messe. Heute führen gewundene, treppenreiche Wege in die faszinierende Altstadt.

Die normannische **Kathedrale** (11. Jh.) mit schöner Fensterrose hat Renaissance-Formen, die sie bei einem Umbau des 15. Jahrhunderts erhielt. Die Holzdecke im Innenraum ist barock, das Nussbaum-Chorgestühl stammt aus dem 16. Jahrhundert. In der Nähe steht die **Chiesa del Purgatorio**, deren Portal mit Skeletten versehen ist. In der Kirche hängt die *Fürbittende Madonna* von Francesco Guarino. Sehenswert ist auch die **Fondazione Ettore Pomarici Santomasi** im gleichnamigen Palazzo (17. Jh.) mit Funden aus

Inneres der Grottenkirche San Michele in Gravina in Puglia

Botromagno, der Rekonstruktion der freskierten Grottenkrypta von San Vito Vecchio sowie Sammlungen von Gemälden, Münzen, Waffen und Uniformen.

In der Nähe stehen die Kirchen **Santa Sofia** (mit dem Grabmal der Angela Castriota Scanderbeg) und **San Francesco**. An der Fassade der außerhalb der Altstadt gelegenen Kirche Madonna delle Grazie (17. Jh.) fällt der Adler auf, das Adelswappen des auftraggebenden Bischofs. Auch die in den Fels gegrabenen Kirchen sollte man besuchen: **San Michele**, die antike fünfschiffige Stadtkathedrale im alten Stadtteil Fondovico, **Madonna della Stella** mit Kolonnade sowie Santa Maria degli Angeli. Einen Kilometer vor der Stadt findet man die Reste des Kastells, das Friedrich II. als Jagdschloss diente. Weitere Ziele sind der **Bosco** (Wald) **Difesa Grande** und der **Pulicchio di Gravina** (eine Doline). Weiter in Richtung Sella di Spinazzola kommt man zum See von **Serra di Corvo** an der Grenze zur Basilikata, zum Dorf **Poggiorsini** und zur Masseria Garagnone mit den Resten des Kastells.

Parco Archeologico di Botromagno
Eingang an der SS96 nach Irsina, km 86,4. *080 325 66 41.*
vorübergehend.

Fondazione Ettore Pomarici Santomasi
Via Museo 20. *080 325 10 21.* *Mo–Fr 9–13, 16–19, Sa, So 9–12 Uhr.*

Blick auf Gravina, im Vordergrund Reste einer prähistorischen Siedlung

Castel del Monte ⓱

Das auf einem Hügel thronende Castel del Monte überragt eine weite Ebene. Auffallend ist seine achteckige Form, die an ihren Ecken durch acht ebenfalls achteckige Türme betont wird. Der Staufer Friedrich II. ließ die Anlage zwischen 1229 und 1249 möglicherweise als Jagdschloss erbauen. Nach der Stauferzeit diente sie vor allem als Kerker. Im 18. Jahrhundert verfiel das Kastell, wurde geplündert und zum Unterschlupf von Räubern. 1876 kaufte der Staat die Anlage und ließ sie restaurieren. Stilistisch gehört sie in die Anfänge der Gotik in Süditalien, auch wenn romanische und arabisch-normannische Elemente vorhanden sind. Für die damalige Zeit erstaunlich sind die verbauten Kamine, die Wasserleitungen und die Aborte. 1996 wurde das Kastell von der UNESCO zur Welterbestätte erklärt, seit 2002 ziert es die Rückseite der italienischen 1-Cent-Münze.

Ecktürme
Die Türme erfüllen vor allem eine Verteidigungsfunktion. Über Wendeltreppen im Inneren gelangte man ins obere Stockwerk. Ihre Form wird im angevinischen Campanile des Heiligtums San Michele in Monte Sant'Angelo (S. 70) wieder aufgenommen.

Spitzbogenfenster
Mit nur zwei Fenstern an jeder der 16,5 Meter breiten und ca. 20 Meter hohen Flanken wirkt der Bau noch bedrohlicher und kompakter.

An jeder Seite gibt es im unteren Teil ein einbogiges Fenster und darüber ein Zwillingsfenster.

Eingang
In dem herrlichen Portal an der Ostseite wird das Gotische des Spitzbogens mit klassischen Elementen wie dem Dreieck des Tympanons vereint.

Grundriss des Kastells

Der Plan zeigt das Erdgeschoss. Die Verbindung unter den Räumen ist zwischen 2. und 3. sowie zwischen 8. und 1. Raum unterbrochen. Im Obergeschoss sind nur der erste und der achte Raum nicht miteinander verbunden. Im Erdgeschoss gibt es Kamine in den Räumen 3 und 8, im Obergeschoss in den Räumen 1 (evtl. dem kaiserlichen Schlafgemach) und 6. Von den ursprünglichen Dekorationen ist fast nichts erhalten.

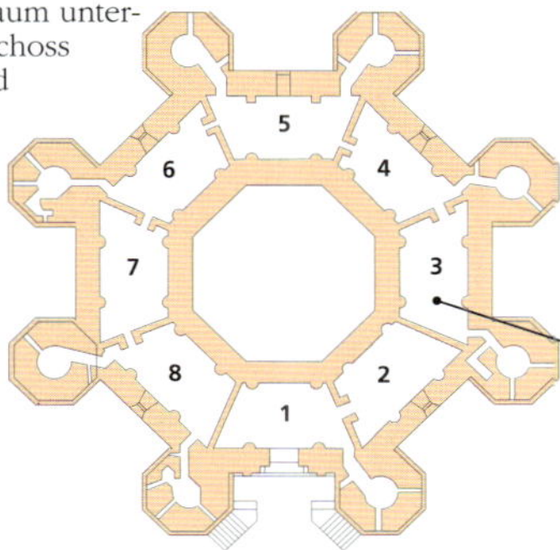

Alle Räume sind in Grundriss und Größe gleich: ein zentrales Quadrat, in dem vier Säulen ein Kreuzrippengewölbe tragen.

INFOBOX

Bari. **Straßenkarte** C3.
☎ 0883 56 99 97. ◯ *Apr–Sep: tägl. 10.15–19.45 Uhr; Okt–März: tägl. 9–18.30 Uhr.* ● *25. Dez, 1. Jan.* **Pro Loco Andria**, *0883 59 22 83.* *Sommer: Musik und wechselnde Ausstellungen.*
www.casteldelmonte.beniculturali.it

Innenhof

Der Innenhof hat einen achteckigen Grundriss. In ihn öffnen sich im Obergeschoss drei Fenstertüren mit Säulen, die eine Archivolte tragen. Man vermutet, dass es zu Zeiten Friedrichs gemäß der Symbolik des Heiligen Grals einen inneren Umgang und einen Brunnen im Zentrum des Hofes gab.

Die Außenmauern haben eine Dicke von 2,55 Metern

Ein Gesims läuft um die gesamte Außenmauer herum, um die Höhe anzuzeigen, wo im Inneren die erste Etage an die zweite stößt.

Die Rätsel von Castel del Monte

Viele Hypothesen hat man über die Motive Friedrichs angestellt, den Bau in diesen Formen und Maßen zu planen (der Architekt ist unbekannt, das Projekt geht wohl auf den Kaiser selbst zurück). In dem Jagdschloss, das auch der Falkenzucht diente – Friedrich schrieb einen Traktat über die Jagd mit Vögeln *(siehe S. 38)* –, hat man faszinierende Bezüge zwischen Merkmalen des Kastells und kabbalistischer, alchimistischer und astrologischer Symbolik festgestellt. Sie verweisen auf die einzigartige Persönlichkeit des gebildeten Kaisers, der fernöstlichen Lehren nahestand. Auffallend ist das oftmalige Erscheinen der Zahl 8 – Symbol der Unendlichkeit, der Windrose, der universalen Macht –, und achteckig war auch der Kelch des Heiligen Grals. Alle Maße des Baus lassen sich außerdem auf Sternkonstellationen, auf die »goldene Zahl« oder die »göttliche goldene Proportion« beziehen, die auch in Bauten wie etwa der Cheopspyramide und den Megalithen von Stonehenge wirksam sind.

Friedrich II. und sein Hofstaat auf einer Miniatur

Minervino Murge ⓲

Bari. **Straßenkarte** B3.
10 000. **Pro Loco**, *Via Dante Alighieri 69, 0883 69 12 91.*

Nicht weit von Canosa di Puglia liegt an der SS97 Minervino Murge (sein Name stammt von dem Minervatempel, der einst hier stand), eine antike Gründung in einer schier atemberaubenden Lage auf der Alta Murgia. Bedeutende Bauwerke sind die romanische **Kathedrale** der Assunta, die im 16. Jahrhundert umgestaltet wurde, und das von den Fürsten Pignatelli in eine Residenz verwandelte **Kastell**, das heute als Rathaus dient. Der Ortsteil Scesiola mit den typischen Gässchen und Treppen ist der mittelalterliche Kern.

Cattedrale dell'Assunta
Via Dante Alighieri 30.
0883 692 597.

Das Grabmal des Bohemund in Canosa

Canosa di Puglia ⓳

Bari. **Straßenkarte** B3.
31 000. **Pro Loco**, *Via Kennedy 49, 0883 61 16 19.*
San Sabino, 31. Juli–2. Aug.

Das Ackerbau- und Handelszentrum Canosa war schon in der Antike bedeutsam und im 4. Jahrhundert v. Chr. wohlhabend. Der für seine Keramiken und die Wollproduktion bekannte Ort, anfangs Verbündeter Roms, dann Kolonie und ab dem 4. Jahrhundert Diözese, wurde mehrmals zerstört, erst von den Barbaren, im 9. Jahrhundert dann von den Sarazenen. Er blühte unter den Normannen wieder auf, hatte aber in der Folge unter vielen Herrschaften und Erdbeben zu leiden. Zahlreiche Funde zeugen vom einstigen Reichtum. So barg man in der Nekropole des Pozzillo frühgeschichtliche Urnen. Die Brennöfen für die Keramikherstellung und die in den Tuff gegrabenen unterirdischen, früher ausgemalten Mehrkammergräber (Lagrasta in der Via Cadorna, Oplita am Corso Garibaldi und Cerberus in der Via Settembrini) belegen die hohen technischen Fertigkeiten. Zu den verbliebenen Resten römischer Bauwerke gehören die Brücke auf dem Weg nach Cerignola, der Trajansbogen, der Zeustempel (Via Imbriani) und die Terme Lomuscio. Berühmt ist die frühchristliche **Basilika** San Leucio (5./6. Jh.) ein wenig außerhalb des Ortes, die auf den Resten eines Minervatempels erbaut wurde. Bemerkenswert unter den Fragmenten sind vor allem der Mosaikfußboden mit Zeichen und Symbolen und die Kapitelle. Die Reste einer anderen frühchristlichen Basilika, Santa Sofia, findet man auf dem Weg nach Barletta, ganz in der Nähe der Nekropole von Lamapopoli. Zu derselben Zeit, die von Bischof Sabinus geprägt ist, entstand auch das **Baptisterium San Giovanni**, ein Zentralbau mit kunsthistorisch bedeutenden Fußbodenmosaiken. An der Stelle der antiken Akropolis sind die Reste des Amphitheaters und des mittelalterlichen Kastells erhalten.

Mittelteil der Fassade der Kathedrale von Canosa di Puglia

Das wichtigste mittelalterliche Bauwerk der Stadt ist jedoch die **Kathedrale** San Sabino mit fünf Kuppeln. Die im 11. Jahrhundert über einem Vorgängerbau errichtete, später umgestaltete Kirche enthält die Marmorkanzel des Acceptus, an der ein Adler das Lesepult trägt, den Bischofsthron Romualds auf zwei Elefanten, bedeutenden Beispielen romanischer Bildhauerkunst, und die Ikone der *Madonna Odegitria*. Im Hof seitlich der Kathedrale findet man das im Jahr 1111 mit quadratischem Grundriss angelegte **Grabmal des Bohemund**, eines Sohnes Robert Guiscards. Es wird von einem runden, deutlich orientalisch beeinflussten Tempelchen mit Kuppel überragt. Einzigartig sind die zwei Bronzetüren, die mit Reliefdarstellungen geschmückt sind. Sehr interessant ist das **Museo Civico** mit Teilen der Funde aus der Gegend, darunter die bemerkenswerten Reliefkeramiken.

Kathedrale
Piazza San Sabino.
0883 66 20 35. *9–12, 17–19 Uhr (So 9–13, 17–19 Uhr).*

Museo Civico
Via Varrone 45. *0883 66 36 85.*
tel. erfragen (über Pro Loco, 0883 61 16 19).

Reste der frühchristlichen Basilika San Leucio vor den Toren von Canosa di Puglia

Blick auf das Grabungsfeld in Canne della Battaglia

Canne della Battaglia 20

Bari. **Straßenkarte** C2. FS *in Barletta.* **IAT**, *Corso Garibaldi, 0883 33 13 31.*

Der nahe dem Ofanto gelegene antike Ort, den 1083 Robert Guiscard zerstörte, verdankt seinen Ruf vor allem der berühmten Niederlage, die die Römer hier am 2. August 216 v. Chr. erlitten. Der Karthager Hannibal machte mit einer raffinierten Einkreisungsstrategie seine zahlenmäßige Unterlegenheit wett und schlug die römischen Truppen vernichtend.

Das archäologische Areal, das besucht werden kann, umfasst außer dem **Antiquarium**, in dem verschiedene Funde ausgestellt sind, den Hügel des befestigten mittelalterlichen Städtchens, das über einigen römischen Siedlungen errichtet wurde, und das 1959 entdeckte **Apulische Dorf** im Flecken Fontanella mit einem mittelalterlichen Gräberfeld. In dem Dorf kann man die u.a. Mauern, das Kastell, Reste von Häusern und Läden, einige Säulen und zwei christliche Basiliken besichtigen.

Archäologisches Areal und Antiquarium
0883 51 09 93. tägl. 8.30–19.30 Uhr. 0883 51 09 92.

Andria 21

Bari. **Straßenkarte** C3. *100 000.* FS *Ferrovie del Nord Barese.* **Pro Loco**, *Via Vespucci 114, 0883 59 22 83. Internationales Festival von Andria »Castel dei Mondi«, Juli–Sep; Fiera d'Aprile, letzte Woche Apr.*

Das Gebiet von Andria ist seit der Antike bewohnt und erhielt seine Bedeutung durch die Basilianermönche und in normannischer Zeit, als es mit Mauern umgeben wurde. Auch für die Staufer war die Stadt wichtig. Friedrich II., dessen Sohn Konrad hier geboren wurde, gab ihr den Namen *Fidelis*. Sie war Feudalbesitz verschiedener Familien, so der del Balzo und der Carafa (von 1552 bis 1806). 1799 wurde Andria wegen seiner Treue zu den Bourbonen von den Franzosen verwüstet. Das wichtigste Bauwerk ist die **Kathedrale**, ursprünglich romanisch, dann vor allem im 15. Jahrhundert verändert. Die Fassade mit dem Portikus stammt aus dem 19. Jahrhundert. In der ersten Bauphase (7./8. Jh.) entstand die zweischiffige Krypta mit den Gräbern Isabellas von Brienne und Isabellas von England, den Ehefrauen Friedrichs II. Im Inneren gelangt man durch einen Spitzbogen ins Presbyterium, wo ein **Stachel aus der Dornenkrone Christi** aufbewahrt ist, dem Wunderwirkung zugeschrieben wird. Nicht weit entfernt von der Basilika stehen der **Herzogspalast der Carafa** aus der Spätrenaissance, der **Palazzo Comunale** (ein ehemaliges Franziskanerkloster) mit einer Doppeltreppe an der klassizistischen Fassade von Luigi Castellucci, die Kirche San Francesco (13. Jh.) mit bemerkenswertem Kreuzgang, gotischen Portalen und barockem Inneren sowie die Kirche San Domenico (14. Jh., barock verändert). Weitere interessante Bauwerke sind der **Arco di Sant'Andrea**, die Renaissance-Kirche Santa Maria di Porta Santa und die Kirche Sant'Agostino mit ihrem reich skulptierten Portal, das von zwei Säulen gerahmt ist, und den Stuckdekorationen im Inneren.

Wappen an der Kirche Sant'Agostino, Andria

Umgebung: Nahe der Stadt gibt es viele *laure* (**Tuffgrotten** der Basilianer), darunter auch die mit Fresken versehene von Santa Croce. Über der Grottenkirche Santa Margherita befindet sich die **Wallfahrtskirche Madonna dei Miracoli**. Ebenfalls in der Nähe erinnert ein monumentaler Bogen an die berühmte Disfida di Barletta.

Kathedrale
Piazza Duomo 25.
0883 55 96 93. Di–So 8.30–12.30, 16.30–18.30 Uhr.

Wallfahrtskirche Santa Maria dei Miracoli
Via Santa Maria dei Miracoli.
0883 59 18 51.
tägl. 7–12, 15.30–19 Uhr.

Die Kathedrale von Andria mit der Fassade des 19. Jahrhunderts

Ruvo di Puglia ㉒

Bari. **Straßenkarte** C3.
26 000. **Pro Loco**, *Via Vittorio Veneto 48, 080 361 54 19.*
Riten der Karwoche; Talos Festival (Jazz), Ende Aug–Anfang Sep.

Ruvo, ein von der Landwirtschaft geprägtes Städtchen antiken Ursprungs, erstreckt sich um seinen mittelalterlichen Kern. Es war zunächst langobardisch und byzantinisch, folgte dann aber in den mittelalterlichen Wirren dem Schicksal der ganzen Region. Den Besuch sollte man bei den kostbaren Schätzen im **Museo Archeologico Nazionale Jatta** beginnen, das im klassizistischen Palazzo Jatta untergebracht ist. Zu sehen ist eine wahrhaft einmalige Sammlung griechischer und apulischer Gefäße mit schwarzen und roten Figuren und geometrischen Mustern. Sie ist ein beeindruckendes Dokument der Bedeutung dieses Ortes schon zwischen dem 5. und 3. Jahrhundert v. Chr., ehe er zum römischen Rubi wurde. Unter den zahlreichen Krügen in Tier-, Menschen- und Göttergestalt ist der attische Krater mit der Darstellung des Todes des Talos (5. Jh. v. Chr.) am berühmtesten. Die Kirche **San Domenico** unweit des Museums enthält eine Sammlung bedeutender Gemälde.

Säulentragender Greif am Portal

Der wichtigste mittelalterliche Bau in Ruvo di Puglia aber ist die berühmte **Kathedrale** (12./13. Jh.), die auf früheren Bauten entstand, wie man bei einem archäologischen Rundgang gut sehen kann. Die Fassade zeigt ein Zwillingsfenster, eine in ihren Ausmaßen eindrucksvolle Rose und umlaufende Bogenfriese unter dem Dach. Vielfältiges Skulpturenwerk (so Löwen und Greife) zieren die Portale in von Säulen getragenen Bogen. Im Innern sind Freskenfragmente des 15. Jahrhunderts erhalten.

Interessant ist auch die nahe gelegene **Chiesa del Purgatorio** (18. Jh.), die auf der Grotte San Cleto steht, einer ehemals römischen Zisterne. Ebenfalls in der Altstadt findet man auf dem Weg zur Piazza Matteotti in den Vie Veneto und De Gasperi den Palazzo Spada (16. Jh.), die Torre dell'Orologio (nahe der Kirche Santi Medici) und den **Palazzo Caputi**, in dem Bilder von Domenico Cantatore und Michele Chieco zu sehen sind. Der Palazzo Avitaja aus dem 17. Jahrhundert dient heute als Rathaus. Sehenswert sind außerdem die Kirche San Rocco und der Palazzo Melodia an der Stelle eines Kastells. Außerhalb des Zentrums steht die Barockkirche San Michele Arcangelo.

Madonna auf der Kathedrale

Museo Archeologico Nazionale Jatta
Piazza Bovio 35. *080 361 28 48. So–Mi 8.30–13.30 Uhr, Do–Sa 8.30–19.30 Uhr. 1. Jan, 25. Dez.*

Kathedrale und archäologischer Rundgang
080 361 11 69. 8–12, 16–20 Uhr.

Chiesa del Purgatorio
Via Cattedrale 120. *080 361 14 42. 9–12, 17–20 Uhr.*

Palazzo Caputi
Via De Gasperi 26. *080 950 74 02. nach Vereinbarung.*

Umgebung: Etwas außerhalb findet man die Kirche **Madonna di Calendano**, den Ort **Terlizzi** (mit der Kirche Santissimo Rosario und der Pinacoteca de Napoli) und das Dorf **Corato** mit den Kirchen Santa Maria Maggiore und San Vito.

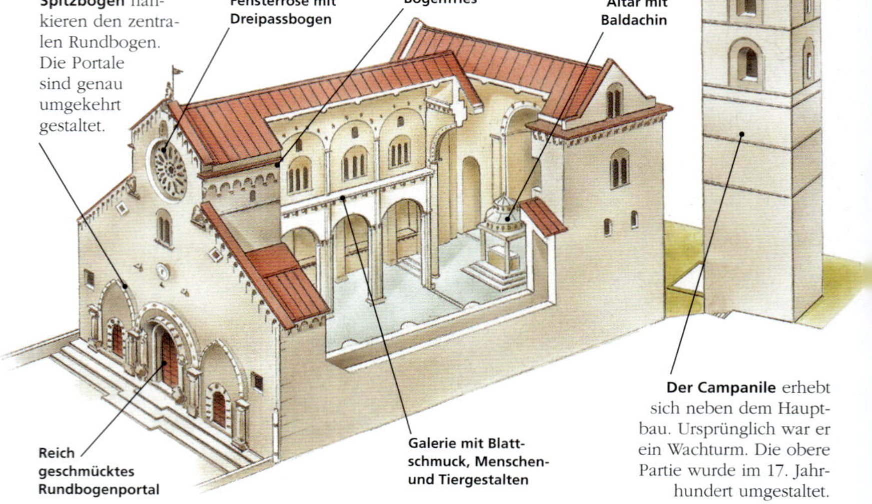

Bitonto ㉓

Bari. **Straßenkarte** C3.
56 000. **Municipio**, *Corso Vittorio Emanuele 41, 080 371 61 11.*
Fiera di San Leone, 6. Apr; Madonna Immacolata, mit Kostümumzug, 26. Mai; Fest der Santi Medici, 3. So Okt.

Der peuketische Ort, der später römisches *municipium* wurde, erhebt sich über das Sumpfland von Macina und ist ein Zentrum der Olivenölproduktion. Bitontos weiße **Kathedrale** (12./13. Jh.) sieht der Basilika San Nicola in Bari *(siehe S. 82f)* auffallend ähnlich. Die Fassade ist durch Lisenen gegliedert, zwischen denen sich zwei Zwillingsfenster, die große Fensterrose und das Portal mit Szenen aus der Offenbarung in der Lünette und dem Architrav öffnen. Die Südseite zeigt schöne Pfeilerblendarkaden, darüber eine Zwerggalerie mit herrlichen Kapitellen. Die Apsiden sind nach außen verdeckt. Im dreischiffigen Inneren ist neben den Kapitellen vor allem die **Kanzel des Nicolaus** von 1229 sehenswert, eines der Hauptwerke romanischer Plastik: Die vier Personen mit Adler im Relief an der Treppenbrüstung stellen die Stauferdynastie dar. Interessant ist auch die Krypta mit byzantinisch beeinflussten Fresken. Unter der Kirche hat man eine frühchristliche Basilika mit Resten byzantinischer Fresken und Fußbodenmosaiken gefunden – wunderschön sind die im Presbyterium mit dem geflügelten Greif. Einige

Die Kanzel des Nicolaus in der Kathedrale von Bitonto

Die Zwerggalerie an der Südseite der Kathedrale von Bitonto

Teile der Kathedrale (z. B. der Altar und das Ziborium) sind im **Diözesanmuseum** zu sehen, das auch eine Gemäldesammlung beherbergt.

In der Nähe stehen das Museo Rogadeo im gleichnamigen Palazzo (17. Jh.) mit archäologischen Fundstücken und Gemälden sowie die Chiesa del Purgatorio (15. Jh.) mit Skulpturen von Skeletten und Büßern am Portal. Nicht weit entfernt ist der Renaissance-Palazzo Vulpano oder Sylos Labini (Via Planelli) mit aragonesischem Portal und einem allegorischen Fries in der Loggia des Hofes. Die Kirche **San Francesco** (Ende 13. Jh.) weist ein schönes Spitzbogenportal und ein Drillingsfenster in der gotischen Fassade auf. An der Piazza Cavour in der Altstadt sind außerdem die Torre Angioina neben der Porta Baresana, die Kirche San Gaetano (17. Jh.), der Palazzo Regna sowie der Palazzo Sylos Calò mit einer Loggia des 16. Jahrhunderts sehenswert. Durch die Via Sedile gelangt man schließlich zum Palazzo Sylos Sersale.

Kathedrale
Piazza Cattedrale. *080 375 21 00.*
tägl. 9.30–12, 16–19 Uhr.

Area archeologica della Cattedrale
080 375 21 00. *9.30–12.30, 16–19 Uhr.* *nach Vereinbarung.*

Museo Diocesano
Corte Vescovado 2. *080 374 12 89.* *Do, Fr 10–12 Uhr, an den übrigen Tagen nach Vereinbarung.*

Museo Civico E. Rogadeo
Via Rogadeo 52. *080 375 18 77.* *Mo–Fr 9.30–13.30 Uhr (Do auch 15.30–18.30 Uhr).* *Sa, So und feiertags.*

Bitetto ㉔

Bari. **Straßenkarte** C3.
12 000. **Municipio**, *Piazza Aldo Moro 1, 080 382 91 11.*

Bitetto ist ein kleines Landstädtchen in der Senke von Bari, das seit dem Mittelalter existiert. Sehr schön ist die **Kathedrale San Michele** aus dem 11. Jahrhundert, die im 14. Jahrhundert von Lillo da Barletta umgebaut wurde. In der Fassade, die der in Bitonto ähnelt, flankieren zwei Löwen das reich skulptierte Portal. Im barock umgestalteten Inneren sind der Hochaltar und die *Madonna dell'Assunta* von Carlo Rosa sehenswert. Auch die Kirche Santa Maria Veterana sowie außerhalb des Ortes die nach einem Franziskanermönch benannte Wallfahrtskirche Beato Giacomo lohnen einen Besuch.

Umgebung: Wenige Kilometer von Bitetto entfernt in Richtung Modugno liegt **Balsignano** mit den Resten eines Kastells und der kleinen romanischen Kirche San Felice (11. Jh.), die zu den ersten Kuppelkirchen gehört. Nicht weit weg liegt **Bitritto** mit Santa Maria di Costantinopoli und dem nahen Kastell. Auch in **Sannicardo** steht ein zum Herrensitz umgebautes Kastell normannischen Ursprungs. Auf Bitonto zu kommt man schließlich durch **Palo del Colle**, wo es die schöne romanische Kirche Santa Maria della Porta und die barocke Chiesa del Purgatorio gibt.

Casale di Balsignano
1. So im Monat 10–13 Uhr.
10.30 und 11.30 Uhr.

Brindisi und Tarent

Diese beiden Provinzen faszinieren vor allem durch ihre Kultur, die sich hier in der Gegend – geprägt durch die Lage zwischen Adria und dem Ionischem Meer – über die Jahrhunderte gebildet hat. Hier begegnet man den Trulli, bäuerlichen Traditionen, der barocken Stadt Martina Franca und den reich mit Fresken geschmückten Höhlenkirchen von Mottola und Massafra.

Zwischen Brindisi und Tarent lag früher das Grenzgebiet zwischen der lateinischen und der griechischen Welt. Egnazia, ein wichtiger archäologischer Ausgrabungsort, zeigt dazu interessante Spuren der Vergangenheit.

Teil der regionalen Kultur und Traditionen sind neben den Olivenbäumen auch die Trulli. Die berühmten »Häuser mit den Zipfelmützen« sind vor allem in Alberobello zu finden.

Brindisi ist insbesondere als Hafenstadt bekannt. Von hier aus gab es schon immer viele Verbindungen in die umliegenden Länder. Bemerkenswert ist die antike Säule am Hafen von Brindisi, die den Endpunkt der Via Appia, Roms wichtigster Militärstraße, kennzeichnet.

In der Nähe von Brindisi liegt auf einem Hügel die Stadt Ostuni, auch die »Stadt in Weiß« genannt, die abends kunstvoll mit Licht in Szene gesetzt wird. Der Besuch der zahlreichen verwinkelten Gassen sowie der Kathedrale ist immer ein besonderes Ereignis einer Apulien-Reise.

Auf der Reise durch die beiden Provinzen führt der Weg durch Martina Franca mit einer architektonisch besonders interessanten Altstadt im Barockstil. Kulinarisch sind die Stadt und ihre Umgebung vor allem für ihre Weine bekannt.

Unweit von Tarent ist ein Abstecher nach Grottaglie, der »Töpferstadt Apuliens«, zu empfehlen. Seit dem 16. Jahrhundert wird hier Keramik hergestellt. Noch heute sind über 50 Keramikwerkstätten tätig.

Der Weg nach Tarent, dessen Altstadt auf einer Insel liegt, führt an Mottola vorbei, das – zusammen mit dem Nachbarort Massafra – für seine reich mit Fresken geschmückten Höhlenkirchen bekannt ist.

Nach der Vielfalt der historischen Sehenswürdigkeiten kann der Aufenthalt an einem der schönen Strände von Tarent, Marina di Pulsano und Marina di Lizzano ausklingen.

Die barocken farbigen Marmorintarsien der Kathedrale von Tarent

◁ **Blick in die Gassen von Alberobello mit den typischen Trulli-Kegeln *(siehe S. 128f)***

Überblick: Brindisi und Tarent

Das Gebiet der Provinzen Brindisi und Tarent wird im Norden von den südlichsten Ausläufern der Hochebene der Murgia geprägt, die sich zum Golf von Tarent öffnen. Im Süden – jenseits einer gedachten Linie zwischen beiden Hauptstädten – leitet eine Ebene zur Halbinsel Salento über. Die Adria begrenzt das Gebiet nach Nordosten, das Ionische Meer im Südwesten, wo es auch an die Provinz Basilikata grenzt. Bei Ausflügen kann man die gesamte Vielfalt erleben – z. B. die tiefen Schluchten des tarentinischen Bogens mit seinen vielen Grotten; die Märchenlandschaft der Trulli um Alberobello; das strahlende Licht von Ostuni; die Anmut von Martina Franca; die Ausgrabungen von Egnazia; die messapischen Mauern von Manduria und die Goldschätze des Museo Nazionale von Tarent für Liebhaber der Archäologie. Eindrucksvoll sind auch die »klassischen« architektonischen Zeugnisse der Region: die Kathedralen, die Kastelle, wie die von Brindisi und Oria, und die über das ganze Land verteilten Masserie.

Teil der Via Traiana im Grabungsgelände von Egnazia

Hafen von Tarent

Olivenbäume auf einem Mohnfeld in der Umgebung von Martina Franca

LEGENDE

- Autobahn
- Schnellstraße
- Hauptstraße
- Nebenstraße
- Panoramastraße
- Provinzgrenze

Weitere Zeichenerklärungen *siehe hintere Umschlagklappe*

Trulli – Wohnhäuser und Touristenattraktion in Apulien

Sehenswürdigkeiten auf einen Blick

- Alberobello ⓬
- *Brindisi S. 114f* ❶
- Carovigno ❽
- Castellaneta ⓲
- *Egnazia S. 124f* ❿
- Fasano ⓫
- Francavilla Fontana ❺
- Ginosa ⓴
- Grottaglie ❻
- Laterza ⓳
- Locorotondo ⓭
- Manduria ❸
- Martina Franca ⓮
- Massafra ⓰
- Mesagne ❷
- *Mottola S. 134f* ⓱
- Oria ❹
- *Ostuni S. 120f* ❾
- San Vito dei Normanni ❼
- *Tarent (Taranto) S. 130–132* ⓯

Zwischen Brindisi und Tarent unterwegs

Brindisi, mit Lecce durch die SS613 und mit Tarent durch die Via Appia antica (SS7) verbunden, erreicht man von Bari auf der SS16 über Ostuni und San Vito dei Normanni sowie von Monopoli und Egnazia entlang der Küste auf der SS379. Der Flughafen Papola Casale wird täglich von Mailand und Rom angeflogen. Für den Passagierverkehr wichtig ist der Hafen mit Fährverbindungen nach Griechenland, Albanien und in die Türkei. Der Bahnhof liegt an der Adrialinie der Eisenbahn, die bis Lecce führt. Tarent erreicht man von Norden über die Autobahn A14 über Bari und Gioia del Colle oder über die SS7, parallel zur Autobahn, die auch durch Mottola und Massafra führt. Die gleiche Route fährt auch die Eisenbahn. Zahlreich sind die Nebenstrecken der Eisenbahn, über die man verschiedene Orte im Landesinneren erreicht.

EHE AUCH

Hotels S. 174f

Restaurants S. 185f

lometer 15

Brindisi 1

Die von Illyrern gegründete Stadt wurde nach der Eroberung durch Rom ein Wirtschaftszentrum an der Via Appia und eine bedeutende Drehscheibe für den Handel zwischen Okzident und Orient. Nach einer Periode des Niedergangs unter Langobarden und Sarazenen blühte Brindisi unter den Normannen, den Staufern und den Anjou wieder auf, die am Seno di Levante ein Kastell und das Arsenal errichteten. Die Aragonier und Karl V. steuerten die Bastionen und Stadtmauern bei. Ab dem 19. Jahrhundert nahm die Bedeutung des Hafens erneut zu, in der Zeit um 1900 gab es sogar eine Verbindung Brindisi–Bombay. Die im Zweiten Weltkrieg als Marinebasis genutzte Stadt war von September 1943 bis Februar 1944 provisorische Hauptstadt Italiens, als sie flüchtende Regierungsmitglieder und König Vittorio Emanuele III. aufnahm. Brindisi bedeutet wörtlich »Hirschkopf« nach der Form seines von zwei Buchten begrenzten Naturhafens.

Blick auf den Hafen mit dem Stauferkastell

Überblick: Brindisi
Auch wenn die Stadt allgemein nur als Durchgangsstation für Reisende nach Griechenland gilt, verdient sie einen Besuch. Ihre Kirche und das Kastell sind Zeugen einer überaus geschichtsträchtigen Vergangenheit. Ein Rundgang beginnt am Dom und führt durch die Gassen des historischen Zentrums.

Dom
Piazza Duomo 12. *0831 52 11 57.* *7.30–21 Uhr (Sa bis 24 Uhr).*
Biblioteca Arcivescovile De Leo
0831 52 91 86. *Mitte Sep–Mitte Juni: Mo–Fr 8.30–13, 15.30–18 Uhr (Mo nur vormittags); Mitte Juni–Mitte Sep: Mo–Fr 8.30–13.30.* *zwei Wochen im Aug.*
Der Dom, in dem Friedrich II. Isabella von Brienne heiratete, steht, flankiert vom Campanile, am Hauptplatz der Stadt. Die Kirche des 12. Jahrhunderts wurde jedoch nach dem Erdbeben 1743 barock wiederaufgebaut. Im dreischiffigen Innenraum findet man in der Nähe des Hochaltars außer schönem Chorgestühl aus Nussbaum (16. Jh.) Reste des Mosaikfußbodens mit Tierdarstellungen, von dessen Schöpfer möglicherweise auch das Mosaik in Otranto stammt. Auch aus dem 18. Jahrhundert ist der von zwei Statuen als Symbolen der Wissenschaften gekrönte **Palazzo del Seminario** von Mauro Manieri mit der **Biblioteca De Leo** und dem silbernen Sarkophag des hl. Theodor. Auf der gegenüberliegenden Seite des Platzes, Ecke Via Tarantini, steht die **Loggia Balsamo** (14. Jh.) an der Stelle der angevinischen Münze. In der nahen Via Duomo, die zur Piazza della Vittoria führt (die aus der Piazza Sedile und der Piazza Mercato nach dem Abriss der sie trennenden Häuser zusammengefügt wurde), steht der Palazzo Nervegna (16. Jh.). Unweit der Piazza Duomo, in entgegengesetzter Richtung zur Piazza della Vittoria, liegt die **Piazza Santa Teresa** mit der Barockkirche und dem Kloster gleichen Namens. In der Nähe steht auch die Kirche San Paolo (14. Jh.).

Museo Archeologico
Piazza Duomo 7. *0831 56 55 01.* *Di–Sa 9.30–13.30 Uhr (Di auch 15.30–18.30 Uhr).*
Der schöne Portikus »der Tempelritter« führt in das Museum neben dem Dom. Unter den Sammlungen sind die prähistorischen Funde und die griechischen und apulischen Statuen und Keramiken (Amphoren, Vasen mit roten Figuren und des Typs Gnathia, Grabbeigaben) bedeutsam. Sehenswert sind Bronzen, die man 1992 bei Unterwassergrabungen an der Punta del Serrone fand, darunter eine Statue des Konsuls Lucius Aemilius Paullus.

Römische Säulen
Von den zwei Säulen, die das Ende der Via Appia markierten, ist eine auf der Terrasse des Hafens erhalten. Die zweite stürzte 1528 um und wurde nach Lecce gebracht. Von der Terrasse steigt man die Treppen zum Viale Regina Margherita hinunter, der am inneren Hafen entlangführt und an dem auch der **Palazzo Montenegro** (17. Jh.) steht. Auf der anderen Seite des Seno di Ponente ist das mächtige **Monumento al Marinaio** (1933) gut sichtbar, in dem die Glocke des 1915 versenkten Panzerkreuzers *Benedetto Brin* verwahrt ist.

Chiesa del Cristo
Largo San Domenico di Guzman. *0831 59 74 90.* *8–10.30 Uhr.*
Die romanische Chiesa del Cristo (13. Jh.) nahe der Porta Lecce besitzt eine mehrfarbige Fassade, die von einer schö-

Apsis der kleinen Chiesa del Cristo

Hotels und Restaurants in den Provinzen Brindisi und Tarent *siehe Seiten 174f und 185f*

nen Fensterrose beherrscht wird. Die Kirche enthält als kostbares Gut ein monumentales Holzkruzifix und eine schöne Holzstatue der Madonna. Ebenfalls im östlichen Teil des Zentrums befindet sich **Santa Lucia** (11. Jh.) mit der basilianischen Krypta (8. Jh.), die schöne Fresken zieren.

San Giovanni al Sepolcro

Piazzetta San Giovanni al Sepolcro. *0831 22 93 29. Di–So 9–21 Uhr.*

Die Tempelritter errichteten im 11. Jahrhundert diesen Bau auf rundem Grundriss. Bemerkenswert sind vor allem das Hauptportal mit Säulenvorbau und säulentragenden Löwen und im Innenraum die acht Säulen mit bemalten Kapitellen.

Säulenportal der Kirche San Giovanni al Sepolcro

San Benedetto

Via Guglielmo Marconi 2. *0831 59 74 74. 8–12, 17–18.30, 19.30–21 Uhr.*

Ebenfalls in der Altstadt steht die romanische Kirche (11. Jh.) mit Campanile und kuppelartigem Gewölbe, die einen Kreuzgang und an der linken Seite ein Portal mit Jagdszenen im Architrav besitzt. Unweit davon steht **Santa Maria degli Angeli** (Anfang 17. Jh.) mit Freskendecke.

Stauferkastell

Via dei Mille 4. *Voranmeldung beim Comando Militare della Marina.*

Das Kastell Friedrichs II. von 1227 blickt auf den Seno di Ponente. Die trapezförmige Burg wurde von den Anjou oder den Aragon mit weiteren Mauern und Rundtürmen befestigt. Später diente sie als Gefängnis, fiel dann an die Marine und beherbergte Vittorio Emanuele III. im Exil

Fontana Tancredi

Der Brunnen an der Via Provinciale San Vito ist römischen Ursprungs und wurde Ende des 12. Jahrhunderts anlässlich der Hochzeit des Sohnes des Grafen Tankred von Lecce restauriert. Die heutige Gestalt verdankt vieles den Reparaturen des 19. Jahrhunderts.

INFOBOX

Straßenkarte E4. *90 000.* *89 20 21.* *Papola Casale, S.E.A.P., 0831 411 74 08.* *STP, 0831 57 57 12; 800 23 20 42.* **AFT**, *Lungomare Regina Margherita 44, 0831 56 21 26.* *Processione del Cavallo Parato, Fronleichnam; San Teodoro d'Amasea mit Bootsprozession, 1. Woche im Sep.*
www.comune.brindisi.it

Umgebung: Wenige Kilometer nördlich von Brindisi ließ der Fürst von Tarent, Philipp von Anjou, **Santa Maria del Casale** (Ende 13./Anfang 14. Jh.) errichten. Die gotische Kirche mit zweifarbig gestalteter Fassade hat im saalartigen, reich mit Fresken geschmückten Inneren an der Eingangsrückwand ein *Jüngstes Gericht* von Rainaldus von Tarent. Hier fand der Prozess statt, der mit der Auflösung des Templerordens endete.

Santa Maria del Casale

Via Ruggero De Simone 1. *0831 41 85 45. 8–20 Uhr.*

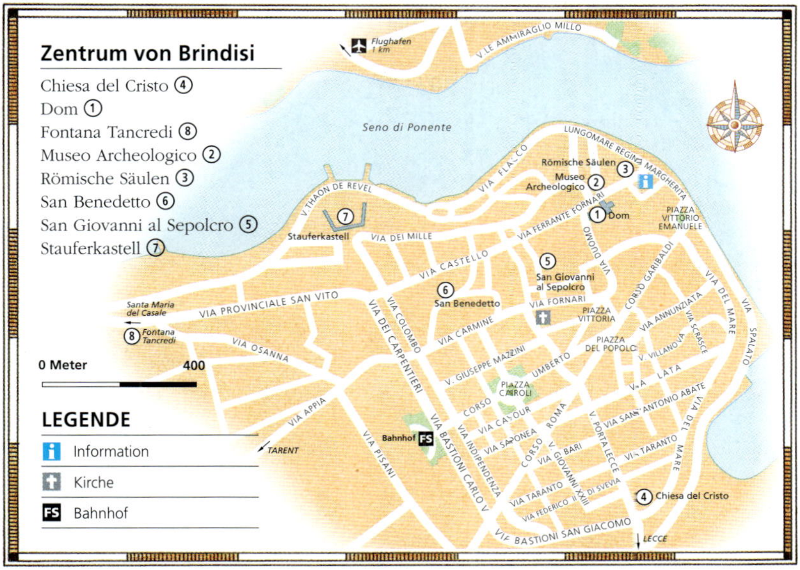

Barockfassade der Hauptkirche von Mesagne

Mesagne ❷

Brindisi. **Straßenkarte** E4. *28 000.* FS *Via Stazione, 89 20 21.* **Pro Loco**, *Piazza Orsini del Balzo 3, 0831 73 86 75.* *Reiterumzug der Hl. Drei Könige, 6. Jan; Processione dei Santi Misteri, Karfreitag; Madonna del Carmine, 14.–16. Juli.*

Das in strategischer Lage zwischen Oria und Brindisi an der Via Appia gelegene Städtchen hat messapische Wurzeln. An seine Vergangenheit erinnert eine schöne Altstadt, die seit den 1990er Jahren sorgfältig restauriert worden ist. Man betritt sie durch die im 17. Jahrhundert umgebaute **Porta Grande**. Das Kastell mit Hauptturm und Loggia ist vermutlich normannischen Ursprungs. Von den Orsini del Balzo bis hin zu den Granafei wurde es zur Residenz umgebaut. Die Anlage enthält das **Museo Civico Archeologico** mit bedeutenden Funden aus den Dörfern Muro Maurizio (Graxa) und Muro Tenente (Scamnum) und einem Halbkammergrab des 3. Jahrhunderts v. Chr., das mitsamt seinen reichen Beigaben 1988 gefunden wurde. In der Nähe stehen der Palazzo Guarini-Cavaliere und die Rokokokirche Sant'Anna. Die Hauptkirche (Piazza IV Novembre) hat eine dreigeschossige Barockfassade, an der die Lisenen, Nischen, Statuen und ein großes Rundbogenfenster über dem Portal auffallen. Sehr schön ist auch **Santa Maria in Betlemme** mit aufwendig verzierter, geschwungener Fassade. Das angrenzende ehemalige Zölestinerkloster dient heute als Rathaus. Nahe dem Bahnhof steht die Chiesa del Carmine des 14. Jahrhunderts sowie außerhalb der Porta Grande die byzantinische Kirche San Lorenzo mit Kuppeldach.

Museo Civico Archeologico U. Granafei
Via Castello. *0831 73 51 97/8.*
Winter: 9–12.30, 16.30–19 Uhr; Sommer: 9–12, 18–21 Uhr. *Mo.*

Umgebung: Einige Kilometer von Mesagne entfernt liegen die Dörfer **Cellino San Marco** und **San Pietro Vernotico** mit einem Turm des 16. Jahrhunderts sowie die archäologische Grabungsstätte **Valesio**.

Prachtportal des Palazzo Imperiali in Manduria

Manduria ❸

Tarent. **Straßenkarte** E4. *32 000.* FS *Ferrovie del Sud Est, 099 973 91 79.* **Pro Loco**, *Via P. Maggi 7, 099 979 66 00.* *Fiera Pessima, 8.–12. März; Processione degli alberi, Ende Juni.*

Manduria, ein Großproduzent von Öl und Wein, u. a. dem bekannten Primitivo, war ein blühender messapischer Ort, der sich erfolgreich Ambitionen Tarents widersetzte. Hiervon zeugt der dreifache Kreis von imposanten megalithischen **Mauern** vom 5.–3. Jahrhundert v. Chr., die nahe der Stadt und vor allem bei der Kapuzinerkirche sichtbar sind. Zeugnisse der ältesten Vergangenheit finden sich auch im **Archäologischen Park** in der Felsennekropole mit Halbkammergräbern, im berühmten messapischen Heiligtum in einer Grotte mit der ewig sprudelnden Quelle Fonte Pliniano, die so heißt, weil Plinius d. Ä. sie in seiner *Naturalis historia* erwähnte, sowie in der hochmittelalterlichen Krypta von San Pietro Mandurino, neben der sich ein hellenistisches Grab befindet, über dem später ein Kuppelkirchlein erbaut wurde.

Das heutige Stadtbild entspricht dem nach der Umgestaltung im 11. Jahrhundert durch Ruggero d'Hauteville, der den Ort Casalnuovo taufte. Erst Ende des 18. Jahrhunderts nahm er wieder seinen alten Namen an. Vom 15./16. Jahrhundert stammt in der Ortsmitte die **Hauptkirche** mit fünfstöckigem Campanile. In der Fassade öffnet sich ein von Raimondo di Francavilla gestaltetes Renaissance-Portal, dessen säulentragende Löwen vom romanischen Vorgängerbau stammen. Im Inneren sind die Apsis mit Heiligenstatuen und die hölzerne Kanzel des 17. Jahrhunderts sehenswert. Nahe der Kirche liegt das **jüdische Getto** mit spätmittelalterlichen Bauten.

Auf die Piazza Garibaldi blickt der Barockpalazzo der Imperiali, einer Familie, die den Orsini und Bonifacio nachfolgte. Der Palazzo wurde auf den Resten des normannischen Kastells als Jagdschloss errichtet. Schön sind das in einen Säulenbogen gefasste Portal und der über die ganze Fassadenlänge reichende Balkon mit Schmiedeeisengeländer. Auf demselben Platz und aus derselben

Krypta von San Pietro Mandurino

Hotels und Restaurants in den Provinzen Brindisi und Tarent *siehe Seiten 174f und 185f*

Zeit sind die Chiesa del Carmine mit geschwungener Fassade und das Kloster, das jetzt Rathaus ist. Nahe San Francesco befindet sich der **Kalvarienberg** mit keramischem Zierrat. Der bäuerlichen Kultur und der Weinherstellung ist ein Museum gewidmet.

Parco archeologico
Via S. Antonio. 0831 73 51 97/8. *Apr–Okt: 8–20 Uhr; Nov–März: 8–16.30 Uhr.* *Mo.*

Museo della Civiltà del Vino Primitivo
Via Fabio Massimo 19. *099 973 53 32.* *Mo–Sa 8–13, 15–18.30 Uhr, So 9–13 Uhr.*

Umgebung: Etwa zehn Kilometer von Manduria entfernt liegt an der ionischen Küste – dort, wo der Apostel Petrus an Land gegangen sein soll – die Wallfahrtskirche **San Pietro in Bevagna**. An der flachen, sandigen Küste zwischen Punta Prosciutto und Campomarino findet man einige Verteidigungstürme: **Torre Colimena** mit einer Kolonnadentreppe, **Torre Borraco** am gleichnamigen Wildbach (der andere Wasserlauf in der Gegend ist der Chidro) und die Reste der Torre delle Saline. Fährt man in Richtung Tarent weiter, gelangt man bei Saturo zu einem **Parco archeologico** mit den Resten einer römischen Villa aus der Kaiserzeit und einer Kultstätte, die der Nymphe Satyria geweiht war.

Parco archeologico di Saturo
Sommer: tägl. 8–21 Uhr; Winter: Di–So 9–13, 15–17 Uhr.

Blick auf Oria mit seiner Kathedrale

Oria ❹

Brindisi. **Straßenkarte** E4.
15 000. *Viale Regina Margherita.* **Pro Loco**, *Via P. Astore, 0831 84 59 39, 338 462 09 44.* *Cooperativa Nuova Hyria, 335 726 16 16, 338 265 53 60.* *Torneo dei Rioni, 2. Woche Aug.*

Oria wurde vermutlich von kretischen Schiffbrüchigen gegründet und war als Hyria messapische Hauptstadt. Es behielt auch später seine Geltung wegen seiner strategischen Lage zwischen den beiden Meeren.

Die Altstadt beherrscht das dreieckige **Stauferkastell** Friedrichs II., an dessen Hochzeit mit Isabella von Brienne jeden Sommer der eindrucksvolle Torneo dei Rioni erinnert. Das oft umgebaute und zur Residenz umgewandelte Kastell besteht aus einem viereckigen Turm und zwei Rundtürmen aus angevinischer Zeit (Torre del Cavaliere und del Salto) sowie dem Hauptturm dello Sperone. Von der Piazza d'Armi gelangt man zur Krypta der Heiligen Crisante und Daria (9. Jh.). Die Kathedrale wurde im Barock oppulent umgestaltet (sehenswert die mit Majoliken verkleidete Kuppel). In der Nähe stehen der **Palazzo Vescovile** (Bischofspalast) mit dem Diözesanmuseum und, in der Via Francesco Russo, die Torre Palomba. Man kann die Grabungen unter der Piazza Cattedrale, wo u. a. der erste Mauergürtel von Oria und drei messapische Kammergräber freigelegt wurden, besichtigen. An der Piazza Manfredi

Blick in den Garten des Palazzo Martini-Carissimo (1227)

steht der **Palazzo del Sedile** (18. Jh.). Im Palazzo Martini-Carissimo an der Piazza Albanese werden archäologische Ausstellungen des **Centro di documentazione messapica** gezeigt.

Stauferkastell
0831 84 00 09. *16. Juni–15. Sep: 9.30–12.30, 17–20 Uhr; 1. März–15. Juni, 16. Sep–31. Okt: 9.30–12.30, 15.30–18.30 Uhr.*

Museo Diocesano
Piazza Cattedrale 9. *0831 84 50 93.* *Mo, Mi, Fr 9.30–12, 16.30–18.30 Uhr.*

Centro di documentazione messapica
Piazza Albanese. *0831 84 57 03.* *Mo–Sa 8.30–13 Uhr (im Sommer nachmittags geöffnet).*

Umgebung: Bei Erchie liegt das viel besuchte Heiligtum **San Cosimo della Macchia** mit einem Zoo und einem Lehrmuseum. In **Latiano** zeigt das interessante Museo del Sottosuolo Fossilien und Höhlenlebewesen aus aller Welt. In der Nähe von Torre Santa Susanna steht die byzantinische Kirche Santa Maria di Crepacore (9. Jh.).

Zoologischer Garten und Lehrmuseum
Santuario San Cosimo della Macchia. *0831 89 69 42.* *tägl. 9 Uhr–Sonnenuntergang.*

Museo del Sottosuolo Pietro Parenzan
Via S. Margherita 91, Latiano. *0831 72 63 38.* *nach Vereinbarung.*

Barockfassade der Hauptkirche von Francavilla Fontana

Francavilla Fontana ❺

Brindisi. **Straßenkarte** E4.
37 000. FS *89 20 21 und Ferrovie del Sud Est.* **APT-IAT**, *Via Oria 4, 0831 81 12 62.* *Riten der Karwoche; Fiera dell'Ascensione, 40 Tage nach Ostern; Madonna della Fontana, 13.–14. Sep; Historischer Umzug, 3. So im Sep.*

Der Ort entstand im Mittelalter dank der von Philipp I. von Anjou gewährten Steuerfreiheit in der Nähe einer Quelle. Dort wurde ein Bild der Jungfrau gefunden, das heute in der Hauptkirche verwahrt wird. Zahlreiche Funde in dem Gebiet haben aber gezeigt, dass es schon zu messapischer Zeit bewohnt war (vielleicht war es das römische Rudiae).

Drei noch heute intakte Tore führen in den Ort: die Porta della Croce (18. Jh.), die dreibogige del Carmine (nahe der Chiesa del Carmine) und die Porta dei Cappuccini mit der nahen Barockkirche dello Spirito Santo. Das bekannteste Bauwerk ist der **Palazzo Imperiali**, das von den Orsini del Balzo erbaute Kastell. Seinen Namen erhielt es von den neuen Herren Francavillas, die es von Ferdinando Sanfelice in eine Residenz umbauen ließen. Unter den Imperiali erlebte die Stadt ihren größten Wohlstand. Der von einem Graben umgebene Palast hat ein von Säulen gerahmtes Portal, die Ostseite ziert eine schöne barocke Loggia mit vier Bogen. Ein weiteres Portal führt in den Hof mit Portikus und Loggia und einem Taufstein aus dem 14. Jahrhundert. Im Ratssaal, in den man über eine doppelläufige Treppe gelangt, gibt es einen Kamin aus dem 17. Jahrhundert.

An der Piazza Umberto I steht die Torre dell'Orologio. In der Nähe befinden sich der Palazzo del Sedile, der Palazzo de Argentina-Leo (14. Jh., Via San Salvatore) und das **Museo della Civiltà Contadina** (Via San Giovanni). Ebenfalls im Zentrum steht die **Hauptkirche**, die nach dem Erdbeben von 1743 barock wiedererrichtet wurde. Sie enthält Gemälde des heimischen Malers Domenico Carella. Die Kuppel ist mit Majoliken verkleidet. Andere interessante Kirchen sind u.a. die klassizistische Santa Chiara, San Sebastiano mit Barockaltären und der schönen mit Majoliken verkleideten Kuppel sowie – jenseits der Porta, an der Straße nach Oria – die Wallfahrtskirche **Maria Santissima della Croce**. In der Umgebung befinden sich die basilianischen Grottenkirchen San Livino (nahe der Masseria Caniglia, nicht zugänglich) und Santa Croce bei der gleichnamigen Masseria.

Museo della Civiltà Contadina
Via San Giovanni 21. *0831 84 16 28, 339 619 77 01.* *n. Vereinbarung.*

Vase im Keramikmuseum, Grottaglie

Grottaglie ❻

Brindisi. **Straßenkarte** E4.
33 000 *Castello Episcopio, 099 562 38 66; 800 54 53 33.*
San Ciro, 30.–31. Jan; S. Francesco De Geronimo, 7. Sep; Keramikausstellung, Aug; Ausstellung v. Keramikkrippen, Dez; Musica Mundi, Juli.

Funde nahe der Wallfahrtskirche Santa Maria Mutata belegen hier bereits eine messapische Siedlung. Der Ort entstand im 10. Jahrhundert um eine Höhlensiedlung und gilt heute als Keramikhauptstadt Apuliens. Jede Ecke der Stadt erinnert an dieses Handwerk, aber seine Kenntnisse darüber kann man an zwei Orten am besten vertiefen: Im Viertel *Li cammen're* (die Kamine der antiken Brennöfen), in dem es viele in den Tuff der Schlucht San Giorgio gegrabene Keramikläden gibt und Vasen in jedem Winkel herumstehen, sowie beim nahen mittelalterlichen Kastell mit seinen Türmen, in dem das **Museo della Ceramica** untergebracht ist. Etwa 300 schöne Stücke aus der Zeit zwischen 1600 und 1900 sind hier ausgestellt. Zahllos sind die Typen der Gefäße – für Vorräte, den Gebrauch im Haushalt, zur Hygiene, als Zierrat und für religiöse Zwecke, wie Figuren und Weihwasserbecken – mit so ausdrucksstarken heimischen Bezeichnun-

Portikus und Loggia im Hof des Palazzo Imperiali, Francavilla Fontana

Hotels und Restaurants in den Provinzen Brindisi und Tarent *siehe Seiten 174f und 185f*

Kastell Dentice di Frasso in San Vito dei Normanni

gen wie *capase, vummile, trimmone*. Am Hauptplatz der Altstadt mit ihren gewundenen Gassen erhebt sich die romanische **Hauptkirche**, deren Fassade gegen Ende des 14. Jahrhunderts komplett umgestaltet wurde und jetzt ein eindrucksvolles Portal mit säulentragenden Dickhäutern und eine Fensterrose zeigt. Ihre Kuppel ist an der Außenseite mit bunten Fliesen verkleidet.

Museo della Ceramica
Castello Episcopio, Largo Maria Immacolata. 099 562 02 22. *Sommer: 9.30–12.30, 18–22 Uhr; Winter: 9.30–12.30, 16–19 Uhr; 8. Dez–6. Jan: 9.30–12.30, 17–21 Uhr.*

San Vito dei Normanni 7

Brindisi. **Straßenkarte** E4.
20 000. **Pro Loco**, *Via Cairoli 1, 0831 98 23 77. Barocco Festival, Sep, Okt; San Vito Martire, 15. Juni, 2. So im Juli; Madonna Nikopeia, letzter So im Okt.*

Das Gebiet von San Vito dei Normanni war schon in prähistorischer Zeit bewohnt, was zahlreiche Funde belegen – zum Beispiel im Ortsteil Castello. San Vito selbst wurde im Mittelalter gegründet, nach Ansicht einiger Historiker von Slawoniern, nach Ansicht anderer von den Normannen des Bohemund d'Hauteville. Ihm schreibt man den Urkern des Kastells mit dem quadratischen Turm zu, das im Erdgeschoss die Kapelle San Vito enthält. Dieses Kastell, das auf den Hauptplatz der Stadt blickt, wurde später Adelsresidenz und mehrmals von den Familien, die sich darin ablösten, umgebaut: Zu diesen gehörten neben anderen auch die Sambiasi, die Orsini del Balzo, die Serra und die Dentice di Frasso.

Weitere interessante Bauten sind die dreischiffige **Hauptkirche** Santa Maria delle Vittorie, die nach der Schlacht von Lepanto erbaut und im 18. Jahrhundert umgestaltet wurde; die Kirche **Santa Maria degli Angeli** aus dem 15. Jahrhundert, die Chiesa Vecchia genannt wird (mit einem Gemälde von Domenico Carella); die Kirche **San Giovanni**, wahrscheinlich die älteste der Stadt, die später eine Barockgestalt erhielt; Santa Teresa sowie die Kirche Santa Maria Annunziata, genannt San Domenico, mit einem schönen Portal.

In der Nähe der Stadt befinden sich eine Höhlensiedlung und die **Krypta San Biagio** mit einem bemerkenswerten Freskenzyklus (Ortsteil Jannuzzo) sowie die **Krypta San Giovanni**, auch sie mit Fresken (Ortsteil Cafaro). Der etwa zwei Kilometer lange Limitone oder Paretone dei Greci stellt die Reste einer megalithischen Mauer dar, die wohl byzantinische und langobardische Gebiete getrennt hat (Ortsteil Masseria Campi Distrutta).

Umgebung: Im nicht weit von San Vito entfernten Dorf **San Michele Salentino** wurde über einer basilianischen Krypta die moderne Wallfahrtskirche San Giacomo errichtet.

Kastell
Via Crispi 6. *0831 95 14 59.* *nach Vereinbarung.*

Krypta San Biagio und Krypta San Giovanni
0831 95 52 12 (Comune Ufficio Cultura). nach Vereinbarung.

Naturschutzgebiet Torre Guaceto

Ein im Jahr 2000 gegründetes Konsortium aus WWF und den Gemeinden Brindisi und Carovigno leitet dieses Naturschutzgebiet an der Küste zwischen Ostuni und dem Hafen von Brindisi, das wegen seiner uralten Küstensümpfe und der archäologischen Funde bedeutsam ist. Ein Küstenturm aus dem 16. Jahrhundert überragt das Gebiet, dessen Name sich vom arabischen Gaw-Sit (Ort mit Süßwasser) herleitet. Es ist in ein Landschaftsschutzgebiet (Feuchtgebiet mit Schilf, trockene mediterrane Macchia und Sanddünen) und in ein Meeresschutzgebiet unterteilt, in dem es Seegraswiesen *(Posidonia oceanica)* und korallogene Gesteinsformationen gibt. Es werden Exkursionen und geführte Fahrrad- und Unterwassertouren angeboten.

Via Santa Anna 6, Carovigno.
0831 99 08 82.
www.riservaditorreguaceto.it

Das Naturschutzgebiet mit der Torre Guaceto im Hintergrund

Carovigno 8

Brindisi. **Straßenkarte** E4.
16000. **Pro Loco**, *Corso Vittorio Emanuele 25, 0831 991 90.* *Madonna del Belvedere, 16.–18. Aug.*

Der antike messapische Ort (das von Tarent zerstörte Carbina), von dem noch Mauern zu sehen sind, liegt auf dem Gipfel eines Hügels. Sein mittelalterlicher Kern (Terra), den die Aragonier mit Mauern umgaben, wird vom **Kastell** überragt, das Raimondo Orsini del Balzo im 15. Jahrhundert erbaute und das später befestigt wurde. Der dreieckige Bau besticht durch seinen schönen ovalen Nordturm. Ein anderer bedeutender Bau ist die **Hauptkirche** aus dem 15. Jahrhundert.

Wenige Kilometer vom Ort entfernt steht die **Wallfahrtskirche Madonna del Belvedere** über einer basilianischen Krypta. Beim Fest zu Ehren der Madonna treten die berühmten Fahnenschwenker (die *'nzegna*) auf. In der Nähe sind auch das Kastell von Serranova und am Meer die **Torre Santa Sabina** zu sehen, wo es in messapischer Zeit vielleicht einen Hafen gab. Hier wird noch immer traditionelles Textilhandwerk gepflegt.

Kastell
Via Sant'Anna. *auf Anfrage bei Pro Loco oder beim Consorzio Torre Guaceto, 0831 99 08 82.*

Fresko in der Wallfahrtskirche Madonna del Belvedere

Ostuni 9

Rosette der Kathedrale

Ostuni, wegen seiner strahlend weißen Mauern auch »weiße Stadt« genannt, erhebt sich auf drei Hügeln über dem Meer. Im Hochmittelalter war es langobardisch und byzantinisch, gehörte dann zur Grafschaft Lecce, zum Fürstentum Tarent, den Sforza, Venedig und schließlich den Herzögen von Zevallos. Am höchsten Punkt steht die Kathedrale aus dem 15. Jahrhundert. In der schönen, von Lisenen geteilten Fassade mit venezianischen und dalmatischen Elementen prangt eine große Rosette aus konzentrischen Kreisen. Zu den Palästen an der Via Cattedrale zählen die Palazzi Zevallos, Bisantizzi, Ghionda, Falghieri und Palmieri mit prächtigen Barockportalen. Im ehemaligen Convento delle Monacelle findet man das Museo di Civiltà Preclassiche, der vorantiken Kulturen der Süd-Murgia. Hier ist unter anderem das 25000 Jahre alte Skelett einer Schwangeren mit dem Kind im Leib zu sehen.

Guglia di Sant'Oronzo
Der Obelisk des 18. Jahrhunderts mit dem Heiligen an der Spitze steht auf der Piazza della Libertà. Von hier führt die Via Cattedrale ins Zentrum des Ortes.

Die Klosterkirche San Francesco ist von 1304, aber vom Originalbau ist nach vielen Veränderungen nicht viel übrig. Innen ist sie mit Statuen und Gemälden reich geschmückt.

Im ehemaligen Kloster San Francesco ist jetzt das Rathaus

Hotels und Restaurants in den Provinzen Brindisi und Tarent *siehe Seiten 174f und 185f*

INFOBOX

Brindisi. **Straßenkarte** E4. *32 000.* *ca. 3 km entfernt, 0831 30 45 75.* **APT**, *Corso Mazzini 6, 0831 30 12 68.* *Cavalcata di Sant'Oronzo, 26./27. Aug; Sagra Vecchi Tempi, 15. Aug.* **www**.comune.ostuni.br.it

Chiesa delle Monacelle
An das gleichnamige Kloster grenzt diese Kirche barocken Ursprungs. Ihre Kuppel ist mit geometrischen Zeichen geschmückt.

Kathedrale
Das Spitzbogenportal, das dem schlichten Stil der Fassade entspricht, enthält in der Lünette ein Relief der Jungfrau mit dem Kind.

Altstadt
Der von einer Mauer umgebene Stadtteil Terra ist der mittelalterliche Kern von Ostuni. Gassen, Treppen und Bogen prägen die Struktur der Altstadt.

Die Chiesa del Carmine, die an das Karmeliterkloster anschließt, ist von 1600, wurde aber erst 1810 öffentlich zugänglich.

Die weißen Häuser von Ostuni reihen sich um mächtige Kirchenbauten ▷

CAPUT TUUM UT CARMELUS
MONTIS CARMELI VIRGINI

Egnazia ❿

Messapische Vase

An der Grenze zwischen den Provinzen Bari und Brindisi liegt das Grabungsgelände von Egnazia. Auf dem seit der Bronzezeit bewohnten Gebiet gab es einen messapischen Ort, der im 5.–4. Jahrhundert v. Chr. befestigt wurde. Als römisches Gnathia wurde er von dem Geografen Strabo im 1. Jahrhundert v. Chr. und von Plinius d. Ä. im 1. Jahrhundert n. Chr. erwähnt. Unter römischer Herrschaft erlebte die Siedlung eine wirtschaftliche Blütezeit und profitierte dabei auch von ihrer Lage an der Via Triana. In der Spätantike war sie Sitz eines Bischofs. Die Ostgoten zerstörten die Stadt im Jahr 545. Außer den Resten eines messapischen Tempels sind aus römischer Zeit u. a. das Forum, eine Basilika, das Amphitheater und Reste einiger Wohngebäude erhalten. Egnazia gilt als eine der historisch interessantesten Ausgrabungsstätten in Apulien. In der Bucht im Norden befand sich der Hafen, was durch Funde am Meeresboden belegt wurde.

Messapische Nekropolen
Nahe dem Grabungsgelände gibt es messapische Nekropolen mit Kammergräbern, in denen Vasen mit farbigem Dekor auf schwarzem Grund aus dem 4.–3. Jahrhundert v. Chr. gefunden wurden, die man als Keramik des Gnathiatyps bezeichnet.

Römisches Forum
Der große rechteckige, mit Tuffsteinplatten gepflasterte Raum war das von einem Portikus umgebene Forum. Hier wurden Geschäfte abgewickelt, hier kamen die Bewohner zu Versammlungen zusammen.

Frühchristliche Basilika
Aus der frühchristlichen Zeit Egnazias (5.–6. Jahrhundert) sind nur Reste der größten Basilika erhalten, deren Teilung in drei Schiffe man noch ahnen kann. Das mittlere von ihnen endete in einer Apsis.

INFOBOX

Bari. **Straßenkarte** D3.
Parco Archeologico e Museo Archeologico Nazionale: Via degli Scavi, 87. 080 482 90 56. *8.30–19.30 Uhr (die Kasse schließt um 19 Uhr); Park bis ca. eine Stunde vor Sonnenuntergang geöffnet.* *nach Voranmeldung, 080 482 78 95.*
www.egnaziaonline.it

Römischer Hafen
Glück wie Unglück von Egnazia hingen von seiner Lage direkt am Meer ab. Der Hafen florierte schon vor der Ankunft der Römer, aber sie machten ihn zu einem der leistungsfähigsten Warenumschlagplätze. Von hier wurde der größte Teil des in den Ebenen des Hinterlandes geernteten Getreides verschifft.

Reste eines Tempels der messapischen Akropolis (4. Jh. v. Chr.) an der Stelle, wo sich später römische Heiligtümer erhoben.

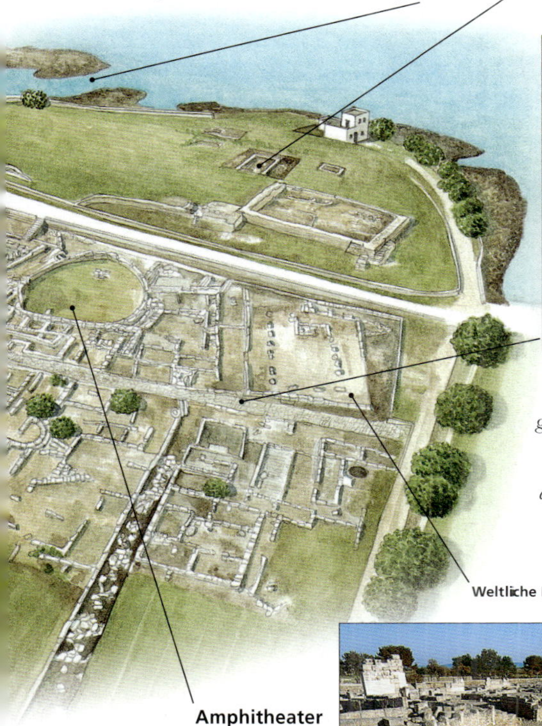

Via Traiana
Die römische Straße, von der die glatten Steinplatten sichtbar sind, verlief längs durch die Stadt. Zum Meer hin lagen das Handelsviertel des Hafens und öffentliche Areale; weiter oben gab es die Wohnviertel und die Werkstätten der Handwerker.

Weltliche Basilika

Amphitheater
Der Bau am Fuß der Akropolis wird wegen seiner elliptischen Form, die typisch war für Orte des Volksvergnügens, Amphitheater genannt. Seine soziale Rolle wird dadurch bestätigt, dass er in einer Zone mit öffentlichen Funktionen lag, die an Säulengängen kenntlich war.

Masseria Torre Spaccata, einer der schönsten Gutshöfe nahe Fasano

Fasano ⓫

Brindisi. **Straßenkarte** D3.
39 000. FS *89 20 21.*
APT, *Piazza Ciaia 10, 080 441 30 86. Scamiciata, Ende Juni; Madonna del Pozzo, 3. So im Juni; Bergzeitfahren Fasano–Selva, Mai.*

Sancta Maria de Fajano, wie der Ort früher hieß, liegt in der Nähe so bekannter Seebäder wie Torre Canne und Savelletri auf der einen Seite sowie der Wälder, Schluchten und der mit Trulli übersäten Selva di Fasano auf der anderen Seite. Es ist mittelalterlichen Ursprungs, weshalb man seine Gründung in Zusammenhang mit dem Untergang des nahen Egnazia stellt. Es war anfangs von der Benediktinerabtei Santo Stefano abhängig, später gehörte es dem Orden der Johanniter oder Malteserritter, deren Palast heute das Rathaus ist. Heroisch war sein Widerstand gegen die Türken 1687, woran im Fest der Scamiciata erinnert wird. Unter den Bauten sind die Kirche **San Giovanni** (mit schönem Portalvorbau und einer Fensterrose) und der Palazzo der Università hervorzuheben.

Umgebung: An den Hängen der Selva liegt die **ZooSafari** von Fasano *(siehe S. 196f)*, wo man seit 1972 Tierarten aller Erdteile beobachten kann, darunter Löwen, Elefanten, Giraffen, Tiger und Zebras. Unter den vielen schönen **Masserie** (Gutshöfen) der Gegend bietet Sant'Angelo de' Graecis ein Olivenölmuseum, in dem man die uralten Geräte für den Anbau und die Pressung besichtigen kann. In den Höhlendörfern (wie Lama d'Antico) gibt es zahlreiche basilianische Grotten, darunter die von San Lorenzo (in Richtung Savelletri) mit interessanten Fresken von 1100. Ehe man (in Richtung Monopoli) zur Krypta San Procopio gelangt, stößt man auf das dreischiffige byzantinische Kirchlein von Seppannibile (10. Jh.) mit seinen zwei Kuppeln.

ZooSafari
Via dello Zoosafari. *080 441 44 55.* **www.**zoosafari.it

Museo dell'Olio d'oliva
Masseria Sant'Angelo de' Graecis, Contrada S. Angelo 5. *080 441 34 71.* *Sommer: tägl. 9–13, 15.30–19 Uhr; Winter: tägl. 10–12, 15.30–18 Uhr.*

Alberobello ⓬

Bari. **Straßenkarte** D3.
11 000. FS *Ferrovie del Sud Est, 080 432 33 08.* **IAT**, *Casa D'Amore, Piazza Ferdinando IV, 080 432 51 71. Festa Patronale dei Santi Medici, 26.–28. Sep; Folklorefestival Città dei Trulli, Anfang Aug.*

Einmalig an Alberobello – seit 1996 UNESCO-Welterbestätte – ist sein außerordentlicher Reichtum an Trulli, eines in der Gegend verbreiteten bäuerlichen Haustyps *(siehe S. 128f)*. Von ihnen gibt es fast 1500 zwischen dem Ortsteil Monti und Aia Piccola, wo man in den Gassen, zu denen man vom Largo Martellotta hinaufsteigt, die ältesten findet. Die Schönheit dieses Orts erwächst aus der Geschlossenheit seines Stadtbildes, aber auch aus dem Zauber seiner vielen Winkel. Hervorzuheben ist der heute als Kulturzentrum genutzte **Trullo Sovrano**, der größte und einzige mit zwei Etagen, der in der Nähe des Heiligtums der Santi Medici (17. Jh., Umbauten im 19. Jh.) steht. Sehenswert sind auch die **Trulli Siamesi** mit zwei Kuppeln nebeneinander, die **Casa D'Amore**, der erste Mörtelbau nach Ende der Feudalherrschaft (1797), und die Kirche **Sant'Antonio** (1927) am höchsten Punkt von Monti, mit Kuppel und Turmdeckung in Trulliform. Das **Museo del Territorio** leistet seinen Beitrag zur Verbreitung der heimischen kulturellen und architektonischen Traditionen.

Trullo Sovrano
Piazza Sacramento. *Apr–Okt: tägl. 10–20 Uhr; Nov–März: tägl. 10–18 Uhr.*

Museo del Territorio
Piazza XXVII Maggio 22.
080 432 32 70. *Di–So 10–20 Uhr.*

Im Ortsteil Monti in Alberobello, dem Reich der Trulli

Locorotondo ⓭

Bari. **Straßenkarte** D3. *14 000.* FS *080 431 13 60.* **Pro Loco Associazione Turistica**, *080 431 30 99. San Rocco, 14.–16. Aug; San Giorgio Martire, 23. Apr.*

Das Gebiet war seit der Bronzezeit bewohnt, doch zum ersten Mal Erwähnung fand Locorotondo im 11. Jahrhundert als Besitz der Abtei Santo Stefano in Monopoli und als Eigentum der Orsini del Balzo aus Tarent und der Caracciolo aus Martina Franca. Locorotondo steht auf einer Anhöhe und hat seinen Namen von der kreisförmigen Anlage seiner Straßen, auf die die Häuser mit den typischen Spitzdächern blicken, die mit *chiancarelle*, flachen Steinen, gedeckt sind. Der auch optisch beeindruckende Bau mit seiner Kuppel, die einmal mit glasierten Ziegeln gedeckt war, ist die klassizistische **Chiesa Madre di San Giorgio** (18./19. Jh.). Sie zeigt im Tympanon den *Hl. Georg mit Drachen*. Im barocken Innenraum sind außer den Altären die *Szenen des Alten Testaments* in der Sakramentskapelle sehenswert. Interessant sind auch die dreischiffige Santa Maria della Greca mit Kreuzdach (14. Jh.), San Nicola di Mira (17. Jh.), in der sich Trullo- und Spitzdachform mischen (im Innenraum ein Bilderzyklus über das Leben des hl. Nikolaus), der alte Palazzo Comunale (Rathaus, 17. Jh.), an den später der Turm angefügt wurde, sowie der nahe Palazzo Morelli in barocken Formen mit schönem Portal und Schmiedeeisenbalkonen. Schön ist von der Via Nardelli aus, die im Kreis um den Ort herumführt, der Blick auf die weißen, einst von Mauern umgebenen Häuser und aufs Land, von dem ein hervorragender und berühmter Weißwein kommt.

Umgebung: Nicht weit von Locorotondo entfernt liegt **Cisternino**. Der Ort erhielt seinen Namen aus dem lateinischen Ortsnamen Sturnium und der Vorsilbe »cis«. Sehenswert sind in der an weißen Häusern, Bogen und Treppen reichen, recht stimmungsvollen Altstadt die romanische Kirche San Nicola (im Innenraum *Madonna mit Distelfink* von Stefano da Putignano) und der normannische Turm. Nahe der Masseria Ottava gelangt man zum **Dolmen di Montalbano**.

Blick auf Locorotondo, das die Hauptkirche San Giorgio überragt

Martina Franca ⓮

Tarent. **Straßenkarte** D4.
50 000. FS *Ferrovie del Sud Est, 080 480 81 51.* **APT**, *Piazza Roma 37, 080 480 57 02.* *Festival della Valle d'Itria, Ende Juli – Anfang Aug; Heiligenfest für St. Martin und Sta Comasia, 1. So im Juli, 11. Nov; Jahrmarkt zu Mariä Lichtmess, 2. Feb.*

Martina Franca gehört zu den faszinierendsten Orten ganz Apuliens. Es liegt in der herrlichen, sogenannten Trulli-Landschaft der südöstlichen Murgia (einen schönen Blick hat man von der Villa del Carmine aus). Die Altstadt auf elliptischem Grundriss hat eine einzigartige Atmosphäre, die aus den engen Gassen und Höfen erwächst, in denen man sehr gut schlendern kann. Barocke Eleganz zeigen die Plätze und prachtvollen Bauten, die Geländer, Portale und Fenster der Stadt. Martina Franca besitzt wirklich, wie es Carlo Castellaneta genannt hat, »eine Selbstvergessenheit, einen Liebreiz des Lebens, der in ihrem Antlitz eingeprägt scheint«.

Karyatide am Palazzo Ancona, Martina Franca

Der erste mittelalterliche Kern der Stadt entstand in einem waldreichen Gebiet, woran am schönsten der nahe gelegene Bosco delle Pianelle erinnert. Die Siedlung wurde Anfang des 14. Jahrhunderts von Philipp von Anjou erweitert. Ihr heutiger Name bezieht sich auf die Freiheiten, die der Stadt gewährt wurden. Sie wurde dann Herzogtum und Lehen der Caracciolo, mit denen die Bevölkerung langwierige Streitigkeiten hatte, unter denen sie aber auch die kulturelle und künstlerische Glanzzeit des Barock erlebte.

Arco di Santo Stefano, der Zugang nach Martina Franca

Der **Palazzo Ducale**, jetzt Rathaus und Bibliothek, wurde 1668 vermutlich von Giovanni Andrea Carducci erbaut. Er markiert den Beginn des Goldenen Zeitalters von Martina Franca, auch wenn er unvollendet blieb. Die Fassade des zweigeschossigen Baus zeigt einen langen Schmiedeeisenbalkon. Im Inneren gibt es einige Säle, die im 18. Jahrhundert von dem Maler Domenico Carella mit Fresken ausgestattet wurden, sowie die schöne Herzogskapelle.

Die **Kollegiatskirche San Martino** (Mitte des 18. Jh.) ist ein Meisterwerk des Barock. Ihre über 42 Meter hohe Fassade ist reich geschmückt (besonders schön *St. Martin zu Pferd* über dem Portal). Im einschiffigen Innenraum ist der Hochaltar sehenswert. Der Campanile stammt noch vom Vorgängerbau.

Palazzo Ducale
Piazza Roma 1. *080 483 61 11.* *Mo–Fr 9–13.30, 16.30–19 Uhr, Sa, So 10–12, 17–19 Uhr.*

Alberobello: Trulli-Häuser

Das von der UNESCO 1996 zum Welterbe erklärte Alberobello gilt als Hauptstadt der Trulli, denn hier gibt es die meisten dieser einzigartigen Häuser. Das Gebiet war in den vergangenen Jahrhunderten als Selva bekannt und Lehen der Grafen von Conversano. Es verdankt seine Einzigartigkeit Giangirolamo II. Acquaviva d'Aragona. Obwohl er nicht im Besitz der königlichen Erlaubnis war, einen neuen Ort zu gründen, wies er seine Bauern an, die Häuser in Trockenbauweise zu errichten. Die Trulli, die dabei entstanden, erfüllten seinen Anspruch: Im Falle einer Inspektion konnte man sie in einer Nacht abreißen, um sie anschließend wieder aufzubauen. Von der Bauweise profitierten aber auch die Lehnsherren, weil sie missliebige Bauern rasch von ihren Ländereien entfernen konnten. Das Verbot, beim Bau Mörtel zu benutzen, fiel erst 1797, als die Selva nicht mehr den Grafen von Conversano unterstand. Die Stadt behielt die Bindung an den alten lateinischen Ortsnamen Silva Arboris Belli bei und nannte sich fortan Alberobello.

Dachspitzen, der Orient in der Murgia
Die verschiedenen Formen der Dachspitzen sind durch mystische oder religiöse Symbole inspiriert. Die runden sind angeblich ein Erbe primitiver salentinischer Völker, die die Sonne anbeteten.

Der Heuschuppen ist der einzige Raum mit gestutztem Kegeldach.

Ein hölzerner Hängeboden über dem Hauptraum dient der Aufbewahrung der Lebensmittel.

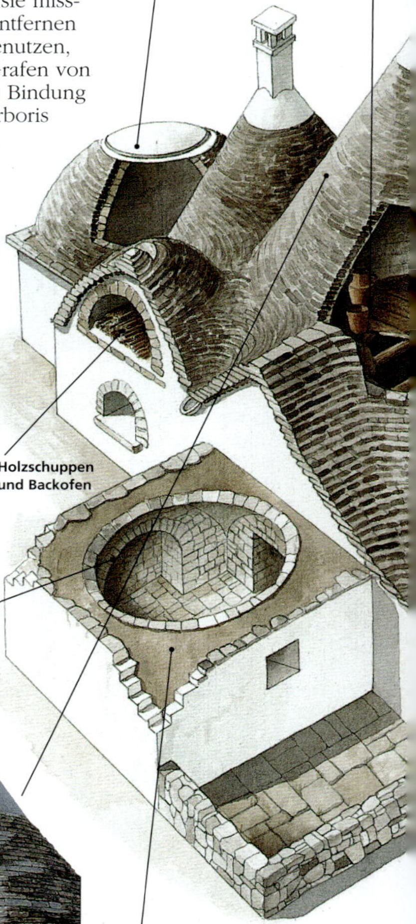

Holzschuppen und Backofen

Alle Innenräume haben einen quadratischen Grundriss sowie Nischen und Öffnungen in den Wänden. Alle Zimmer sind mit dem mittleren verbunden, das als Speise- und Aufenthaltsraum genutzt wird.

Die dicken Mauern halten den Raum im Sommer kühl und im Winter warm.

Symbole auf den Dächern
Auf den Trullidächern sieht man oft mit Kalk gemalte Symbole, die mit verschiedenen Traditionen und Überzeugungen (christlich, heidnisch, astrologisch, magisch) verknüpft sind.

Baumaterialien
Von den Feldern der Landwirtschaft, die von den reichlich vorhandenen Kalksteinen befreit werden müssen, stammt das Baumaterial für die Trulli. Die Steine werden sowohl für die Errichtung von Trockenmauern als auch als flache Platten (chiancarelle) *zum Decken der Dächer verwendet. Ihre graue Farbe bildet einen herrlichen Kontrast zu den weiß gekalkten Trullimauern.*

Der Eingang zum Trullo
Die Trulliräume erhalten wenig Tageslicht. Auch deswegen wird der Bereich vor der Tür für handwerkliche Arbeiten, die Zubereitung von Speisen und zum Nähen genutzt.

Dachsymbole

Unten werden einige der häufigeren Symbole aus den drei Typologien gedeutet. Diese Zeichen malte man als Segenswünsche aufs Dach oder um böse Geister abzuwehren.

Ursymbole

Das Kreuz als Baum vereinigt die drei Welten: Himmel, Erde und Unterwelt

Siebenarmiger jüdischer Leuchter

Die Initialen Christi IHS im Kreis, der die Welt symbolisiert

Religiöse Symbole

Das Chrismon

Hostie im Strahlenkranz mit IHS, den Initialen Jesu

Das durchbohrte Herz Mariä

Magische Symbole

Merkur

Jupiter

Saturn

Tarent (Taranto) ⓯

Detail von San Cataldo

Tarent (Taranto), die wichtigste Stadt der Magna Graecia am Ionischen Meer *(siehe S. 34f)*, ist wegen der strategischen Lage ein bedeutender Marinestützpunkt. Das gassen- und treppenreiche Zentrum der Stadt (die *pittaggi*), das nach Jahrhunderten der Kriege und Verwüstungen dank der Byzantiner wieder auflebte, liegt auf einer Insel. Sie war bis zum Mittelalter mit dem Festland verbunden und fungierte wie eine Brücke zwischen dem inneren Hafen (Mar Piccolo) und dem äußeren (Mar Grande), der den eigentlichen Golf mit den Cheradi-Inseln (San Pietro und San Paolo) darstellt. Im Süden ist die Insel seit 1887 über eine Drehbrücke mit der Neustadt (19. Jh.) verbunden, die den 1480 angelegten, 73 Meter breiten Canale Navigabile überspannt. Im Norden führt die Brücke der Porta Napoli zum Industrieviertel. In den 1990er Jahren wurde vieles zur Verschönerung des Stadtgebiets unternommen.

Überblick: Tarent

Einen Besuch von Tarent beginnt man am besten im ältesten Teil auf der Insel. Das Straßennetz lässt noch die antike Stadtanlage erahnen. Hier befinden sich einige der wichtigsten Sehenswürdigkeiten von Tarent, darunter die Kathedrale San Cataldo, Kirchen, Palazzi und das aragonesische Kastell. Über die Seepromenade Vittorio Emanuele II (*la ringhiera* genannt) kann man einen Spaziergang in die Neustadt unternehmen, die ebenfalls voller interessanter Sehenswürdigkeiten ist. Eine gute Möglichkeit, diese vom Wasser beherrschte Stadt zu besuchen, bietet sich während der Karwoche, wenn die zwei berühmten Prozessionen *dell'Addolorata* und *dei Misteri* stattfinden, bei denen die Büßer sich in Kapuzen durch die Straßen bewegen.

Palazzo Pantaleo

Corso Vittorio Emanuele II, Rampa Pantaleo. ☎ *099 471 84 92.* *tägl. 8.30–19.30 Uhr (letzter Einlass 19.15 Uhr).* *Weihnachten, 1. Jan, 1. Mai.* *nach Vereinbarung;* FAX *099 476 41 87.*

Der im 18. Jahrhundert für den Baron Francesco Maria Pantaleo errichtete Palazzo Pantaleo befindet sich am westlichen Ende der Altstadtinsel, unmittelbar an der Küste zum Mar Grande. Von hier aus konnten die Wohlhabenden die Handelsschiffe beobachten, die Waren nach Tarent brachten oder hier ablegten.

Der Palast mit den schmiedeeisernen Balkonen wirkt auf den ersten Blick architektonisch eher schlicht, zählt allerdings trotzdem zu den schönsten weltlichen Bauwerken der Provinzhauptstadt. Auch des Innere des Palazzo ist ausnehmend schön gestaltet. Die oberen Etagen schmücken Bilder des Malers Domenico Carella.

Während der Renovierung des Museo Archeologico Nazionale *(siehe S. 132)* am Corso Umberto waren einige Sammlungen dieses bedeutenden Museums im Palazzo Pantaleo zu sehen.

San Domenico

Via Duomo. ☎ *099 470 77 33.* *tägl. 9–12, 17–19.30 Uhr.*

Kreuzgang von San Domenico

Via Duomo 33. ☎ *099 471 35 11.* *tägl. 8.30–19.30 Uhr.*

Über einer früheren byzantinischen Kultstätte (San Pietro Imperiale) steht die Kirche San Domenico aus dem frühen 14. Jahrhundert. Die einfache Fassade, die durch den Schwung einer barocken Freitreppe akzentuiert wird, ent-

Blick auf Tarent, rechts im Bild die Statue des Schutzpatrons San Cataldo

Zentrum von Tarent

Castello Aragonese ⑤
Museo Archeologico Nazionale ⑥
Museo Oceanografico ⑧
Palazzo Pantaleo ①
San Cataldo ③
San Domenico ②
Via Duomo ④
Villa Peripato ⑦

hält ein gotisches Portal mit einer Fensterrose darüber. In das einschiffige Innere öffnen sich Kapellen mit bunten Marmorintarsien.

Hier beginnt die Prozession der Addolorata, in der Chiesa del Carmine in der Neustadt dagegen die der Misteri. Die Grabungen Anfang der 1990er Jahre im angrenzenden Kloster, das einige Jahrzehnte jünger als die Kirche ist, haben die Siedlungsgeschichte, die ins Neolithikum zurückreicht, an dieser Stelle erhellt. Im **Kreuzgang** (17. Jh.) kann man Tuffsteinsarkophage, die Reste eines griechischen Tempels und das schöne gotische Portal mit Zwillingsfenstern an den Seiten sehen. Nicht weit weg ist der Platz mit dem Brunnen, den Karl V. bauen ließ, einst das Handelszentrum der Stadt. Von hier kann man zur Seepromenade am Mar Piccolo spazieren, um den Booten zuzusehen oder auf dem Fischmarkt einzukaufen.

San Cataldo

Piazza Duomo. *099 470 75 45.* *tägl. 8–12, 16.30–19.30 Uhr.*
Die Kathedrale ist romanischen Ursprungs (11. Jh.), wie an den Resten des Mosaikbodens und den Blendarkaden an der linken Seite zu

Detail der Marmordekorationen in der Kapelle San Cataldo

ahnen ist. Verschiedene Umbauten haben ihr aber ein barockes Gesicht gegeben. Die zweigeschossige Fassade von Mauro Manieri ist reich mit Statuen bestückt, während die Kuppel an byzantinische Stilelemente erinnert. In den drei Schiffen, die durch Säulen verschiedenen Stils und Alters geteilt sind und von denen das mittlere eine Kassettendecke aus Holz hat, findet sich der Kuppelbau der Kapelle San Cataldo. Sie enthält außer Statuen, reichen vielfarbigen Marmordekorationen und den Kuppelfresken von Paolo de Matteis die sterblichen Reste des irischen Heiligen Cataldus, des Schutzpatrons der Stadt. In der Krypta sind Fresken des 12.–14. Jahrhunderts erhalten.

INFOBOX

Straßenkarte D4.
192 000. *Piazza Libertà; Ferrovie del Sud Est, 099 471 23 46.* **APT** *Corso Umberto I 121, 099 453 23 97.* *Processione dei Misteri, Karwoche; Festa di San Cataldo, 8.–10. Mai; Convegno di studi sulla Magna Grecia, Ende Sep–Okt.*
www.comune.taranto.it

Via Duomo

Im Umkreis der Via Duomo findet man den **Palazzo Carducci** (Vico Seminario), das Kloster **Santa Chiara**, das **Heiligtum Monteoliveto** der Madonna della Salute (17. Jh.), die Kirche **Sant' Andrea degli Armeni** (16. Jh.; über die Via Paisiello), den Palazzo Galeota (18. Jh.), das Kloster San Francesco sowie die Kirche San Michele (mit einer Statue der Jungfrau aus dem 17. Jahrhundert). In der Nähe des Kastells sind die beiden über acht Meter hohen Tuffsteinsäulen des dorischen Poseidontempels aus dem 6. Jahrhundert v. Chr. bemerkenswert. Diese Säulen waren eine Zeit lang ins Oratorium von Santissima Trinità eingebaut, sie gehören jedoch zu den leider sehr spärlichen Resten, die vom einstigen Glanz des großgriechischen Taras geblieben sind.

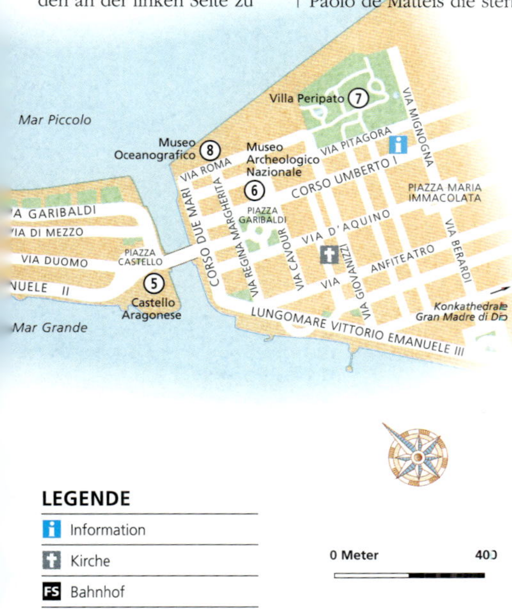

Reste des dorischen Poseidontempels (6. Jahrhundert v. Chr.)

Blick von Osten auf die Bastionen des Castello Aragonese

Castello Aragonese

Piazza Castello. 099 775 34 38. *Besichtigungen sind nur im Rahmen von 90-minütigen Führungen möglich. Zeiten telefonisch erfragen.*

An einer Drehbrücke am östlichen Rand der Insel befindet sich das aragonesische Kastell (auch Castel Sant'Angelo genannt). Den Bau des 10. Jahrhunderts ließ Ferdinand I. von Aragon Ende des 15. Jahrhunderts durch Architekten wie Francesco di Giorgio Martini und Ciro Ciri erweitern, die vier runde Ecktürme und Außenmauern hinzufügten. Das Kastell diente im 18. Jahrhundert als Gefängnis, im 20. Jahrhundert ging es an die Kriegsmarine über. In seinem Inneren befindet sich die Kapelle San Leonardo. Gegenüber, in der Neustadt, erhebt sich die sehenswerte Bronzeskulptur des Monumento al Marinaio.

Museo Archeologico Nazionale

Corso Umberto I 41. 099 453 21 12. *wg. Renov.*

Das vielleicht bedeutendste Archäologische Museum Süditaliens, federführend in der Erforschung der Kultur der Magna Graecia, ist weithin berühmt für seine riesige Sammlung. Zu sehen sind u.a. griechische, apulische und römische Vasen, Goldschmuck als Grabbeigaben (Diademe, Halsketten, Fibeln, Armbänder, Ringe, Ohrgehänge), die Schätze aus Canosa (3. Jh. v. Chr.), Tonfigürchen aus Tanagra, Statuetten tanzender Frauen und viele andere Objekte. Zu den berühmtesten Stücken gehören die Kore aus Montegranaro, der Frauenkopf des 4. Jahrhunderts, der Artemiskopf, die lakonischen Kelche (Kylix) mit Thunfischen und Delfinen, mit Zeus und dem Adler und mit dem Gorgonenhaupt, die panathenäischen Amphoren, das Blumendiadem, das Ohrgehänge in Schiffchenform, das Silberetui in Muschelform, die Bronzestatue des Zeus (4. Jh. v. Chr.), die in Ugento gefunden wurde, und die Statue der ägyptischen Gottheit Thot aus schwarzem Basalt aus Porto Cesareo. Der alte Sitz des Museums, das Kloster des Alcantara-Ordens, ist seit 2000 geschlossen, ein Teil der Schätze des Archäologischen Museums war längere Zeit im Palazzo Pantaleo *(siehe S. 130)* zu sehen.

Amphore aus einem Athletengrab, Museo Archeologico

Der neue Rundgang für Besucher ist thematisch und chronologisch gegliedert. Er beginnt mit der frühen Phase der Besetzung des Gebiets um Tarent und konzentriert sich dann auf die griechische Kolonie Taras und die römische Zeit zum Ende der Spätantike und zu Beginn des Frühmittelalters.

Villa Peripato

Eingänge: Via Mignogna, Piazza Kennedy. *Winter: 8–20 Uhr; Sommer: 8–23 Uhr.*

Der Peripato-Park, in dessen Nähe sich das Kloster Sant' Antonio befindet, bietet neben seinem satten Grün einen wunderschönen Blick auf das Mar Piccolo. Nachdem der Park den Bau des Arsenale überstanden hatte und 1913 für die Allgemeinheit geöffnet worden war, erstrahlt er nach einer Zeit des Verfalls durch akkurate Wiederherstellungsarbeiten in seiner alten Schönheit.

Konkathedrale Gran Madre di Dio

Eingang für die Öffentlichkeit: Via Mons. Blandamura 7. 099 779 47 03. *tägl. 7–12, 16–21 Uhr.*

Die Konkathedrale ist eine moderne Neuinterpretation des gotischen Stils durch Giò Ponti. Der Architekt wollte mit seinem Entwurf der Vorstellung eines Segels Gestalt verleihen.

Das Gotteshaus wurde 1971 vollendet und steht an der Stelle der einstigen Grenzen der großgriechischen Stadt zur Zeit ihrer größten Ausdehnung (4. Jh. v. Chr.), als sie ungefähr 300 000 Einwohner hatte. Einige Überreste der Stadtmauern sind noch in der näheren Umgebung der Kirche zu sehen. Das Gebiet der Neustadt, das für lange Zeit wieder bäuerlich-ländlich geworden war, wurde erst nach der Einheit Italiens erneut urbanisiert.

Konkathedrale Gran Madre di Dio des Architekten Giò Ponti

Hotels und Restaurants in den Provinzen Brindisi und Tarent *siehe Seiten 174f und 185f*

Wallfahrtskirche Madonna della Scala von 1731, Massafra

Massafra ⓰

Tarent. **Straßenkarte** D4.
32 000. **FS** *Via della Stazione, 89 20 21.* **UTC**, *Piazza Garibaldi, 099 880 46 95, 338 565 96 01.*
Karneval; Santi Medici, 26. Sep.

Massafra liegt an der Südgrenze der Murgia und ist vom Meer durch eine fruchtbare Ebene getrennt. Der Ort ist für seine Höhlen bekannt, die den Bewohnern in Zeiten des Krieges und den Basilianermönchen Zuflucht boten. Die beiden Ortsteile, das antike Viertel Terra und der Borgo Santa Caterina, die eine fünfbogige Brücke verbindet, stehen an den Rändern der schluchtartigen Gravina di San Marco, die zu der seit 1997 geschützten Landschaft der Gravine des Ionischen Bogens gehört. Den Ort beherrscht das Kastell der Pappacoda, das im 16. Jahrhundert über einem normannischen Bau mit drei runden und einem achteckigen Turm errichtet und von den Imperiali wiederhergestellt wurde. Aus einem Bollwerk des Kastells ging die Hauptkirche hervor. An der Piazza Garibaldi, wo die Via Vittorio Veneto beginnt, stehen außerdem die **Torre dell'Orologio** und die Barockkirche **San Benedetto** mit Gemälden von D. Carella. Doch die Höhlenkirchen bilden zweifellos den faszinierendsten Teil des Besuchs. In der Gravina di San Marco, bezeichnenderweise auch »Paradies von Massafra« genannt, kann man die Höhlenkirche San Marco besuchen (über eine Treppe von der Via Scarano). Sie ist dreischiffig mit zwei Apsiden und von der Feuchtigkeit schwer mitgenommen. Sehenswert sind die Krypta Santa Marina und die Krypta Sant'Antonio Abate, die aus zwei großen, einst getrennten Räumen besteht und Fresken des 10./11. Jahrhunderts besitzt. Auch die Krypta San Leonardo hat zahllose Fresken von Heiligen und Eremiten. Die **Casa dell'Igumeno** ist ein sechsstöckiger Höhlenkomplex gegenüber vom Kastell. Die berühmte Höhlenbasilika der Candelora (von der Via Tazzoli aus erreichbar) beeindruckt mit ihren sechs Deckengewölben und den Fresken, darunter der schönen Darstellung *Jesu im Tempel*, die vermutlich aus dem 12. Jahrhundert stammt.

Fresko in der Krypta von San Leonardo

Zur berühmten Wallfahrtskirche **Madonna della Scala** am Grund der gleichnamigen Schlucht, auch Tal der Rosen genannt, gelangt man über 125 Stufen. Das Heiligtum wurde 1731 über einer Eremitage des 8.–9. Jahrhunderts errichtet, in der die Ikone der Madonna della Cerva gefunden wurde. Die **Krypta della Buona Nuova**, die man vom Kirchplatz aus erreicht, wurde durch den Bau der Wallfahrtskirche zum Teil beschädigt. Hier sind die Fresken *Maria mit Kind* (12. Jh.) am Eingang und *Christus Pantocrator* besonders interessant. Von der Krypta ist es nicht weit zum Höhlendorf, dessen Eingang zwei schwarze Granitsäulen bilden. Zu den interessantesten zahllosen Höhlen gehören die Cappelle dei Crocifissi, die Apotheke des Magiers Greguro. In ihren Nischen lagerten möglicherweise die Heilkräuter, die hier reichlich wachsen. Weitere Sehenswürdigkeiten sind die **Grotte des Zyklopen** sowie die Kirche **Madonna delle Grazie**, ebenfalls im Tal der Rosen

Höhlendorf und Krypten
nach Anmeldung bei der Cooperativa Nuova Hellas (Fremdenverkehrsbüro, 099 880 46 95, 338 565 96 01).

Fresko in der Höhlenbasilika della Candelora

Mottola 17

Santa Parasceve, Kirche San Nicola

Als einer der ältesten Orte Apuliens lag das peuketische Mottola im Machtbereich von Tarent und wurde später römisch. Es erhebt sich auf einem Hügel mit weitem Blick (daher »Spion des Ionischen Meeres« genannt) und ist vor allem wegen der Höhlen in der Umgebung bekannt. In der Gravina di Petruscio gibt es ein Dorf, das aus Höhlen auf mehreren Ebenen besteht und vom 9. bis 12. Jahrhundert bewohnt war. Wichtigstes Zeugnis aber sind die Höhlenkirchen der Gemeinde. In Mottola selbst sind der mittelalterliche Ortsteil, die Schiavonia, und die Hauptkirche aus dem 13. Jahrhundert einen Besuch wert.

Inneres von Santa Margherita mit dem berühmten Christusfresko

Santa Margherita

Unter den mehr als 30 Grottenkirchen im Gebiet von Mottola ragt Santa Margherita aufgrund ihres ungewöhnlichen Grundrisses heraus. Die rechteckige Aula mit Flachdecke ist in zwei Schiffe mit Apsis geteilt. Ein seltsames Spiel der Pfeiler schafft eine Art Atrium und einen Portikus im Inneren des liturgischen Raumes. Die Fresken feiern die Heilige, nach der die Kapelle benannt ist. Auf dem Pfeiler vor dem Eingang findet man ein bedeutendes Bildnis von ihr, das in der Genauigkeit des Strichs und der Details an mittelalterliche Miniaturen erinnert. Margherita, die aus dem Osten stammende Schutzheilige Schwangerer, ist unter einem Bogen in prunkvoller, typisch byzantinischer Kleidung dargestellt. In der rechten Hand hält sie ein Kreuz, die linke liegt geöffnet vor der Brust. Weitere Fresken zeigen Szenen aus dem Leben der Heiligen, ein *Wunder des hl. Nikolaus von Myra* (die einzige Darstellung in Apulien des auch von Dante be-

San Nicola

Wegen ihrer Pracht wird sie die Sixtinische Kapelle der Höhlenkirchen genannt. San Nicola fasziniert durch die Anlage mit dreibogigen Ikonostasen und Fresken, die zu den kostbarsten der ganzen Region zählen. Beherrschend an der Wand über dem Altar ist *Christus Pantocrator in Deesis* mit *Maria* und *Johannes dem Täufer* zu beiden Seiten, vermutlich das Werk eines griechischen Künstlers. Darauf nehmen die beiden *Erzengel* an den Seiten des Chores Bezug, das Gleichnis der *Klugen* und der *törichten Jungfrauen*, die herrliche *Santa Parasceve* und *St. Georg* sowie eine Reihe anderer Heiliger in den Nischen und Pfeilerbogen. Es gibt Bezüge zum benediktinischen, aber auch zum byzantinischen Kultus mit Heiligen wie etwa Nikolaus, Basilius, Lucia und Helena. Den orientalischen Einfluss belegen auch der Grundriss der Kirche und die Ikonostasen.

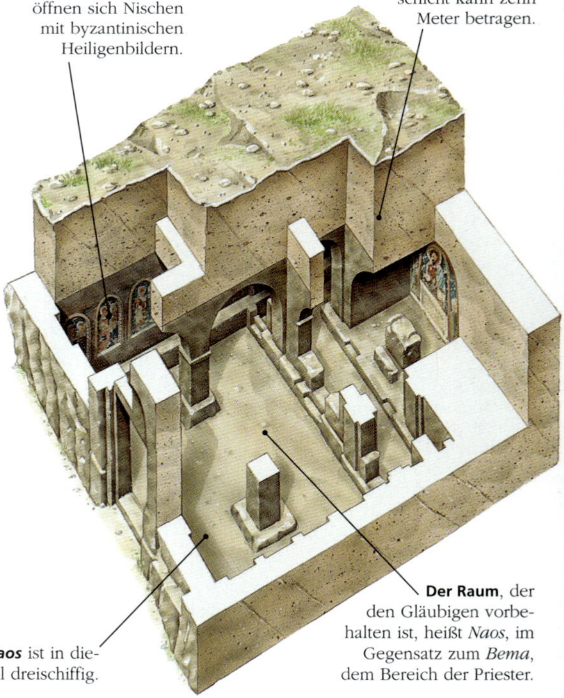

In den Schiffen öffnen sich Nischen mit byzantinischen Heiligenbildern.

Die Dicke der Tuffschicht kann zehn Meter betragen.

Der Raum, der den Gläubigen vorbehalten ist, heißt *Naos*, im Gegensatz zum *Bema*, dem Bereich der Priester.

Der *Naos* ist in diesem Fall dreischiffig.

Hotels und Restaurants in den Provinzen Brindisi und Tarent *siehe Seiten 174f und 185f*

richteten mystischen Vorgangs) sowie den *Erzengel Michael*, *Maria mit Kind* und *Christus Pantocrator in Deesis*.

Sant'Angelo
Als einziges Beispiel einer zweistöckigen unterirdischen Kultstätte ist diese Kirche unter anderen bedeutenderen ein Beispiel für die Meisterschaft der Künstler dieser Höhlenkultur. Über der Erde spielten sich tatsächlich nur die Tätigkeiten des Ackerbaus und Handels ab, während das ganze private und öffentliche Leben (Riten, Versammlungen, politische Aktivitäten) in den mit großem Können in den Stein gegrabenen, vom Tageslicht erhellten Räumen unten stattfand. Erstaunlich sind auch die perfekten Bogen, die Hunderte von Fächern der Apotheken, die Begräbniszellen sowie die Aquädukte und Zisternen, die das aus den Steinen hervortretende Wasser auffingen und weiterleiteten.

INFOBOX

Tarent. **Straßenkarte** D4.
16 000. in einigen Höhlenkirchen und der Gravina di Petruscio, UTC, 099 886 69 48 bzw. 099 886 76 40. Riten der Karwoche; Internationales Gitarrenfestival, Anfang Juli; Lebende Krippe in den Grotte delle Sette Lampade, So vor Weihnachten und So vor dem Dreikönigsfest.
www.comune.mottola.ta.it

Eingang zur Grottenkirche Sant'Angelo

Die Kirche ist durch monolithische Pfeiler in drei nach Osten ausgerichtete Schiffe geteilt. Sie enden in drei Apsiden, deren Decken jeweils anders dekoriert sind. Das dritte Schiff wurde erst später hinzugefügt, ebenso die Treppe, die in die Unterkirche hinabführt, die bei Begräbnissen benutzt wurde. Die Fresken, Temperamalereien auf den Mauern, sind leider weitgehend zerstört, aber man kann noch immer den *Christus Pantocrator in Deesis* und einen *St. Petrus* erkennen.

San Gregorio
Diese Höhlenkirche am Rand von Mottola (in dem Komplex, der auch die Kirchen Madonna der Sieben Leuchter und Madonna von den Engeln umfasst) zählt zu den architektonischen Perlen ihrer Art. Die präzise Konstruktion, die man noch heute wahrnimmt, weist darauf hin, dass sie wahrscheinlich von den besten Kunsthandwerkern der Zeit geschaffen wurde. Die einer Basilika ähnliche Anlage mit drei Schiffen, die kreuzförmige Pfeiler trennen, und drei halbrunden Apsiden ist besonders eindrucksvoll. Von den Fresken sind nur drei erhalten, unter denen das in der Apsiskalotte hervorragt – der imposante *Christus Pantocrator*, ein wahres Meisterwerk der byzantinischen Kunst in Süditalien. Die beiden anderen stellen *Maria mit Kind und dem hl. Bartholomäus* sowie *St. Nikolaus* dar.

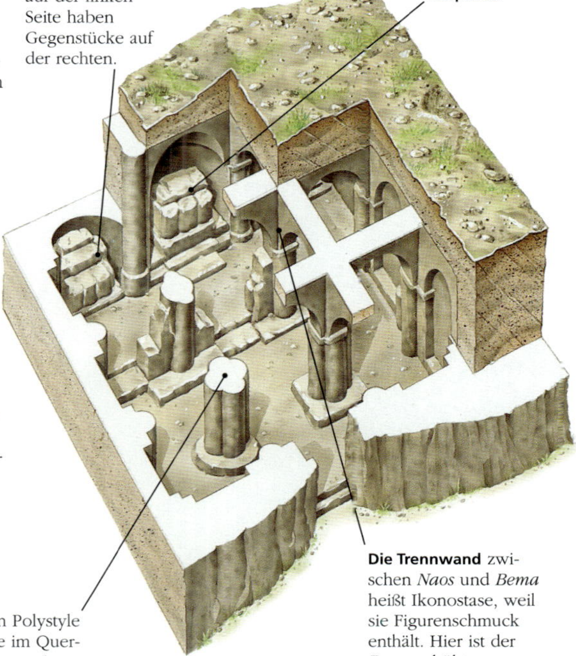

Castellaneta ⓲

Tarent. **Straßenkarte** D4.
17000. **Rathaus**, *Via Principe di Napoli, 099 849 71 11.*
Riten der Karwoche; Patronatsfest, 2. So im Mai; Valentino Day, 23. Aug.

Die Altstadt des um das 10. Jahrhundert am Rand einer tiefen Schlucht gegründeten Castellaneta teilt sich in die Viertel Sacco und Muricello und wird von der **Kathedrale** überragt. Das Barock der Kirchenfassade mit Balustradenabschluss und Statuen der *Kardinaltugenden* geht auf den Umbau im 18. Jahrhundert zurück. Von der ursprünglichen Anlage ist der Campanile des 14. Jahrhunderts erhalten. Im Innenraum des Gotteshauses sind außer der Sakramentskapelle die Decke, das Chorgestühl und einige Gemälde Domenico Carellas sehenswert.

Nahe der Kirche stehen der **Palazzo Vescovile**, der ein Polyptychon auf Holz der *Madonna mit Kind und Heiligen* von Girolamo da Santa Croce enthält, und der **Palazzo Baronale**.

Im ehemaligen Kloster San Chiara ist seit 1995 das **Museo »Rodolfo Valentino«** untergebracht, das mit Geburtshaus und Denkmal an den berühmten apulischen Schauspieler erinnert. Rodolfo Valentino (1895–1926) hieß eigentlich Rodolfo Guglielmi und wurde in der Ära des Stummfilms zum Star in Hollywood.

Rodolfo Valentino

Der am 6. Mai 1895 in Castellaneta als zweites von drei Kindern geborene Rodolfo Alfonso Raffaello Filiberto Guglielmi kam als Kind erst nach Tarent, dann für drei Jahre aufs Internat in Perugia. Von der Marineakademie abgelehnt, machte er in Genua ein Diplom in Agrarwissenschaft und ging nach einer Paris-Reise 1913 nach Amerika. In New York schlug er sich in mehreren Berufen durch, bis es ihm gelang, als Tänzer im Nachtclub Maxim unterzukommen. Durch seinen Freund Norman Kerry kam er nach Hollywood, wo er nach einer Reihe kleinerer Filme 1921 *Die vier Apokalyptischen Reiter (The Four Horsemen of The Apocalypse)* mit der berühmten Tangoszene drehte. Er heiratete Jean Acker, von der er sich nach nur einem Monat trennte, und in zweiter Ehe die Kostümbildnerin Natascia Rambova. Frühen Ruhm erlangte Rodolfo Valentino mit *Der Scheich (The Sheik)*, auch wenn es seiner Karriere nicht an Krisen und Streitigkeiten mit Produzenten mangelte. Nach seinem letzten Film, *Der Sohn des Scheichs (The Son of The Sheik)*, starb er mit nur 31 Jahren am 23. August 1926 an einer Bauchfellentzündung.

Rodolfo Valentino in *Der Sohn des Scheichs*

Museo »Rodolfo Valentino«
Via Vittorio Emanuele. *Ufficio Cultura del Comune, 099 849 31 92.*
Apr–Okt: 10–12.30, 17–20.30 Uhr; Nov–März: 10–13, 16–19 Uhr.

Umgebung: Um Castellaneta gibt es viele Grottenkirchen: Nahe der romanischen Kirche Santa Maria Assunta (oder della Luce), am Rand der Gravina Grande, steht **Santa Maria del Pesco**. Im Ortsteil Palma liegt die Kirche **Mater Christi**. Nahe der Gravina di Castellaneta gibt es die Gravina di Coriglione (auch Gravinella) mit interessanten Höhlenkomplexen sowie die Krypten **Padreterno** (Ortsteil Santa Sofia) und **Santa Maria di Costantinopoli** (Ortsteil Cozzo). Immer leicht zugänglich ist die Gravina di Santo Stefano, die durch ihr gleichnamiges Höhlendorf bekannt ist. Hier finden sich die mit Fresken bemalten Höhlenkirchen **Santo Stefano** und **San Michele Arcangelo**. Zwischen Laterza und Castellaneta liegt auf einem mit Eichen und Pinien bestandenen Hügel **Montecamplo**, das seit dem Paläolithikum bewohnt ist.

In Monte Santa Trinità, dem höchsten Punkt mit herrlicher Aussicht, bestand früher eine Siedlung des 6.–5. Jahrhunderts v. Chr. In der **Gravina del Porto**, Richtung Gioia del Colle, findet man zahlreiche Dolmengräber (13.–4. Jh. v. Chr.). An der flachen, sandigen Küste befinden sich schließlich der Badeort **Castellaneta Marina** sowie das Nachbardorf **Riva dei Tessali**, umgeben von einer langen Reihe von Pinienhainen. Die Mündung des Flusses Lato liegt im Naturschutzgebiet Stornara.

Höhlenkirchen
Ufficio Cultura del Comune, 099 849 72 46.

Blick auf Castellaneta am Rand der Gravina

Hotels und Restaurants in den Provinzen Brindisi und Tarent *siehe Seiten 174f und 185f*

Laterza ⓳

Tarent. **Straßenkarte** D4.
15 000. **Pro Loco**, *Via C. Battisti, Cittadella Cultura, 099 829 74 13 oder 349 826 68 69.* *Maria SS. Mater Domini, 20. Mai; Santa Medici, 27. Sep; Fest und Kirchweih San Lorenzo, 10. Aug.*

Das uralte Laterza – das Gebiet war schon um 2000 v. Chr. bewohnt – erhebt sich über einer der gewaltigsten Schluchten Europas, die zwölf Kilometer lang und bis zu 200 Meter tief ist. Sie ist ein ideales Terrain für viele Vogelarten, so für Aasgeier, Wanderfalken und Kolkraben. Aus diesem Grund hat die italienische Vogelschutzliga Lipu hier ein Naturschutzgebiet geschaffen, durch das beschilderte Wege führen (ab Besucherzentrum; Führungen dauern zwei bis vier Stunden). Es gehört zu den Important Bird Areas des Verbandes Bird Life International und ist eine der Hauptattraktionen der Region.

Laterza selbst war sowohl Matera als auch Tarent unterworfen. Die Keramiktradition ist hier höchst lebendig (einige Werkstätten sind zu besichtigen). Sehenswert sind auch der **Palazzo Marchesale**, Ende des 14. Jahrhunderts errichtet und im 16. Jahrhundert umgestaltet, sowie die **Hauptkirche** San Lorenzo (15. Jh.) mit venetisch-dalmatischem Äußeren und schöner Fensterrose. Die Wallfahrtskirche **Mater Domini** und das Gebiet der Grottenkirchen

Wallfahrtskirche Mater Domini in Laterza

Im Vogelschutzgebiet der Gravina di Laterza

erreicht man durch eine Allee, vorbei an dem Barockbrunnen, in dessen Nähe die dreiräumige spanische Cantina liegt, eine uralte Schenke, in die während der spanischen Herrschaft Wanderer einkehrten.

Einige der bekanntesten unter den zahlreichen Höhlenkirchen sind: **Cristo Giudice** mit gut erhaltenen Fresken, darunter *Christus Pantocrator in Deesis*; **San Giorgio** mit einem kürzlich entdeckten Fresko; **Sant'Antonio del Fuoco** und **Santa Caterina**. Zu den Führungen gehören auch Besuche der Grottenkirchen San Vito und San Giacomo, die am Rand der Gravina liegen, und der Kirche der Madonna delle Grazie. Um sich ein Bild von der Kultur und den Traditionen des Ortes zu machen, empfiehlt sich die **Mostra permanente della civiltà contadina** (Ausstellung zur bäuerlichen Kultur), eine der vielen Initiativen zur Erhaltung von Zeugnissen der Vergangenheit.

Lipu-Vogelschutzgebiet von Laterza
Besucherzentrum, Via Selva San Vito.
339 331 19 47. **FAX** *099 453 31 25.* *Do–So 9–13, 14–18 Uhr.* *Führungen (auch mit dem Fahrrad) nach Vereinbarung.*
www.laterza.org/natura/oasilipu.asp

Mostra permanente della civiltà contadina
Via San Carlo. *nach Vereinbarung, 349 147 07 03.*

Ginosa ⓴

Tarent. **Straßenkarte** D4.
23 000. **Pro Loco**, *Via Aloisie 3, 099 829 48 84.* *Passion Christi, Sa vor Palmsonntag, Karsamstag und Aug.*

Ginosa, das seit dem 8. Jahrhundert v. Chr. bewohnt ist, war unter den Römern *municipium* und wurde später bei Barbareneinfällen zerstört. Wegen der Gefahr weiterer Invasionen richtete sich die Bevölkerung für lange Zeit in den Höhlensiedlungen der **Gravina Casale** und **Gravina di Rivolta** ein, die noch heute zu besichtigen sind. In der ersten Schlucht befinden sich die mit Fresken ausgemalten Grottenkirchen Santa Domenica, San Leonardo und Ecce Homo. In der zweiten Schlucht findet man San Bartolomeo und die Reste von Santa Sofia I, Santa Sofia II und Santa Barbara. In den Grotten wird alljährlich die eindrucksvolle Passion Christi aufgeführt und im August wiederholt. Aus dem 16. Jahrhundert sind im modernen Ort Ginosa die Bauten der **Hauptkirche** und des Kastells, die man über eine Brücke erreicht, weil sie sich am Rand der Schlucht erheben. Am Ufer des nicht weit entfernten Lago Salinella liegt der Badeort Marina di Ginosa.

Grottenkirchen
n. Anmeldung bei Pro Loco.

Lecce

Die Halbinsel des Salento mit der Provinz Lecce liegt im äußersten Süden Apuliens und ist eine Region voller Legenden, Mythen und Traditionen. Hauptstadt ist das barocke Lecce. Das Klima ist mild und mediterran, die Menschen sind ausgesprochen gastfreundlich. Außerdem ist das Salento für sein Olivenöl bekannt, das der regionalen Küche ihre typische Würze verleiht.

Lecce, die Hauptstadt der gleichnamigen Provinz, ist dank seiner Barockarchitektur weltberühmt. Das historische Zentrum erstrahlt heute wieder in aller Pracht, wobei der leccesische Stein, eine Art Kalkstein, vorherrschend ist. Kirchen, Plätze, Adelspaläste, Boutiquen, die vielen Cafés und Kulturevents machen Lecce zu einem Höhepunkt der Reise.

In der Provinz Lecce laden zahlreiche Kleinstädte und Dörfer zu Besichtigungstouren ein. Im Sommer gibt es überall Festivals, Konzerte oder Open-Air-Theater. Taurisano, Gagliano, Maglie und Galatina sind nur einige von vielen spannenden Stationen. Küstenorte mit Strand, Steinküste oder Hafen wie Otranto, Castro, Santa Cesarea Terme oder Gallipoli mit ihren Palazzi und Festungen dokumentieren die Geschichte der vergangenen Jahrhunderte.

In Otranto an der Adria ist besonders die Kathedrale aus dem 11. Jahrhundert mit ihrem vollständig erhaltenen Steinmosaikfußboden einen Besuch wert. Außerdem kann man von hier bei guter Fernsicht sogar Berge in Albanien erkennen.

An der Ionischen Küste lädt das vor 2500 Jahren gegründete Gallipoli in die verwinkelten Straßen der Altstadt und zur Besichtigung des Olivenöl-Museums in einer ehemaligen unterirdischen Ölmühle ein.

Tief im salentinischen Süden, am Stiefelabsatz, sieht man schon von Weitem den Leuchtturm auf dem Felsvorsprung, De Finibus Terrae. Die Kathedrale auf dem Felsen ist heute ein Wallfahrtsort. Im Tal überrascht die kleine Stadt Santa Maria di Leuca mit ihren Villen aus dem 19. Jahrhundert. Hier treffen Adria und Ionisches Meer aufeinander.

Entlang der Küstenstraße erwarten den Urlauber schließlich feine Sandstrände, traumhafte Felsbuchten, türkisfarbene Grotten und kristallklares Wasser zum Erholen und Entspannen – so auch bei den Alimini-Seen an der adriatischen oder im Regionalpark Portoselvaggio-Torre Uluzzo an der ionischen Küste.

La Specchia dei Mori, im Vordergrund ein *pagghiaru* genannter Hirtenunterstand

◁ **Barockfassade von Santa Croce in Lecce** ***(siehe S. 144f)***

Überblick: Lecce

Die Halbinsel des Salento, die sich im äußersten Südosten Italiens erstreckt, ist außerordentlich eindrucksvoll, vor allem im letzten Stück der adriatischen Küste von Otranto nach Marina di Leuca. Dort ist sie reich an Riffen und Meeresgrotten, darunter der für ihre Kalkformationen berühmten Grotta Zinzulusa. Zahlreich sind die Naturschutzgebiete wie Le Cesine, die Alimini-Seen, der Park von Portoselvaggio oder die Isola dei Conigli. Besonders spannend für Kunstliebhaber sind neben dem barocken Zauber von Nardò, Galatone und natürlich Lecce sicherlich die romanische Kirche Santa Maria di Cerrate, die Fresken von Santa Caterina d'Alessandria in Galatina, die Guglia di Raimondello in Soleto, die byzantinischen Mosaiken in Casaranello, der Mosaikfußboden der Kathedrale von Otranto, die Altstadt von Gallipoli und unter den zahlreichen Festungen die Kastelle von Copertino und Corigliano d'Otranto.

Reliefs an der Kirche San Domenico in Nardò

In der Provinz Lecce unterwegs

Lecce ist, wenn auch nicht über das Autobahnnetz, so doch durch wichtige Straßen mit den Hauptorten Apuliens verbunden: mit Brindisi durch die Schnellstraße SS613 und mit Tarent durch die SS7 ter. Im Salento mit seinem dichten Straßennetz sind alle Orte entweder über Schnellverbindungen oder Panoramarouten erreichbar. Von Lecce erreicht man Otranto über Maglie auf der SS16, ab Maglie geht es auf der SS275 zum Kap Santa Maria di Leuca, von dort führt die SS274 nach Gallipoli und ab da die SS101 zurück nach Lecce. Die wichtigste Bahnstation der Adrialinie von Mailand nach Bari ist Lecce, während das übrige Gebiet durch Schienen- und Buslinien der Ferrovie del Sud Est gut versorgt ist: die Linien Lecce–Martina Franca; Novoli–Gagliano über Copertino, Nardò und Casarano; Casarano–Gallipoli; Lecce– Gallipoli über Zollino, Galatina und Nardò; Zollino–Maglie–Gagliano und Maglie–Otranto. Der Flughafen von Lecce-Lepore (San Cataldo) bietet Rundflüge über die Region an.

Fischer im Hafen von Gallipoli

Weitere Zeichenerklärungen *siehe hintere Umschlagklappe*

HE AUCH

otels S. 175–177

staurants S. 186f

Palazzo Vescovile und Dom (beide 17. Jh.), Lecce

Sehenswürdigkeiten auf einen Blick

Boote in dem kleinen Hafen von Castro Marina

LEGENDE

- Schnellstraße
- Hauptstraße
- Nebenstraße
- Panoramastraße

Lecce 1

Detail von Santa Croce

Lecce gilt als Perle des apulischen Barock. Zahlreiche Bauwerke dokumentieren die Fertigkeiten bekannter Künstler wie Gabriele Riccardi, Francesco Antonio und Giuseppe Zimbalo, Cesare Penna, Giuseppe Cino sowie Mauro und Emanuele Manieri. Doch auch die antiken Wurzeln der Stadt sind noch an vielen Orten zu spüren. Bereits unter römischer Herrschaft erlebte die Siedlung Lupiae eine wirtschaftliche Blütezeit. Unter Karl V. wurde die Stadt im 16. Jahrhundert stark befestigt und zum Verwaltungszentrum des Salento erhoben. Mit der zunehmenden politischen Bedeutung erfuhr Lecce auch eine architektonische Neugestaltung, die in einer Vielzahl barocker Prachtbauten gipfelte. Nicht umsonst brachte diese Entwicklung der Stadt später den Titel »Florenz Apuliens« ein. Die Hauptstadt der gleichnamigen Provinz präsentiert sich als lebendiges Wirtschafts- und Kulturzentrum, das auch Sitz einer renommierten Universität ist.

Piazza Sant'Oronzo mit dem Amphitheater

Überblick: Lecce

Die Altstadt, das wahre Zentrum von Lecce, zeigt die typischen Merkmale eines mittelalterlichen Viertels mit Gassen, Bogengängen, Höfen, kleinen Plätzen, Palästen und Kirchen. Der unten vorgeschlagene Rundgang führt den Besucher wie durch ein Freiluftmuseum zu den Wahrzeichen der Stadt, in der jeder Winkel von geradezu überschäumender barocker Architektur erfüllt ist.

Piazza Sant'Oronzo

Der Platz stellt das Herz des städtischen Lebens dar. Die jetzige Gestalt der Piazza, die von Banken und Büros gesäumt wird, ist aber neueren Datums, was mit der Freilegung des römischen Amphitheaters Anfang des 20. Jahrhunderts zusammenhängt. Der in den Kalkfelsen gegrabene elliptische Bau aus dem 2. Jahrhundert n. Chr. hatte ursprünglich zwei Ränge, die bis zu 20000 Zuschauer fassen konnten. Er war zudem mit Statuen und Reliefs geschmückt, die im Museo Sigismondo Castromediano aufbewahrt sind. Zahlreiche messapische Funde belegen hier eine antike Nekropole. Auf dem noch nicht ausgegrabenen Teil des Amphitheaters steht die Kirche **Santa Maria delle Grazie** aus dem späten 16. Jahrhundert. Andere Bauten am Platz sind der lange als Sitz der Stadtregierung fungierende **Palazzo del Sedile** (Ende 16. Jh.) mit seiner schönen Dachgalerie und die **Säule des hl. Oronzo**, des Schutzheiligen von Lecce. Sie stammt aus Brindisi, wo sie mit ihrem Gegenstück das Ende der Via Appia markierte. Die Säule wird von einer Statue des Heiligen gekrönt, die Emanuele Manieri 1739 in Venedig goss. Die venetische Metropole unterhielt für eine gewisse Zeit intensive Handelsbeziehungen mit Apulien, wo sie zeitweise auch einige Kolonien besaß. Daran erinnert auch die Kirche San Marco (1543), ein Werk von Gabriele Riccardi mit schönem Portal. Das alte Ladenviertel wurde allerdings abgerissen.

Kastell Karls V.

0832 29 67 75. tägl. 10–13, 17–21 Uhr.

Das Äußere des Kastells, einer wuchtigen Anlage mit einer trapezförmigen Mauer und den viereckigen Bastionen, stammt aus dem 16. Jahrhundert. Mit der Erweiterung und Anpassung an die veränderten Verteidigungserfordernisse des ursprünglich mittelalterlichen Baus des Grafen Tankred, von dem der viereckige angevinische Hauptturm erhalten ist, beauftragte Karl V. den Architekten Gian Giacomo dell'Acaja. Die Arbeiten wurden von 1539 bis 1549 durchgeführt.

Chiesa del Gesù

Via degli Antoglietta 15/B. *0832 24 61 41. Mo–Sa 8–10, So 11.15–12.45 Uhr.*

Die Renaissance-Kirche del Gesù, auch Maria Santissima del Buon Consiglio genannt,

Die neue Fassade der Chiesa del Gesù von 1868

Hotels und Restaurants in der Provinz Lecce *siehe Seiten 175–177 und 186f*

deren Fassade 1868 instand gesetzt wurde, enthält außer schönen Gemälden einen der bekanntesten Altäre der Stadt, den Hochaltar von Giuseppe Cino. Ihr gegenüber steht der **Palazzo Carafa** von Emanuele Manieri, heute das Rathaus.

Santa Croce

Siehe S. 144f.

Ehemaliger Convento dei Celestini

An die Basilika Santa Croce grenzt der Regierungspalast, der unter dem Namen des Klosters bekannt ist, das hier seinen Sitz hatte. Er wurde zwischen 1659 und 1695 erbaut. Die zweigeschossige Fassade wird von Lisenen gegliedert. Die Fenster sind von Zierrat umrahmt. Von Giuseppe Zimbalo stammt der untere Teil, von Giuseppe Cino der obere, leichter wirkende. Der Hof mit Bogengang im Inneren wurde nach Entwürfen der Baumeister Gabriele Riccardi und Giuseppe Zimbalo gestaltet und im 19. Jahrhundert verändert. An der Via Umberto I gegenüber steht der **Palazzo Loffredo Adorno** (16. Jh.). Durch die Via Manfredi gelangt man zu den Kirchen **Sant'Angelo**, die ebenfalls ein barockes Werk von Zimbalo ist, **San Giovanni Evangelista** an der Piazzetta Conte Accardo, **San Francesco** oder **Santa Maria degli Angeli** an der Piazzetta Peruzzi.

Ein Fenster in der Fassade des Zölestinerklosters

INFOBOX

Straßenkarte F4. 96 000. FS *Piazzale Stazione, 0832 30 34 03, 89 20 21; Ferrovie del Sud Est, Viale O. Quarta, 0832 66 81 11.* *STP, 0832 39 30 11; Buslinien Süd-Ost, 0832 31 56 80.* **APT**, *Via Monte San Michele 20, 0832 31 41 17,* FAX *0832 31 02 38.* *Trödelmarkt »Dell'Antiquariato e del Modernariato«, jeden letzten So im Monat; Fiera delle campanelle, Mai; Rally del Salento, Juni; Sant'Oronzo, 24.–26. Aug; Festival Internazionale di Musica per Organo (Orgelmusik), Sep; Fiera di Santa Lucia, 13.–24. Dez.* **www**.comune.lecce.it

Lecce: Santa Croce

Die schönste Barockkirche von Lecce wurde 1549 nach Entwürfen von Gabriele Riccardi begonnen. Erst mehr als hundert Jahre später beendeten Francesco Antonio Zimbalo mit dem Säulenvorbau und den Seitenportalen und Cesare Penna mit dem oberen Teil der Fassade nach der Zeichnung von Giuseppe Zimbalo den Bau. Im Innenraum fallen ein ungewöhnlich tiefer Chor und die kostbaren Kapitelle ins Auge. Jedes von ihnen krönt eine Blüte, in deren geöffneten Blütenblättern der Kopf eines Apostels erscheint.

Giebel
Dieser Giebel wurde von Giuseppe Zimbalo entworfen und – nach Änderungen Cesare Pennas – nach 1650 realisiert.

Zentrale Rosette
Ihren Rahmen schmücken Blumen und Putten in einer Girlande, die von Engeln getragen wird.

Die Altäre der Kapellen weisen kunstvollsten Schnitzzierrat auf.

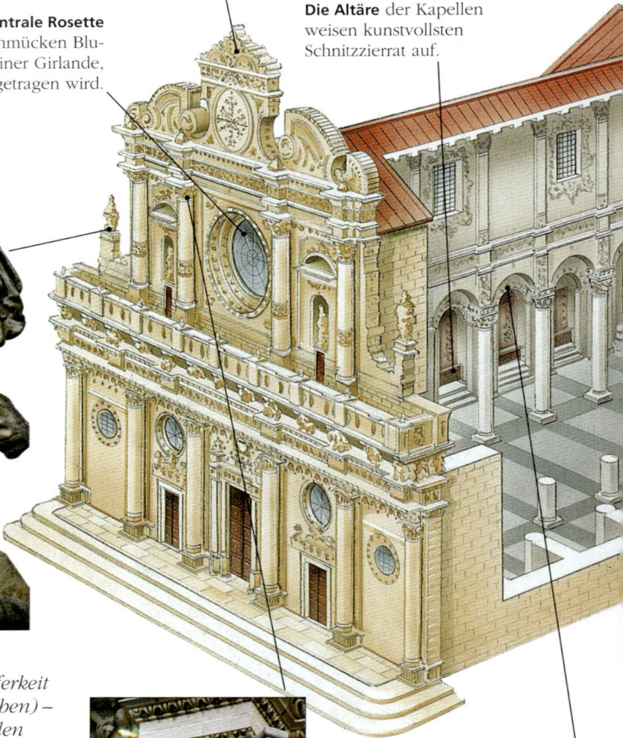

Statuen der Fassade
Zwei Tugenden – Tapferkeit und Hoffnung (Foto oben) – und zwei Heilige (in den Nischen) – St. Benedikt und St. Petrus Coelestinus – schmücken symmetrisch die zweite Etage der Fassade.

Die zwei Seitenschiffe, die je sieben Kapellen enthalten, sind mit Kreuzrippengewölben gedeckt.

★ Karyatiden und Kapitelle
Die mit Putten und symbolischen Tierfiguren gestalteten Kapitelle tragen die Balustrade der Fassade.

NICHT VERSÄUMEN

★ Holzdecke

★ Karyatiden, Kapitelle

Cappella della Madonna di Costantinopoli
Die gewundenen Säulen des Altars umrahmen das Fresko aus dem 16. Jahrhundert, nach dem diese Kapelle benannt wurde.

INFOBOX

Via Umberto I. *0832 24 19 57.* *tägl. 9–12, 17–20 Uhr.*
www.basilicasantacroce.eu

In der Kapelle links vom Chor steht der Altar San Francesco di Paolas, den Francesco Antonio Zimbalo 1614 schuf. Auf zwölf Reliefs werden Episoden aus dem Leben und die Wunder des Heiligen berichtet.

Innenraum
Das dreischiffige Innere wurde von Gabriele Riccardi entworfen. Der dekorative Prunk konzentriert sich vor allem auf die Altäre der Kapellen, die Holzdecke und die Kapitelle.

Die Säulen der Schiffe gehören zu den wenigen Elementen im Inneren, die aus der ersten Bauphase der Kirche stammen.

★ Holzdecke
Die kostbare geschnitzte und vergoldete Decke, die das Mittelschiff abschließt, stammt aus der ersten Hälfte des 17. Jahrhunderts. Die Mitte ziert eine Dreieinigkeit *von Giovanni Grassi (1833).*

Porta Napoli

Das monumentale einbogige Tor wird auch Triumphbogen genannt. Es wurde 1548 zu Ehren Karls V. errichtet und ist ein Werk von Gian Giacomo dell'Acaja. Es zeigt am Giebel ein großes kaiserliches Wappen mit dem Habsburger Adler. In der ersten Hälfte des 20. Jahrhunderts wurde es von der Stadtmauer getrennt. Gegenüber steht der Obelisk, der 1822 zum Besuch des Königs beider Sizilien, Ferdinands I. von Bourbon, aufgestellt wurde. Vom Tor rechts geht der Viale San Nicola ab, der nach einer Verbreiterung Via del Cimitero heißt und zur Kirche **Santi Nicolò e Cataldo** führt, die auf dem Friedhof steht. Die Kirche mit schöner Kuppel und Glockengiebel ist ein bedeutender Bau der Normannenzeit: Graf Tankred ließ sie 1180 errichten. Die romanische Fassade, durch Barockzierrat und Statuen von Giuseppe Cino veredelt (1716), hat ihr herrliches Portal mit Pflanzenmotiven im orientalischen Geschmack und die originale Rosette behalten. An den Friedhof grenzt das ehemalige **Olivetanerkloster** aus derselben Zeit, das heute eine Abteilung der Universität enthält. Bemerkenswert ist der Kreuzgang aus dem 16. Jahrhundert von Gabriele Riccardi. Ihn zieren eine Ädikula auf gewundenen Säulen in der Mitte und eine schöne Terrasse.

Santi Nicolò e Cataldo
Via del Cimitero. *0832 65 05 05.*
So vormittags.

Ehemaliges Olivetanerkloster
0832 33 67 94. Mo–Sa 8–20 Uhr. So.

Via Palmieri

An der Via Palmieri, die von der Porta Napoli zur Piazza Duomo führt, stehen zahlreiche Adelspaläste der Stadt, darunter der Palazzo Palmieri (16. Jh.), in dem u.a. Joseph Bonaparte und Gioacchino Murat wohnten. Die eindrucksvolle Barockfassade zur Piazzetta Falconieri wird von Balkonen aus Schmiedeeisen geprägt. Am selben Platz ist die berühmte Fassade des Palazzo Marrese zu bewundern, die ein langer Balkon ziert, der von Konsolen in Menschen- und Tiergestalt aus der Werkstatt von Mauro und Emanuele Manieri getragen wird. Zu beachten sind vor allem die Karyatiden, die das Portal rahmen. Wiederum auf der Via Palmieri findet man auf der anderen Straßenseite, wo früher der Holzbau des Theaters San Giusto stand, das Teatro Paisiello. Es wurde 1872 eröffnet und ist nach umfassender Restaurierung seit 1993 wieder zugänglich. Das zweigeschossige Äußere zeigt schlichte klassizistische Linien, das Innere dagegen wurde von napolitanischen Meistern ausgemalt. Zu den schönsten Gemälden gehört ein Deckenfresko mit Darstellungen der Harmonie, der Tragödie, der Komödie und der Grazien.

Detail des Obelisken Ferdinands I.

Karyatiden am Portal des Palazzo Marrese

Chiesa del Rosario

0832 30 85 40.
Apr–Okt: 7.30–12, 17–19 Uhr; Nov–März: 7.30–12, 16–18 Uhr.

Zu beiden Seiten der schmucken Via Libertini erheben sich mehrere bedeutende Barockkirchen: Von der Piazza Duomo kommend gelangt man als Erstes zu den Kirchen Santa Teresa von Cesare Penna und Giuseppe Zimbalo sowie Sant'Anna. Diesen beiden folgt die Chiesa del Rosario (auch als San Giovanni Battista bekannt), die sicher das architektonisch wie kunsthistorisch interessanteste dieser Gotteshäuser ist. Sie birgt die Grabstätte von Giuseppe Zimbalo, der diese Kirche als sein letztes bedeutendes Werk schuf. Der Baubeginn erfolgte 1691, fertiggestellt wurde sie 1728 nach Plänen Zimbalos. Sehenswert sind die reich mit Statuen und Säulen geschmückte zweigeschossige Fassade und im Innenraum, der im Grundriss eines grie-

Ädikula im Kreuzgang des ehemaligen Olivetanerklosters

Hotels und Restaurants in der Provinz Lecce *siehe Seiten 175–177 und 186f*

Barockfassade der Kirche del Rosario

chischen Kreuzes gestaltet wurde, die Altäre und die Kanzel mit Hochreliefs aus Lecceser Stein. Gegenüber steht das ehemalige Hospital dello Spirito Santo von Gian Giacomo dell'Acaja (16. Jh.).

Porta Rudiae

Am Ende der Via Libertini, kurz hinter der Chiesa del Rosario, steht die einbogige Porta Rudiae, von der aus man zu den Ruinen des antiken messapischen Ortes gelangt. Das 1703 umgebaute Tor enthält Statuen von Sant'Oronzo, Sant'Irene und San Domenico, den Schutzheiligen der Stadt. Auf Konsolen ruhen die Büsten ihrer mythischen Gründer (Malennius, Daunus, Euippa, Idomeneus).

Piazza del Duomo

Siehe S. 148f.

Dom

0832 33 26 99. tägl. 8.30–12.30, 17–19.30 Uhr.

Die quer zu dem gleichnamigen Platz stehende Kathedrale von Lecce bildet zusammen mit dem Bischofspalast die Krönung dieses Stadtteils. Gemeinsam mit der Basilika Santa Croce verkörpert sie das Bild von Lecce als der Hauptstadt des apulischen Barock am stärksten. Hinreißend ist die Fassade an der Nordseite des Baus (1659–70) in der Tat. Die zwei Geschosse werden von einer Terrasse mit Balkon getrennt, der von Statuen überragt wird. Die Statue des hl. Oronzo steht in der Mitte der oberen Ädikula zwischen Statuen, Friesen und Zierrat. Wie der fast 70 Meter hohe Campanile mit fünf Etagen ist der Dom ein Werk von Giuseppe Zimbalo. Ihn beauftragte Bischof Pappacoda mit dem Bau der neuen Kathedrale anstelle der mittelalterlichen von 1114, die 1658 abgerissen wurde. Die Hauptfassade gibt sich deutlich bescheidener und bildet eine schlichte, aber elegante Kulisse für die Loggien des Bischofspalastes. Im dreischiffigen Inneren sind die reichen Altäre, die steinerne Krippe (16. Jh.) von Gabriele Riccardi (Verkündigungsaltar) und die Gemälde von Oronzo Tiso (Chor) sehenswert. Gegenüber der Hauptfassade findet man das Seminario, zwischen 17. und 18. Jahrhundert erbaut, mit bossierter Fassade. Es enthält die bedeutende Biblioteca Innocenziana und im Hof einen kostbaren Barockbrunnen.

Sant'Irene

Via Vittorio Emanuele.
0832 30 81 07.
tägl. 9–12.30, 16–20 Uhr.

Der Bau der Kirche Sant'Irene (auch Theatinerkirche) wurde Ende des 16. Jahrhunderts nach Plänen von Padre Francesco Grimaldi begonnen und 1639 fertiggestellt. Die Fassade greift Elemente des römischen Manierismus auf und ist mit den Insignien der Stadt und der Statue der Heiligen geschmückt, die zu den Schutzpatronen der Stadt zählt – ein Werk von Mauro Manieri (18. Jh.). Im Innenraum ist besonders das Querhaus mit barocken Altären interessant.

Römisches Theater

Via Arte della Cartapesta.

Das römische Theater, das etwa 5000 Zuschauer fasste, stammt wie das Amphitheater aus dem zweiten nachchristlichen Jahrhundert. Sichtbar sind noch einige Sitzreihen, die Orchestra und Teile der Ränge. Die Funde, die man 1929 bei Grabungen machte, darunter einige Statuen, befinden sich heute im Museo Sigismondo Castromediano *(siehe S. 150)*.

Museo del Teatro Romano

Via degli Ammirati.
0832 27 91 96.
Mo–Sa 9.30–13 Uhr.

Die prunkvolle barocke Seitenfassade des Doms von Lecce

Lecce: Piazza del Duomo

Detail des Doms

Die weiträumige, harmonisch gegliederte Piazza del Duomo ist einer der schönsten Orte der Stadt. Der Platz zwischen Via Libertini und Via Vittorio Emanuele verwandelt sich je nach Gelegenheit in einen Salon für Flaneure oder in eine Bühne für die Aufführung des Lecceser Barock. Die Hauptdarsteller unter den bedeutenden Vertretern dieses Stils sind der Dom, der Bischofspalast und das Seminar. Der Platz erlangte ab dem 15. Jahrhundert seine Pracht. Die Propyläen, die von Statuen der Kirchenväter überragt werden, bilden den Eingang zur Piazza del Duomo.

Campanile mit fünf Geschossen von Giuseppe Zimbalo

★ Skulpturenschmuck

Die Piazza del Duomo ist ein Triumph des Barock, der im reichen Skulpturenschmuck der sie umgebenden Bauwerke überschäumenden Ausdruck findet: in durchbrochenen Balustraden, Putten, Karyatiden, Spiralsäulen, Blumengefäßen, Rahmen und Girlanden, die mit viel Fantasie und Schwung komponiert sind.

★ Dom

Der Dom wurde von 1659 bis 1670 von Giuseppe Zimbalo im Barockstil über einer romanischen Kirche von 1114 erbaut. Um des Effekts willen wurde die Seitenfassade hinzugefügt, die man als Erstes sieht, wenn man den Platz betritt. Sie ist ein Beispiel für den dekorativen Überschwang der Epoche.

Die Hauptfassade des Doms ist auffallend schlicht mit eleganter Linienführung – ganz im Gegensatz zum Reichtum der Seitenfassade, die sich zur Piazza del Duomo hin öffnet.

In der Mitte der Fassade des Bischofspalasts ist eine der ersten öffentlichen Uhren von Lecce zu sehen.

Palazzo Vescovile
Am Ende des Platzes erhebt sich der Palazzo Vescovile (Bischofspalast) aus der Renaissance, der im 17. Jahrhundert umgebaut wurde und im 18. Jahrhundert von Emanuele Manieri seine heutige Gestalt erhielt. Er zeigt Loggien im ersten und einen Balkon im zweiten Stock.

Das Seminar beherbergt die Biblioteca Innocenziana mit kostbaren Bänden. Sehenswert ist in dem Innenhof mit Portikus der berühmte Brunnen, den Giuseppe Cino schuf – eines der barocken Symbole der Stadt und von größter Eleganz.

NICHT VERSÄUMEN

★ Dom

★ Skulpturenschmuck

Palazzo del Seminario
Das nach Plänen von Giuseppe Cino errichtete Bauwerk wurde Anfang des 18. Jahrhunderts fertiggestellt. Die bossierte, durch Lisenen gegliederte Fassade zeigt Fenster in Dekorrahmen und einen Balkon mit drei Bogenöffnungen über dem Portal.

San Matteo

Via dei Perroni 29. 0832 24 50 35. tägl. 8.30–13, 17–20 Uhr.
Die Kirche San Matteo mit ihren zahlreichen besonderen Merkmalen ist eine echte Überraschung inmitten des überwiegend dekorativen Lecceser Barock: Hier erscheint die Dynamik der Fassade als Hauptsache, die der Architekt Larducci nach dem römischen Vorbild Borrominis mit konvexen Elementen unten und konkaven im oberen Geschoss versah. Im Kircheninneren auf elliptischem Grundriss sind der Hochaltar, die Galerie und die Apostelstatuen von Placido Buffelli sehenswert. Durch die Via Perroni gelangt man zur 1774 umgebauten Porta San Biagio. In Richtung Zentrum steht an der Piazza Vittorio Emanuele die Kirche Santa Chiara, die Giuseppe Cino zugeschrieben wird.

Die eigenwillige Fassade der Kirche San Matteo

Museo Sigismondo Castromediano

Viale Gallipoli 28. 0832 68 35 03, 0832 30 74 15. Mo–Fr 9.30–13.30, 14.30–19.30 Uhr. Weihnachten, Neujahr, 1. Mai, 25. Apr.

Das nach dem Herzog von Cavallino benannte Landesmuseum Lecce wurde 1868 gegründet und ist im Collegio Argento ansässig. Es zeigt archäologische Funde aus dem Stadtgebiet, aus denen vor allem die Stücke aus Rudiae und die bekannte Sammlung von griechischen und messapischen Vasen herausragt. Es besitzt auch eine Gemäldesammlung mit Werken von Künstlern der venezianischen Schule des 15. bis 18. Jahrhunderts, darunter ein Polyptychon von Bartolomeo Vivarini, sowie Bilder zeitgenössischer apulischer Maler.

Wehrdorf Acaja

Zu den Höhepunkten apulischer Festungsarchitektur zählt das restaurierte Kastell von Acaja, das zwei runde Wehrtürme und eine lanzenförmige Bastion besitzt. 1535 stattete der Architekt Gian Giacomo dell'Acaja, dessen Familie das Lehen gehörte, das 1506 von seinem Vater Alfonso errichtete aragonesische Kastell mit Mauern, Bastionen und einem Graben aus. Nachdem es an den königlichen Hof gefallen war, erlitt das Dorf 1714 bei einem türkischen Angriff schwere Schäden.

Das Stadttor mit dem hl. Oronzo

Pinacoteca Museo Roberto Caracciolo

Via Imperatore Adriano 79. 0832 45 50 08. nach Vereinbarung.

Biblioteca

Via Imperatore Adriano 79. 0832 45 50 08. Mo–Fr 9–12, 16–18 Uhr. Aug.
Das Kloster Sant'Antonio a Fulgenzio beherbergt einige Museen des Franziskanerordens. Im Museum für chinesische Kunst und Kultur findet man Vasen, Waffen, Elfenbein- und Bronzearbeiten sowie eine Medaillensammlung. Ihm angeschlossen ist ein naturgeschichtliches Museum. In der Gemäldegalerie hängen Werke des 17. und 18. Jahrhunderts vor allem der Mönche der Franziskanerklöster der Region.

Umgebung: Abgesehen vom Wehrdorf Acaja *(siehe oben)* ist die romanische Abtei **Santa Maria di Cerrate**, einige Kilometer außerhalb von Lecce und nahe Squinzano, einen Abstecher wert. Die Abtei wurde wahrscheinlich im 12. Jahrhundert von den normannischen Grafen gegründet und war ein wichtiges religiöses Zentrum der Basilianer. Die Fassade der Kirche zeigt drei Reihen Schwibbogen und ein schönes Portal des 13. Jahrhunderts. Beachten Sie den Rahmen um die Tür mit pflanzlichen Ornamenten und, im Bogen, Szenen aus der Kindheit Jesu. Das Portal wird von einbogigen Fenstern flankiert und von einer Fensterrose überragt. Im dreischiffigen Inneren gibt es Fresken des 13. bis 16. Jahrhunderts. An die Kirche schließt sich ein Bogengang des 13. Jahrhunderts mit figürlichen Kapitellen an, vor dem ein Brunnen des späten 16. Jahrhunderts steht. Nahe der Abtei befindet sich in einem ehemaligen Gutshof (Masseria) ein Museum für Volkskunst und -traditionen, in dem auch einige Fresken aus der Kirche gezeigt werden.

Museo delle Arti e delle Tradizioni Popolari

Abbazia Santa Maria di Cerrate. 0832 78 50 32. tägl. 9.30–14, 15–18 Uhr.

Portikus und Brunnen der Abtei Santa Maria di Cerrate

Hotels und Restaurants in der Provinz Lecce *siehe Seiten 175–177 und 186f*

Lecceser Barock

Karl V. erklärte 1539 Lecce zur Hauptstadt Apuliens. Damit begann eine Zeit des Friedens und Reichtums, in der die Künste und Wissenschaften blühten und die Stadt eine einzige Baustelle war. Sie wurde vergrößert und nach klarer Städteplanung umgestaltet. Klöster, Mächtige, Familien des Adels und des neuen Bürgertums sahen sich in einem kreativen Wettstreit, Lecce mit Kirchen, Klöstern und Palästen zu verschönern. Das Resultat ist der Lecceser Barock in all seinen Ausmaßen, der die italienischen Formen und den Hang zum Theatralischen der spanischen Kultur in sich aufnahm und erst möglich wurde durch die Geschmeidigkeit des heimischen Steins, der sich mühelos in Girlanden und Arabesken verwandeln ließ. Noch heute ist das Zentrum Lecces Zeuge hiervon.

Detail der Kirche Sant'Angelo

***An der Fassade der Kirche Santi Nicolò e Cataldo**, ursprünglich normannisch, ist die barocke Symmetrie und Ebenmäßigkeit abzulesen, die ihr Giuseppe Cino 1716 verlieh.*

***Der Balkon des Palazzo Marrese** ist eines der vielen Beispiele des herrschenden Barockstils bei Balustraden, Rahmen und Portalen der alten Paläste.*

***Der Regierungspalast**, das ehemalige Zölestinerkloster, das an die Basilika Santa Croce grenzt, wurde von Giuseppe Zimbalo entworfen, der auch das untere Stockwerk ausführte. Die obere Etage baute Giuseppe Cino. Die bossierte und durch Lisenen unterteilte Fassade schmücken äußerst kunstvolle Fensterrahmen.*

***Der Dom** zeigt eine Überfülle an typischen Dekors und Ornamenten, die dem ursprünglichen Bau des 12. Jahrhunderts einen neuen Charakter verliehen.*

***Putten, Fratzen und Karyatiden** sind ein konstantes Element im typischen Figurengedränge der Barockarchitektur von Lecce.*

***Die Basilika Santa Croce** gilt als die Meisterleistung des Lecceser Barock. Der von Gabriele Riccardi 1549 begonnene Bau wurde 1646 von Giuseppe Zimbalo und Cesare Penna vollendet. Ihre Fassade ist beispielhaft für den dekorativen Reichtum, der sich mit der Einfachheit des Bauwerks verband.*

Tour: Adriatische Südküste ❷

An der Küstenstraße, die vom Urlaubsort San Cataldo mit den Resten des Hafens Hadrians bis nach Otranto verläuft, durchfährt man abwechslungsreiche Landschaften: Von Dünen bedeckte Gebiete und steil aufragende Klippen, die von Stränden unterbrochen werden. Reizvoll ist auch die sich anschließende schroffe Felsküste, mit den berühmten Grotten dei Cervi, Romanelli und Zinzulusa als Höhepunkten. Der Küstenabschnitt endet bei der Wallfahrtskirche Santa Maria di Leuca, dem Ziel zahlreicher Pilger. Der überlaufene Ferienort Marina di Leuca markiert schließlich den südlichsten Punkt Apuliens und dieser Route.

Naturschutzgebiet Le Cesine ①
Das Schutzgebiet in der Umgebung von San Cataldo ist ein wichtiges Feuchtgebiet unter Leitung des WWF. Die Sandstrände hier grenzen an Sumpfgebiete, Pinienhaine und Wälder.

Roca Vecchia ②
Das Dorf Roca Vecchia verdankt seinen Namen den Ruinen des Kastells über dem Meer, das vor seiner Zerstörung im 16. Jahrhundert auch Unterschlupf von sarazenischen Piraten war. Wichtige Zeugnisse prähistorischer Siedlungen und Kultstätten wurden hier neben messapischen und römischen Resten gefunden. Auch die Grotta della Poesia umgibt dieser Zauber.

Torre dell'Orso ③
Das Dorf Torre dell'Orso ist ein Ferienparadies in einer schönen Bucht mit Stränden, die von Pinienwäldern umgeben sind.

Schutzgebiet der Alimini-Seen ④
Ein Abschnitt der berühmten Sandstrände bildet das Schutzgebiet der beiden Küstenseen: Alimini Grande entstand durch Abschnürung einer Meeresbucht, ist aber noch mit dem Meer verbunden, Alimini Piccolo (oder Fontanelle) wird von Karstquellen gespeist und von Schilfgürteln umgeben. Das Brackwasser des einen und das Süßwasser des anderen Sees bilden ein ideales Milieu für Reiher, Kormorane, Rohrweihen und Blesshühner. Beide Seen werden auch zur Fischzucht genutzt.

ROUTENINFOS

Lecce. **Straßenkarte** F4–5.
i Masseria Le Cesine, *0832 89 22 64.*
IAT *Otranto, 0836 80 14 36.*
Pro Loco *Tricase, 0833 51 33 51.*
Pro Loco *Santa Maria di Leuca, 0833 75 81 61.*
Länge der Tour: *etwa 80 km.*
Benötigte Zeit: *ein bis drei Tage je nach Pausen.*
Rasten: *zahlreiche Möglichkeiten in allen Orten.*

Capo d'Otranto ⑤
Der östlichste Punkt Italiens, an dem sich der Leuchtturm der Punta Palascia erhebt, wurde einem meeresbiologischen Laboratorium zugewiesen. In der Nähe befinden sich die Reste der mittelalterlichen Abtei San Nicola di Casole, die verfallene Torre del Serpe, das Wappenzeichen Otrantos, und ein kleiner See mit rotem Wasser nahe der Punta Faci, wo es ein Bauxitlager gab.

Grotta dei Cervi ⑥
Die 1970 entdeckte Grotte ist mit ihren zahllosen figurativen und abstrakten Malereien, unter denen es viele Jagdszenen gibt, ein Museum für prähistorische Kunst. Die Grotte selbst ist nicht zugänglich. Die Funde sind im Paläontologischen Museum in Maglie zu sehen *(siehe S. 164f)*.

Tricase ⑦
Das mittelalterliche Dorf Tricase ist eng mit dem Tabakanbau verknüpft. In seiner Umgebung stehen die Kastelle von Tutino (mit der Krypta der Madonna del Gonfalone), Caprarica und Depressa. Berühmt ist die Quercia Vallonea, ein auch »Hundert-Ritter-Eiche« genannter Baum zwischen dem Dorf und seinem Hafen. Er diente früher zum Gerben von Fellen.

Kap Santa Maria di Leuca ⑧
Auf dem Kap erheben sich der achteckige Leuchtturm und die berühmte gleichnamige Wallfahrtskirche, die auch *De Finibus Terrae* heißt. Nicht weit weg, in Barbarano del Capo, findet man Leuca Piccola del Belvedere. Es ist die letzte Raststätte der Pilger auf dem Weg zur Wallfahrtskirche Santa Maria di Leuca, deren Kirchlein Santa Maria del Belvedere mit Gewölben als Herberge diente.

Otranto ❸

Lecce. **Straßenkarte** F5.
5500. *Ferrovie del Sud Est, Piazzale Stazione, 0836 80 14 82.*
IAT, *Piazza Castello, 0836 80 14 36.* *Festa dei Martiri idruntini, 13.–15. Aug; Terra d'Otranto Festival, Juli, Aug; Festa della Madonna dell'Altomare, 1. So im Sep; Alba del nuovo anno, 1. Jan.*

Die Stadt, die wegen ihres kristallklaren Meeres und ihrer herrlichen Lage am äußersten Ostrand der italienischen Halbinsel sehr beliebt ist, hat antike Wurzeln. Die griechische Siedlung – der Name *Hydrusa* ist wohl dem Fluss Idro entlehnt – erhielt in byzantinischer Zeit wachsende Bedeutung als wirtschaftliches, politisches und religiöses Zentrum, bis sie von den Normannen erobert wurde. Ihr Wohlstand, den sie ihrem Hafen, dem Tor zum Osten, verdankte, blieb ihr auch in den folgenden Jahrhunderten erhalten, in denen sich hier viele ausländische Händler niederließen.

1480 erfuhr ihre Geschichte einen tragischen Einschnitt: Die letzten 800 Bürger, die sich weigerten, ihren christlichen Glauben aufzugeben, wurden von den inzwischen über die Stadt herrschenden Türken auf dem Minerva-Hügel hingerichtet. Später entstand hier die Kirche Santa Maria dei Martiri, zu der man über eine Treppe hinaufsteigt. Die sterblichen Reste der Märtyrer und der Block, auf dem sie enthauptet wurden, sind in der **Kathedrale**. Sie liegt am Rand der Altstadt und ist das wichtigste Bauwerk der Stadt, mit einem kostbaren Mosaikfußboden des 12. Jahrhunderts im Mittelschiff *(siehe S. 156f)*. Die 1080 gegründete Kathedrale dokumentiert die Präsenz der Kirche Roms in einer Gegend, die bis dahin

Portal und Fensterrose der Kathedrale von Otranto

vom griechischen Ritus beherrscht wurde. Die Basilika, deren drei Schiffe durch Säulen mit Kapitellen getrennt sind, hat eine Kassettendecke des 17. Jahrhunderts. Unter dem Querschiff liegt die Krypta, die ein wahrer Säulenwald stützt (sehr schön die variantenreichen Kapitelle). An der Fassade mit doppeltem Schrägdach fallen die schöne spätgotische Rosette mit 16 Strahlen (Ende 15. Jh.) und das Barockportal auf. Das **Diözesanmuseum** am selben Platz zeigt Bilder, liturgisches Gerät und Skulpturen, darunter ein Taufbecken des 15. Jahrhunderts und einen *Toten Christus* (16. Jh.) sowie Reste eines Mosaiks des 4. Jahrhunderts, die unter dem Fußboden der Kathedrale gefunden wurden. Mit dem Vorfall von 1480 hängt auch die Errichtung des nahen **Kastells** zusammen, das wahrscheinlich über einem

Otranto vom Hafen aus gesehen

Megalithbauten des Salento

Der Salento ist reich an megalithischen Bauwerken aus der Bronzezeit, die wahrscheinlich rituelle wie praktische Funktionen hatten: Dolmen genannte Grabkammern aus in den Boden gerammten Felsen, die eine waagerechte Steinplatte tragen, mit einem gewöhnlich nach Osten ausgerichteten Eingang; Menhire, quaderförmige Steine, die senkrecht in den Boden gerammt sind und möglicherweise astronomische Beobachtungspunkte oder Versammlungsorte der Gemeinde markierten; die als »Specchie« bezeichneten, kreisförmig angeordneten Steinhaufen mit Begräbnis- oder Verteidigungsfunktion. Unter den Orten des in der Grecìa im Salento *(siehe S. 165)* stark verbreiteten Phänomens ist zweifellos Giurdignano der wichtigste – hier sind auch die Grottenkirche San Salvatore des 10. Jahrhunderts und eine unterirdische Ölpresse zu sehen. Zu den interessantesten Dolmen gehört der Dolmen von Scusi.

Arcolaio della Strega
(Giuggianello)
Viele Legenden ranken sich um diesen Monolithen, vielleicht eine Kultstätte im Neolithikum.

Vorgängerbau steht: Die Aragonier befestigten die zurückeroberte Stadt, um sie besser verteidigen zu können. Sie bauten auch die Wachtürme (so die Torre Alfonsina mit dem gleichnamigen Tor) und die Mauern, die noch heute die Altstadt umgeben. Das Kastell, ein Entwurf von Ciro Ciri auf fünfeckigem Grundriss mit drei runden Ecktürmen, ist gegen das Meer durch eine lanzenförmige Bastion geschützt (16. Jh.). Am Portal hängt gut sichtbar das kaiserliche Wappen Karls V.

Im Herzen der Altstadt findet man die kostbare byzantinische Kirche **San Pietro** (um 1000) mit der typischen zylindrischen, von vier Säulen getragenen Kuppel und den drei halbrunden Apsiden, die auch von außen zu sehen sind. Ihr Inneres im Grundriss eines griechischen Kreuzes enthält interessante Fresken. Sehr schön ist ein Spaziergang auf den Bastionen der Pelasger, die auf den Hafen blicken. Einige Kilometer vom Zentrum entfernt liegt die Valle delle Memorie. Die Höhlen und das Hypogäum (Grabgewölbe) der **Torre Pinta** sind wohl frühchristlichen Ursprungs. In die Wände der Räume unter dem Turm sind zahlreiche Nischen gegraben.

Kathedrale
Piazza Basilica. 0836 80 27 20. *Juni–Sep: 7–12.30, 15–20 Uhr; Okt–Mai: 7–12, 15–17 Uhr.*

Diözesanmuseum
Piazza Basilica. 0836 80 14 34. *Juni–Sep: Di–So 10–13, 16–20 Uhr; Okt–Mai: Sa, So 10–12, 16–18 Uhr und nach Vereinbarung.*

Kastell
199 15 11 23. tägl. 10–13 Uhr, nachmittags variabel (tel. erfragen). auf den Bastionen.

San Pietro
Via Leondari. *Anfragen bei der Kathedrale, Informationen beim IAT.*

Hypogäum Torre Pinta
0836 190 24 53 (Agriturismo Torre Pinta).

Blick auf Santa Cesarea Terme

Santa Cesarea Terme ❹

Lecce. **Straßenkarte** F5.
3000. **IAT**, *Via Roma 221, 0836 94 40 43. Santa Cesarea, 11.–12. Sep.*

Das Thermalbad Santa Cesarea kam in den 1920er Jahren groß in Mode. Es war allerdings schon in der Antike für sein schwefelhaltiges warmes Wasser berühmt, das aus vier Grottenquellen sprudelt (Gattulla, Solfatara, Fetida und Sulfurea).

Der Sage nach sind die Quellen aus den Leibern der Leuterni-Giganten entstanden, die Herakles mit seiner Keule erschlug. Eine andere Sage verbindet ihre Entstehung hingegen mit dem Tod des Mädchens Cisaria, das der Berg verschlungen hatte, dessen Wasser daraufhin zum Trost leidender Menschen wurde.

Das Städtchen zeigt einige Villen und andere Gebäude im maurischen Stil (z. B. Palazzo Sticchi). Nicht versäumen sollte man außer der herrlichen Aussicht vom Belvedere den kleinen Hafen und in Richtung Castro die Bucht von Porto Miggiano, das man über eine steile Treppe erreicht. Interessant ist auch im Hinterland das Gebiet von Poggiardo und Vaste. Hier findet man die Höhlenkirche Santi Stefani (11. Jh.), messapische Mauern, Reste einer frühchristlichen Kultstätte und einer Nekropole, einen Baumlehrgarten, eine in einen Pinienhain verwandelte Bauxitgrube und einige Karsthöhlen. Es lohnt auch ein Besuch im Museum mit den Fresken aus der Höhlenkirche Santa Maria degli Angeli und messapischen Fundstücken.

Terme di Santa Cesarea
Via Roma 40.
0836 94 40 70, 0836 94 43 14.
www.termesantacesarea.it

Specchia dei Mori (Martano)
Diese Steinhaufen konnten verschiedene Größen haben und als Grabstelle wie zur Verteidigung dienen.

Dolmen Scusi
(Minervino di Lecce)
Er wurde als erster entdeckt und ist der bekannteste im ganzen Salento wegen seiner Größe und seines guten Zustandes.

Menhir San Paolo
(Giurdignano)
Er erhebt sich über der gleichnamigen byzantinischen Höhlenkirche.

Otranto: Mosaiken der Kathedrale

Tierfigur eines Mosaiks

Der Boden der Kathedrale von Otranto ist wie ein Mosaikbuch, in dem sich Bilderwelt und Kultur einer Epoche vereinigen. Zwischen 1163 und 1165 ließ Erzbischof Jonathan das Mosaik von dem Mönch Pantaleon anfertigen, dem Leiter der Malerschule von Otranto und Schöpfer auch der Mosaikfußböden der Kathedrale von Brindisi. Die bunten Steinchen bilden einen riesigen Lebensbaum mit Tieren, allegorischen Figuren, Tierkreiszeichen und biblischen Gestalten zwischen Orient und Okzident, Christentum und Judentum.

Der Turmbau zu Babel *zeigt Scharen von Arbeitern, die auf Gerüsten stehend den Turm errichten, mit dem die Menschheit in ihrem Hochmut den Himmel herausfordert.*

Der Mönch *mit dem Einhorn in einem der Tondi im Chor könnte ein Selbstbildnis Pantaleons sein, des Schöpfers des Mosaiks.*

Eingang zur Kathedrale

Die Szenen der Sintflut *zeigen den Auftrag Gottes an Noah, dann den Bau der Arche und den Einzug der Tiere und Vögel.*

Wie das Mosaik zu lesen ist

Die große Erzählung des Mosaiks breitet sich über den ganzen Boden der Kathedrale aus. Die Fabel entwickelt sich von oben nach unten, der orientalisch-biblischen Lehre vom Herabsteigen Gottes zum Menschen folgend. Zwischen den Zweigen des Baumes ist die ganze Menschheitsgeschichte in einer Darstellung der Ereignisse enthalten, in denen Gut und Böse miteinander kämpften.

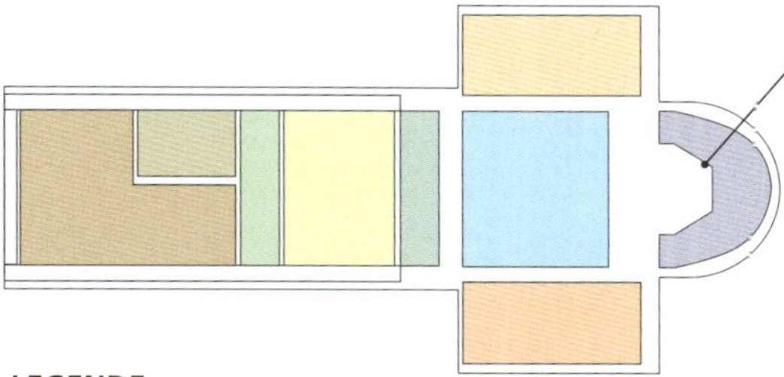

In der Apsis ist das Buch Jonas zusammengefasst: seine Flucht übers Meer, der von Gott geschickte Sturm, der Wal, der ihn verschlingt und dann freigibt, die Prophezeiung göttlicher Strafen an der sündigen Stadt Ninive, der König und die Prinzen, die Buße tun, und der Sieg Christi, symbolisiert durch Samson.

LEGENDE

- Jonas und der Wal
- Baum der Erlösung
- Erschaffung der Welt
- Verdammte und Auserwählte
- Adam und Eva, Kain und Abel
- Die Monate
- Sintflut
- Turmbau zu Babel
- Geschichte, Mythen, Legenden

Die Vertreibung Adams und Evas *aus dem Paradies wird im hinteren Teil des Schiffes erzählt: Ein Engel weist sie aus dem Garten Eden, nachdem sie vergeblich sich zu verstecken versucht haben.*

Die Erschaffung der Welt *zeigen 16 Tondi (die Zahl der Kabbala für die Kosmogenese) mit Adam und Eva, Tieren, der Königin von Saba und dem König Salomo.*

Die Darstellungen sind mit realen oder mythischen Tieren angereichert – wie dieser Sphinx. Sie sind Symbole von Lastern und Tugenden.

Die Schlange der Apokalypse *(rechtes Querhaus) gehört zum Baum der Erlösung; man sieht sie beim Fressen des Sündenbocks, während sie ihrerseits von einem Löwen gebissen wird (hier Symbol Christi).*

Die Monate *sind in 12 Tondi dargestellt, die das Tierkreiszeichen und die für den jeweiligen Monat typische bäuerliche Tätigkeit umschließen.*

Castro 5

Lecce. **Straßenkarte** F5.
2500. **Pro Loco**, *Via Marinai d'Italia 67, 0836 94 70 38.*
Festa dell'Annunziata, Ende Apr.

Castro Superiore liegt hoch an einem Hang und wirkt mittelalterlich, ist aber eine kretische oder griechische Gründung. Reste der Befestigungen (16. Jh.) und des 1572 von den Gattinara erbauten Kastells (über der von Byzantinern und Normannen erweiterten römischen Burg) sind erhalten. Einen Besuch lohnt auch die romanische Kathedrale mit der nahen byzantinischen Grottenkirche.

Umgebung: Zu Füßen von Castro liegt in einer herrlichen Bucht mit kristallklarem Wasser das Fischerdorf **Castro Marina**, dessen Hauptattraktion sicherlich die Küstengrotten nördlich des Dorfes bilden. Die 1793 entdeckte **Grotta Zinzulusa** (»zerlumpte Frau« im heimischen Dialekt) verdankt ihren Namen den Stalaktiten, die von der Eingangsdecke hängen, einem natürlichen, zum Meer geöffneten Bogen. Die auch auf dem Landweg erreichbare und in ihrem ersten Abschnitt (ca. 150 Meter) von Tausenden besuchte Grotte strotzt von Stalagmiten und Stalaktiten mit seltsamen Namen (im Gang der Wunder z. B. heißen sie Wachtposten, Adler, Schinken, Damoklesschwert). Im Inneren der Höhle fließt ein Urstrom mit eigentümlichen Krebstieren, an denen die Evolution vorbeigegangen ist, darunter die *Thyphlocaris salentina* ohne Augen und Pigmentation. Zahlreiche Funde haben die Anwesenheit prähistorischer Menschen belegt, die sich aus dem kleinen See im Innern mit Süßwasser versorgten. In der Vorhöhle und im tiefsten Teil, Dom genannt, wimmelt es von Fledermäusen. Die **Grotta Romanelli** dagegen ist leider nicht zugänglich. Am berühmtesten ist sie für einige der ältesten figürlichen Darstellungen des Menschen aus dem Paläolithikum, bei denen es sich um eine mit Sexualsymbolen verknüpfte Mythologie handelt. Auch Reste ausgestorbener Tiere wie einer Pinguinart wurden in ihr gefunden (viele Funde sind im Paläontologischen Museum in Maglie zu sehen). Andere nur vom Meer aus erreichbare Karsthöhlen sind **Palombara** und **Rotundella**. Zwischen der Grotta Zinzulusa und der Romanelli gibt es in sieben Meter Tiefe eine schöne Tauchstrecke: den Sentiero Blu.

Grotta Zinzulusa
0836 94 38 12, 0836 94 70 05.
Sommer: tägl. 9.30–19 Uhr; Winter: tägl. 10–16 Uhr.

Megalithmonument Centopietre in Patù

Eingang zur Grotta Zinzulusa

Patù 6

Lecce. **Straßenkarte** F5.
2000. **Municipio**, *Via Giuseppe Romano, 0833 75 20 61.*

Weiter landeinwärts stößt man kurz hinter Marina di Leuca auf das Dorf Patù. Es ist für das Centopietre genannte Megalithmonument in Tempelform bekannt, das nahe der romanischen Kirche San Giovanni steht. Es wurde wahrscheinlich im Mittelalter aus Tuffsteinblöcken früherer messapischer Bauten errichtet und enthielt Heiligenfresken. Auf einem Hügel in der Nähe von Patù finden sich Reste des mächtigen messapischen Ortes Vereto und Spuren seines Kriegshafens unter Wasser in der Bucht San Gregorio.

Umgebung: Von Patù erreicht man schnell **Marina di Leuca**, den bekannten Badeort (mit vielen maurisch inspirierten Häusern und Jugendstilvillen an der Seepromenade), und die **Punta Ristola**, das südlichste Vorgebirge des Stiefels. Hier gibt es sehr eindrucksvolle Grotten: im Osten **Grotta Porcinara**, bereits Kultstätte in griechisch-römischer Zeit, im Westen **Grotta del Diavolo**, **Grotta del Fiume**, **Grotta Tre Porte** (wo der Zahn eines Neandertalerkindes gefunden wurde), **Grotta dei Giganti** (mit Knochen und Zähnen prähistorischer Dickhäuter), **Grotta della Stalla** und **Grotta del Drago**. An diesem Küstenabschnitt sind große Barrakudaschwärme zu Hause, hier gibt es erstklassige Tauchmöglichkeiten. Zahllos sind die Türme, die den Orten ihre Namen geben, wie Torre Vado, Torre Pali und Torre Mozza.

◁ Grotta della Poesia in der Nähe von Roca Vecchia

Ugento 7

Lecce. **Straßenkarte** F5.
12 000. **Pro Loco**, *Piazza Colosso, 0833 55 56 44.*
Sant'Antonio, 13. Juni; Sagra della puccia, Ende Juli; Sagra dei ciceri e tria, Anf. Aug; Santi Cosma e Damiano, 26.–28. Sep; Santa Lucia, 13. Dez.

Der Ort blickt auf eine bewegte Geschichte zurück. Reste der messapischen Mauern (4. Jh. v. Chr.) und viele Funde zeigt das Archäologische Museum. In römischer Zeit war Ugento *municipium*, wurde dann von den Byzantinern besetzt und später von den Sarazenen angegriffen. Das mittelalterliche Kastell wurde später erweitert. Die Kathedrale aus dem 18. Jahrhundert steht an der Stelle einer von den Türken zerstörten Kirche.

Museo Civico Archeologico
Via della Zecca 1. *0833 55 58 19.*
Sep–Juni: Di–Sa 8–13.30, So 9–12.30; Juli, Aug: Di–So 9–12.30 Uhr.

Umgebung: Auch das Hinterland des Salento weist viele Befestigungen auf. Vom Kap in Richtung Ugento sieht man sie in **Morciano** (Castello Castromediano), in **Salve** (widerstand Angriffen von Türken und Algeriern), in **Giuliano**, **Salignano**, **Alessano** (Palazzo Gonzaga) und in **Acquarica del Capo** (Castello Sforzesco). An der Küste liegen **Torre San Giovanni**, ein Badeort mit Resten des Hafens von Ausentum und einem Leuchtturm, **Torre Suda** und **Torre del Pizzo** auf dem Vorgebirge der Baia Verde.

Gallipoli 8

Lecce. **Straßenkarte** E5.
21 000. *Ferrovie del Sud Est, Piazza Matteotti, 0833 26 62 14.*
Pro Loco, *Piazza Imbriani 9, 0833 26 30 07.* *Carnevale, letzter So im Karneval u. Faschings-Di; Sta. Cristina, 23.–25. Juli.*

Die »schöne Stadt« *(Kalé polis)* wie die Griechen sie nannten, ist antiken Ursprungs und hat ihr orientalisches Gesicht bis heute bewahrt. Sie ist in zwei Hälften geteilt, die eine siebenbogige Brücke (16. Jh.) verbindet: Der alte Teil steht auf einer Felseninsel, von Mauern umgeben, an denen eine Straße mit schöner Aussicht entlangläuft, der neue Teil auf einer Halbinsel. Hier am Ufer gegenüber der Altstadt befindet sich ein hellenistischer Brunnen, der im 16. Jahrhundert wohl nach einem Original des 3. Jahrhunderts v. Chr. rekonstruiert wurde und mit drei Reliefs mit mythologischen Figuren geschmückt ist.

Gegenüber, die Altstadt bewachend, steht das Kastell (nicht zugänglich), das von Francesco di Giorgio Martini über einer byzantinischen Festung errichtet wurde. Im mittelalterlichen Zentrum der Gassen, Höfe und Adelspaläste weht noch der alte Zauber der Stadt. Durchquert man sie auf der Via de Pacem, stößt man hinter dem barocken Palazzo del Seminario und dem Palazzo Balsamo auf die Kathedrale Sant'Agata mit ihrer typischen salentinischen Barockfassade aus weißem Tuffstein. Sehenswert sind das Chorgestühl und die Gemälde des 17. und 18. Jahrhunderts. Hinter dem Renaissance-Palazzo Pirelli befindet sich das **Museo Civico**. Nahe dem Palazzo Granafei gelangt man zu einer **unterirdischen Ölmühle**. Bekannt für das »Mallandrone« genannte Barockkruzifix ist die Kirche San Francesco mit konkaver Fassade. Geht man die Seepromenade Sauro nach links, kommt man zur Chiesa del Crocifisso und zu San Domenico del Rosario, nach rechts dagegen zur Chiesa della Purità (mit Kachelfußböden aus dem 18. Jahrhundert) und zum Bacino San Giorgio, in dessen Nähe der elegante Palazzo Tafuri mit barocker Fassade steht. Vor Gallipoli, auf dem größten Inselchen Sant'Andrea, erhebt sich der Leuchtturm.

Fassade der Kirche Santa Maria della Purità in Gallipoli

Museo Civico
Via A. de Pace 108. *0833 26 42 24.* *Di–So 10–13, 18–21 Uhr.*
www.museocivicogallipoli.it

Unterirdische Ölmühle
Via A. de Pace. Associazione Gallipoli Nostra *0833 26 42 42, 0833 26 66 44, 338 136 30 63.*
Mai–Okt: tägl. 10–12, 16–20.30 Uhr; Nov–Apr: nach Vereinbarung.

Umgebung: Unweit von Gallipoli liegt im Hinterland Alezio, eine antike Stadt Messapiens *(Alixias)*, wie die Funde beweisen, darunter eine ausgedehnte Nekropole. Sehenswert sind die Kirche Santa Maria della Lizza (12./13. Jahrhundert) und der archäologische Park.

Der Hafen von Gallipoli mit Fischer- und Vergnügungsbooten

Hotels und Restaurants in der Provinz Lecce *siehe Seiten 175–177 und 186f*

Regionalpark Portoselvaggio – Torre Uluzzo 9

Lecce. **Straßenkarte** E–F5.
CRSEC Nardò, *0833 57 22 35.*
www.portoselvaggio.net

Der 1980 gegründete Park von Portoselvaggio zwischen der Torre dell'Alto und der Torre Uluzzo hat seinen wahren Ursprung in der Wiederaufforstung der 1950er Jahre. Mediterrane Macchia und Kliffe sind vorherrschend, daneben hat der Park auch archäologisch große Bedeutung, denn an diesem Ort entstand vor 31 000 Jahren die sogenannte Uluzzo-Kultur (nach den Kalksteinplättchen, aus denen Instrumente und halbmondförmige Speerspitzen gefertigt wurden). Zu den interessantesten Grotten gehören die **Grotta di Capelvenere** (über eine Treppe erreichbar) und in der Bucht von Uluzzo die Grotten del Cavallo und di Uluzzo, in denen Fossilien großer Säugetiere gefunden wurden. In den Gewässern des Parks gibt es Unterwassergrotten wie die **Grotta Verde** oder die Grotta delle Corvine (nur für sehr erfahrene Taucher). In der Vorzeit, bei niedrigerem Meeresspiegel, waren auch sie von Menschen bewohnt.

Umgebung: Direkt südlich des Parks liegen die Buchten von Nardò, die von der Punta dell'Aspide getrennt werden:

Torre Sant'Isidoro in der Nähe der Palude del Capitano

Boote in Porto Cesareo, im Hintergrund die Isola dei Conigli

Santa Caterina, mit der Torre dell'Alto auf der Steilküste der Dannata (wunderbares Panorama) und der Torre di Santa Caterina, sowie **Santa Maria al Bagno**, in römischer Zeit Hafen von Neretum. Hier befinden sich Thermen und die Ruinen der Torre del Fiume (17. Jh.), die Quattro Colonne (Vier Säulen) genannt werden. In Richtung Gallipoli liegen dann die **Montagna Spaccata**, ein mit Macchia und Felskräutern (z. B. Leuca-Steinkraut) bewachsenes Vorgebirge, und die Dünenlandschaft des **Lido Conchiglie**. Nach Norden stößt man hinter Torre dell'Inserraglio in der Nähe von Torre Sant'Isidoro auf die **Palude del Capitano**, eine Karstlandschaft mit unterirdischen Kanälen, Grundwasserquellen und einer mit Brackwasser gefüllten Senke, in der man auch eine sehr seltene Art der Bibernelle (*Sarcopoterium spinosum*) findet.

Porto Cesareo 10

Lecce. **Straßenkarte** E4.
5500. **Pro Loco**, *Via Pellico, 0833 56 90 86.* *Focara, So nach dem 17. Jan; Sagra del pesce, Juli; Festa di Santa Cesarea, 24. Aug.*

Das seit der Vorzeit besiedelte und im Mittelalter gern von den Basilianern besuchte Porto Cesareo mit dem Küstenturm des 16. Jahrhunderts, der die kleine Halbinsel bewacht, ist heute ein beliebter Urlaubsort. Porto Cesareo bietet einen weitläufigen Sandstrand mit Buchten und Lagunen und das gleichnamige **Meeresschutzgebiet**. Im Museo di Biologia Marina, das Flora und Fauna des Ionischen Meeres zeigt, sind Sammlungen von Wirbeltieren (Fische und Schildkröten) und Wirbellosen (Mollusken, Schwämme, Krebstiere) zu bewundern. Sehr schön ist auch die Muschelsammlung.

Umgebung: Unter den Inselchen, die dem Ort vorgelagert sind, ist die **Isola dei Conigli** berühmt für ihren Reichtum an Pflanzenarten (so dem seltenen *Limonium japigicum*). Auf der Klippe Mogliuso wächst eine seltene violette Iris. Weiter an der Küste entlang kommt man hinter Torre Chianca und Torre Lapillo nach **Punta Prosciutto**, der Grenze zur Provinz Tarent.

Museo di Biologia Marina
Via Vespucci 16. *0833 56 95 02.* *Winter: 9–13, 16–18 Uhr; Sommer: 10–12, 17.30–21.30 Uhr.* *Mo.*

Copertino 11

Lecce. **Straßenkarte** E4.
25 000. *Ferrovie del Sud Est, Via Roma, 0832 93 35 36.* **Pro Loco**, *Via Matteotti, 0832 94 90 10.* *San Giuseppe, 16.–18. Sep.*

Das mittelalterliche Landstädtchen ist berühmt für seine Weine. Es besitzt ein **Kastell**, das zu den bedeutendsten Festungsanlagen des

Hotels und Restaurants in der Provinz Lecce *siehe Seiten 175–177 und 186f*

Renaissance-Portal des Kastells von Copertino

Salento gehört. Als Teil der ringförmigen Stadtmauer wurde es 1540 über angevinischen Bauten von Evangelista Menga im Auftrag von Alfonso Castriota Scanderbeg errichtet. Auf viereckigem Grundriss mit vier lanzenförmigen Eckbastionen zeigt der Bau ein typisches Renaissance-Gesicht auch hinsichtlich des Dekors, wie es an dem wunderschönen, in seiner klassischen Eleganz vollkommenen Triumphbogenportal deutlich zutage tritt. Im Inneren befinden sich die Kapelle San Marco mit Fresken von Gianserio Strafella und eine frühchristliche Krypta. Andere architektonisch bzw. kunsthistorisch interessante Bauwerke in Copertino sind die mittelalterliche Kirche Madonna della Neve (barock umgestaltet) mit einem bemerkenswerten Campanile aus dem späten 16. Jahrhundert und die hochbarocke Wallfahrtskirche San Giuseppe da Copertino.

Kastell von Copertino
Piazza Castello.
0832 93 16 12. *Di–So 8.30–13.30 Uhr.*

Umgebung: Wenige Kilometer von Copertino entfernt, bei **Veglie**, sollte man sich die mit Fresken ausgemalte byzantinische Grottenkirche Madonna della Favana nicht entgehen lassen.

Statue am Palazzo del Sedile in Nardò

Nardò ⓬

Lecce. **Straßenkarte** F5.
32 000. FS *Ferrovie del Sud Est, 0833 57 04 60, 0833 56 43 42.*
Municipio, *0833 83 81 11.*

Inmitten eines Gebiets, das reich an befestigten Gutshöfen ist (wie die Masserie Bellanova und Scrasceta), liegt Nardò, eine Stadt messapischen Ursprungs, römisches *municipium* unter dem Namen Neretum, dann lange byzantinisch. Gegen Ende des 15. Jahrhunderts kam sie an die Acquaviva aus Conversano und wurde ein wichtiges Zentrum der Gelehrsamkeit und Kultur. Ihre nach dem Erdbeben von 1743 teilweise wiedererbaute Altstadt ist von Mauern umgeben und reich an Barockkirchen und -palästen. An der schönen Piazza Salandra, dem städtischen Zentrum mit Säulengängen und Loggien, stehen der Palazzo della Pretura und die Guglia (Fiale) dell'Immacolata. In der Nähe findet man die Kirche San Domenico aus dem 16. Jahrhundert (barock umgestaltet) mit einer an Statuen und Dekor reichen Fassade. Der wichtigste Bau der Stadt ist die Kathedrale, sie wurde 1090 von Benediktinern gegründet und mehrmals verändert (die Fassade ist barock). Die Arkaden im Inneren haben auf der einen Seite Rund- und auf der anderen Spitzbogen. Sehenswert sind auch die Fresken des 13.–15. Jahrhunderts und der *Cristo nero*. Hübsch ist die Ädikula des Tempietto dell' Osanna (17. Jh.). Der Palazzo del Comune an der Piazza Diaz ist aus dem Umbau des Kastells (15. Jh.) entstanden und besitzt vier Ecktürme.

Basis der Guglia dell'Immacolata in Nardò

Umgebung: Ein paar Kilometer von Nardò entfernt liegt **Galatone**, wo man weitere Barockbauten findet: die Dominikanerkirche, die Chiesa Maggiore und vor allem die Wallfahrtskirche Crocifisso della Pietà (1696–1710), ein Meisterwerk von Giuseppe Zimbalo. Sowohl die dreigeschossige Fassade (man beachte das Portal und das große Fenster mit Steingitter) als auch das Innere sind üppig dekoriert. Gegenüber erhebt sich das Kastell.

Detail der Fassade der Kirche San Domenico in Nardò

Mit Skulpturen geschmücktes Portal der Hauptkirche in Galatina

Galatina ⓭

Lecce. **Straßenkarte** F5. *27 000.* FS *Ferrovie del Sud Est, Via Stazione, 0836 52 85 19.* **Pro Loco**, *Piazza San Pietro 6, 0836 56 23 04.* *Santi Pietro e Paolo, 29. Juni.*

Galatina ist der Tradition der *tarantati*, die sich zum Fest der Heiligen Peter und Paul (29. Juni) versammeln, eng verbunden. Der Ort entstand im Mittelalter und blieb lange eine bedeutende griechische Kolonie. Daran erinnert eines der Juwele des Salento, die gotische Kirche Santa Caterina d'Alessandria (1384–91). Der Schlichtheit der dreigiebligen Fassade mit den eleganten Reliefs steht der malerische Reichtum des Kircheninneren gegenüber, das an den Stil der Basilika von Assisi erinnert: Die fünf Schiffe sind mit Fresken des *Lebens der hl. Katharina von Alexandrien* (Presbyterium) und des *Lebens Mariä* (rechtes Schiff) sowie mit *Szenen aus dem Leben Jesu, aus der Genesis und der Apokalypse* (Mittelschiff) ausgemalt. Die Künstler waren wahrscheinlich Meister der Schule der Emilia und der Marken vom Anfang des 15. Jahrhunderts. Sehenswert sind auch das Grabmal des Auftraggebers Raimondello Orsini del Balzo und die achteckige Kapelle, die 1460 der Apsis hinzugefügt wurde (hier ist der Sohn, Giovanni Antonio, begraben). Auch Galatinas Adelspaläste sind reich an Renaissance- und Barock-Elementen: Zu nennen sind Palazzo Orsini, Palazzo Ducale, Palazzo Venturi und Palazzo Congedo sowie, unter den Kirchen, Santi Pietro e Paolo (17. Jh.). In der Nähe, an der Piazza Dante, steht das **Museo Civico**, das messapische Inschriften, archäologische Funde und Bilder lokaler Maler zeigt.

Santa Caterina d'Alessandria
Piazzetta Orsini. *tägl. 7.30–12.30, 15.30–19.30 Uhr.*

Museo Civico d'Arte »Pietro Cavoti«
Piazza Aligheri 51. *0836 56 15 68.* *Di 16.30–20, Mi, Fr, Sa 9.30–13, 16.30–20, Do, So 9.30–13 Uhr.*

Maglie ⓮

Lecce. **Straßenkarte** F5. *15 000.* FS *Ferrovie del Sud Est, Largo Stazione, 0836 42 70 01.* **Pro Loco**, *Via Unità d'Italia 24, 340 519 64 40.*

Zur adriatischen Seite der Murgia Salentina hin liegt Maglie, ein Knotenpunkt des hiesigen Straßennetzes (der Hauptstraßen Lecce–Leuca und Otranto–Gallipoli). Der seit dem Mittelalter bekannte Ort ist von Landwirtschaft, Industrie und Kunsthandwerk geprägt. Sein elegantes Zentrum weist zahlreiche Adelspaläste auf, darunter den Palazzo Capece mit schönem Barockportal. Unter den Gotteshäusern ragen die Kirche Madonna delle Grazie und die barocke Parochialkirche San Nicola hervor. Berühmt ist das Museo Civico di Paleontologia e Paletnologia im Palazzo Sticchi: Es zeigt u. a. Funde aus der Grotta Romanelli (Reste von *Equus hydruntinus*, Urhirsch, Nashorn, Steinbearbeitung des Paläolithikums), der Grotta dei Cervi in Porto Badisco (Steinmaterialien und neolithische Vasenfragmente), der Grotta Zinzulusa (neolithische Vasen), die Kopien der Venusplastiken aus Parabita und Tierfossilien des Pleistozäns.

Venus von Parabita, Museo Civico, Maglie

Maglio Arte Dolciaria in der Via Pietro Refolo 6 stellt seit mehr als 100 Jahren feinste Schokolade und Pralinen her. Das traditionsreiche

Detail eines Reliefs der Kirche Santa Caterina d'Alessandria in Galatina

Hotels und Restaurants in der Provinz Lecce *siehe Seiten 175–177 und 186f*

Unternehmen wurde für die Qualität seiner Produkte mehrfach ausgezeichnet.

L'ALCA – Museo e Biblioteca Comunali
Via Vittorio Emanuele 123.
0836 48 42 22.
Juni–Aug: Mo–Fr 9–13, 18–20.30, Sa 9–13 Uhr; Sep–Mai: Mo–Fr 9–13, 16–18.30, Sa 9–13 Uhr.

Umgebung: Nahe dem messapischen **Muro Leccese**, wenige Kilometer von Maglie entfernt, stehen imposante Megalithmauern des 4. Jahrhunderts v. Chr. Sehenswert ist auch die mit Fresken ausgemalte byzantinische Höhlenkirche Santa Marina sowie barocke Zeugnisse am Hauptplatz: die Kirchen dell'Annunziata und dell'Immacolata. Im nahe gelegenen **Carpignano Salentino** steht die Grottenkirche delle Sante Cristina e Marina aus dem 10./11. Jahrhundert mit sehenswerten Fresken.

Frühchristliches Mosaik in Santa Maria della Croce in Casarano

Casarano ⓯

Lecce. **Straßenkarte** F5. *21 000.* *Ferrovie del Sud Est, Via Stazione, 0833 50 10 15.* **Pro Loco**, *Piazza Malta, 0833 51 27 41.*

Das Städtchen Casarano an der ionischen Seite der Murgia Salentina ist wahrscheinlich griechischen Ursprungs. Es ist vor allem durch die Kirche Santa Maria della Croce bekannt, die am Stadtrand nahe dem Ortsteil Casaranello steht. Einmalig an dieser romanischen Kirche

Santa Maria della Croce: ***Leben der hl. Katharina von Alexandrien***

sind die frühchristlichen byzantinischen Mosaiken des 5. Jahrhunderts, die die gesamte Kuppelwölbung über dem Presbyterium (das in den Sternenhimmel eingetauchte Kreuz, umgeben von einem Regenbogen) und das Apsisgewölbe zieren (geometrische und Tierfiguren). Die Kirche enthält darüber hinaus auch eine Reihe wunderschöner Fresken: Im byzantinischen Stil sind die *Jungfrau mit Kind und der hl. Barbara* aus dem 11. Jahrhundert, während die *Szenen aus dem Leben der hl. Katharina von Alexandrien, der hl. Margareta von Antiochien* und aus dem *Neuen Testament* (an den Wänden des Mittelschiffs) im gotischen Stil aus dem 13. Jahrhundert stammen.

Ebenfalls in der Nähe von Casarano wo man die barocke Parochialkirche Santa Maria Annunziata besuchen kann, findet man die Grottenkirche Santa Costantina und die Kirche Madonna della Campana; dazu mehrere Grottenkirchen in der Nähe, wie die der Coelimanna in Supersano und Santa Marina in Miggiano.

Santa Maria della Croce
Via IV Novembre. *338 372 24 52.* *tägl. 9.30–13.30 Uhr (Di auch 16.30–18.30 Uhr).*

Die Grecìa im Salento

Neun Gemeinden bilden die faszinierende Sprachinsel der Grecìa salentina und sind damit ein wichtiges Zeugnis der fortbestehenden griechisch-byzantinischen Präsenz in Apulien. Das Griechische in Italien ist ein Dialekt des Neugriechischen mit Einflüssen des Italienischen und des Dialekts Kalabriens. Die Gemeinden sind Martano, Calimera, Sternatia, Zollino, Melpignano, Corigliano d'Otranto, Castrignano dei Greci, Martignano und Soleto. Im Alltag wird man die Sprache allerdings selten hören. Kulturelle Spuren der Grecìa sind unter anderem die Grottenkirche San Biagio in Calimera, das Kastell von Corigliano d Otranto mit seinem reichen Skulpturenschmuck und die Festung Granafei in Sternatia. Auf keinen Fall versäumen sollte man Soleto, eine Grafschaft unter den Orsini del Balzo, mit der Guglia di Raimondello (14. Jh.) und der nahen Kirche Santo Stefano mit herrlichen Fresken des 14. und 15. Jahrhunderts.

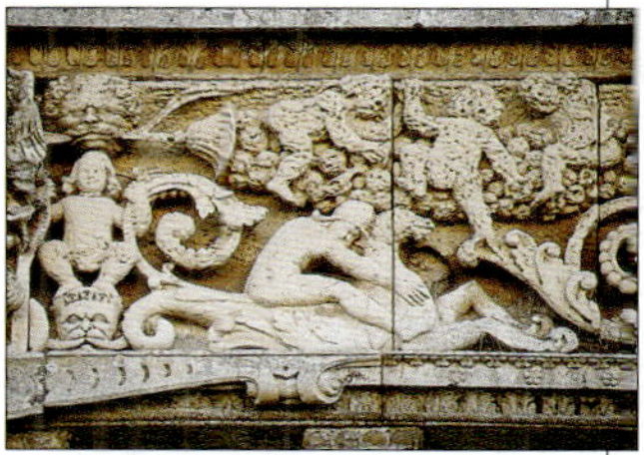

Detail der Dekors am Kastell von Corigliano d'Otranto

Zu Gast in Apulien

Hotels

Keine andere italienische Region verfügt über eine derart lange Küste wie Apulien. Die rund 830 Kilometer langen Küsten an Adria und Ionischem Meer sind für den Tourismus von großer Bedeutung. Früher war man in Apulien vor allem auf sommerlichen Strandtourismus eingestellt, inzwischen lockt die Region allerdings zu allen Jahreszeiten Gäste an, die Gourmet-, Kultur-, Event-, Städte- oder Wellness-Reisen unternehmen möchten. Auch im Landesinneren entstanden neue Hotels, viele sind ganzjährig geöffnet. Die Angebote reichen vom Fünf-Sterne-Hotel über historische Hotels, Masserie, Landhotels, Agriturismo bis hin zu Trulli. Gastfreundschaft, exzellenter Service und Individualität sind heute Markenzeichen der apulischen Hotels.

Wappen des Hotels Palazzo Papaleo *(siehe S. 177)*

Villa La Meridiana *(siehe S. 177)*: Meeresblick und Gartenzauber

Hotelkategorien und Preise

Die Hotel-Klassifizierung in Apulien entspricht italienischem Standard und reicht bis zu Fünf-Sterne-Hotels mit jedem nur erdenklichen Komfort. Alternativen sind Boutique-Hotels, Resort-Hotels und Agriturismi. Zur Auswahl stehen Übernachtung mit Frühstück, Halbpension und Vollpension. Vielerorts bieten Hotels etwa Kinderbetreuung, Sportmöglichkeiten, Fahrradverleih, Kurse, Degustationen und Besichtigungsprogramme.

Die Preise variieren je nach Hotelkategorie, Lage und Saison. So kann etwa in einem Drei-Sterne-Hotel an der Küste ein Doppelzimmer mit Halbpension in der Hochsaison 175 bis 350 Euro kosten, in der Nebensaison hingegen ist es mit 80 bis 150 Euro deutlich günstiger. Oft gibt es preiswerte All-inclusive-Angebote. Immer häufiger werden Specials für Singles mit Kind, Reisende 50+, Senioren, Paare in den Flitterwochen oder Privatfeiern, Events, Incentives, Konferenzen und Kongresse angeboten. Kreditkarten werden in der Regel akzeptiert.

Hochsaison

In Küstenregionen orientiert sich der Hotelbetrieb vorwiegend an der Badesaison. Die Hotels dort öffnen etwa ab Ostern oder Mai/Juni bis Mitte oder Ende September. Immer mehr Anbieter haben ganzjährig geöffnet. Hochsaison ist im Juli und August: Viele Italiener gehen um den 15. August (»Ferragosto«) in ihren Sommerurlaub. In der Zeit um diesen in ganz Italien sehr wichtigen Feiertag ist eine Reservierung unbedingt notwendig. In den anderen Monaten ist eine Reservierung zu empfehlen, jedoch nicht unbedingt erforderlich. Von September bis Juni ist das Ambiente in Apulien ruhiger. Charme und Kultur der Region lassen sich in dieser Zeit besser entdecken.

Versorgung

Besonders für Familien ist Unterbringung mit Vollpension attraktiv. Halbpension wird gebucht, um mehr Flexibilität und Individualität für die Gestaltung des Tages zu haben. Oft werden Halb- bzw. Vollpension nur in der Hochsaison angeboten. Jüngere Reisende buchen oft nur mit Frühstück. Fragen Sie bei den Hotels immer nach Specials und Sonderangeboten.

Historische Hotels (»Dimore Storiche«)

Vor allem im Salento mit seinen zahlreichen wunderschönen Barockpalästen werden diese Prachtbauten zunehmend als Hotels genutzt. Aber auch in den anderen Gebieten Apuliens lassen sich immer mehr Eigentümer für die Idee der »Hotels mit Charme« oder »Dimore Storiche« gewinnen. Unvergleichlich ist das schöne Ambiente in den stilvoll renovierten Palästen aus dem 15. oder 16. Jahrhundert. Sie sind edel, wundervoll gestylt und bieten unterschiedliche Kombinationen aus Tradition mit Klassik, Hightech, Purismus oder gar Bauhausstil. Zum Teil handelt es sich um feine Boutique-Hotels, größere Villen und Herrenhäuser, in denen einst der Adel oder Berühmtheiten aus Society, Show und Politik

Foyer des Hotels Vecchio Mulino in Monopoli *(siehe S. 174)*

◁ **Feuerwerk bei der Processione della Beata Vergine in Vieste *(siehe S. 72)***

Weiße Pracht in Fasano: Masseria Alchimia *(siehe S. 175)*

residierten. Viele Häuser blicken auf eine lange, illustre Geschichte, die immer noch am erlesenen Interieur zu spüren ist.

Masserie (Gutshäuser)

Die Masseria ist ein Gutshaus bzw. Bauernhof, der für Apulien sehr charakteristisch ist. Vor gut 30 Jahren wurden die ersten Gutshäuser für touristische Zwecke umgebaut. Heute sind Masserie die wichtigste Unterbringungsmöglichkeit auf dem Land. Typisch sind die weißen Mauern und Wände sowie eine Bauweise, die eher in die Weite als in die Höhe orientiert ist. Zu einer Masseria gehören mehrere Gebäude, die meist mit Bogengängen verbunden sind. Den Gästen werden nicht nur Zimmer, Restaurant und Foyer geboten, sondern ein Areal mit vielfältigen Möglichkeiten zur Entspannung und Freizeitgestaltung darunter Pool, Fitness-Center und Spielplatz.

Oft liegen die Masserie am Ortsrand oder mitten auf dem Land zwischen Olivenbäumen oder im Grünen. Erreichbar sind diese häufig etwas abgelegenen, gerade für Apulien typischen Reiseziele am besten mit dem Auto. Für nichtmotorisierte Reisende, für Individualtouristen oder für organisierte Gruppenreisen bietet das Personal der Masserie auf Anfrage bei Buchung auch einen Shuttle-Transfer vom bzw. zum nächsten Flughafen oder Bahnhof (z. B. in Foggia, Bari, Brindisi, Lecce, Tarent).

Nicht alle Masserie haben sich ihre landwirtschaftliche Bestimmung bewahrt, einige wurden zu schmucken Landhotels umgestaltet. Meist stehen Freizeitgestaltung, Sport und Aktivurlaub sowie Erholung im Zentrum des Programms. Angeboten werden z. B. Reiterurlaub, Radtouren, Segelausflüge sowie Wellness- und Spa-Einrichtungen wie Sauna, Massagen und spezielle Pflegeprogramme.

Agriturismo

In Apulien wird eine Masseria, auf deren Gelände noch Landwirtschaft betrieben wird, zum »Agriturismo«. Meist gibt es riesige Felder mit Olivenbäumen, Obst- und Mandelbäumen und eine mediterran geprägte Vegetation mit vielen Gemüsesorten, Kräutern und Kakteen. Landhotels und Masserie haben in der Regel ein eigenes Restaurant. Die Küche verwendet hausgemachte Produkte aus eigenem Anbau. Typisch ist handgemachte Pasta, im Trend liegen immer mehr Bio-Produkte und vegetarische Gerichte. Oft können die im Restaurant verwendeten Produkte wie Olivenöle, Antipasti, Marmeladen, Feingebäck, Liköre oder Weine auch an Ort und Stelle zum Mitnehmen gekauft werden.

Strände

In Apulien haben viele Hotels sehr gut ausgestattete Privatstrände, die sie ihren Gästen exklusiv zur Nutzung bieten. Oder es gibt eine Kooperation mit anderen Anbietern und einer moderaten Gebühr für die Strandnutzung. Aber in Apulien mangelt es nicht an freien und sehr idyllischen Stränden, die nicht zu einem Hotel gehören und eine noch vollkommen ursprüngliche Küstenlandschaft mit Dünen unter Pinien bieten. Feine und breite Sandstrände wechseln mit felsigen, stark zerklüfteten Küsten. Vielerorts gibt es an den Stränden eine komplette Ausstattung mit Umkleidekabinen, Liegestühlen, Sonnenschirmen, sanitären Anlagen, einer Strandbar, Beach-Volleyballfeldern oder Paddel- und Tretbooten. Für die Benutzung von Umkleidekabine, Sonnenschirm und Liegestühlen sollte eine Familie eine Tagesgebühr von etwa 15 bis 20 Euro einkalkulieren. Für Urlaub am Meer bietet Apulien beste Bedingungen. In den Badeorten werden Wasserqualität und Sauberkeit des Strands regelmäßig kontrolliert.

Agriturismo – im Regelfall eine Masserie mit aktiver Landwirtschaft

Palais des 15. Jahrhunderts: Corte dei Francesi in Maglie *(siehe S. 177)*

Ferienhäuser und -wohnungen

Wer eine Ferienwohnung oder ein Ferienhaus mietet, kommt dem originalen Lebensstil in Apulien schon recht nahe. Es gibt eine ganze Reihe von Agenturen, die passende Ojekte vermieten. Eine der besten Möglichkeiten ist **Apulien-Reisen.de**. Sie können aber auch über die Fremdenverkehrsämter der einzelnen Provinzen buchen.

Die Miete ist abhängig von Lage, Größe, Ausstattung und Saison. Eine Ferienwohnung kostet in der Nebensaison in der Regel zwischen 300 und 500 Euro pro Woche. In der Hauptsaison zahlt man – vor allem in Strandnähe – meist über 1000 Euro. Einkaufsmöglichkeiten wie Supermärkte, Wochenmärkte, Delikatessenläden und Bäckereien liegen in apulischen Orten meist recht zentral.

Bed & Breakfast

Privatzimmer firmieren in Apulien häufig als Bed & Breakfast. Diese Übernachtungsform wird bei Besuchern immer beliebter. Frühstück gibt es manchmal im benachbarten Café oder in einer Bar. Besonders im Sommer gibt es B&B-Angebote nur für mehrere Nächte.

B&B-Privatzimmer können über Verbände wie **ANBBA** (Associazione Nazionale Bed & Breakfast Affittacamere) gebucht werden. Sehr gute Angebote gibt es auch bei Apulien-Reisen.de und bei **BBItalia.it**, einem Zusammenschluss von B&B-Anbietern.

Wohnen in Trulli

Eine besonders ausgefallene Form der Unterkunft sind Trulli (Einzahl: Trullo). Diese einzigartigen, für Apulien so typischen »Häuser mit den weißen Zipfelmützen« sind vor allem in Alberobello *(siehe S. 128f)* besonders zahlreich. Charakteristische Merkmale dieser weiß getünchten Häuser sind dicke Mauern und kleine Fenster. Die Einrichtung der Trulli reicht von schlicht (Bed & Breakfast) bis luxuriös. Trulli gibt es auch als *albergo diffuso*, womit ein auf mehrere Häuser (Trulli) verteiltes Hotel bezeichnet wird. Kaum ein Reisender kann sich dem Charme und dem Zauber dieser apulischen Besonderheit entziehen. Vor allem im Sommer ist diese Unterkunftsart empfehlenswert, da die Trulli auch bei großer Hitze angenehm kühl bleiben.

Trulli-Unterkünfte können Sie online buchen – u.a. bei Apulien-Reisen.de und bei **apulien trulli**.

Camping

Entlang den apulischen Küsten und im Landesinneren, v.a. im Gargano, gibt es zahlreiche Campingplätze in unterschiedlichen Kategorien. Für sportliche Aktivitäten und Freizeitvergnügen sind die Plätze sehr gut ausgerüstet. Insgesamt jedoch geht der Trend dahin, Campingplätze in Feriendörfer umzuwandeln. Fast alle Campingplätze bieten eine gute Infrastruktur sowie Bungalows für Gäste ohne eigenes Zelt. Der **ADAC** veröffentlicht regelmäßig Bücher und Informationsbroschüren über Campingplätze in Europa. Gute Informationen findet man auch im Internet (z.B. unter **www.camping.it**).

Wildes Zelten am Strand oder in den Dünen ist in Apulien nicht erwünscht, auch wenn es unter Umständen geduldet wird. Benutzen Sie besser einen offiziellen Campingplatz, um Irritationen zu vermeiden.

Frühstück

In Apulien hat – wie in ganz Italien – das Frühstück eine andere Bedeutung als etwa in Mitteleuropa. Das apulische (und italienische) Frühstück besteht in den meisten Fällen nur aus einem Cappuccino oder einem Espresso, dazu isst man z.B. ein Pasticciotto (Gebäcksorte) oder ein Cornetto (Hörnchen ähnlich einem Croissant). Dies sollte man wissen, um vom Angebot in den Unterkünften nicht enttäuscht zu sein.

Einrichtung eines Zimmers im Corte dei Francesi *(siehe S. 177)*

Wird das Frühstück dagegen als Büfett oder »international« im Angebot aufgeführt, dann gibt es in der Regel eine größere Auswahl an Speisen.

Jugendherbergen

Günstige Unterkunft bieten die Jugendherbergen *(ostelli della gioventù)*. Man findet sie in den größeren Städten und auf dem Land – einige befinden sich in landschaftlich schönen Gebieten. Der Standard der italienischen Jugendherbergen ist relativ hoch. Nähere Informationen zur Übernachtung erhält man bei der **AIG** (Associazione Italiana Alberghi per la Gioventù). Auf der Website dieser Institution kann man auch Schlafplätze reservieren.

Eingang des Patria Palace Hotels in Lecce ***(siehe S. 176)***

Die Trulli der Tenuta delle Monacelle in Selva di Fasano

Nützliche Informationen

Hotels und Restaurants in Apulien sind per Telefon, Fax, und/oder E-Mail erreichbar. Viele Hotels und Restaurants haben eine eigene Website, auf der man auch ein Zimmer reservieren kann. Empfehlenswert ist es, sich über die aktuellen Preise und Öffnungszeiten zu informieren, da diese von Saison zu Saison variieren können. In einigen Orten mit guter Bettenauslastung kann der Unterschied zwischen Vor- und Hauptsaison 100 Prozent und mehr betragen. Grundsätzlich gilt: Hotels in den großen Städten und in beliebten Urlaubsorten (z. B. am Meer) sind meist deutlich teurer.

Bitte beachten Sie, dass bei italienischen Telefon- und Faxnummern, die Sie vom Ausland aus anrufen wollen, immer die Null der Ortsvorwahl mitgewählt werden muss. Beispiel: Die Telefonnummer 0833 534 87 35 wird vom Ausland als 0039 0833 534 87 35 gewählt. (Früher wurde die Null der Ortsvorwahl weggelassen.) Rufnummern wie 347 659 871 sind Handynummern und brauchen keine Ortsvorwahl. Vom Ausland wird sie als 0039 347 659 871 gewählt.

Das Frühstück ist in Apulien zwar schlicht, aber lecker

Berücksichtigen Sie, dass neben dem Zimmerpreis unter Umständen weitere Kosten entstehen können. Getränke aus der Minibar werden extra berechnet, Telefonieren vom Festnetzanschluss im Hotelzimmer ist sehr teuer. Trinkgelder liegen hingegen im Ermessen des Gastes.

In ganz Apulien wird immer mehr Wert auf kundenorientierten Service gelegt. Sie können sicher sein, dass Ihnen das Personal mit Gastfreundschaft begegnet.

Immer interessanter wird die Region auch für Reisen im Luxussegment mit Spitzenleistungen hinsichtlich Komfort, Design, Ausstattung – und dies am »äußersten Ende von Italien«.

AUF EINEN BLICK

Information

ENIT
Barckhausstraße 10,
60325 Frankfurt am Main.
069 23 74 34.
www.enit.de

Mariahilfer Straße 1b,
1060 Wien.
01 505 16 39.
www.enit.at

Fremdenverkehrsämter

www.viaggiareinpuglia.it
(Fremdenverkehrsämter der einzelnen apulischen Provinzen siehe S. 205)

Apulien-Reisen

Apulien-Reisen.de
Harksheider Weg 83,
25451 Quickborn.
04106 79 82 92.
FAX *04106 80 89 64.*
www.apulien-reisen.de

Historische Hotels

www.apulien-reisen.de
www.carolihotels.it

Masserie

www.charmingpuglia.com

Agriturismo

www.pugliabooking.it

Ferienhäuser

www.apulien-reisen.de
www.salentodolcevita.com
www.villen-apulien.de

Bed & Breakfast

www.anbba.it
www.apulien-reisen.de
www.bbitalia.it

Trulli

www.apulien-reisen.de
www.apulien-trulli.com
www.pugliabooking.it
www.trullienatura.it

Camping

www.adac.de
www.camping.it

Jugendherbergen

AIG (Associazione Italiana Alberghi per la Gioventù)
Via Cavour 44,
00184 Roma.
06 487 11 52.
www.aighostels.com

Hotelauswahl

Die Hotels auf den folgenden Seiten wurden aufgrund ihres guten Preis-Leistungs-Verhältnisses, ihrer Ausstattung und ihrer schönen Lage ausgewählt. Sie sind nach Regionen aufgelistet und innerhalb der Orte nach Preiskategorien geordnet. Für die Hauptsaison wird eine frühzeitige Reservierung empfohlen.

PREISKATEGORIEN
Die Preise gelten für ein Standard-Doppelzimmer pro Nacht, inklusive Frühstück, Steuer und Service:

€ unter 100 Euro
€€ 100–150 Euro
€€€ 150–200 Euro
€€€€ 200–280 Euro
€€€€€ über 280 Euro

Foggia

FOGGIA Cicolella €€
Viale XXIV Maggio 60, 71100 ☎ *0881 56 61 11* FAX *0881 77 89 84* ***Zimmer*** *102* ***Straßenkarte*** *A2*

Das Cicolella in der Nähe des Bahnhofs ist das einzige größere Vier-Sterne-Hotel in Foggia. Die Einrichtung ist elegant und chic, sie vereint Tradition und Moderne durch edle Möbel sowie dekoratives Design. Empfang und Service sind besonders freundlich. Bekannt ist das Hotel auch für sein gutes Restaurant. **www.hotelcicolella.it**

FOGGIA White House €€
Via Monte Sabotino, 24, 71100 ☎ *0881 72 16 44* FAX *0881 72 16 46* ***Zimmer*** *36* ***Straßenkarte*** *A2*

Edle Textilien, Kunstobjekte und eine stilvolle Einrichtung machen das kleine, zentral gelegene Hotel zu einer Adresse für gehobene Ansprüche. Die Zimmer sind geräumig, hell, minimalistisch möbliert und verfügen über kostenfreies WLAN. Auf Gastfreundschaft und Kundenservice wird hier besonders viel Wert gelegt. **www.hotelwhitehouse.it**

ISOLE TREMITI Baely Resort Hotel €€
Isola di S. Domino, 71040 ☎ *0882 46 37 67* FAX *0882 46 37 69* ***Zimmer*** *11* ***Straßenkarte*** *A1*

Die autofreien Inseln liegen 22 Kilometer vom Gargano entfernt in der Adria. Hier erwartet Sie ein kleines Resort mit Meerblick. Jedes Zimmer hat den Namen eines anderen Landes und ist behaglich-elegant in dessen Farben gestaltet. Die Anlage wird von schöner Naturlandschaft umgeben. **www.baely.it**

MANFREDONIA Hotel Gabbiano €
Viale Eunostides 20, 71040 ☎ *0884 54 25 54* FAX *0884 54 23 80* ***Zimmer*** *34* ***Straßenkarte*** *B2*

Das familienbetriebene Hotel hat eine 35-jährige Tradition. Es befindet sich gut 80 Meter vom Meer entfernt mitten im Pinienwald von Siponto. Die Zimmer sind komfortabel ausgestattet. Der Service ist sehr aufmerksam. Im Restaurant wird der Gast mit regionaler Küche verwöhnt. **www.albergogabbiano.it**

MATTINATA Azienda Agrituristica Giorgio €€
Contrada Giorgio, 71030 ☎ *0884 55 14 77* FAX *0884 55 20 70* ***Zimmer*** *30* ***Straßenkarte*** *B2*

Großzügig angelegtes 15-Hektar-Gehöft aus dem 19. Jahrhundert mit Oliven-, Mandel- und Zitrushain, Kleintierzucht und Olivenölmuseum. Es erwarten Sie kleine, charmante Apartments und ein Privatstrand in zwei Kilometer Entfernung. Möglichkeiten für Boccia, Tischtennis und Hallenfußball sind vorhanden. **www.agriturismogiorgio.it**

MATTINATA Baia delle Zagare €€€€
Litoranea Mattinata–Vieste, 71030 ☎ *0884 55 01 55* ***Zimmer*** *150* ***Straßenkarte*** *B2*

Die über einer Felsenbucht gelegene Anlage besteht aus einzelnen Bungalows, die sehr komfortabel mit braunen Holzmöbeln ausgestattet sind. Aufzüge bringen Sie zu den Stränden. Das Restaurant bietet einen wunderschönen Blick. Empfehlenswert sind besonders die Fischgerichte. ● *Mitte Sep–Mai.* **www.hotelbaiadellezagare.it**

MATTINATA Baia dei Faraglioni Beach Resort €€€€€
Litoranea Mattinata–Vieste, 71030 ☎ *0884 55 95 84* FAX *0884 55 96 51* ***Zimmer*** *71* ***Straßenkarte*** *B2*

Die Lage auf einer Anhöhe zwischen Olivenbäumen und Pinien über dem Meer ist hinreißend. Den Gast erwartet hier eine luxuriöse Atmosphäre. Die Zimmer sind mit viel Liebe zum Detail und modernstem Komfort eingerichtet. Vom Pool hat man einen faszinierenden Ausblick. ● *Okt–Apr.* **www.baiadeifaraglioni.it**

MONTE SANT'ANGELO Palace Hotel San Michele €€€
Via Madonna degli Angeli, 71037 ☎ *0884 56 56 53* FAX *0884 56 57 37* ***Zimmer*** *63* ***Straßenkarte*** *B2*

Das Hotel befindet sich in einem klassizistischen Herrenhaus aus dem 19. Jahrhundert. Die Einrichtung ist vornehm und schlicht, die Atmosphäre entspannt und gastfreundlich. Dank der Lage auf einem Hügel über dem Golf von Manfredonia bietet das Hotel von seinen Terrassen einen faszinierenden Ausblick. **www.sanmichelepalace.it**

PESCHICI Masseria La Chiusa delle More €€€€
S.S. 89 km 83, Via Località Padula, 71010 ☎ *330 54 37 66* FAX *0884 79 20 15* ***Zimmer*** *10* ***Straßenkarte*** *B1*

Dieses charmante Gutshaus aus dem 16. Jahrhundert liegt etwa 500 Meter vom Strand entfernt. Es bezaubert durch seine Lage und die einmalige Gastfreundschaft. Frühstück mit Zitronen- und Schokoladenkuchen, Ricottakäse sowie lieblichem Honig mit Blick auf den Olivenhain. ● *Mitte Sep–Mai.* **www.lachiusadellemore.it**

Zeichenerklärung *siehe hintere Umschlagklappe*

SAN GIOVANNI ROTONDO Grand Hotel degli Angeli €€

Prolungamento Viale Padre Pio, 71013 0882 45 46 46 FAX 0882 45 46 45 **Zimmer** 98 **Straßenkarte** B2

Das Luxushotel im Jugendstil befindet sich inmitten eines großen Gartens direkt hinter der Wallfahrtskirche von Padre Pio. Die Zimmer sind luxuriös eingerichtet, für modernsten Komfort ist gesorgt. Sehr eindrucksvoll ist die Panorama-Poolanlage des Hotels. *Jan–Feb.* **www.grandhoteldegliangeli.it**

VIESTE Pizzomunno Vieste Palace Hotel €€€€

Via G. Carducci 5, 71019 0884 70 87 41 FAX 0884 70 73 25 **Zimmer** 207 **Straßenkarte** B1

Direkt an einem langen weißen Strand steht dieses Hotel nahe Vieste. Die Zimmer sind sehr einladend und modern-elegant eingerichtet. Diverse Gesellschaftsräume, ein Wellness-Center, zwei Schwimmbäder sowie Restaurants am Strand sind vorhanden. Die Küche ist exzellent. *Okt–Apr.* **www.hotelpizzomunno.it**

Bari

ALTAMURA San Nicola €€

Via Luca D. Samuele Cagniazzi 29, 70022 080 310 51 99 FAX 080 314 47 52 **Zimmer** 27 **Straßenkarte** C3

Das Hotel in der Altstadt ist in einem geschmackvoll restrukturierten Palazzo von 1741 untergebracht. Einige Zimmer haben bemalte Decken. Den Gast erwarten in ruhiger Lage höchster Komfort und Eleganz. Mit einem Konferenzsaal für 150 Personen auch für Business-Meetings bestens geeignet. **www.hotelsannicola.com**

ANDRIA Tenuta Cocevola €

Castel del Monte, Contrada Cocevola, 70031 0883 56 69 45 FAX 0883 56 97 06 **Zimmer** 24 **Straßenkarte** C3

Mit seiner raffinierten Eleganz ist das Herrenhaus eine sehr ansprechende Adresse. Höchste Komfortwünsche werden erfüllt. Zum Interieur gehören hochwertige Antikmöbel. Das Haus liegt in einem großen Park mit Olivenbäumen. Von hier hat man einen direkten Blick auf das weltberühmte Castel del Monte. **www.tenutacocevola.com**

ANDRIA Masseria Lama di Luna €€€

Loc. Montegrosso, 70031 & FAX 0883 56 95 05 **Zimmer** 10 **Straßenkarte** C3

Auf 190 Hektar werden auf dem Bio-Bauernhof Oliven, Wein, Mandeln, Kirschen und Gemüse nach Bio-Standards angebaut. Das Gut wurde umfassend renoviert und gemäß der alten Strukturen umgestaltet. Der Pool und die Terrassen bieten einen spektakulären Panoramablick über die faszinierende Natur. *Winter.* **www.lamadiluna.com**

BARI Hotel Mercure Villa Romanazzi Carducci €€€€

Via Giuseppe Capruzzi 326, 70124 080 557 52 65 FAX 080 552 05 74 **Zimmer** 123 **Straßenkarte** D3

Das Anwesen liegt nicht weit vom Stadtzentrum entfernt in einem Park. Die Atmosphäre ist freundlich und familiär, der Service professionell – die richtige Adresse für eine Luxusreise. Dazu gehören auch ein Wellness-Center und ein reichhaltiges Frühstücksbüfett mit regionalen Spezialitäten. **www.villaromanazzi.com**

BARI Palace €€€€

Via Francesco Lombardi, 13, 70122 080 521 65 51 FAX 085 21 14 99 **Zimmer** 195 **Straßenkarte** D3

Das Palace nahe der Altstadt ist das größte Hotel von Bari. Beispiellos ist das umfassende Frühstücksbüfett. Das Personal ist professionell und freundlich. Es gibt 16 bestens ausgestattete Konferenzräume (5–400 Plätze). Die Zimmer sind mit Kunstobjekten ausgestattet. Im Restaurant erwartet Sie eine exzellente Küche. **www.palacehotelbari.it**

BARI Terra Nobile €€€€

Via Bitritto 101, 70124 080 506 15 29 FAX 080 562 17 30 **Zimmer** 16 **Straßenkarte** D3

Die Villa von 1898 liegt etwas außerhalb des Stadtzentrums. Für die Zimmer wurden kostbare Stoffe und stilvolle Antikmöbel gewählt. Zur Ausstattung gehören auch Jacuzzis. Das Restaurant der Villa ist für seine traditionsreiche bis kreative Küche bekannt. Der Weinkeller verfügt über rund 100 erlesene Weine. **www.terranobile.it**

BISCEGLIE Salsello €

Via Vito Siciliani 42, 70052 080 395 59 53 FAX 080 395 59 51 **Zimmer** 52 **Straßenkarte** C3

Seit 1966 ist das Salsello eine gefragte Adresse. Der ganze Stolz des Hauses ist der Badestrand »Lido Salsello«. Die Zimmer sind im Marinestil gehalten und mit jeglichem Komfort ausgestattet. Im »Ristorante Salsello« werden die besten lokalen und landestypischen Gerichte serviert, der Service ist sehr professionell. **www.hotelsalsello.com**

CASTELLANA-GROTTEN Agriturismo Serragambetta €

Via per Conversano 204, 70013 & FAX 080 496 21 81 **Zimmer** 6 **Straßenkarte** D3

Das um 1880 errichtete Herrenhaus ist nicht weit von den Castellana-Grotten entfernt. Mandeln, Kirschen und Gemüse stammen aus eigenem Anbau. Wer die Geheimnisse der regionalen Küche entdecken möchte, kann an Kochkursen teilnehmen. Das Ambiente ist durch Mobiliar aus der Zeit um 1900 geprägt. **www.serragambetta.it**

CONVERSANO Corte Altavilla €€

Vico G. Altavilla 8, 70014 080 495 96 68 FAX 080 495 17 40 **Zimmer** 32 **Straßenkarte** D3

Die Kombination aus Vergangenheit, Stil und Luxus macht die Faszination dieser Villa aus, die mitten in dem kleinen historischen Ort zu finden ist. Ein großartiges Hideaway – klein und fein, charmant und chic. Dazu bieten die bei der Renovierung teils freigelegten Mauern einen faszinierenden Anblick. **www.cortealtavilla.it**

GIOIA DEL COLLE Masseria del Gelso Rosso €

S.P. Gioia-Laterza – Vicinale Montursi 8587, 70023 080 349 91 62 ***Zimmer** 7* ***Straßenkarte** D3*

Dieses typische Gutshaus aus dem 17. Jahrhundert liegt mitten in der Natur. Vor allem die Suite im Trullo ist ein besonderer Tipp auf der Suche nach der etwas anderen Übernachtungsidee. Umfangreiches Frühstück mit frisch gepressten Säften. Das Restaurant bietet beste apulische Küche. *Okt – Jan.* **www.masseriadelgelsorosso.it**

MONOPOLI Hotel Vecchio Mulino €€

Monopoli-Sud Viale Aldo Moro 192, 70043 080 77 71 33 FAX 080 77 76 54 ***Zimmer** 30* ***Straßenkarte** D3*

In der ehemaligen Mühle befindet sich heute ein wunderschönes Hotel. Das Anwesen wurde geschmackvoll restauriert. Die Zimmer verfügen über jeglichen Komfort. Ein Highlight ist der Privatstrand (Shuttle-Service gratis). Zudem bietet das Hotel Massagen, ein Solarium und einen privaten Hubschrauberlandeplatz. **www.vecchiomulino.it**

MONOPOLI La Peschiera €€€€€

Contrada Losciale 63, 70043 & FAX 080 80 10 66 ***Zimmer** 12* ***Straßenkarte** D3*

Das kleine und luxuriöse Resort direkt an der Adria ist mit schlichter Eleganz sehr stilvoll eingerichtet. Die Zimmer verfügen über Privatterrassen. Das Wellness-Angebot ist hervorragend. Die exquisit zubereiteten Gerichte (u. a. Seafood-Spezialitäten) sind eine besondere Freude für Gourmets. *Nov – März.* **www.peschierahotel.com**

POLIGNANO A MARE Santo Stefano €

Vico Santo Stefano, 70044 080 424 95 563 ***Zimmer** 6* ***Straßenkarte** D3*

Herzlichkeit und Gastfreundschaft zeichnen den stilvoll ausgestatteten Palast mit exzellentem Preis-Leistungs-Verhältnis aus. Die Zimmer heißen »Azzurra«, »Gialla«, »Turchese«, »Verde«, »Grottino« und »Arancione«. Das alte Mauerwerk ist in den Zimmern freigelegt und erstrahlt in einem rustikal-edlen Look. *Nov.* **www.santostefano.info**

RUTIGLIANO Masseria Lama San Giorgio €

S.P. 84 Rutigliano – Adelfia 8, 70018 348 334 28 89 FAX 080 220 99 28 ***Zimmer** 9* ***Straßenkarte** D3*

Der Traum vom Herrenhaus auf dem Land wird hier wahr. Bei der Einrichtung der komfortablen Zimmer herrschen antike Holzmöbel vor. Kulinarisch bietet das Gut zahlreiche eigene Produkte wie Olivenöl, Orangen- und Limonenmarmeladen. Diese werden auch direkt vor Ort zum Verkauf angeboten. **www.lamasangiorgio.it**

TRANI Hotel Regia €€

Piazza Addazi 2, 70059 088 358 44 44 FAX 088 20 23 89 ***Zimmer** 10* ***Straßenkarte** C2*

Der Palazzo liegt wunderschön direkt am Meer. Im Hotel erwartet den Gast schlichte Eleganz. Die Atmosphäre ist familiär und sehr freundlich. Prestige und Komfort zeichnen die Adresse aus. Das mediterrane Ambiente bekommt durch die Palmen das gewisse Etwas. **www.hotelregia.it**

Brindisi und Tarent

ALBEROBELLO Hotel dei Trulli €€€

Via Cadore 32, 70011 080 432 35 55 FAX 080 432 35 60 ***Zimmer** 19* ***Straßenkarte** D3*

In diesem luxuriösen Hotel können Sie in den typischen »Zipfelmützen-Häusern« residieren. Alles ist mit modernstem Komfort für gehobene Ansprüche ausgestattet. Die ruhige Lage der Trulli zwischen Pinien bietet das richtige Ambiente für einen entspannten Aufenthalt. *Okt – Mai.* **www.hoteldeitrulli.it**

AVETRANA Masseria Bosco €€€

Via per Erchie, 74020 099 970 40 99 FAX 099 970 41 90 ***Zimmer** 34* ***Straßenkarte** E4*

Hier erleben Sie eine gelungene Kombination aus Vergangenheit und Gegenwart: In einem für die Region typischen Gutshaus aus dem 18. Jahrhundert erwartet den Gast ein zeitgemäß niveauvolles Arrangement. Die Räumlichkeiten wurden in Zimmer mit ansprechender Schlichtheit umgestaltet. Beliebt ist die Pool-Bar. **www.masseriabosco.it**

BRINDISI Grande Albergo Internazionale €€

Lungomare Regina Margherita 23, 72100 0831 52 34 73 FAX 0831 52 34 76 ***Zimmer** 66* ***Straßenkarte** E4*

Nur zehn Meter vom Meer und vom Hafen in Brindisi entfernt steht dieses imposante Gebäude aus dem 19. Jahrhundert, das nach neuesten Bestimmungen restauriert wurde. Dazu gehört eine Ausstattung mit Antikmöbeln und Deckengemälden. Es gibt auch Räume für größere Events oder Business-Meetings. **www.albergointernazionale.it**

CEGLIE MESSAPICA Masseria Montedoro €

S.S. 581 Ceglie Messapica – Martina Franca, 72013 348 519 09 33 ***Zimmer** 6* ***Straßenkarte** E4*

Es erwartet Sie das Flair eines Gutshofes mit Trulli aus dem 19. Jahrhundert. Auch heute noch gibt es Kleinvieh, Kühe und Pferde. Komfortable Zimmer und Veranstaltungen wie Jazz-Festivals oder Dinner-Theater sind Pluspunkte des Hauses. Unter den Gästen sind viele Individualtouristen und Familien. **www.masseriamontedoro.it**

CISTERNINO Villa Cenci €€€€

S.P. nach Ceglie Messapica Loc. Cisternino, 72014 080 444 82 08 FAX 080 444 95 93 ***Zimmer** 20* ***Straßenkarte** D3*

Einzigartig und elegant ist das Trulli-Anwesen mit Villenkomplex auf dem Land, etwa zehn Kilometer von der Adria entfernt. Der Gast wird hier in exklusivem Ambiente verwöhnt. Die Zimmer sind wunderschön eingerichtet, der Pool lädt zum Relaxen ein. Dazu begeistert die Bio-Küche des Restaurants. *Jan – Mitte März.* **www.villacenci.it**

Preiskategorien *siehe Seite 172* **Zeichenerklärung** *siehe hintere Umschlagklappe*

FASANO Masseria Alchimia €€
Contrada Fascianello 50, 72015 335 609 46 47 **Zimmer** 10 **Straßenkarte** D3

In weißer Pracht und mit exquisitem Interieur erstrahlt der Gutshof unter deutscher Leitung heute in neuem Glanz. Nicht weit entfernt sind Küste und Strände. Vernissagen und Ausstellungen sind weitere Attraktionen. Die zehn Apartments sind unterschiedlich groß. *Jan–März.* **www.masseria-alchimia.it**

GRAVINA DI PUGLIA Masseria Protomastro €
Contrada Aspro Piccolo, 70024 & FAX 080 323 71 38 **Zimmer** 20 **Straßenkarte** C3

Das renovierte Landgut aus dem 19. Jahrhundert ist bis heute in Familienbesitz. Der Panorama-Pool bietet willkommene Abkühlung bei hohen Temperaturen. Gehobene Ausstattung und modernster Komfort ermöglichen den Gästen einen angenehmen und entspannten Aufenthalt. **www.protomastro.it**

MARTINA FRANCA Relais Villa San Martino €€€€
Via Taranto, 59–Zona G, 74015 080 480 51 52 FAX 080 480 10 26 **Zimmer** 21 **Straßenkarte** D4

Das Relais bietet Luxus, Eleganz und Stil: Alle Zimmer und Suiten sind sehr kunstvoll arrangiert und haben eine Privatterrasse. Abends ist alles in wundervolles Licht getaucht. Im Gourmet-Restaurant können Sie apulische Küche und erlesene Weine der Region genießen. **www.relaisvillasanmartino.com**

OSTUNI Masseria Rienzo €€
Contrada Rienzo 8, 72017 0831 30 45 48 **Zimmer** 7 **Straßenkarte** E4

Schöne Zimmer, Wassermassage, Bibliothek und Pool gehören in dieser Masseria zur Ausstattung. Holzmöbel und kunstvolle Kachelfußböden machen das besondere Ambiente aus. Das Restaurant bietet lokale Küche. Sehr empfehlenswert: das hausgemachte Feingebäck, die Antipasti und frische Pasta. *Nov–März.* **www.masseriarienzo.com**

OSTUNI Masseria il Frantoio €€€
S.S. 16 km 874, 72017 380 432 93 01 FAX 0831 33 02 76 **Zimmer** 14 **Straßenkarte** E4

Das Landgut aus dem 15. Jahrhundert liegt zwischen Olivenbäumen und einer mediterran üppigen Flora. Etwa zehn Autominuten entfernt gibt es vier Privatstrände. Die Zimmer sind stilvoll mit antiken Möbeln ausgestattet. Die exzellente Küche des Hauses verwöhnt mit regionalen Spezialitäten. **www.masseriailfrantoio.it**

OSTUNI Relais La Sommita €€€€
Via Scipione Petrarolo 7, 72017 0831 30 59 25 FAX 0831 30 67 29 **Zimmer** 15 **Straßenkarte** E4

Das Relais liegt mitten in Ostuni und zählt zu den Luxusadressen in Apulien. Spa und Beauty Center sind hier der besondere Tipp. Die Terrasse mit Sofas lädt zum Entspannen ein. Von hier geht der Blick bis auf das Meer. Das feine Relais-Restaurant Profumo serviert den Gästen dazu das Beste der Region. Eigene Vinoteca. **www.lasommita.it**

SAVELLETRI DI FASANO Masseria San Domenico €€€€
Strada Litoranea 379, 72015 080 482 77 69 FAX 080 482 79 78 **Zimmer** 47 **Straßenkarte** E3

Das elegante Landgut befindet sich in einem großen Park mit uralten Olivenbäumen. Gäste finden hier ein behagliches Ambiente für einen niveauvollen Urlaub mit Luxuskomfort. Neben einem thalassotherapeutischen Zentrum gibt es auch einen eigenen Golfplatz. Kinder sind erst ab zwölf Jahren erwünscht. **www.masseriasandomenico.com**

SAVELLETRI DI FASANO Masseria Torre Coccaro €€€€€
Contrada Coccaro 8, 72015 080 482 93 10 FAX 080 482 79 92 **Zimmer** 33 **Straßenkarte** E3

Erleben Sie hier ultimativen Luxus, eine hochwertige Ausstattung und prachtvolles Design. Einzigartig sind die Suiten in den Grotten. Exklusiv hat der Gast die Möglichkeit, zwischen vier Restaurants zu wählen: Je nach Geschmack kann man sich mit regionalen oder internationalen Spezialitäten verwöhnen lassen. **www.masseriatorrecoccaro.com**

TARENT Mercure Delfino Taranto €€
Viale Virgilio 66, 74100 099 732 32 32 FAX 099 730 46 54 **Zimmer** 200 **Straßenkarte** D4

Das elegante und mondäne Hotel an der Seepromenade wurde 2007 komplett erneuert. Bekannt ist es auch für seine großzügigen Räumlichkeiten für Konferenzen und Veranstaltungen. Von der Hotelterrasse und vom Restaurant blickt man auf das Meer. Die Küche ist international-modern inspiriert. **www.grandhoteldelfino.it**

TARENT Relais Histó San Pietro €€€€
Via Sant'Andrea Circummarpiccolo, 74100 099 472 11 88 FAX 099 641 02 90 **Zimmer** 47 **Straßenkarte** D4

Aus diesem einstigen Landgut ist eine traumhafte Urlaubsdestination geworden. Freigelegtes Mauerwerk, Säulen und Kuppeldecken sind Teil einer einzigartigen Kulisse. Puristische Wirkung haben die dominierenden Farbnuancen zwischen weiß, creme, sand oder muskatbraun. Am Abend wird das Relais kunstvoll beleuchtet. **www.relaishisto.it**

Lecce

ACAYA Doubletree (Hilton Acaya Golf Resort Lecce) €€€€
Strada Comunale di Acaya, 73029 0832 86 13 85 FAX 0832 86 13 84 **Zimmer** 97 **Straßenkarte** F4

Das neue Golfresort in der Nähe der Adria und des kulturhistorisch bedeutenden Ortes Acaya bietet eine einmalige Kombination aus Sonne, Meer, Golf und Sightseeing. Es fehlt an nichts: Privatstrand, Pool, ein Golfplatz sowie die legendäre Costantino Rocca Golf Academy. **www.acayagolfresortlecce.doubletreebyhilton.com**

Straßenkarte *siehe hintere Umschlaginnenseiten*

CORIGLIANO D'OTRANTO Masseria Appidè €€

Via Case Sparse, 73022 0836 42 79 69 FAX 0836 42 79 68 **Zimmer** 42 **Straßenkarte** F5

Herrliches Landhaus aus dem 18. Jahrhundert mit rustikal-eleganter Einrichtung. Holzmöbel im Landstil und freigelegtes Mauerwerk geben dem Interieur den gewissen Charme. Das Anwesen liegt in einem großzügigen Park mit Pool. Im Restaurant können Sie sich von der leckeren salentinischen Küche verwöhnen lassen. **www.appide.it**

CUTROFIANO San Giorgio Resort €€€€€

S.P. Noha–Collepasso, 73020 0836 54 28 48 FAX 0836 54 16 09 **Zimmer** 18 **Straßenkarte** F5

Das De-luxe-Resort war einst ein Kloster. Stuck und Tapisserien veredeln die Atmosphäre. Ein aufwendig gestalteter Wellnessbereich bietet ein umfassendes Angebot: Sauna, Dampfbad, Whirlpool und Massage. Edle Weine und Gerichte der regionalen Küche bringen jeden Reisenden ins Schwärmen. **www.sangiorgioresort.it**

CUTROFIANO–SUPERSANO Masseria Pizzofalcone €€€

S.S. 476 Cutrofiano–Supersano, 73040 0833 63 23 63 FAX 0833 63 24 99 **Zimmer** 19 **Straßenkarte** F5

Für alle, die von einer Landschaft mit Zitronenbäumen und historischem Ambiente träumen, ist der Gutshof die ideale Adresse. Er wurde mit Liebe zum Detail renoviert und eingerichtet. Teils wurde das Mauerwerk freigelegt, was dem Interieur einen besonderen Charme verleiht. Für jeglichen Komfort ist gesorgt. **www.masseriapizzofalcone.it**

GALLIPOLI Ecoresort Le Sirenè €€€

Riserva naturalistica Torre del Pizzo, 73014 0833 20 25 36 FAX 0833 20 25 39 **Zimmer** 124 **Straßenkarte** E5

Das Hotel liegt rund vier Kilometer außerhalb von Gallipoli in einem Pinienwald. Zum Sonnenbad lädt der feine weiße Sandstrand in unmittelbarer Nähe ein. Das Resort hat ein umfangreiches Angebot, u. a. Bootsausflüge, Windsurfen, Tauchen, Wasserski, Minigolf und Beach-Volleyball. Ideal für Familien mit Kindern. **www.attiliocaroli.it/lesirene**

GALLIPOLI Palazzo Mosco Inn €€€€

Via Micetti 26, 73014 0833 26 53 18 FAX 0832 26 50 52 **Zimmer** 10 **Straßenkarte** E5

Einst war dieser Palast im Besitz der in Gallipoli berühmten Familie Mosco. Daraus ist ein Luxushotel mit eleganter Ausstattung entstanden. Einzigartig sind die Original-Mosaiken in mehreren Suiten. Die Panoramaterrasse, auf der ein reichhaltiges Frühstück serviert wird, bietet Meerblick. ● *Nov–März.* **www.palazzomoscoinn.it**

GALLIPOLI Hotel Palazzo del Corso €€€€€

Corso Roma 145, 73014 0833 26 40 40 FAX 0833 26 50 52 **Zimmer** 7 **Straßenkarte** E5

Das Hotel entstand nach sorgfältiger Umstrukturierung eines Adelssitzes. Es liegt gut 150 Meter vom historischen Zentrum entfernt. Mauerwerk aus leccesischem Stein sowie prachtvolle Gemälde können bewundert werden. Die Strände von Gallipoli laden zum Relaxen ein. ● *Jan–Feb.* **www.hotelpalazzodelcorso.it**

LECCE Dimora Barocca €

Corte dei Guarini 11, 73100 320 384 09 88 FAX 083 23 143 68 **Zimmer** 6 **Straßenkarte** F4

Der Name verspricht nicht zu viel: Hier können für die Reisenden barocke Träume wahr werden! In einem architektonisch wie kunsthistorisch bedeutenden Palast aus dem 17. Jahrhundert beeindrucken Stil und Romantik. Barocke Kunst und Komfort prägen das niveauvolle Einrichtungskonzept. **www.dimorabarocca.it**

LECCE Chiesa Greca €€

Piazzetta Chiesa Greca 11, 73100 & FAX 0832 30 23 30 **Zimmer** 5 **Straßenkarte** F4

In dem Stadtpalais aus dem 14. Jahrhundert wurde bei der Renovierung Wert darauf gelegt, den Stil der Epoche zu bewahren und gleichzeitig den Ansprüchen der Zeit zu entsprechen. Heute befindet sich hier ein Bed & Breakfast auf gehobenem Niveau mit Mauern aus leccesischem Stein und wertvollen Antikholzmöbeln. **www.chiesagreca.it**

LECCE Palazzo Persone €€

Via Umberto I 5, 73100 0832 27 99 68 FAX 0832 182 20 12 **Zimmer** 6 **Straßenkarte** F4

Der Palazzo liegt mitten im Zentrum der Barockstadt, einige Zimmer haben Aussicht auf die beeindruckende Kulisse des Doms von Lecce. Zu Fuß sind alle Sehenswürdigkeiten bequem erreichbar. Mit historischem Charme und modernem Komfort wird der Gast hier empfangen. Klein, fein und sehr hübsch. **www.palazzopersone.com**

LECCE Il Risorgimento Resort €€€

Via Augusto Imperatore 19, 73100 0832 24 63 11 FAX 0832 24 59 76 **Zimmer** 47 **Straßenkarte** F4

Im Herzen der Barockstadt erwartet den Gast ein Hotel der Superlative. In einem edlen historischen Palast betritt man eine Welt von Luxus und Design. Viel Wert wird dabei auf Details gelegt. Es ist sicherlich eine der Top-Adressen in Lecce und dazu eine perfekte Idee für eine Lifestyle-Reise in die Stadt. **www.vestashotels.it**

LECCE Suite Hotel Santa Chiara €€€

Via degli Ammirati 24, 73100 & FAX 0832 30 49 98 **Zimmer** 21 **Straßenkarte** F4

Das Boutique-Hotel mitten im Zentrum ist eine der neuesten Adressen in Lecce. Hier finden italienisches Design und Sinn für höchsten Komfort zusammen. Von der Dachterrasse hat man einen einzigartigen Blick in die verwinkelten Straßen der Stadt. Lassen Sie sich vom Service und der Gastfreundschaft verwöhnen. **www.santachiaralecce.it**

LECCE Patria Palace Hotel €€€€

Piazzetta Ricardi, 73100 0832 24 51 11 FAX 0832 24 50 02 **Zimmer** 63 **Straßenkarte** F4

Das elegante und umfassend renovierte Traditionshotel befindet sich in einem ehemaligen Adelssitz, der sehr zentral mitten im historischen Zentrum liegt. Das Interieur ist im Stil des Art déco gehalten, in den Zimmern bezaubern kunstvolle Fresken. Gourmets erwartet eines der besten Restaurants in Apulien. **www.patriapalacelecce.com**

Preiskategorien *siehe Seite 172* **Zeichenerklärung** *siehe hintere Umschlagklappe*

MAGLIE Corte dei Francesi €€€

Via Roma 138, 73024 0836 42 42 82 FAX 0836 42 42 83 **Zimmer** 7 **Straßenkarte** F5

Palais aus dem 15. Jahrhundert, zentral in der charmanten Altstadt gelegen. Es werden Museumsführungen durch den Palast – zwischen Zisternen, Wasserbecken, Kanälen und Mauern – angeboten. Dachterrasse mit Panoramablick zum Ausruhen oder Sonnen. Bis zur Adriaküste sind es etwa 20 Kilometer. **www.cortedeifrancesi.it**

NARDÒ Masseria Bernardini €€€€

Contrada Agnano, 73048 0833 57 04 08 FAX 289 69 46 01 **Zimmer** 9 **Straßenkarte** F5

Gut zwei Kilometer von Nardò am Ionischen Meer entfernt liegt der Landsitz zwischen Olivenbäumen und Kornfeldern. Das einzigartige Interieur wurde mit Produkten berühmter italienischer Designerfirmen wie Cappellini, Gervasoni, Meridiani und Oluce ausgestattet. ● *Nov–März.* **www.masseriabernardini.com**

OTRANTO Masseria Panareo €€

Litoranea Otranto–Santa Cesarea Terme, 73028 0836 81 29 99 FAX 0836 23 70 50 **Zimmer** 18 **Straßenkarte** F5

In dem ehemaligen Kloster erwartet den Gast eine besonders familiäre Atmosphäre sowie ein vielseitiges Freizeitangebot mit Bootsausflügen, Tauchen, Reiten und Picknick. Das Gourmetrestaurant bietet regionale Spezialitäten wie hausgemachte Pasta, Fisch, Käse und Gebäck aus eigener Produktion. ● *Nov.* **www.masseriapanareo.com**

OTRANTO Tenuta Il Gambero €€

S.P. 87 Otranto–Lecce, 73028 & FAX 0836 80 40 09 **Zimmer** 14 **Straßenkarte** F5

Die Geschichte dieses Gutshofs reicht bis in das 15. Jahrhundert zurück. Den Gast erwarten Ruhe, Stille, Landluft und Meeresbrise. Zur Auswahl stehen 14 kleine Wohnungen. Im elegant eingerichteten Restaurant werden typische Gerichte der Region in bester Qualität zubereitet. **www.tenutailgambero.it**

OTRANTO Masseria Montelauro €€€€

S.P. Otranto–Uggiano Località Montelauro, 73028 0836 80 62 03 FAX 0836 80 10 01 **Zimmer** 27 **Straßenkarte** F5

Der Landsitz liegt in einer ruhigen Gegend rund zwei Kilometer von Otranto und der Küste entfernt. Mediterran und stilvoll-luxuriös eingerichtet. Nach einem Frühstück auf der Terrasse kann man sich Aktivitäten wie Radfahren, Reiten oder Wandern widmen oder am Pool relaxen. ● *Nov–März.* **www.masseriamontelauro.it**

OTRANTO Palazzo Papaleo €€€€€

Via Rondachi 1, 73028 0836 80 21 08 FAX 0836 80 51 29 **Zimmer** 9 **Straßenkarte** F5

Dieses exklusive kleine Hotel liegt direkt hinter der Kathedrale von Otranto. Von der Dachterrasse mit Whirlpool und Leseecke geht der Blick aufs Meer und ins historische Zentrum. Freskenmalereien, kostbare Antikmöbel und feine Dekorationen bestimmen das Interieur. Jedes Zimmer ist individuell gestaltet. **www.hotelpalazzopapaleo.com**

SANTA MARIA DI LEUCA Terminal €€€

Lungomare Colombo 59, 73030 0833 75 82 42 FAX 0833 75 82 46 **Zimmer** 60 **Straßenkarte** F5

Das Hotel in der kleinen Stadt hat eine lange Tradition. Es liegt direkt an der Uferpromenade und wurde in den vergangenen Jahren aufwendig renoviert. In den Zimmern hängen Fotografien aus dem Salento, in Vitrinen sind Kunstobjekte aus der Region ausgestellt. Privatstrand und Pool laden zum Relaxen ein. **www.attiliocaroli.it/terminal**

SANTA MARIA DI LEUCA Villa La Meridiana €€€€

Lungomare Colombo 61, 73030 0833 75 82 42 FAX 0833 75 82 46 **Zimmer** 1 **Straßenkarte** F5

Diese charmante, gestreifte Villa aus dem 19. Jahrhundert liegt unverkennbar am Ende von Italien. Sie finden hier den Komfort eines Hotelzimmers vor, erleben dabei jedoch viel mehr Privatsphäre und Individualität. Genießen Sie den mediterranen Garten mit Bougainvilleen und Rosen sowie den Meerblick. **www.attiliocaroli.it/lameridiana**

SPONGANO La Macchiola €€

Via Congregazione 53, 73038 0832 24 62 55 FAX 0836 94 50 23 **Zimmer** 10 **Straßenkarte** F5

Die Zimmer dieses ehemaligen Gutshauses sind stilvoll mit kostbaren Möbeln ausgestattet, im Garten lässt es sich herrlich entspannen. In der Nähe liegen das Meer bei Castro und die Thermalbäder von Santa Cesarea. Außerdem im Angebot: Kochkurse und Olivenölverköstigungen. ● *Jan–März.* **www.lamacchiola.it**

TRICASE Masseria Uccio €

Contrada Madonna di Fatima, 73039 320 314 64 86 FAX 0833 54 35 61 **Zimmer** 6 **Straßenkarte** F5

Das Landhotel liegt im südlichen Salento zwischen Otranto, Santa Maria di Leuca und Gallipoli. Das Meer ist etwa drei Kilometer entfernt. Die Ursprünge dieses Landgutes mit Patio gehen bis ins 17. Jahrhundert zurück. Es erwartet Sie modernster Komfort in einer intakten Naturlandschaft. ● *Nov–Apr.* **www.masseriauccio.com**

VEGLIE Azienda Agrituristica Casa Porcara €€

S.P. 111 Veglie–Monteruga km 7, 73010 360 86 90 74 FAX 0832 32 64 02 **Zimmer** 19 **Straßenkarte** E4

Das Herrenhaus aus dem 15. Jahrhundert wurde sorgfältig renoviert. Stallungen und Scheunen wurden in ein Restaurant verwandelt, in dem man Spezialitäten aus lokalen Bio-Produkten serviert. Empfehlenswert sind die Antipasti und die hausgemachte Pasta. Verkauf von Marmeladen, Honig und Olivenöl. **www.casaporcara.it**

VEGLIE Zanzara Agriturismo €€€

S.P. Veglie–Porto Cesareo km 4, 73010 0832 96 95 13 **Zimmer** 13 **Straßenkarte** E4

Dem Reisenden wird auf diesem Gut, das zwischen Oliven- und Pinienbäumen liegt, ein erholsamer Urlaub auf dem Land geboten. Als Bio-Resort ist das Landgut auch Mitglied in der Kooperative von »Terra D'Arneo«. Die Küche serviert feine, edle Bio-Köstlichkeiten. Mountainbikes können ausgeliehen werden. **www.agriturismozanzara.it**

Straßenkarte *siehe hintere Umschlaginnenseiten*

Restaurants

Die Region im äußersten Südosten Italiens bietet alles für einen entspannten wie inspirierenden Urlaub, wozu natürlich auch eine einzigartige Küche mit vielen unverwechselbaren Gerichten gehört. Viele Speisen basieren auf traditionellen Rezepten, die im Lauf der Zeit verfeinert wurden. Wer die authentische apulische Küche probiert, wird kaum enttäuscht. Restaurants gibt es hier für wirklich jeden Geschmack und Geldbeutel. Das Angebot an Gerichten und Getränken (vor allem heimischen Weinen) ist vielfältig. Ob Fleisch-, Fisch-, Gemüse- oder Nudelgerichte – neben der feinen Zubereitung überzeugt vor allem auch die Frische der Gerichte, deren Zutaten die fruchtbaren apulischen Böden und ein fischreiches Meer liefern. Zur Verfeinerung werden beste Olivenöle aus heimischer Produktion verwendet.

Mosaikschild einer Pizzeria in Otranto

Terrasse des Restaurants Murat in Bari *(siehe S. 184)*

Öffnungszeiten und Preise

Wie in den meisten anderen Regionen Italiens geht man auch in Apulien in der Regel abends relativ spät essen – meistens nach 21 Uhr. Die meisten Restaurants sind bis Mitternacht und länger geöffnet. Die Hotelrestaurants richten sich mehr nach den international üblichen Öffnungszeiten (mittags etwa 13–14.30 Uhr, abends 19.30–22 Uhr). Jedoch sind Hotels nicht unbedingt die geeigneten Orte, um die vielfältige Küche Apuliens kennenzulernen. In Feriendörfern und Agriturismi stellt man sich auf die Vorlieben der Gäste und deren Aktivitäten ein, aber gewöhnlich gibt es das Abendessen hier etwas früher.

Auch wenn Qualität ihren Preis hat, liegen die Kosten insgesamt etwas unter dem italienischen Durchschnitt: Ein gutes Mittagsmenü in einem Landgasthaus bekommt man häufig bereits für 25 Euro. Ein edles Fischmenü mit mehreren Gängen gibt es ab etwa 40 Euro. Wie in Italien üblich, ist im Rechnungsbetrag neben Steuern und Service auch der Preis für das Gedeck *(coperto)* enthalten. Wenn Sie mit Essen und Service zufrieden waren, geben Sie zehn bis 15 Prozent des Rechnungsbetrags Trinkgeld.

Menüs und Produkte

In vielen Restaurants Apuliens werden Tagesmenüs zu einem Festpreis angeboten *(menù a prezzo fisso)*. Wegen ihrer großen Beliebtheit bei Gästen findet man sie oft auch als *menù turistico* auf der Speisekarte. Für ihre gute Küche bekannt sind auch die Agriturismi *(siehe S. 179)*. Dort gibt es oft Menüs, die man in Restaurants vorab bestellen müsste. Dabei erfolgt die Zubereitung der Gerichte vorwiegend aus hausgemachten Zutaten (oft aus biologischem Anbau).

Für ein reichhaltiges Menü sollte sich der Gast entsprechend viel Zeit nehmen. Mit Pausen zwischen den einzelnen Gängen *(siehe S. 180f)* ist man durchaus mehrere Stunden beschäftigt.

Egal, ob auf dem Land oder in der Stadt – jeder Koch in Apulien hat den Anspruch, dass die Zutaten wie Fisch oder Gemüse, Pasta oder Olivenöl so frisch wie nur möglich sind.

Wunderbare Eissorten in der Gelateria Natale in Lecce

Im Caffè d'Aragona in Maglie – Kunst und Kulinarik

Weinkarte

Das intensiv landwirtschaftlich genutzte Apulien ist auch eine Weinbauregion mit langer Tradition. Edle Tropfen von hier mögen international vielleicht weniger bekannt sein als Weine aus einigen anderen italienischen Anbaugebiete, doch in Apulien weiß man die Qualität einheimischer Weine sehr zu schätzen. Die Restaurants und Trattorien bieten meist eine mehr oder weniger repräsentative Auswahl apulischer Weine. Meist werden auf der Weinkarte aber auch Tropfen anderer Anbaugebiete (aus Italien oder anderen Ländern) gelistet.

Kaffeesorte in Apulien

In den meisten Lokalen wird ein – relativ günstiger – Hauswein angeboten. Diesen einfachen, aber durchaus guten *vino della casa* gibt es in der Regel als Rot- und Weißwein offen oder als Flaschenwein. Nicht selten hat der Wirt einer Trattoria (oder ein Verwandter von ihm) einen eigenen Weinberg und macht den Wein selbst. Ähnliches gilt übrigens auch für Olivenöl.

Masserie und Agriturismi

Bei Übernachtung in einer apulischen Masseria *(siehe S. 169)* oder einem Agriturismo verbindet der Gast die Möglichkeit zur Entspannung mit der Gelegenheit, authentisches Brauchtum zu erleben. Dies gilt insbesondere für das Essen. Häufig produzieren diese Anwesen ein breites Spektrum an Lebensmitteln selbst, einige sind nahezu vollkommen autark: Zu den Eigenprodukten gehören u. a. Wein, Olivenöl, Frischkäse *(a pasta filata)* oder Pecorino und Ricotta, Hartweizen für die Pasta (die immer selbst gemacht wird), Gemüse und Obst, oft auch Lammfleisch und -würste. Die amtliche Zulassung ist an eine aktive Landwirtschaft und an die Bewirtung mit vorwiegend eigenen Produkten gebunden. Der Frische der Erzeugnisse entspricht eine schmackhafte Hausmannskost, die durch die reichliche Verwendung von Gemüse nicht allzu deftig ist.

Cornetto con crema

Die Masserie genannten Gutshäuser haben im Gegensatz zu den Agriturismi keine aktive Landwirtschaft, aber fast immer einen eigenen Obst- und Gemüsegarten.

Fast Food

Auch in den Städten Apuliens gibt es Fast-Food-Lokale, in denen Hamburger, Panini oder Pommes frites verkauft werden. Eine echte apulische Fast-Food-Tradition gibt es mit Ausnahme der beliebten »bruschette« und den auch in Apulien scheinbar allgegenwärtigen Pizzastücken vom Blech allerdings nicht. Derartige kleine Gerichte werden an zahlreichen Ständen und Buden bei Festivitäten verkauft. Vor allem im Sommer gibt es in jedem noch so kleinen Ort ein oder mehrere Feste im Freien, Essen spielt dabei eine wesentliche Rolle. An Stehtischen nimmt man gegrillte Würstchen, Käse in allen Variationen oder eben Pizzastücke und Bruschette zu sich.

Sehr beliebt – aber nicht jedermanns Sache – sind kleine Gerichte aus rohem Fisch, die es vor allem in den Küstenorten an einigen Imbissständen gibt.

Behinderte Reisende

Bauliche Barrieren werden allmählich beseitigt, aber nicht alle Restaurants sind auf die Bedürfnisse von behinderten Gästen eingestellt. Nach telefonischer Anmeldung kann man mit einem geeigneten Tisch rechnen.

Rauchen

Seit 2005 ist überall in Italien das Rauchen in öffentlichen Räumen (also auch Restaurants und Bars) verboten. Die beliebte Zigarette zum Espresso in der Bar am Morgen muss im Freien geraucht werden.

Cafés und Konditoreien

In Apulien ist süßes Kleingebäck sehr verbreitet. Diese Leckereien wurden ursprünglich für religiöse Feste hergestellt. Doch schon seit langer Zeit gehören sie zum Alltag und sind sehr beliebt, um zwischendurch den kleinen Appetit zu stillen. In Cafés und Konditoreien, die es in jedem Ort und in Großstädten sogar an nahezu jeder Ecke gibt, kommt man in den Genuss süßer Gebäckstücke. Ideal sind sie für eine Pause vom Sightseeing zu einem Cappuccino oder Espresso. Zudem gibt es dort Kuchen, Torten und andere Süßspeisen in großer Auswahl.

Palazzo Sticchi in Santa Cesarea Terme

Apulische Küche

Quitten

Nur wenige Regionen Italiens verwöhnen mit einer derart großen kulinarischen Vielfalt wie Apulien – auch wenn die Küche dort eher bodenständig denn innovativ ist. Neben einzelnen Produkten wie etwa Olivenöl sind auch einige Gerichte über die Grenzen Italiens hinaus bekannt geworden. Mit ihrer Auswahl nicht nur an Pastagerichten, fangfrischem Fisch und Seafood gilt apulische Küche für viele als Inbegriff der *cucina mediterranea*. Gewürzt wird häufig mit Knoblauch, Fenchel und Kümmel.

Canestrato – typischer apulischer Käse aus Schafs- oder Ziegenmilch

Antipasti

Beliebte Vorspeisen sind zerkleinerte Strauchtomaten, die man mit gehackten Zwiebeln und Olivenöl auf *friselle* genannte Brotkringel gibt. Mariniertes Gemüse, gemischte Vorspeisen *(stuzzichini)* und diverse Gemüsedips mit *taralli* (gebogene Brotstangen, die an Grissini erinnern) werden ebenfalls gerne als Antipasti gereicht.

Primi Piatti

Beim ersten Hauptgang dominiert – wie in ganz Italien – die Pasta. Bei der gebotenen Vielfalt an Sorten wie etwa Orecchiette *(siehe Kasten)*, Fusilli, Cavatelli oder Caserecci kommt immer Abwechslung auf den Teller. Die Pasta ist in aller Regel frisch, was in Apulien zum guten Ton des Hauses gehört. Die Nudeln werden – eine Besonderheit in Italien – aus Hartweizengrieß zubereitet und anschließend mit einer Sauce (z. B. Tomatensauce), Gemüse oder auch Fisch serviert. Getreide ist auch Grundlage für Pizza oder *focaccie* genannte Teigtaschen, die z. B. mit Käse, Schinken oder Spinat gefüllt sind. Beliebt als *primo piatto* ist auch Lasagne. Die Variationen sind oft von Ort zu Ort sehr unterschiedlich.

Secondi Piatti

Typisch für eine Küstenregion mit traditionsreichem Fischfang ist ein breites Spektrum an Fischgerichten und Meeresfrüchten, die in guten Restaurants natürlich frisch serviert werden. Die Speisekarten vieler apulischer Restaurants listen eine große Auswahl. Zu den verbreitetsten Hauptgerichten

Fisch und Seafood in allen Varianten aus Apulien

Orecchiette – Apuliens Nationalgericht

Orecchiette

Wegen der riesigen Anbauflächen für Hartweizen zählt Apulien zu den ertragreichsten Kornkammern Italiens. Das Getreide ist Basis für vielfältige Pastasorten, eine besondere Spezialität sind *orecchiette*. Der Name (»Öhrchen«) sagt alles über die Form dieser Nudeln. Für die Produktion werden Weizenkörner zu Grieß gemahlen und mit Wasser vermengt. Aus diesem geschmeidigen, etwa fingerdicken Teig werden kreisrunde, hutförmige Nudeln geformt. Den Zutaten sind keine Grenzen gesetzt. Eine beliebte Variante ist *alla cozze* (mit Miesmuscheln). Oft werden die Nudeln mit Gemüse (u. a. Stängelkohl), Fisch (z. B. Sardellen) oder (vor allem in Bari) Pferdefleisch verzehrt – oder ganz traditionell mit Olivenöl, Pecorino und frischen Kräutern.

Stuzzichini
Vorspeisenteller u. a. mit Arancino, Pizza, Focaccia, Rustico und Crostino.

Friselle: Kringel aus Hartweizen (oder Dinkel) und Gerste

gehören *orata alla pugliese* (überbackene Goldbrasse) und *pesce spada* (Schwertfisch), sehr beliebt ist auch Fischsuppe *(zuppa di pesce)*. Typisch für die apulische Küche ist, dass bei Fischgerichten auf spärliche Verwendung von Saucen und Gewürzen geachtet wird, um den intensiven Geschmack von Sardinen und Schwertfisch, Krebsen und Krabben, Meeräsche und Muscheln nicht zu überdecken. Häufig wird nur mit Salz und Pfeffer, ein paar Tropfen Olivenöl, einem Spritzer Zitrone und etwas Petersilie gewürzt.

Als *secondo piatto* wird oft auch ein Fleischgericht gewählt. Die apulische Küche verwendet viel mehr Lammfleisch (z. B. für *tiella di agnello* oder *agnellone in ragù*) als Rindfleisch. Für einige Gerichte wie *pezzetti di cavallo alla pignata* dient Pferdefleisch, gewürzt mit Salbei und Lorbeer, als Basis. Für die an Rouladen erinnernden *bracioline* nimmt man Rind- oder Pferdefleisch. Als Füllung dienen meist Schinken und Schafskäse, dazu wird Tomatensauce gereicht.

Cappuccino mit Verzierung

Beilagen

In den Wäldern des Gargano wachsen viele Pilzarten (u. a. Steinpilze), die gebraten werden oder Bestandteil von Eintöpfen sind. Beliebte Gemüsesorten sind u. a. Artischocken, Zucchini und Paprikaschoten. Fast schon mehr als eine Beilage sind *melanzane ripiene* – Auberginen, die mit Tomaten, Kapern, Oliven und Sardellen gefüllt und überbacken werden. Auch Kartoffeln gibt es in einer Reihe von Varianten. Sehr schmackhaft sind etwa *patate arraganate* – Kartoffelscheiben, die mit Knoblauch, Zwiebeln, Oregano und Olivenöl gewürzt, in Schichten übereinander in den Topf gelegt und in den Ofen gegeben werden.

Desserts und Süßspeisen

Obstsalat aus apulischen Früchten wie Kirschen, Orangen, Kiwis, Quitten, Feigen oder Trauben ist eine leichte wie auch

Salentinische Törtchen mit Kiwi in der Nationalfarben Italiens

leckere Nachspeise. Obst ist aber auch Bestandteil vieler süßer Backwaren. Weitere köstliche *dolci* sind die vielen Mandelgebäcke sowie *carteddate*, ein schneckenförmiges Gebäck mit Honig, und das Blätterteiggebäck *bocconotti* – ein Genuss zum Espresso oder Cappuccino.

Brotspezialitäten

Crostini Im Ofen geröstete Weißbrotscheiben werden mit Olivenöl beträufelt, mit einer Paste (z. B. aus Oliven oder Sardellen) bestrichen und mit Oregano gewürzt.

Puccia di pane Rundes Brot, dessen Teig mit Oliven angereichert ist; vor allem in der Provinz Lecce verbreitet.

Pane pugliese con pomodori Brot aus Hartweizenmehl mit eingelegten Tomaten, die in Stücke geschnitten und in den Teig eingearbeitet werden.

Tiella di agnello
*Lamm-*tiella *ist ein Eintopf aus Lammfleisch, Kartoffeln, Tomaten und Pilzen.*

Pesce spada
Schwertfisch grillt man in Apulien gerne mit Oregano, verfeinert wird mit Zitrone.

Salentinische Tartes
Die aus Mürbteig gefertigten Törtchen füllt man mit roter Traubenmarmelade.

Restaurantauswahl

Die im Folgenden beschriebenen Restaurants wurden aufgrund der Qualität ihres Essens, ihres Preis-Leistungs-Verhältnisses, ihrer schönen Lage oder ihres besonderen Ambientes ausgewählt. Sie sind nach den vier Kapiteln des Reiseführers, dann nach Orten und innerhalb der gleichen Preiskategorie alphabetisch geordnet.

PREISKATEGORIEN

Preise für ein Drei-Gänge-Menü pro Person mit einer halben Flasche Wein, inklusive Steuer und Service:

€ unter 25 Euro
€€ 25–35 Euro
€€€ 35–45 Euro
€€€€ 45–55 Euro
€€€€€ über 55 Euro

Foggia

FOGGIA Cicolella €€

Viale XXIV Maggio 60, 71100 ☎ *0881 56 61 11* FAX *0881 77 89 84* **Straßenkarte** *A2*

Schon seit 1900 ist die Adresse als Traditionsrestaurant bekannt. Das vielfach prämierte Hotelrestaurant ist klassisch-chic eingerichtet, wobei beige-braune Töne das Ambiente prägen. Traditionelle Küche. Tipp des Hauses: Orecchiette (apulische Nudeln) mit Brokkoli. ● *Sa, So; Aug, Dez/Jan: 2–3 Wochen.* **www.hotelcicolella.it**

FOGGIA Ristorante in Fiera €€€

Viale Fortore 155, 71121 ☎ *0881 63 21 66* FAX *0881 63 21 67* **Straßenkarte** *A2*

In einem wunderschönen, fast tropisch anmutenden Gartenpark liegt dieses im Bauhausstil eingerichtete Restaurant. Prägende Stilelemente sind Rattanmöbel, weiße Polsterkissen und edel drappierte Vorhänge. Hier finden Sie das Beste der apulischen Küche von der Vorspeise bis zum Dessert! **www.ristoranteinfiera.it**

FOGGIA Del Cacciatore €€€€

Vico Arrigotti 4, 71121 ☎ *0881 58 06 61* FAX *0881 77 15 79* **Straßenkarte** *A2*

Das Restaurant befindet sich in einem Palazzo des 17. Jahrhunderts mit Kuppeldecken und ist in der Stadt überaus bekannt. Mediterranes Interieur in hellen Farben. Es gibt Olivenöl aus der eigenen Produktion, handgemachte frische Pasta, frischen Fisch, Torten mit Ricotta und dazu Dessertwein. **www.albergodelcacciatore.it**

ISOLE TREMITI Gabbiano €€

Piazza Belvedere, San Domino, 71040 ☎ *0882 46 34 10* FAX *0882 46 34 28* **Straßenkarte** *A1*

Der Familienbetrieb befindet sich auf der autofreien Insel San Domino, nur drei Minuten vom Hafen entfernt. Von hier bietet sich ein Panoramablick auf die Nachbarinsel San Nicola. Das moderne Haus wurde 2007 komplett renoviert. Ein Muss sind die Fischgerichte und hausgemachten Kuchen *(crostate)*. **www.hotel-gabbiano.com**

MANFREDONIA Bacco Tabacco e Venere €€

Via Maddalena 84, 71043 ☎ *884 66 05 41* **Straßenkarte** *B2*

Das Bacco Tabacco e Venere ist eine Kombination aus Weinbar und Restaurant. Die dunkle Holzeinrichtung hebt sich hübsch von den weißen Wänden ab, das Ambiente ist rustikal. Hier serviert man Ihnen typische lokale und apulische Küche, die besonders für den kleinen Hunger ideal ist. Dazu: Weinverköstigungen. **www.winebarbacco.it**

MANFREDONIA Il Baracchio €€

Corso Roma 38, 71043 ☎ *0884 58 38 74* **Straßenkarte** *B2*

Das Restaurant befindet sich direkt am Rathaus in einem Palazzo aus dem 19. Jahrhundert. Es zählt zu den besten der Stadt. Besonders empfehlenswert sind die vielen delikaten Antipasti mit Meeresfrüchten, Fisch und Gemüse. Aber auch die Pastagerichte mit Fisch und die Schellfischsuppe sind hervorragend. ● *abends, Do.*

MANFREDONIA Il Porto €€

Via del Porto 8/10, 71043 ☎ *&* FAX *0884 58 18 00* **Straßenkarte** *B2*

Das Il Porto ist schon seit 40 Jahren als Familienbetrieb am Ort eine bekannte Adresse. Rustikale Einrichtung, schönes Ambiente in einem Gebäude aus dem 16. Jahrhundert. Charmant und gastfreundlich. Unbedingt empfehlenswert sind die leckeren apulischen Fischgerichte! Große Auswahl an regionalen Weinen. **www.ristoranteilporto.it**

MATTINATA Masseria Liberatore €€€

C. da Liberatore-Funni, 71030 ☎ *&* FAX *0884 55 06 13* **Straßenkarte** *B2*

In dieser Masseria, die von einem Garten mit Olivenbäumen umgeben ist, lässt es sich wie zu Hause am Kamin dinieren. In schöner rustikaler Einrichtung im Landhausstil können Sie sich mit typisch lokaler Küche verwöhnen lassen. Wer nach dem Essen bleiben möchte, kann auch ein Zimmer mieten.

MATTINATA Trattoria dalla Nonna €€€

Contrada Funni, 71030 ☎ *&* FAX *0884 55 92 05* **Straßenkarte** *B2*

Die Trattoria dalla Nonna liegt direkt am Meer und ist ein seit 30 Jahren bekannter Familienbetrieb. Sie ist mit viel Charme im Marinestil eingerichtet. Ein Tipp des Hauses ist *paccheri con vongole, cozze, pachino e rucola* (Pasta mit Meeresfrüchten und Rucola). ● *Winter: Di; 10.–25. Nov, 7.–31. Jan.* **www.dallanonna.it**

Zeichenerklärung *siehe hintere Umschlagklappe*

MATTINATA Giardino Monsignore €€€€
C. da Torre del Porto, 71030 & FAX *0884 55 99 34* **Straßenkarte** *B2*

Das Restaurant liegt direkt am Meer und verfügt sogar über einen Privatstrand. Elegante, helle und mediterrane Einrichtung sowie ein traumhafter Blick aufs Meer sind Pluspunkte des Giardino Monsignore. Besonders zu empfehlen sind *frittuelle* (Tintenfisch mit Gemüse frittiert) und das Ricotta-Dessert. *Winter: Mo–Do.* **www.monsignore.it**

MONTE SANT'ANGELO Medioevo €€
Via Castello 21, 71037 & FAX *0884 56 53 56* **Straßenkarte** *B2*

Das rustikale Lokal liegt mitten in der historischen Wallfahrtsstadt. Hier zelebriert man die traditionelle Küche voller Passion. Sehr zu empfehlen: getrocknete Feigen an Eis und Rum, Orecchiette, Ricotta – alles aus der ländlichen apulischen Küche, wohlschmeckend und lecker. *zwei Wochen im Nov; Winter: Mo.* **www.ristorantemedioevo.it**

MONTE SANT'ANGELO Li Jalantuumene €€€
Piazza de Galganis 5, Largo le Monache, 71037 & FAX *0884 56 54 84* **Straßenkarte** *B2*

Das Li Jalantuumene befindet sich in einem Palazzo aus dem 18. Jahrhundert. Das Ambiente verbindet Individualität, Eleganz und mediterranen Charme auf einzigartige Weise. Der Chef des Hauses ist Autor des bekannten Kochbuchs *Terra, cultura e cucina del Gargano.* *Winter: Di.* **www.li-jalantuumene.it**

ORSARA DI PUGLIA La Locanda dell'Angelo €€
Via S. Martino 6, 71027 *0881 96 80 45* **Straßenkarte** *A2*

Dezente Beleuchtung, hübsche Einrichtung und üppiger Blumenschmuck schaffen im Speisesaal ein heimeliges Ambiente. Serviert werden Spezialitäten der Region, darunter leckere Antipasti, Orecchiette mit Pilzen sowie Grillgerichte. Die Desserts sind verführerisch. **www.albergoristorantelalocandadellangelo.com**

ORSARA DI PUGLIA Ristorante Peppe Zullo €€€
Via Piano Paradiso, 71027 *0881 96 47 63* FAX *0881 96 82 34* **Straßenkarte** *A2*

1996 kam der Chef Peppe Zullo nach langer Zeit aus Übersee zurück und eröffnete hier sein Restaurant. Rustikales Ambiente mit offener Küche. Von der Holzterrasse geht der Blick ins Grüne. Produkte aus eigenem Anbau. Menüs mit Gemüse und Wildkräutern, Fleisch aus lokaler Aufzucht, Weine aus Süditalien. **www.peppezullo.it**

PESCHICI Il Trabucco di Montepucci €€
Loc. Monte Pucci, 71010 *345 893 31 51* **Straßenkarte** *B1*

Seit vier Generationen ist das rustikale Restaurant ein Familienbetrieb. Es liegt direkt am Strand, etwa drei Kilometer von Peschici entfernt. Traditionelle apulische und lokale Küche. Vor allem die Gerichte mit frischem Fisch aus dem Meer sind zu empfehlen. Außerdem sind die Antipasti eine Delikatesse. **www.trabuccodimontepucci.com**

PESCHICI Collinetta €€€
Litorale Peschici – Vieste 2 km, 71010 & FAX *0884 96 41 51* **Straßenkarte** *B1*

Dieses familiengeführte Restaurant liegt mitten zwischen Olivenbäumen und Oleander. Alle Speisen werden mit viel Raffinesse zubereitet. Natürlich gehören alle typisch apulischen Fischgerichte und andere Spezialitäten zum Angebot. Hier lässt es sich gemütlich dinieren! **www.lacollinettagargano.com**

PESCHICI Porta di Basso €€€
Via Cristoforo Colombo 38, 71010 *0884 91 53 64* **Straßenkarte** *B1*

Der begeisterte Koch Cilenti Domenico eröffnete 2003 sein eigenes Restaurant im neoklassischen Look. Die Adresse wurde schnell in allen Gastrorezensionen gelobt und empfohlen, 2010 wurde Domenico als »Bester Newcomer« der jungen Gastronomie in Süditalien prämiert. Exquisite Menükarte. **www.portadibasso.it**

SAN GIOVANNI ROTONDO Da Costanzo €€
Via Santa Croce 9, 71013 *0882 45 22 85* FAX *0882 45 49 37* **Straßenkarte** *B2*

Einladender, charmanter Familienbetrieb mit eleganter Möblierung und einem großen Aquarium in der Mitte. Den Besitzern gehört auch das Park Hotel Bocci, dem das Restaurant angegliedert ist. Vor allem für Weinkenner und Liebhaber der typischen apulischen Küche ist Da Costanzo eine sehr empfehlenswerte Adresse.

SAN SEVERO Le Arcate €€
Piazza Cavallotti 29, 71016 *0882 22 60 25* FAX *0882 24 40 92* **Straßenkarte** *A2*

In dem Palazzo aus dem 19. Jahrhundert befand sich schon damals ein Restaurant. Auch heute noch hält der Chef hier die alten Rezepttraditionen der apulischen Küche lebendig. Besondere Empfehlung: typisch apulische Nudeln (Orecchiette, Cavatelli) mit Fisch- und Fleischsaucen. *Mo; Mai.*

VIESTE Casa della Bruschetta €
Litorale Vieste-Peschici, 71019 *0884 70 14 98* **Straßenkarte** *B1*

Die Casa della Bruschetta liegt in einer kleinen Gasse zwischen Geranien und Bougainvilleen im Zentrum von Vieste. Ein Besuch ist nicht nur deshalb ein Erlebnis, weil das Haus ein Szenetreff von Berühmtheiten ist, sondern ist auch kulinarisch äußerst empfehlenswert. **www.casadellabruschetta.it**

VIESTE Ebbro du Blu €€
Cala Azzurra, 71019 *0884 70 65 88* **Straßenkarte** *B1*

Ein wirklich traumhaft gelegenes und hochromantisches Ziel für Trendsetter und Insider direkt am Sandstrand bei Vieste. Schon seit geraumer Zeit hat sich Ebbro du Blu zu einer Kultadresse mit Lounge-Atmosphäre entwickelt. Für das Chill-out bei gutem Essen und einem kühlen Drink ein besonderer Tipp!

Straßenkarte *siehe hintere Umschlaginnenseiten*

Bari

ALTAMURA Masseria Laudati €€

S.P. Ruvo km 3, 70022 & FAX *080 314 30 52* **Straßenkarte** *C3*

Das Restaurant befindet sich in einer ehemaligen Adelsresidenz aus dem 17. Jahrhundert, die Raffaele Laudati, einem berühmten Maler des Impressionismus, und seiner Familie gehörte. Hier serviert man apulische Traditionsküche wie etwa frische Pasta mit Pilzen und regionalen Gemüsesorten. *Di.* **www.masserialaudati.it**

ANDRIA Osteria Arco Marchese €€

Via Arco Marchese 1, 70031 *088 355 78 26* **Straßenkarte** *C3*

Die Osteria ist in einem Gebäude des 19. Jahrhunderts mit Kuppeldecken und Steinfußböden untergebracht, das direkt am ehemaligen Fürstenpalast von Andria liegt. Gastfreundlichkeit wird hier großgeschrieben. Raffiniert-einfache Küche. Besonders lecker sind Kabeljau mit Artischocken oder auch die hausgemachten Desserts.

BARI Alberosole €€€

Corso Vittorio Emanuele II, 13, 70022 *080 523 54 46* **Straßenkarte** *D3*

In diesem rustikalen Restaurant, das sich in einem Palazzo des 13. Jahrhunderts in der Altstadt von Bari befindet, sollten Sie unbedingt die Pizza direkt aus dem Olivenholzofen oder die Schokomousse mit einer Bitterorange-Gelantine probieren. *Ende Juli–Aug; Jan–Nov: Mo.* **www.alberosole.com**

BARI Il Giardino dei Tempi €€€

S.S. 100 Mungivacca-Triggiano, 70126 *080 548 20 22* **Straßenkarte** *D3*

Das Restaurant liegt mitten in einem traumhaft schönen botanischen Garten mit tropisch-subtropischer Vegetation und Papageien. Viele TV-Sendungen wurden hier schon gedreht. Spezialitäten sind die Antipasti. Doch auch die Cocktails sollten Sie einmal probieren! *Mo–Mi.* **www.ilgiardinodeitempi.it**

BARI Murat €€€

Via Lombardi 13, 70122 *080 521 65 51* **Straßenkarte** *D3*

Das Hotelrestaurant im siebten Stock bietet einen herrlichen Panoramablick über Bari und ist eine der besten Adressen der Stadt. Vor gut zehn Jahren wurde das Hotel für das »beste Frühstücksbüfett« prämiert und geht auch heute noch dieser Tradition nach – ein echter Tipp für die Morgenstunden! **www.palacehotelbari.it**

BARI La Muraya €€€

Via Re Manfredi 14, 70122 *080 521 42 41* **Straßenkarte** *D3*

Seit zehn Jahren ist das La Muraya bereits eine Referenz in der Altstadt von Bari. Der Familienbetrieb ist elegant und modern gestaltet. Man spricht sehr gut Englisch! Spezialität: *sushi barese* – roher Fisch aus dem Meer bei Bari mit apulischem Olivenöl, Pfeffer und Zitrone. *So abends.* **www.ristorantelamuraya.com**

BARI La Pignata €€€€

Via Corso Vittorio Emanuele II 173–175, 70122 *080 523 24 81* **Straßenkarte** *D3*

Das älteste Restaurant Apuliens besteht seit 1945. Der elegante Familienbetrieb liegt im Theaterviertel. VIPs aus Politik, Kunst und Kultur kommen gerne hierher, viele Künstler haben sich mit Zeichnungen auf den Tischdecken verewigt. Leckere Fischgerichte, Pasta und Desserts. *Mo; Aug.* **www.ristorantelapignatabari.com**

BARI Ai 2 Ghiottoni €€€€€

Via Putignani 11 und Via Amendola 197, 70122 *080 523 22 40 bzw. 080 546 71 34* **Straßenkarte** *D3*

Fischgourmets gehen in das moderne Restaurant in der Via Amendola (freitags geschlossen), Fleischgourmets bevorzugen das barock ausgestattete Haus in der Via Putignani (montags geschlossen). In beiden Restaurants erwartet Sie exquisite und raffinierte Küche mit vielen apulischen Spezialitäten. **www.ai2ghiottoni.it**

BARLETTA Antica Cucina €€

Via Milano 73, 70051 & FAX *0883 52 17 18* **Straßenkarte** *C2*

Dieses elegante und rustikale Restaurant befindet sich in einer ehemaligen Ölmühle. Im Angebot ist regionale Küche mit diversen Fischgerichten. Doch es gibt auch Gemüse- und Pferdefleischgerichte. Außerdem sollten Sie die frischen, in Olivenöl gebratenen Meeresfrüchte probieren. *So, Mo.* **www.anticacucina1983.it**

BARLETTA Bacco Osteria €€

Via San Giorgio 5, 70051 *088 353 40 00* FAX *088 35 31 00* **Straßenkarte** *C2*

Das Restaurant befindet sich im ältesten Gasthaus von Barletta. Bei der Ankunft erwartet den Gast eine elegante, aber zeitlos klassische Ausstattung. Durch einen Glasboden kann man in den Keller und auf die alten Straßenebenen der Stadt sehen. Hier erwarten Sie traditionelle Gerichte, teils fantasievoll interpretiert. Sehr empfehlenswert!

MOLA DI BARI Remare €€€€€

Via Giuseppe di Vagno 218, 70042 *080 473 70 98* FAX *080 473 42 78* **Straßenkarte** *D3*

Das Restaurant scheint transparent zu sein: alles ist lichtdurchflutet, die Stühle sind durchsichtig. Außerdem wird das Interieur in diesem Palazzo aus dem 17. Jahrhundert von den Farben des Meeres dominiert: alles ist in Blau- und Weißtönen gehalten. Auch auf dem Ponton auf dem Wasser speist man gemütlich! **www.remare.it**

Preiskategorien *siehe Seite 182* **Zeichenerklärung** *siehe hintere Umschlagklappe*

MONOPOLI L'Arco del Porto €€
Piazza Garibaldi 29–31, 70043 & FAX *080 410 78 16* **Straßenkarte** D3

Einfach sensationell: In einer denkmalgeschützten Kirche aus dem 14. Jahrhundert befindet sich dieses Restaurant mit niveauvoller apulisch-innovativer Küche. Faszinierend sind die wechselnden Interieur-Farbdekorationen je nach Saison: im Winter braun-creme und im Sommer orange-creme. *Winter: Di.*

NOCI Antica Locanda €€
Via Spirito Santo 49, 70015 *080 497 24 60* **Straßenkarte** D3

Die rustikale Antica Locanda befindet sich in einem der ältesten Viertel im Ort. Hier serviert man traditionelle Küche mit Probiermenüs aus lokalen Spezialitäten, Antipasti mit Wurst und Käse, apulische Pastagerichte (mit Orecchiette) oder Lamm mit Kartoffeln und Lampascioni (Wildzwiebeln). *So abends, Di.* **www.pasqualefatalino.it**

POLIGNANO A MARE Tuccino €€€
Via S. Caterina 69/F, 70044 *080 424 15 60* FAX *080 425 10 23* **Straßenkarte** D3

Seit 30 Jahren bietet dieser sympathische Familienbetrieb typisch apulische Speisen. Das Restaurant liegt direkt am Meer, jedoch nicht absolut zentral. Besondere Empfehlungen des Hauses sind Spaghetti mit Cozze und das hausgemachte Dessert *mimosa* mit Früchten und Schokolade. *Mo.* **www.tuccino.it**

POLIGNANO A MARE Grotta Palazzese €€€€€
Via Narciso 59, 70044 *080 424 06 77* FAX *080 424 07 67* **Straßenkarte** D3

Dieses Restaurant befindet sich in einer natürlichen Grotte – ein einzigartiges Ambiente nicht nur für ein romantisches Candle-Light-Dinner. Das schicke und elegante Trendrestaurant wird auch gerne von Prominenten aufgesucht. Probieren Sie die Spezialitäten der Menükarte! *Winter: Di.* **www.grottapalazzese.it**

RUVO DI PUGLIA U.P.E.P.I.D.D.E. €€
Vico Sant'Agnese 2 (Corso Cavour), 70037 *080 361 38 79* FAX *080 360 13 60* **Straßenkarte** C3

U.P.E.P.I.D.D.E. steht für *unico posto esclusivo per individui di doppia esigenza*, auf Deutsch: Einzigartige Exklusivadresse für Individuen mit besonderen Ansprüchen. Das Restaurant in einem Palazzo aus dem 14. Jahrhundert ist rustikal-raffiniert, sehr chic, elegant, gastfreundlich und klein, aber fein. *Mo.* **www.upepidde.it**

TRANI Torrente Antico €€€€
Via Edoardo Fusco 3, 70059 *088 348 79 11* FAX *088 348 79 11* **Straßenkarte** C2

Das Torrente Antico ist ein kleines, romantisches, ruhiges und absolut empfehlenswertes Weinlokal in der Stadt. Vor allem für Weingourmets ist die Adresse ein wahres Paradies! Durch die Holz-Ausstattung bekommt es ein rustikales Ambiente. *So, Mo; Jan: 2. und 3. Woche.*

Brindisi und Tarent

ALBEROBELLO Aratro €€€
Via Monte S. Michele 25–29, 70011 & FAX *080 432 27 89* **Straßenkarte** D3

Dieses rustikal-charmante Restaurant liegt in einem Trullo mitten in der Altstadt. Seit 1996 serviert der Chef hier wohlschmeckende apulische Gerichte. Besondere Empfehlungen sind Orecchiette, Antipasti und Fleischgerichte. Ein weiterer Tipp ist die Mandeltorte des Hauses. *Winter: Mo.* **www.ristorantearatro.it**

ALBEROBELLO Il Poeta Contadino €€€€
Via Indipendenza 21, 70011 *080 432 19 17* **Straßenkarte** D3

Bereits seit 1977 ist das Il Poeta Contadino eine Referenz für Kenner. Es liegt in einem Palazzo aus dem 17. Jahrhundert am Rande der Altstadt und ermöglicht einen Blick auf die Trulli. Ausgestattet ist das Restaurant mit einem der besten Weinkeller der Welt. *Mo.* **www.ilpoetacontadino.it**

BRINDISI L'Araba Fenice €€
Corso Roma 31, 72100 *0831 59 00 09* FAX *0831 555 62 64* **Straßenkarte** E4

Das Restaurant befindet sich im Zentrum von Brindisi in einem eleganten Stadtpalais des 18. Jahrhunderts mit Kuppeldecken. Die Einrichtung ist stilvoll mit braunen Holzmöbeln, viel Licht, weißen Wänden und freigelegtem Mauerwerk gestaltet. Bei einem Stadtbesuch ein exzellenter Gourmet-Tipp! *Mo.* **www.fenicebrindisi.it**

BRINDISI Marcaurelio €€€
Via Ferrante Fornari 26, 72100 *0831 52 17 73* **Straßenkarte** E4

Das Marcaurelio wird seit 1970 betrieben. Es liegt in der Fußgängerzone direkt am Rathausplatz in einem Palazzo von 1600. Besondere Empfehlungen sind Gerichte mit frischem Fisch oder die Tagliolini-Variationen. Zum Dessert empfiehlt der Chef den Zitronenpudding. *Winter: So abends, Mi.*

BRINDISI Penny €€€
Via San Francesco 5, 72100 *0831 56 30 13* **Straßenkarte** E4

Anders als der Name vermuten lässt, ist das Ambiente im Penny von Stil und Eleganz geprägt. Das helle und geräumige Restaurant ist in einem Palazzo aus dem 13. Jahrhundert untergebracht. Die angegliederte Enoteca lädt zu Degustationen. Hier kann man edle Tropfen diverser Regionen Italiens kaufen. **www.enotecaristorantepenny.it**

Straßenkarte *siehe hintere Umschlaginnenseiten*

CEGLIE MESSAPICA Ristorante Enoteca Cibus €€€
Via Chianche di Scarano 7, 72013 & FAX 0831 38 89 80 — **Straßenkarte** E4

Das Ristorante ist seit 15 Jahren Mitglied bei Slow Food und wurde als eine der besten italienischen Osterie ausgezeichnet. In der Festungsburg gibt es immer wieder Live-Musik-Events. Besondere Empfehlungen: *Candela* mit Ricotta, Minze und Zucchini und als Dessert Ricottakäse mit Feigenmost. *Di.* **www.ristorantecibus.it**

CEGLIE MESSAPICA Al Fornello da Ricci €€€€
Contrada Montevicoli, 72013 & FAX 0831 37 71 04 — **Straßenkarte** E4

Mit seiner über 40-jährigen Tradition hat der Familienbetrieb einiges zu bieten. Das rustikale Restaurant liegt romantisch auf einem Hügel inmitten von Olivenbäumen. Delikat sind die Fleischgerichte. Für Weinliebhaber ist es mit seinen 1000 Weinsorten ein Dorado. *So und Mo abends, Di.* **www.riccíristor.com**

CISTERNINO Taverna della Torre €€€
Via San Quirico 3, 74015 080 444 92 64 FAX 080 44 44 97 64 — **Straßenkarte** D3

Das vielfach ausgezeichnete Restaurant befindet sich in einem der schönsten italienischen Städtchen mit historischer Altstadt. Saisonale Spezialitätenküche.Tipp: zehn Antipasti zum Probieren, haus- und handgemachte Pasta, sehr gute Fleischgerichte, Schokoladendessert mit Zabaionecreme. *Di.* **www.tavernadellatorre.it**

FASANO Il Fagiano €€€€
Selva di Fasano, Viale Toledo 13, 72015 & FAX 080 433 11 57 — **Straßenkarte** D3

Der familiäre Traditionsbetrieb ist seit 1960 in Betrieb. Er befindet sich sechs Kilometer von Fasano entfernt auf dem Land. Alles ist im Liberty-Stil in gelb-weiß-cremefarbenen Tönen eingerichtet. Serviert wird traditionelle apulische Küche, aber auch andere italienische Spezialitäten sind zu empfehlen. *Mo.* **www.ilfagiano.it**

MARTINA FRANCA Ai Portici €€
Piazza Immacolata 6, 74015 080 321 58 01 — **Straßenkarte** D4

In der Trattoria Ai Portici speist man stilvoll unter Kolonnaden oder im von Gewölben geprägten Speisesaal. Die Speisekarte listet vielfältige Spezialitäten der Region – von Antipasti über Fleisch-, Fisch- und Pastagerichte bis zu Desserts. Besonders kreativ sind die Menüvorschläge zu Festtagen (u. a. das Ostermenü). **www.trattoriaaiportici.it**

OSTUNI Osteria del Tempo Perso €€
Via G. Tanzarella Vitale 47, 72017 0831 30 48 19 FAX 0831 30 33 20 — **Straßenkarte** E4

Das bekannte Restaurant in der Altstadt von Ostuni verfügt über zwei Speiseräume. Der Weinkeller ist mit mehr als 200 Weinsorten bestückt. Für jedes Gericht stehen mehrere edle Tropfen zur Auswahl. Sie sollten unbedingt die Gerichte mit frischer Pasta sowie die Mandeltorte probieren. *Winter: Mo.* **www.osteriadeltempoperso.com**

TARENT Il Caffè €
Via Niccolò Tommaso d'Acquino 8, 74100 099 452 50 97 — **Straßenkarte** D4

Das Il Caffè hat eine über 30-jährige Tradition und befindet sich in einem Palazzo aus dem 19. Jahrhundert. Die zwei Speiseräume sind rustikal und elegant. Tipp: *Cozze di Taranto* (Muscheln mit einer Sauce aus frischen Tomaten, Olivenöl, Knoblauch und Petersilie). *Winter: So abends, Mo mittags.*

TARENT Pesce Fritto €
Lungomare Vittorio Emanuele 24, 74100 099 453 84 91 — **Straßenkarte** D4

Seit 1960 ist das familiengeführte Restaurant eine Referenz. Die Lage ist grandios – in der Altstadt und direkt am Meer. Die Einrichtung ist traditionell und elegant. Besonders empfehlenswert sind alle Fischgerichte mit Muscheln, Hummer und Meeresfrüchten.

TARENT Al Gatto Rosso €€
Via Benso Conte di Cavour Camillo 2, 74100 099 452 98 75 — **Straßenkarte** D4

Das Familienrestaurant befindet sich seit den 1950er Jahren in einem Palazzo mit 100-jähriger Geschichte. Insgesamt ist das Ambiente rustikal-edel und einladend schön. Die Küche ist relativ einfach, aber sehr lecker. Das Restaurant ist vor allem ein Tipp für Fischgourmets. *Mo.* **www.ristorantegattorosso.com**

TARENT Gesù Cristo €€
Via Cesare Battisti 10, 74100 099 477 72 53 — **Straßenkarte** D4

Der Familienbetrieb in dritter Generation ist in Tarent sehr bekannt. Das vor Kurzem restaurierte Lokal zeigt marine Motive und ist mit einer Fischhalle verbunden. Die Fischkarte ist wahrlich ein kulinarisches Highlight. Der Fisch kann fürs Menü gleich fangfrisch ausgesucht werden. *So abends, Mo.*

Lecce

CASTRO Panoramico €€€
Via Panoramica 100, 73030 083 694 30 07 FAX 083 694 30 76 — **Straßenkarte** F5

Das Panoramico bietet seit mehr als 30 Jahren hervorragendes Essen und dazu einen herrlichen Panoramablick auf die Bucht. Dank der Kapazität für insgesamt bis zu 600 Personen eignet sich das Restaurant bestens für die verschiedensten Events. Zum Angebot an Speisen gehören auch glutenfreie Gerichte. **www.hotelpanoramico.net**

Preiskategorien *siehe Seite 182* **Zeichenerklärung** *siehe hintere Umschlagklappe*

GALATINA Le Tre Grazie — €

Via del Balzo 34, 73013 *0836 52 20 31* — ***Straßenkarte** F5*

Einziges Restaurant im Salento, in dem die regionale *muscisca* (Salamispezialität) serviert wird. Das Eis wird nach Rezepten aus dem 19. Jahrhundert hergestellt. *Dolci* (Süßspeisen) und das Käsesortiment sind sehr gut. Mitglied bei Slow Food Salento/Italien seit 2000. *Sep–Juni: Mi.*

GALLIPOLI Il Bastione — €€€€

Via Sauro 28, 73014 *& FAX 0833 26 38 36* — ***Straßenkarte** E5*

Das Restaurant liegt in der Altstadt und ist ein Szenetreff für Berühmtheiten und Politiker. Hier gibt es vor allem salentinische Küche. Empfehlenswert: Hausgemachte *paccieri* (Nudelspezialität u.a. mit Hummer und Garnelen) und als Dessert *pasticciotto Gallipolino* (cremegefülltes Gebäck). **www.ristoranteilbastionegallipoli.com**

LECCE Caffe Alvino — €

Piazza Sant'Oronzo 30, 73100 *& FAX 0832 24 67 48* — ***Straßenkarte** F4*

Seit 1900 befindet sich die Cafébar mitten im Zentrum am Amphitheater, 2008 wurde sie komplett renoviert. Bei Sonnenschein lässt sich hier der Espresso bis abends genießen. Tipps: *Granità di caffè*, Feingebäck, Minitörtchen und lokale Spezialitäten wie *rustico*, *calzone* und *arrancino*. *Di.* **www.caffealvino.it**

LECCE Alle due Corti — €€

Corte dei Giugni 1, 73100 *0832 24 22 23* *FAX 0832 39 78 65* — ***Straßenkarte** F4*

Chefin Rosalba de Carlo wurde 2008 von der UNESCO als Vertreterin für traditionelle Gastronomiekunst ausgewählt. Für die salentinische Küche ist dies eine besondere Ehre. Unbedingt probieren gehen und sich mit wunderbaren Speisen einfach verwöhnen! *So; 24. Dez–1. Jan; 14.–17. Aug.* **www.alleduecorti.com**

LECCE Corte dei Pandolfi — €€€

Piazzetta Orsini, 73100 *0832 33 23 09* — ***Straßenkarte** F4*

Das Corte dei Pandolfi wurde 2001 eröffnet und liegt mitten im historischen Zentrum der Stadt. Hier finden Sie eine sehr persönliche Atmosphäre vor. Das Restaurant ist vor allem für seine Küche mit frischen Produkten aus dem Salento bekannt. Der Blick geht aufs Meer! **www.cortedeipandolfi.com**

LECCE Le Zie Trattoria Cucina Casereccia — €€€

Viale Costadura 19, 73100 *0832 24 51 78* *FAX 0832 24 47 83* — ***Straßenkarte** F4*

Seit 1966 ist die Trattoria in der ganzen Stadt für ihre exzellente Küche bekannt. Sie befindet sich in einem typischen Palazzo aus dem 19. Jahrhundert. Hier werden apulische Gerichte in familiärer und traditionsbewusster Atmosphäre mit Herzlichkeit und viel Charme serviert – wie zu Hause!

MAGLIE Donna Lisa — €€

Via Ospedale, 73024 *0836 31 18 65* — ***Straßenkarte** F5*

Das Donna Lisa ist Bar und Restaurant in einem. Es liegt mitten in der charmanten Altstadt von Maglie und verfügt über ein sehr elegantes Ambiente, das vor allem Gourmets schätzen. Empfehlenswert sind insbesondere die Fischgerichte. Aber auch das Frühstück im sonnigen Innenhof ist wunderschön.

NARDÒ Corte Santa Lucia — €

Via Santa Lucia 46, 73048 *0833 83 52 75* — ***Straßenkarte** F5*

Der Familienbetrieb wurde mit dem »Quality Award für italienische Gastfreundschaft« ausgezeichnet. Man spricht Englisch, Französisch, Russisch, Spanisch, Portugiesisch und Italienisch. Tipp: *Millefoglioline con i frutti di bosco* (Teigschnittchen mit Waldfrüchten). *Di; zwei Wochen im Nov.* **www.cortesantalucia.com**

OTRANTO Zia Fernanda — €€

Via XXV Aprile, 73028 *& FAX 0836 80 18 84* — ***Straßenkarte** F5*

Seit rund 30 Jahren ist das charmante Restaurant eine Referenz am Platz und die Passion der Besitzerin. Es wird viel Wert auf Service, Details und Qualität gelegt. Gekocht wird mit regionalen Produkten. Gourmet-Tipp: frische hausgemachte Pasta mit Fischsauce. *Mo; 10. Nov.–10. Dez; 15. Jan–15. Feb.* **www.ziafernanda.it**

PATÙ Rua de li Travaj — €

Via Cavallotti 44 (Piazza Indipendenza) *349 058 45 31* — ***Straßenkarte** F5*

Das rustikale Restaurant befindet sich in einem Altstadtpalazzo. Die hausgemachten Nudelspezialitäten sowie die Gerichte mit Gemüse und Antipasti sind ganz besonders zu empfehlen. Fotografien der Familie und vom Dorf erzählen Geschichten. *Okt; Winter: Mi und So abends.*

TAVIANO A casa Tu Martinu — €€

Via Corsica 95, 73057 *0833 91 36 52* *FAX 0833 91 94 82* — ***Straßenkarte** F5*

Wunderschön und romantisch in einem Gebäude aus dem 17. Jahrhundert gelegen. Einzigartig! Hier wird sehr viel Wert auf hausgemachte Speisen gelegt. Tradition und Moderne verbinden sich harmonisch. Perfekter Service, charmantes Ambiente. Herrliche salentinische Küche. *Okt–Dez.* **www.acasatumartinu.com**

TRICASE Bolina — €€€

Lungomare Cristoforo Colombo, 73039 *& FAX 0833 77 51 02* — ***Straßenkarte** F5*

Die Bar und Cafeteria liegt direkt am Hafen und verfügt über eine Terrasse, von der man einen schönen Blick hat. Neben den Fischdelikatessen und den hausgemachten Desserts sollten Sie unbedingt um Mitternacht die *cornetti con crema calda* (cremegefülltes Gebäck) probieren. *Winter: Mi.*

Straßenkarte *siehe hintere Umschlaginnenseiten*

Shopping

Dem Ruf Italiens als Modeland entsprechend, findet man auch in apulischen Städten zahlreiche Läden und Boutiquen, in denen es sich bestens shoppen lässt. Doch neben Mode, Antiquitäten und Kosmetika genießt vor allem das Kunsthandwerk eine große Bedeutung in der Region. Aus den einfachsten Dingen wie Stein, Holz oder Papier werden raffinierte, fantasievolle, aber auch ganz schlichte Artefakte hergestellt – perfekte Andenken an den Apulienurlaub. Ein Muss sind zweifellos auch die gastronomischen Spezialitäten: das berühmte Olivenöl extravergine, die vielen DOC-Weine, typische apulische Pasta wie Orecchiette, Antipasti, Liköre wie der Limoncello und natürlich köstliche Schokolade und Kaffee.

Candido, seit 1859 in Familienbesitz

Edle Modeaccessoires gibt es bei Lopardo in Maglie

Mode

Wie in ganz Italien kann man auch in Apulien hervorragend shoppen. Besonders in den Städten Bari, Brindisi, Lecce, Foggia, Maglie und Tarent finden Sie neben den bekannten internationalen Modelabeln immer wieder kleine typische Läden und Boutiquen, in denen das Angebot von klassischer, eleganter Bekleidung bis zu exklusiver Designermode reicht.

Ein ganz besonderer Tipp ist sicher **Candido 1859** in Maglie. Das Kaufhaus in Familienbesitz besteht schon seit 1859 und bietet Luxusmode bekannter Designermarken. Wenn Sie hier sind, lohnt es sich, auf das Dach zu steigen. Von dort bietet sich ein herrlicher Panoramablick über die Stadt.

Elegantes Design hat auch **Atmosphere** in Gallipoli im Angebot. Wenn Sie etwas Schickes für den Abend benötigen, sind Sie bei **Corderia 1995** in Bari richtig. Hier finden Sie Braut- und Abendmode für jeden Anlass. Gleiches gilt für **Paolo Fumarulo Atelier Alta Sartoria** in Lecce.

Die aktuellsten Trends in Sachen Bademode bietet **Cheeky Pay** in Lecce.

Benötigen Sie ein Hemd oder eine Krawatte, werden Sie ganz sicher bei **Camicie e Cravate** in Maglie fündig. In Casarano hingegen empfiehlt sich ein Besuch bei **Southern Giannelli** mit seiner großen und bunten Auswahl an Krawatten.

Klassische Schuhe von Gucci

Zu den hippsten Modeadressen zählt sicherlich die Jeansmarke **Meltin'Pot**, deren Sitz sich in der Nähe von Lecce befindet. Läden dieses Labels gibt es in vielen apulischen Städten, so auch in Bari, Brindisi, Foggia, Gallipoli, Maglie und natürlich in Lecce.

Hübsche, etwas ausgefallenere Oberteile führt **Fantadesign** in Lecce.

Neben diesen exklusiven Läden finden Sie in Brindisi, Foggia, Tarent, Lecce und vor allem Bari auch viele der international bekannten Modelabels wie etwa Stefanel, Benetton oder Max-Mara. In Bari gibt es auch Läden von Giorgio Armani und Gucci.

Schmuck und Accessoires

Stylische Taschen in allen Formen und Farben gibt es bei **DAF Design** in Lecce. Aktuelle Accessoire-Trends führt **Lopardo** in Maglie. Die exklusiven Produkte werden in einem mittelalterlichen Palazzo direkt gegenüber dem Dom von Maglie verkauft. In Gallipoli lohnt sich unbedingt ein Besuch bei **Atmosphere**. Neben schicken Oberteilen und Kleidern finden Sie hier auch bezaubernde Accessoires wie Taschen, Hüte, leichte Sommerschuhe, Tücher und modischen Schmuck.

Edlen Schmuck gibt es bei **Amadeo Gioiellieri dal 1900** in San Marco in Lamis.

Neben Oberteilen finden Sie bei Fantadesign auch sehr ausgefallene Accessoires – vom Ring über Schürzen bis zu hübsch gestalteten bunten Tüchern und Handschuhen. Wer Freude an farbenfrohen, ideenreichen Accessoires hat, sollte auf jeden Fall hier vorbeischauen.

Candido 1859 ist eine Top-Adresse für Modebewusste

Schuhe und Lederwaren

Das Kunsthandwerk der Lederverarbeitung hat noch immer eine große Bedeutung in Apulien. Man findet in dieser Region die verschiedensten Sandalen, Schuhe, Stiefel sowie Taschen und Täschchen jeder Form und Größe – zum Beispiel bei **Mario del Fiume** in Lecce oder bei **De Alfa Artigianato** in Alberobello. Qualitativ hochwertige Schuhe aus Apulien gibt es bei **Filanto**, das seinen Sitz in Casarano hat. Läden von Filanto finden Sie in vielen apulischen Städten, so auch in Bari, Gallipoli, Lecce und Tarent.

Schlicht und klassisch: Benettonläden finden sich in ganz Apulien

Design und Antiquitäten

Elegante Möbel und Designstücke für die Inneneinrichtung gibt es bei **Poltrona Frau** in Lecce. Das Geschäft ist in einem alten Palazzo im Zentrum untergebracht. Die dekorativ freigelegten Innenwände sind aus typischem Lecceser Stein. Abends werden die Wände wunderbar mit Licht angestrahlt, wodurch Sie ein ganz besonderes Ambiente erwartet.

Auch was Design angeht sind Sie bei **Atmosphere** in Gallipoli genau richtig. Hier gibt es Kerzenständer, Kissen, Bilderrahmen und Spiegel. Lopardo in Maglie verkauft neben vielen exklusiven Modeaccessoires auch eine Reihe ausgewählter, erlesener Wohnaccessoires.

Edle Glas- und Keramikprodukte sowie Wohnaccessoires finden Sie bei **Corderia 1995** in Bari. Design und Möbel gibt es auch bei **Bauhaus Lecce**.

Edles Wohndesign bei Atmosphere in Gallipoli

Kosmetik und Parfüm

In letzter Zeit sind auch in dieser südlichen Region Italiens immer mehr Kosmetikprodukte auf den Markt gekommen, die insbesondere apulische Ingredienzen enthalten. Mit einer mediterranen Nuance aus Meer, Blumen, Früchten, Kräutern und Mineralien tragen die Kreationen zu Wohlbefinden und natürlichem Look bei. **Terme & Natura** ist eine solche Kosmetikmarke, die ihre Produkte – zum Beispiel ihre Linie Salentum – im Salento herstellt und unter anderem in eigenen Geschäften in den Städten Lecce, Santa Cesare Terme und Otranto verkauft.

Parfüm aus dem Salento

AUF EINEN BLICK

Mode

Camicie e Cravate
Via Trento e Trieste 15, Maglie.
0836 42 43 64.

Candido 1859
Piazza Aldo Moro 9, Maglie.
0836 42 32 08.
www.purostilecandido.com

Cheeky Pay
Via Zanardelli 35, Lecce.
0832 31 54 90.
www.cheekypay.it

Corderia 1995
Via XXIV Maggio 39/ Via Bozzi 67, Bari.
080 524 10 50.
www.corderia1995.it

Fantadesign
Via Saponara 3, Lecce.
0832 31 10 66.
www.fanta-design.it

Meltin'Pot
Zona Industriale, Matino.
0833 30 21 11.
www.meltinpot.com

Paolo Fumarulo Atelier Alta Sartoria
Via Lecce 67, Carmiano.
393 487 04 30.
www.paolofumarulo.com

Southern Giannelli
C/o Cisi Puglia, Casarano.
0833 51 52 38.
www.giannellihandmade.it

Schmuck und Accessoires

Amedeo Gioiellieri dal 1900
Corso Matteotti 166, San Marco in Lamis.
0882 83 41 52.
www.amedeogioiellieri.it

Atmosphere
Via A. De Pace 68, Gallipoli.
347 378 75 17.
www.atmospheregallipoli.it

DAF Design
Via Monte S. Michele 18, Lecce.
0832 63 30 73.
www.dafdesign.it

Lopardo
Via Roma 51, Maglie.
0836 42 68 03.
www.lopardo.ch

Schuhe und Lederwaren

De Alfa Artigianato
Via Monte S. Michele 40, Alberobello.
080 432 17 51.
www.dealfa.com

Filanto
Zona Industriale, Casarano.
0833 51 11.
www.filanto.it

Mario del Fiume
Via F. Rubichi 3, Lecce.
338 195 59 81.
www.mariodelfiume.it

Design und Antiquitäten

Bauhaus Lecce
Corso Vittorio Emanuele 17, Lecce.
0832 30 20 69.
www.bauhauslecce.it

Corderia 1995
Via XXIV Maggio 39/ Via Bozzi 67, Bari.
080 524 10 50.
www.corderia1995.it

Poltrona Frau
Via Salvatore Trinchese 10, Lecce.
0832 27 76 37.
www.poltronafrau.it

Kosmetik und Parfüm

Terme & Natura
Via Immacolata 22, Otranto.
0836 806 18.
www.termeenatura.it

Keramik-Viertel in Grottaglie

Keramik

In Apulien hat die Bearbeitung von Keramik und Terrakotta eine lange Tradition. Das Zentrum dieses Kunsthandwerks ist der unweit von Tarent gelegene Ort Grottaglie. Dort gibt es zahlreiche Spezialgeschäfte, die sich im sogenannten »Keramik-Viertel« (www.ceramistidigrottaglie.it) befinden. Hier gibt es Olivenschiffe, Karaffen, Salz- und Pfefferstreuer, Espressotassen oder Pastateller. Typisch ist für apulische Keramik die Abbildung eines Hahns, Symbol für Fruchtbarkeit und Männlichkeit. Außerdem findet sich auch immer wieder der *ursulo*, ein mit Landschaftsdarstellungen dekoriertes mediterranes Gefäß. Neben den zahlreichen Keramikläden in Grottaglie wie **Ceramica Nicola Fasano** oder **Francesco Motolese** lohnt sich auch ein Besuch bei **Ceramiche artigianali D'Alò** in Ostuni oder bei **Ceramiche artistiche Robustella** in Manfredonia, wo man auch Bilder erwerben kann. Hübsches aus Terrakotta erhält man bei **L'Ocra di Lucia Mancini** in Lecce.

Trullo aus Keramik

Tonpfeifen

Schon seit dem Mittelalter sind die bunten Tonpfeifen *(fischietti)* bekannt. Diese Tradition ist eine speziell in Apulien überlieferte Seite der Keramik- und Terrakottakunst. Dabei sind die unterschiedlichsten Pfeifenmodelle zu finden, die oft sehr bunt sind und einen typischen Klang haben. Früher wurden vor allem Karikaturen oder Gesichter wichtiger Personen dargestellt. Nun ist das Repertoire breiter. Auf dem Jahrmarkt im Ort Rutigliano, wo alljährlich am 17. Januar die bei den Einheimischen sehr populäre Festa des Schutzpatrons Sant'Antonio Abate stattfindet, gibt es Hunderte dieser Pfeifen, die ertönen, um die Bürger an die Ankunft des Karnevals zu erinnern. Darüber hinaus lohnt sich ein Besuch bei **Bottega di Vito Moccia Paglierulo**, wo es die lustigsten Modelle gibt.

Pappmaché

Seit der Antike wird in Apulien, besonders in Lecce und im Salento, mit Pappmaché *(cartapesta)* gearbeitet. Es diente einst als Ersatzmaterial für Holz oder Stuck. Nachdem das Papier mit Klebematerialien vermischt worden ist, wird die Masse um eine Drahtbzw. Strohform modelliert oder in Gipsformen gepresst. Es folgen das Trocknen, Bemalen und Verzieren. Diese Arbeit erfordert viel Liebe zum Detail. In Lecce gibt es zahlreiche Meister, die ein überaus vielseitiges Angebot in ihren Geschäften haben. So lohnt sich u.a. ein Besuch bei dem berühmten **Antonio Malecore** oder in der **Galleria De Tommasi**. Ursprünglich wurden Krippenfiguren für die Weihnachtszeit hergestellt. Heute findet man die Pappmachékunst jedoch vor allem bei Masken, Karnevalswagen oder allgemein in der Sakralkunst. Traditionelle Marienfiguren sind noch immer ein allgegenwärtiges Thema in dieser Kunstform.

Flechtkörbe

In Apulien ist auch das Flechten von sehr langen und biegsamen Weidenzweigen eine Tradition antiken Ursprungs. Körbe aller Art zum Aufbewahren von Obst und Käse, zur Dekoration oder als Pflanzenübertopf sind noch heute in Hotels und auf den Märkten der Region zu sehen. Material und Stil sind unverkennbar für Apulien. Neben hübschen Artikeln aus Keramik und Pappmaché finden Sie bei **TERRAROSSA** auch ein Sortiment an Flechtkörben – sogar in Form von Trulli.

Figuren aus Pappmaché *(cartapesta)* für die Weihnachtskrippe

Stoffe und Stickereien

Eine lange Tradition haben in Apulien die Stickkunst und das Spitzenklöppeln. Dabei prägen mediterrane Motive die Handarbeiten. Es gibt noch heute Werkstätten, die Teppiche, Stoffe und Weißwaren in Handarbeit weben. Hergestellt werden in der Regel Produkte für den Haushalt. Dafür verwendet man vor allem Wolle, Baumwolle und Leinen. Berühmt ist der kleine Ort Casamassella in der Nähe von Otranto. Doch auch **Anna Costantini** in Alberobello und **Giaquinto Tessitura** in Otranto haben hübsche Produkte in ihrem Angebot.

Typische Glücksbringer aus Apulien

Lecceser Stein

Der Stein machte Lecce in der Barockzeit weltberühmt und prägt seither ganze Architektur- und Kunstepochen. Er ist relativ leicht zu bearbeiten und war deshalb für die typischen Verzierungen und Ornamente besonders beliebt. Die Tradition ist bis heute erhalten geblieben. Figuren, Dekorationsobjekte und Kunsthandwerk im modernen Design sind in Lecce, aber auch darüber hinaus im Salento im Angebot. Ein Besuch lohnt sich bei **Petra Aurea**, **Artefare** oder bei **Petre – Rene Buttazzo** in Lecce.

Holz

Besonders das kostbare Olivenholz Apuliens kommt durch die Schnitzkunst richtig zur Geltung. Erlesene Holzschnitzereien entstehen dabei durch die Anwendung von antiken Techniken. Zu finden sind Geschenkartikel, Küchenutensilien und Spielzeug – zum Beispiel bei **Giovanni Rizzo** in Tricase oder bei **Luigi Solidoro** in Specchia.

Schmiedeeisen

Die Schmiedekunst gehört zum Kulturerbe der Region. Hergestellt werden Lampenständer, Kronleuchter oder Uhren – der Fantasie sind keine Grenzen gesetzt. Ein Besuch lohnt sich bei **Bottega d'Arte Gigante e De Luca** in Cavallino oder bei **Ferro Arte dei Fratel i Carlino** in Parabita.

Hübsche Erinnerungsstücke aus Apulien

AUF EINEN BLICK

Keramik

Ceramicarte Beppe
Piazzetta Palma Rosetta 8, Maglie.
☎ 0836 42 78 01.

Ceramiche artigianali D'Alò
Piazza Matteotti 51, Ostuni.
☎ 0831 33 46 70.
www.ceramichepuglia.it

Ceramiche Antonio Monteforte
Via Leone XIII 7, Grottaglie.
☎ 0995 66 17 41.
www.ceramichemonteforte.it

Ceramiche artistiche Robustella
Corso Mandfredi 56, Manfredonia.
☎ 0884 58 86 28.
www.ceramicherobustella.it

Ceramiche Carrera
Via Mazzini 20, Laterza.
☎ 0998 21 63 07.

Ceramica Nicola Fasano
Via Crispi 6, Grottaglie.
☎ 0995 66 10 37.
www.fasanocnf.it

Domenico Caretta Maioliche
Via Crispi 20, Grottaglie.
☎ 0995 66 17 25.

Forme e Colori di Vita De Marco
Via Duca d'Aosta 5, Alberobello. ☎ 0804 32 52 22.

Francesco Motolese
Via Savarra 8, Grottaglie.
☎ 099 566 17 41.

L'Ocra di Lucia Mancini
Via Palmieri 42, Lecce.
☎ 0832 24 27 91.
www.locra.it

Rosanna Valente
Via Madonna del Passo, Specchia.
☎ 0833 53 90 40.

Terra e fuoco ceramiche artistiche
Piazza Federico II 13, Foggia.
☎ 0881 72 36 26.
www.terraefuoco.it

Tonpfeifen

Bottega del Fischietto di Noè Macri
Via Crispi 55, Grottaglie.

Bottega di Vito Moccia Paglierulo
Via Gen. Dalla Chiesa 14, Rutigliano.
☎ 080 476 83 73.
www.mocciaterracotte.it

Filippo Lasorella
Via Chiaia 67, Rutigliano.

Pappmaché

Antonio Malecore
Via Merine 9, Lecce.

Arte Sacra di Claudio Riso
Via Vittorio Emanuele 27, Lecce. ☎ 0832 24 34 10.
www.cartapestariso.it

Bottega di Santino Merico
Via Acaia 1, Lecce.
☎ 0832 30 43 15.

Bottega Gallucci di Stella Ciardo
Via Cerrate Casale 31, Lecce. ☎ 0832 30 44 88.

Galleria De Tommasi
Via de Mogenico, Lecce.
☎ 0832 24 64 69.

I Messapi
Via Umberto I 20/A, Lecce.
☎ 0832 24 64 69.

Mario Di Donfrancesco
Via F. D'Amelio 1, Lecce.
☎ 0832 34 25 93.
www.didonfrancesco.it

Flechtkörbe

Associazione La Cruedda
Via Umberto I 70, Ischitella.
☎ 0884 99 61 64.

TERRAROSSA
Piazza Salandra 28, Nardò.
☎ 0833 57 26 85.
www.terrarossasalento.it

Stoffe und Stickereien

Anna Costantini
Via Duca d'Aosta 7/8, Alberobello

Giaquinto Tessitura
Via Castello, Otranto.
☎ 0833 54 82 69.

Lecceser Stein

Artefare
Via Vittorio Emanuele II 14, Lecce. ☎ 0832 34 82 06.
www.artefare.it

Petra Aurea
Via Giuseppe Palmieri 2, Lecce. ☎ 0832 243 55 55.

Petre – Rene Buttazzo
Via Giuseppe Palmieri 47/49, Lecce.
☎ 348 693 27 68.
www.petre.it

Holz

Giovanni Rizzo
Via Principe Amedeo 21/B, Tricase (Depressa).
☎ 0833 77 11 87.

Luigi Solidoro
Via De Caspari 20, Specchia.
☎ 0833 53 61 02.

Schmiedeeisen

Bottega d'Arte Gigante e De Luca
Via Lecce 67, Cavallino.
☎ 0832 61 27 00.
www.gigantediluca.it

Ferro Arte dei Fratelli Carlino
Via Prov.le per Collepasso, Parabita.
☎ 0833 59 39 88.
www.ferroarte.it

Shopping: Weine und Öle

Alezio Rosato Mjère von Michele Calò

Wein und Olivenöl haben Apulien berühmt gemacht. Regelmäßig erhält die Region Auszeichnungen von führenden internationalen Medien und Veranstaltern. Wirtschaftlich und kulturell sind die Produkte eng mit der regionalen Entwicklung verknüpft. Die Sorten sind vielseitig und wohlschmeckend. Oft sind die Produkte Ergebnisse langwieriger Veredelung. Viele Hersteller sind seit Jahrzehnten in Familienbetrieben tätig. Die Qualität ist durch das DOC-Siegel (Wein) und das DOP-Siegel (Olivenöl extravergine) garantiert.

Weinstöcke im Sand der Zone DOC Manduria

Wein

Früher war Apulien international in Feinschmeckerkreisen nicht so bekannt und hatte lange das Image eines Massenproduzenten von Konsumweinen. Doch dies hat sich längst geändert. Die apulischen Weinsorten zeichnen sich heute durch Qualität aus. Alte Rebsorten ernten international viel Beifall. So auch der Primitivo, der als Zinfandel in Kalifornien Weingeschichte schrieb. Apulien ist eine der bekanntesten Primitivo-Anbauregionen. Forschungen haben ergeben, dass die Traubensorte hier seit rund 150 bis 200 Jahren angebaut wird. Klimatisch gehört die Region zu den ganzjährig eher wärmeren Gebieten, was auch dem Weinbau zugute kommt. Eine besondere Rolle im Weinbau hat dabei die Provinz Lecce. Weiter ist Apulien weltberühmt für die Negroamaro-Weine. Das wichtigste Gebiet für den DOC-Negroamaro ist in der Gegend um Salice Salentino. Die rote Rebsorte wird in dieser Region bereits seit Jahrtausenden angebaut. Generell zeichnen sich die Negroamaro-Weine durch kräftigen Geschmack und exzellente Qualität aus. Der Primitivo steht für strukturierte und aromareiche Weine. Der Negroamaro ist eine Rebsorte, die für elegante, eher fruchtige Rotweine und erlesene Rosés steht. Doch auch die Weißweine aus Apulien liegen im Trend, vor allem aus den Gebieten zwischen Foggia und Bari. Für Weinliebhaber, die nach Apulien reisen, seien Folgende genannt: DOC Cacc'e Mmitte, Castel del Monte, Copertino, Leverano, Lizzano, Nardò, Squinzano, Gravina und San Severo. Im Kommen sind auch die feinen Dessertweine wie der Moscato di Trani.

Primitivo di Manduria
Führend für den Primitivo ist Manduria im Salento, wo der Wein reinsortig als DOC hergestellt wird. Bekannt sind die Weine Primitivo di Manduria (DOC) und Primitivo di Puglia (IGT). Es gibt drei Geschmacksrichtungen: dolce naturale, liquoroso dolce naturale, liquoroso secco. Trockener Primitivo passt gut zu würzigen Fleischgerichten.

Salice Salentino
Er wird aus Negroamaro und Malvasia nera aus Brindisi und Lecce gekeltert. Produktionsgebiete des DOC-Negroamaro sind Salice Salentino oder Sandonaci und Cellino San Marco. Der Rosé ist fruchtig, frisch und passt zu Fisch sowie weißem Fleisch. Sehr bekannt ist der Rote für seinen robust-aromatischen Geschmack. Ferner gibt es weißen Aleatico, Pinot bianco und Sekt.

Locorotondo
Möglicherweise ist dies der bekannteste DOC-Weißwein aus den Trauben Verdeca und Bianco d'Alessano. Gourmets empfehlen den Wein in Kombination mit Fischgerichten.

Locorotondo von Leone de Castris

Alezio rosato
Apulischer DOC-Wein aus Negroamaro-Trauben mit Malvasia nera aus Lecce, Sangiovese und Montepulciano. Schöne Rotfärbung, frisches Bouquet, aromatisch.

Moscato di Trani
Altgerühmter DOC aus Trani, Bari und Umgebung sowie aus der Region um Foggia.

Weinstraßen

In Apulien gibt es mehrere sogenannte Weinstraßen. »Antichi vini Rossi« im Ofanto-Tal bis nach Trani; »Castel del Monte« kreist um das DOC-Produktionsgebiet und hat die Stauferkastelle zum Zentrum; »Gioia del Colle e Gravina« im Herzen der Murgia; »Locorotondo e Martina« in der Valle d'Itria zwischen Trulli, Reben und Oliven; »Primitivo di Manduria e Lizzano« vom Mar Piccolo am Golf von Tarent landeinwärts; »Vini della Messapia« verläuft zwischen Ostuni und Brindisi parallel zur Küste; »Vini del Salento Leccese« erstreckt sich um die Stadt Lecce; »Vini del Capo e di Leuca« breitet sich von Otranto nach Gallipoli im äußersten Südosten Apuliens aus.

Negroamaro-Traube

Die Moscato-bianco-Traube trocknet zunächst an der Rebe oder auf Matten. Dolce naturale oder liquoroso. Einjährige Reifezeit.

Aleatico di Puglia
DOC dolce naturale oder liquoroso. Typisch für den Wein ist die intensive rubinrote Farbe. Wohlschmeckend mit Obst und Gebäck.

Olivenöl extravergine

Rund 40 Prozent der italienischen Olivenölproduktion stammt aus Apulien. Dabei handelt es sich in der Regel um natives Olivenöl extra der ersten Güteklasse, direkt aus Oliven, ausschließlich mit mechanischen Verfahren gewonnen. Zahlreiche Feinschmecker-Olivenöle kommen aus der Region, die Preise sind noch verhältnismäßig moderat. Es gibt aber nicht nur *ein* apulisches Olivenöl, denn die Region ist hinsichtlich der Bodenbeschaffenheit sehr vielfältig. Infolgedessen gibt es intensive, feine sowie herbe Olivenöle, die den unvergleichlichen charakteristischen Geschmack mediterraner Küche ausmachen.

Allgemein kann man drei große Anbaugebiete unterscheiden. Das Land um Bari ist berühmt für seine vielen Ölmühlen, die dank der innovativen Mühlenbesitzer auf dem Markt erfolgreich sind. Auch bekannt für sein exzellentes Olivenöl ist im Salento die Gegend um Lecce. Um Foggia sowie im Gargano haben die Olivenbäume spezielle bodenklimatische Eigenschaften oder wachsen in Bergregionen. Das Öl aus dieser Region hat einen besonders ausgeprägten Charakter. Gutes Öl kauft man vor Ort am besten direkt bei der Ölmühle in Flaschen oder in Fünf-Liter-Kanistern. Weitere Infos gibt es online (www.oliopuglia.it).

Apulisches Olivenöl

DOP-Öle

Dauno
Variables Öl; sehr interessant vor allem das Öl aus Peranzana-Oliven, das süß und fruchtig ist und reich an Charakter.

Terra di Bari
Sehr variables Öl, grün bis goldgelb, leicht bis mittelstark fruchtig. In diesem Gebiet findet man die Öle mit dem international besten Preis-Leistungs-Verhältnis.

Collina di Brindisi
Mittelfruchtig, ein wenig bitter und pikant; üblicherweise eher flach und wenig strukturiert; insgesamt noch nicht ausgereift, bedarf daher noch agronomischer und technischer Perfektionierung.

Terra d'Otranto
Mittelfruchtig, leicht bitter und pikant. Auch dieses Öl ist wenig strukturiert und noch allzu häufig zu vervollkommnen.

AUF EINEN BLICK

Wein

Agricole Vallone
Via 25 Luglio, Lecce.
0832 30 80 41.
www.agricolevallone.it

Candido
Via A. Diaz 46, San Donaci.
0831 63 56 74.
www.candidowines.it

Cantina cooperativa riforma fondiaria
Via Sosta San Riccardo 1, Andria.
0833 54 29 12.
www.vignuolo.it

Cantina sociale Locorotondo
Via della Catena 99, Locorotondo.
080 431 16 44.
www.locorotondodoc.com

Cantine due Palme
Via San Marco 130, Cellino San Marco.
0831 61 78 65.
www.cantineduepalme.it

Conti Zecca
Via Cesarea, Leverano.
0832 92 56 13.
www.contizecca.it

Enoteca Asciano
Piazza Italia 27, Ostuni.
0831 30 21 32.

Enoteca Il Tralcio
Via Manin 33, Monopoli.
080 930 13 66.
www.enotecailtralcio.it

Enoteca Vinarius De Pasquale
V. Marchese Di Montrone 87, Bari.
080 521 31 92.
www.enotecavinarius.com

Falcone
Via Vecchia Andria 19, Barletta.
0883 52 15 42.
www.falconevini.it

Leone de Castris
Via Senatore de Castris 26, Salice Salentino.
0832 73 11 12.
www.leonedecastris.com

Santi Dimitri
Via Giudano, Contrada Santi Dimitri, Galatina.
0836 56 58 66.
www.santidimitri.it

Unione agricola Melissano
Via Palermo 53, Melissano.
0833 58 82 21.
www.unioneagricola.it

Olivenöl

Azienda Agricola Adamo
Via Vittorio Emanuele II, Alliste.
0833 55 39 12.
www.agricolaadamo.it

Azienda Agricola De Carlo
Via XXIV Maggio 54/B, Bitritto.
080 63 07 67.
www.oliodecarlo.com

Azienda Agricola Serragambetta
Via Conversano 204, Castellana Grotte.
080 496 21 81.
www.serragambetta.it

Azienda Agricola Tamborino Frisari
Via Verdi 4, Maglie.
0836 48 44 36.
www.cortededroso.it

Conte Spagnoletti Zeuli
S.F. Contrada S. Domenico, 231 km 60, Andria.
0883 56 95 11.
www.contespagnolettizeuli.it

Frantoio Fratelli Galantino
Via V. Corato 2, Bisceglie.
080 392 13 20.
www.galantino.it

Olio Conte
Via E. Perrone, Sternatia.
0836 66 64 56.
www.olioconte.com

Puglia Alimentare
Zona H, 526, Contrada Trazzonaro, Martina Franca.
080 449 04 02.
www.puglialimentare.it

Tenuta Palma
Via Bagnolo, Cursi.
0836 32 20 33.
www.tenutapalma.it

Delikatessen

Martinucci gibt es bereits seit 1950

Kulinarisch ist Apulien wahrlich ein Paradies. Daher bietet es sich geradezu an, die eine oder andere Köstlichkeit der Region mit nach Hause zu nehmen, um auch noch nach dem Urlaub in den Genuss der großartigen apulischen Leckereien zu kommen. Egal, ob Pasta, Antipasti, Käse, Brot, Dolci oder Likör – die Bandbreite an erstklassigen Produkten ist einfach riesig. Im Folgenden finden Sie nur eine kleine Auswahl an Läden, in denen vor allem hausgemachte Produkte verkauft werden.

Marktstand mit großer Auswahl heimischer Käsesorten, Vieste

Pasta

Ein wahres Highlight in Apulien ist die Pasta, die hier oftmals hausgemacht ist. Es gibt die verschiedensten Arten und Sorten, die sich hervorragend zum Mitnehmen und als Geschenk eignen: Sagne, Pennoni, Lumaconi oder natürlich die für Apulien typischen Orecchiette *(siehe S. 180)*. Bei **Benedetto Cavalieri** in Maglie ist Pastaherstellung Handwerkskunst:

Cavalieri – Pastafabrik mit Tradition

Die Nudeln werden hier in Bronzeformen gepresst und haben daher eine raue Oberfläche. Die Pasta von Cavalieri wird aus qualitativ hochwertigem Hartweizengrieß aus der Region zubereitet und langsam bei niedrigen Temperaturen getrocknet. Auch bei **Pasta fresca e tarallificio Nella** gibt es frische Pasta.

Antipasti

Wie in ganz Italien sind auch in Apulien die Antipasti ein Gedicht. Egal, ob es sich um eingelegte Tomaten, Artischocken oder die klassischen Oliven handelt – Sie werden beim Kauf von Antipasti sicher nicht enttäuscht. Durch die praktische Verpackung in Gläsern sind sie außerdem gut transportierbar und erinnern Sie auch später noch an die wunderbare Küche Apuliens. Eingelegte Artischocken, Pilze und Peperoni sowie hervorragendes Pesto bekommen Sie bei **Carlino** in Maglie. Doch auch ein Besuch bei **Duca Carlo Guarini** lohnt sich: Hier können Sie eingelegte Tomaten, Artischocken, Oliven sowie besten Tomatensaft kaufen.

Käse

In Apulien werden aus der Milch von Kühen, Schafen und Büffeln die leckersten und besten Käse Italiens hergestellt. Die Produkte gehören zu den Schwerpunkten der apulischen Gastronomie. Ins Schwelgen geraten Gourmets bei Burrata, eine Art Mozzarella. Berühmt ist auch der Cacioricotta, der frisch oder gereift als Antipasto verzehrt wird. Eine andere Variante ist der Caciocavallo, der über einen Stock gehängt in der typischen Birnenform reift. Canestrato ist ein pikanter Schafskäse, der seine Form einer Lagerung in Binsenkörben verdankt.

Leckeren Käse erhalten Sie etwa bei **Sanguedolce** und **Caseificio Montrone** in Andria sowie bei **Latticini Fragnelli** in Martina Franca.

Aufwendige Pastaherstellung in Apulien

Leckere Antipasti aus dem sonnigen Apulien

Brot

Brot zählt zu den Spezialitäten in Apulien. Bekannt sind Hunderte Brotsorten vom dicken Landbrotlaib bis zu feinen Brötchen, *ceci* und *panedde* in Altamura, den *rote* aus Bari oder auch den in Foggia bekannten *skanate* aus Mehl und gekochten Kartoffeln und dem *pizzecalle* aus Corato. Nicht zu vergessen sind *pane a presutte* aus Canosa und *frangolle* aus Polignano. Weitere Spezialitäten unter den Backwaren sind Brezeln sowie *puccia*, das typische Brot mit schwarzen Oliven.

Bei **Paneficio Angelini** gibt es eine grandiose Auswahl an Taralli, Crostini und Porcelli. In der **Antica Casa Di Gesù** in Altamura finden Sie ein großes Angebot an Friselle, Castagnelle und Stuzzichini, die sich prima zum Mitnehmen eignen. Außerdem gibt es bei **Di Fonzo** in Laterza sehr leckeres Brot.

Cuore: Schokoladenherzen der Maglio Arte Dolciaria

Dolci

Zur edlen Versüßung bietet Apulien allerlei leckeres Feingebäck – von trocken bis cremig, von fruchtig bis herbbitter. Traditionell sowie kreativ-dekorativ ist die Pasticceria, die prachtvoll zum Sehen und ein Gourmeterlebnis für den Gaumen ist. Herrliche Torten und Törtchen gibt es unter anderem bei der **Pasticceria Abbaticchio** in Bari, bei der **Pasticceria Capilungo** in Lecce und der Konditorei **Martinucci** in Gallipoli. **Alda** in Tuglie führt exzellente Pralinen und feines Gebäck. Pralinen, Schokolade und Trockenfrüchte mit Schokoladenglasur erhalten Sie bei **Natale** in Lecce. Zudem hat **Pino Ladisa** in Bari köstliche Schokolade sowie Pralinen und außergewöhnliche Torten und Schokoladenskulpturen im Angebot. Ausgefallene und edle Schokolade gibt es auch bei **Maglio Arte Dolciaria** in Maglie. Die **Confetteria e Museo Mario Mucci** in Andria führt Schokoladendragees und Marzipanfrüchte. Leckere Marmelade gibt es u. a. in der **Antica azienda agrumaria Ricucci** in Rodi Garganico.

Likör

Zu den süßen Delikatessen Apuliens gehören auch edle Liköre wie etwa Nocino, Emerella oder Padre Peppe mit Kakteenfeigen oder Myrthe. Doch vor allem ist der Limoncello ein Genuss. Ihn bekommen Sie neben Honig und Dolci auch bei den Caroli Hotels (**La Dispensa di Caroli**) oder bei **Monte Sacro** in Mattinata. **Tenuta Verola** in Carmiano führt neben einer reichen Auswahl an Likören auch Grappa del Salento, in Alkohol eingelegte Weintrauben und Aquavite. Viele dieser Delikatessen werden auch als fantasievolle Geschenkartikel präsentiert.

Feinste Spirituosen auf Zitronenbasis

AUF EINEN BLICK

Pasta

Antico Pastificio Benedetto Cavalieri
Via Garibaldi 64, Maglie.
☎ 0836 48 41 44.

Pasta fresca e tarallificio Nella
Via della Croce 47, Manfredonia.
☎ 0884 58 14 47.

Antipasti

Carlino
Via Grieco 3, Aradeo.
☎ 0836 55 01 44.
Via S. Giuseppe 6, Maglie.
☎ 0836 42 85 75.
www.carlinogroup.it

Duca Carlo Guarini
Largo Frisari 1, Scorrano.
☎ 0836 46 02 88.
www.ducacarloguarini.it

Käse

Azienda Torre Sant'Emiliano
Litoranea Otranto–Porto Badisco, Otranto.
☎ 0836 80 12 39.
www.torresantemiliano.it

Caseificio Montrone SpA
Via Corato 391/411, Andria. ☎ 0883 54 14 35.
www.montrone.net

Latticini Fragnelli
Via delle Arti 14, Martina Franca.
☎ 080 483 95 86.
www.caseificiofragnelli.com

Sanguedolce
S.ple Andria–Trani, km 02 Andria.
☎ 0883 59 95 87.
www.sanguedolce.com

Brot

Antica Casa Di Gesù
Piazza Zanardelli 21, Altamura.
☎ 080 310 15 23.

Di Fonzo
Via Puccini 96, Laterza.
☎ 099 821 64 69.
www.panificiodifonzo.it

Panificio Angelini
Via dei Fiori 8, Martina Franca.
☎ 080 480 01 87.
www.panificioangelini.it

Dolci

Alda
Via Aldo Moro 143/A, Tuglie.
☎ 0833 59 81 68.
www.alda.it

Antica azienda agrumaria Ricucci
Via Cristoforo Colombo 4, Rodi Garganico.
☎ 0884 96 50 43.
www.agrumariaricucci.it

Casa La Piccirella
Strada S. Maria 68, Santa Maria al Bagno.
☎ 0832 62 38 07.
www.casalapiccirella.com

Confetteria e Museo Mario Mucci
Via Gammarrota 12, Andria.
☎ 0883 59 18 71.
www.confettimucci.it

Maglio Arte Dolciaria
Via S. Giuseppe 48, Maglie.
Via Templari 15, Lecce.
Via N. Piccinni 87, Bari.
☎ 0836 42 74 44.
www.cioccolatomaglio.it

Martinucci
Corso Roma, Gallipoli.
☎ 329 206 7299.
www.martinucci1950.com

Natale
Via Trinchese 7, Lecce.
☎ 0832 25 60 60.

Pasticceria Abbaticchio
Corso Sonnino 31, Bari.
☎ 080 553 13 76.
www.pasticceriaboccia.com

Pasticceria Capilungo
Via Bari 7, Lecce.
☎ 0832 31 24 06. www.pasticceriacapilungo.com

Pino Ladisa – Dolci e Cioccolato
Via Abate Gimma 80, Bari.
☎ 080 5214158. www.lacisadolcieciocсolato.it

Likör

La Dispensa di Caroli
Lungomare C. Colombo 59, Santa Maria di Leuca.
☎ 0833 75 82 42.
www.attiliocaroli.it

Monte Sacro
Corso Matino 139, Mattinata.
☎ 0884 55 89 41.
www.agriturismomontesacro.it

Tenuta Verola
Piazza Assunta/Villa Convento, Carmiano
☎ 0832 60 41 29.
www.tenutaverola.it

Unterhaltung

Viel Sonne, mildes Klima und laue Nächte: Das sind die idealen Voraussetzungen für das vielseitige apulische Unterhaltungsangebot. Apulien bietet für jeden Geschmack, alle Generationen und Interessen etwas – von Musik, Tanz, Theater, Kunst und Kino über Freizeitparks bis hin zu Discos und Bars sowie Festivals und Events. Die vielen Palazzi, Masserie, Schlösser, Buchten und Strände bilden eine attraktive Kulisse für zahlreiche Events, die im Freien auf der Piazza mitten im Zentrum der jeweiligen Stadt stattfinden. Oft kann man die Kultur sogar mit einem Glas Wein kombinieren und genießen. So wird die *ora felice* (Happy Hour) gerne zur *notte bianca* (langen Nacht). Das beliebte Festival »Città Aperte« lädt apulienweit zu rund 1000 Veranstaltungen ein.

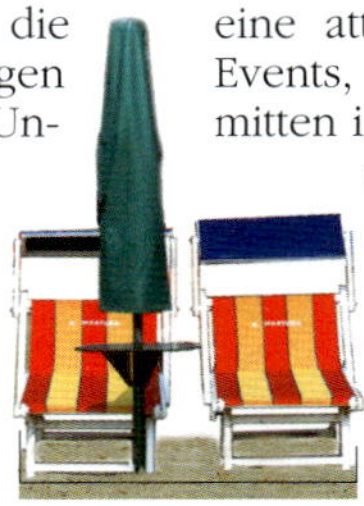

Genuss und Erholung am Strand

Theater, Oper und Kino

Die schönste Oper in Apulien ist sicherlich das **Teatro Petruzzelli** in Bari, mit 1492 Plätzen das viertgrößte Theater in Italien. Aufwendig erneuert wurde das **Nuovo Teatro Verdi** in Brindisi. Das **Cinema Teatro Tito Schipa** und **Cinema Rivellino** in Gallipoli zeigen die neuesten Filmhits. Highlight der Region ist das **Salento Film Festival**.

Apulien wird auch gerne als Drehort für Filme eingesetzt. So spielt der Film *Maria, ihm schmeckt's nicht* (Neele Leana Vollmar, 2009) in Bari, die Filme *Männer al dente* (Ferzan Özpetek, 2010) und *Solino* (Fatih Akin, 2002) in der Stadt Lecce.

Freizeitparks

Der Zoo nahe bei Fasano **(ZooSafari)** ist mit über 140 Hektar der größte Zoo in Italien und einer der größten in Europa. Zu den beliebtesten Attraktionen gehören 30 Löwen und 20 Giraffen. Direkt neben dem Zoo befindet sich der Freizeitpark **Fasanolandia** mit neuen und spektakulären Achterbahnen wie dem Euro-Fighter 400.

Bei Gallipoli bietet der Aqua-Fun-Park **Splash** auf einer Gesamtfläche von etwa 78 000 Quadratmetern Rutschbahnen für große und kleine Gäste. Spannend ist auch der Aquapark **Ippocampo** bei San Giovanni Rotondo. **Miragica** bei Molfetta wurde für sein Show- und Eventprogramm mit dem Parksmania Award ausgezeichnet. Eine besonders akrobatische Herausforderung mit Extremspaß ist die **Adrenalin Zone** bei Bari.

Diskotheken

Nachtschwärmer sind in Apulien gerne erst zur späteren Stunde unterwegs. Es gibt viele Szenetreffs für Trendsetter, VIPs und die Society aller Altersgruppen. Die Strand-Locations sind oft nur in der Sommersaison geöffnet.

Strandvergnügen an einem Strand der Halbinsel Gargano

Stranddiscos sind das Reich der Nachtschwärmer

Sehr beliebt ist im Sommer das **Buena Vista**, Café-Lounge auf dem Dach des Festungswalls von Gallipoli. Das Bar-Restaurant **All'ombra del Barocco** in Lecce ist ganzjährig offen. Neu ist das **Samarinda** in Leuca. Das **Blu Bay** in Castro ist eine Diskothek mit Pool und Eventprogramm. Das **Bahia del Sol** nahe Porto Cesareo bietet oft italienische Musikabende. Zu den meistbesuchten Locations gehört das **Divinae Follie** in Bisceglie. Clubnächte im **Parco Gondar** in Gallipoli sind immer angesagt. In Molfetta setzt **Jubilee Beach** Trends. An der Adriaküste locken vor allem das **Bahia** nahe den Alimini-Seen sowie **Malè** und **Guendalina** in Santa Cesarea Terme.

Übrigens: Die Happy Hour heißt in Italien »Ora felice«.

Festivals und Events

Apulische Städte bieten ein buntes Programm: **Jazz in Puglia** in Lecce spricht Kenner an. Berühmt für erstklassige Events ist das **Festival delle Valle d'Itria** in Martina Franca.

La Notte della Taranta ist das Pizzica-Musikfestival im Salento. Die **SpeleoNight** ist eine »Lange Nacht der Castellana-Grotten«. Der **Mercatino del Gusto** in Maglie ist eine Hommage an die italienische Slow-Food-Kultur. Tag der offenen Palasthöfe in Lecce ist **Cortili aperti**, Tag der Villen in Leuca ist Ville in festa. Im Salento findet das **TrentaVentiDieci** im Herbst statt. Das **Gargano Festival** wartet mit Musik und Tanz auf. Apulische Tänze erlebt man beim **Gran Danza delle Spade** in Torrepaduli.

Buchläden

Ein umfangreiches Sortiment an Büchern vieler Genres bietet **Liberrima** in Lecce. In Bari ist seit mehr als 110 Jahren das **Laterza** eine Institution. Auch die weltberühmte Buchhandelskette **Feltrinelli** ist in Bari mit einer Filiale vertreten. Apulische Themen sind beim Lesepublikum im Trend: Zu den bekanntesten Werken gehören *L'Ora di tutti* von Maria Corti oder *Otranto* von Roberto Cotroneo.

Plakat einer Picasso-Ausstellung im Castello Aragonese, Otranto

AUF EINEN BLICK

Theater, Oper und Kino

Cinema Teatro Tito Schipa und Cinema Rivellino
Corso Roma, Gallipoli.
0833 26 69 40.
www.cinemateatririuniti.com

Nuovo Teatro Verdi
Via Santi 1, Brindisi.
0831 56 25 54.
www.fondazionenuovoteatroverdi.it

Salento Film Festival
www.salentofilmfestival.com

Teatro Petruzzelli
Corso Camillo Benso di Cavour, Bari.
080 975 28 40.
www.fondazionepetruzzelli.it

Freizeitparks

Adrenalin Zone
Zwischen Torre a Mare und Noicattero.
331 600 71 92.
www.adrenalinzone.it

Ippocampo
S.S. 141, Saline–Manfredonia, Manfredonia.
0884 57 13 97.
www.ippocampo.it

Miragica
Via dei Portuali, Molfetta.
0803 37 17 11.
www.miragica.com

Splash
Località Santa Maria al Bagno, Rivabella.
0833 27 34 00.
www.splashparco.it

ZooSafari und Fasanolandia
Via dello Zoosafari, Fasano.
0804 41 44 55.
www.zoosafari.it

Diskotheken

All'ombra del Barocco
Corte dei Cicala 10, Lecce.
0832 24 26 26.

Bahia
Nahe den Alimini-Seen, Otranto.
338 486 22 97.
www.bahiadiscoteca.it

Bahia del Sol
Porto Cesareo.
0833 56 52 22.
www.bahiadelsol.it

Blu Bay
Via S. Antonio, Castro.
338 486 22 97.
www.blubaydiscoteca.it

Buena Vista
Riviera Nazario Sauro 127, Gallipoli.
347 996 75 78.

Divinae Follie
Viale Ponte Lama 3, Bisceglie.
080 398 60 50.
www.divinaefollie.com

Guendalina
Santa Cesarea Terme.
www.guendalina.dj

Jubilee Beach
Via Bisceglie km 771,5, Molfetta.
080 338 45 69.
www.jubileedisco.it

Malè
Santa Cesarea Terme.
0832 21 01.

Parco Gondar
Litorale San Giovanni, Gallipoli.
327 821 57 83.
www.parcogondar.it

Samarinda
Lungomare C. Colombo, Santa Maria di Leuca.
392 195 04 65.
www.samarinda.it

Festival und Events

Cortili aperti
0832 309 95 81.
www.leccesalento.it/cortili-aperti

Festival delle Valle d'Itria
080 480 51 00.
www.festivaldellavalleditria.it

Gargano Festival
348 591 60 48.
www.garganofestival.com

Gran Danza delle Spade
Torrepaduli.
339 308 15 63.
www.tamburellistiditorrepaduli.it

Jazz in Puglia
0832 39 26 29.
www.jazzinpuglia.it

Mercatino del Gusto
380 193 16 80.
www.mercatinodelgusto.it

La Notte della Taranta
www.lanottedellataranta.it

Otranto Jazz Festival
335 634 74 96.
www.otrantojazzfestival.com

SpeleoNight
080 499 82 21.
www.grottedicastellana.it

TrentaVentiDieci
www.repubblicasalentina.it

Buchläden

Feltrinelli
Via Melo 119, Bari.
080 520 75 11.
www.lafeltrinelli.it

Laterza
Via Sparano 136.
080 521 17 14.
www.librerialaterza.it

Liberrima
Corte dei Cicala 1, Lecce.
0832 24 26 26.
www.liberrima.it

Sport und Aktivurlaub

Apulien bietet neben seinem großen Angebot an kulturellen Attraktionen auch zahlreiche Möglichkeiten für Sport und Aktivurlaub. Natürlich spielt das Meer dabei die Hauptrolle: Baden, Segeln, Windsurfen und Tauchen sind nur einige Optionen, in den Küstengewässern von Adriatischem und Ionischem Meer Wassersport zu treiben. Neben Touren entlang der Küsten bietet das Binnenland viele Gelegenheiten zu Wanderungen, Ausritten oder Fahrradtouren. Bei diesen Aktivitäten erlebt man die wahre Schönheit der apulischen Landschaft. Spannend ist auch die Besichtigung einer der spektakulären Höhlen. Den Besucher Apuliens erwarten darüber hinaus luxuriöse Golfplätze, entspannende Thermalbäder und umfangreiche Angebote für Wellness und Yoga. Für jede Vorliebe – von Abenteuer bis Relaxen – gibt es den passenden Zeitvertreib.

Segelboot

Ausritte am Strand sind besonders beliebt

Wanderungen, Ausritte und Touren

Wer Spaziergänge oder Wanderungen mag, dem bietet Apulien zahlreiche Möglichkeiten. Einer der geeignetsten Orte hierfür ist die Foresta Umbra im **Nationalpark Gargano**. Auf gut ausgeschilderten Wegen können die Besucher kurze oder mittlere Touren durch eine fantastische Naturlandschaft machen, z. B. vom Laghetto Umbra nach Murgia Annusola und zurück (2:30 Std.) oder vom Laghetto Umbra nach Falascone und zurück (1 Std.).

Die offiziellen Parkführer und **Ecogargano** bieten naturkundliche und historisch-kulturelle Touren vom einfachen Spaziergang über Nachtwanderungen bis zur mehrtägigen Wanderung (z. B. Monte Sant'Angelo – Vieste – Peschici oder auf der Via dei Pellegrini). Solche Touren kosten um 150 Euro pro Gruppe und Tag. Eine Gruppe umfasst zehn bis 15 Personen. Voranmeldung ist empfehlenswert.

Für Ausflüge zu Pferde wendet man sich an das örtliche Fremdenverkehrsamt **APT**. Reiterhöfe sind über ganz Apulien verstreut, einschließlich der faszinierenden Alta Murgia. Auch Geländeritte werden angeboten. Eine eintägige Tour kostet zwischen April und Oktober pro Person 40 Euro, die Degustation in einer Ölmühle ist im Preis enthalten.

Besonders interessante Ausflüge kann man in Naturschutzgebiete unternehmen, z. B. in den Parco di Portoselvaggio, in den Bosco delle Pianelle oder in das Schutzgebiet Le Cesine.

Auch die vielen Schluchten in Apulien sind hochinteressante Gebiete: Im Lipu-Vogelschutzgebiet von Laterza z. B. besteht die Möglichkeit von Führungen (Dauer 2–4 Std.). Unter den vielfältigen Optionen sollen auch die im Subappennino Dauno nicht unerwähnt bleiben (z. B. im Naturschutzgebiet Lago Pescara – Monte Cornacchia – Bosco della Cerasa).

Fahrradtouren

Apulien lässt sich hervorragend mit dem Fahrrad erkunden. Empfehlenswerte Vorschläge für klassische Fahrradtouren finden Sie auf der Website von **PisteCiclabili.com**. Hier werden für Apulien Dutzende von Fahrradtouren nach Schwierigkeitsgrad, Steigung und Gesamtlänge aufgelistet.

Allein im Salento gibt es 16 von der **Provincia di Lecce** empfohlene Routen. Einige Beispiele: Der »Giro di Grecìa« ist 40 Kilometer lang, »Finibus Terrae« 53 Kilometer und »Grotte e cripte« 45 Kilometer. Vereinzelt gibt es auch einige ausgewiesene Mountainbike-Touren.

Fragen Sie bei der nächstgelegenen Tourist-Info, beim Besucherzentrum oder beim APT nach aktuellen Informationen, Tourenvorschlägen und Kartenmaterial.

Strand mit Blauer Fahne, einem internationalen Gütesiegel

Höhlen

Spektakulär sind Ausflüge in die Höhlen Apuliens. Die **Gruppo Speleologico Dauno** bietet z. B. Führungen in die Grotta di Montenero (2 Std.) und in die Doline Pozzatina (2 Std.). Die **Gruppo Puglia Grotte** führt durch die Seitenarme der Grotte di Castellana. Weitere Informationen erhalten Sie beim **Centro Altamurano Ricerche Speleologiche**, bei der Lecceser Höhlenkundegruppe **'Ndronico** oder bei **Speleo Trekking Salento**.

Tour in der Grotta Zinzulusa in der Nähe von Castro

Tauchen

Das Meeresschutzgebiet der Isole Tremiti ist aufgrund der Vielfalt der Farben und Formen ein bevorzugtes Ziel der Taucher. Exklusiver Ausgangspunkt für das Gebiet ist das nahe dem Hotel Eden gelegene **Marlin Diving Center** in San Domino, das von Anfang März bis Ende November geöffnet hat. Das Zentrum befasst sich auch mit Meeresbiologie, Unterwasserfotografie und Umwelterziehung. Das breit gefächerte Angebot des Marlin Diving Center reicht vom einfachen Tauchgang bis zum technischen Tauchen (tiefer als 60 Meter), dazu gibt es noch Nachttauchgänge, Kurse für Anfänger und spezielle Wochenendangebote.

Die schönsten Stellen der Region zum Tauchen sind:

San Domino: die Cala dei Benedettini (bis 25 Meter tief, leicht), Grotta delle Viole (bis 15 Meter, leicht) und Scoglio dell'Elefante (bis 25 Meter, leicht).

San Nicola: die Secca del Ferraio (bis 35 Meter, mittel).

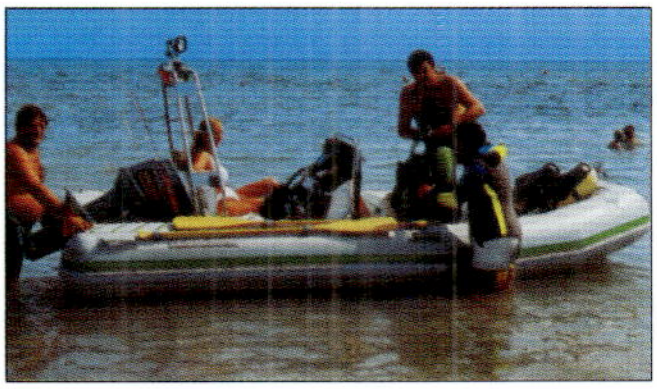

Bei der Vorbereitung zu einem Tauchgang

Capraia: die Secca della Vedova (bis 32 Meter, mittel) und Cala del Caffè (bis 35 Meter, mittel). Am Ende der Exkursion an der Cala del Caffè ist der Besuch der spektakulären Unterwasserfelsbogen der Punta Secca möglich, die mit Wäldern roter und gelber Fächerkorallen bedeckt sind (Tiefe bis zu 50 Meter). Hierher sollten sich allerdings nur (sehr) erfahrene Taucher wagen.

Ein einzelner geführter Tauchgang kostet mit Materialmiete um 45 Euro, ein Grundkurs 270 Euro (fünf Theoriestunden, sechs Prüfungen im Meer, Benutzung der kompletten Ausrüstung, Tauchschein SSI, CMAS oder SNSI).

In Torre Vado und Santa Maria di Leuca im Salento gibt es den **Diving Service** mit Tauchgängen im Gebiet von Santa Maria di Leuca. Die Tauchgänge führen hier u. a. in die Secche di Ugento und in die Unterwassergrotten nördlich der Punta Meliso (Grotta della Cattedrale, del Soffio, del Gabbiano und dei Gamberetti).

Sehr schön, aber auch sehr anstrengend, sind Tauchgänge am Banco della Scala. **Sud Est Diving** in Otranto bietet ab 30 Euro unterschiedlichste Tauchgänge: Zu den schönsten Tauchplätzen am Capo d'Otranto mit seinen ungefährlichen Grotten gehören auch Taglio dell'Orte (zwischen Capo d'Otranto und Punta Faci) sowie die Grotta Palombara, die sich etwa einen Kilometer südlich des Hafens von Otranto befindet.

Für das Gebiet des Meeresschutzparks Porto Cesareo wendet man sich an das **Sasà Sub Diving Center**, das sich mit Umweltforschung befasst, ganzjährig Kurse veranstaltet und ein reiches Tauchprogramm bietet: Mittelschwere Tauchgänge an der Isola dei Conigli, sehr anspruchsvolle am Relitto.

Segeln

Die langen Küsten Apuliens sind wie geschaffen für alle Arten von Wassersport. Zu den beliebtesten Aktivitäten gehört Segeln. Natürlich ist es vorteilhaft, wenn Sie bereits über einen Segelschein verfügen. Dann können Sie sich jederzeit ein Boot mieten. Aber auch ohne Schein macht ein Segelkurs viel Spaß.

Segelschulen mit einem breiten Angebot von Kursen für Erwachsene, Jugendliche und Kinder finden Sie bei der **Federazione Italiana Vela** und bei der **Lega Navale**. Weitere Anbieter von Kursen sind z. B. das **Centro Velico Gargano** in Manfredonia, der **Sporting Club Marina di Pulsano**, die **Lega Navale di Brindisi** und die **Lega Navale di Gallipoli**.

Segelboote in einer der schönen Buchten Apuliens

Ein Kitesurfer an der Bucht von Scialmarino

Surfen

Surfen, Windsurfen und Kitesurfen werden vor allem im Salento und im Gargano viel betrieben. Hier kann man diese Sportarten lernen und sich die Ausrüstung leihen.

Berühmt ist die Bucht von Santa Maria di Merino zwischen Vieste und Peschici. Den Strand hier nennt man Spiaggia Lunga. Man kann sich an die Schule **Sergio Cantagalli Surf Concept** wenden: Ein Windsurfkurs der Kategorie 2 (Quick Time Anfänger) kostet rund 120 Euro, eine Privatstunde 40 Euro. Ein anderer, bei Surfern beliebter Ort ist Capitolo nahe Monopoli. Weiter südlich im Salento schließlich sind die Orte Frassanito, etwas nördlich von Otranto, und Porto Cesareo, wo der Schirokko pfeift, bei Fans sehr beliebt. Im Salento ist **Frassanito Surf Point** nördlich von Otranto eine gute Wahl.

Golf

Golf ist zweifellos eine der Sportarten mit dem größten Renommee. Apulien bietet seinen golfbegeisterten Gästen einige spektakuläre und wunderbar gelegene Plätze.

Sehr berühmt unter den Golfclubs in Apulien ist der **Golf Club Riva dei Tessali**, etwa 30 Kilometer von Tarent entfernt. Der 18-Loch-Parcours liegt im Schatten eines Pinienwaldes direkt an der Küste des Ionischen Meeres. Auf diesem Platz werden die renommierten »Tessali Open del Sud« ausgetragen, die Teil der europäischen Challenge Tour sind.

Wenige Kilometer von Lecce entfernt, nahe dem Schutzgebiet Le Cesine, liegt der **Acaya Golf Club**. In der Region von Bari ist der **Barialto Golf Club** die erste Wahl.

Thermalbäder

Thermen sind ideal zum Regenerieren. Sie verbinden das Vergnügen, Ferien am Meer zu machen, mit dem Heil- und Pflegenutzen von Bädern, Fangopackungen und Inhalationen. Drei Einrichtungen gibt es in der Region, alle befinden sich an der adriatischen Küste.

Die **Terme di Margherita di Savoia**, von April bis November geöffnet, bieten Wässer mit hoher Salzkonzentration, die auch Brom und Jod enthalten. Sie sind besonders wirksam bei der Verhütung und Heilung von Erkrankungen der Atemwege, des Bewegungsapparats, der Haut und gynäkologischer Leiden.

Auch in den **Terme di Torre Canne** nahe Fasano wendet man brom- und jodsalzhaltiges Wasser aus den kalten Quellen Torricella und Antesana bei Leber-, Gallen- und Harnwegserkrankungen an.

In den **Terme di Santa Cesarea**, geöffnet von März bis Dezember, ist das schwefelhaltige Wasser aus vier Grotten (Gattulla, Fetida, Sulfurea und Solfatara) bei Gelenkrheuma und Erkrankungen der Atemwege und des Ohrs hilfreich. Das angeschlossene Wellness-Center Linea Blu bietet alles vom einfachen Badetag (Massage, Bad mit Hydromassage, Reinigungsmaske und Inhalation für 80 Euro) über das Antistress-Wochenende (140 Euro) bis zu einer kompletten Kurwoche (von 260 bis 520 Euro).

Wellness und Yoga

Wellness und Yoga – diese beiden Elemente sind Garanten eines wirklich entspannten Urlaubs. In Apulien gibt es viele Angebote für beide Formen der Entspannung – körperliche und spirituelle. Wenn Sie Spaß an innovativen Wellnesskonzepten haben, dann sind Sie beim **Dermasin Centro Benessere** richtig. Die Anlage umfasst ein Luxushotel, eine Therme und das Wellness-Center.

Alles von Shiatsu über Fußreflexologie bis Ayurveda bietet der Wellness- und Beauty-Bereich der **Masseria Torre Coccaro**. Gäste der **Masseria San Domenico** werden mit orientalischen Massagen und Thalassotherapien verwöhnt. Mit Aromatherapie, heißen Steinen und vielem mehr lockt **Borgobianco Resort & Spa**. Massagen jeglicher Art genießt man – ob Hotelgast oder nicht – im **Giardino dei Pini Wellness Resort**.

Spirituelle Ruhe und Konzentration ist das Ziel von Yoga. Die in der Regel einwöchigen Kurse werden von Anbietern wie der **Associazione Yoga in Salento** und von **Yoga Solari** veranstaltet. Eine Yoga-Woche kostet etwa zwischen 800 und 1200 Euro.

Die Thermen von Santa Cesarea

AUF EINEN BLICK

Wanderungen, Ausritte, Touren

APT
www.viaggiareinpuglia.it

Ecogargano
Monte Sant'Angelo.
0884 56 54 44.
www.ecogargano.it

Nationalpark Gargano
Via Sant'Antonio Abate 121.
Monte Sant'Angelo.
0884 56 89 11.
FAX *0884 56 13 48.*
@ info@parcogargano.it
www.parcogargano.it

Fahrradtouren

PisteCiclabili.com
www.piste-ciclabili.com/regione-puglia

Provincia di Lecce
www.salentonline.it/itinerariciclabili

Höhlen

Centro Altamurano Ricerche Speleologiche
Altamura.
0338 870 97 36, 338 932 09 91.
www.carsismo.it

Gruppo Puglia Grotte
www.gruppopugliagrotte.it

Gruppo Speleologico Dauno
0881 66 51 33.
www.gruppospeleologicodauno.it

'Ndronico
Via Acaya 3, Lecce.
0832 24 81 81.
www.ndronico.it

Speleo Trekking Salento
0832 30 56 78, 333 305 19 34.
www.trekkingsalento.com

Tauchen

Diving Service
Torre Vado e Santa Maria di Leuca.
0833 71 14 39.
www.divingservice.it

Marlin Diving Center
San Domino, Isole Tremiti.
0882 46 37 65.
www.marlintremiti.it

Sasà Sub Diving Center
Porto Cesareo.
338 822 80 56.
www.sasasubdivingcenter.com

Sud Est Diving
Otranto.
339 565 55 92, 340 406 00 66.
www.sudestdiving.it

Segeln

Centro Velico Gargano
Manfredonia.
0884 53 81 58.
www.centrovelicogargano.it

Federazione Italiana Vela
010 54 45 41.
www.federvela.it

Lega Navale
068 091 37 01.
www.leganavale.it

Lega Navale di Brindisi
0831 41 21 14.
www.lnibrindisi.it

Lega Navale di Gallipoli
0833 26 10 41.
@ gallipoli@leganavale.it
www.leganavalegallipoli.it

Sporting Club Marina di Pulsano
099 459 09 19, 099 459 56 96.
www.sportingclubpulsano.it

Surfen

Frassanito Surf Point
nördlich von Otranto.
339 864 62 71.
www.frassanitosurfpoint.com

Sergio Cantagalli Surf Concept
Capo Vieste, 8 km nördlich von Vieste.
0884 70 63 26.
Spiaggia Lunga, 7 km nördlich von Vieste.
0884 70 61 71.
www.surfconcept.it

Golf

Acaya Golf Club
Località Masseria San Pietro, Acaya, Vernole.
0832 86 13 85.
www.acayagolfclub.it

Barialto Golf Club
S.S. 100 (Bari–Tarent), 18 km südlich von Bari, Casamassima.
080 697 71 05.
www.barialtogolfclub.it

Golf Club Riva dei Tessali
Località Riva dei Tessali, Castellaneta.
099 843 18 44.
www.rivadeitessali.it

Thermalbäder

Terme di Margherita di Savoia
Piazza Libertà 1, Margherita di Savoia.
0883 65 54 02.
www.termemargherita.it

Terme di Santa Cesarea
Via Roma 40, Santa Cesarea Terme.
0836 94 40 70.
www.termesantacesarea.it

Terme di Torre Canne
Via Appia Antica 2, Torre Canne.
080 482 51.
www.termeditorrecanne.it

Wellness

Borgobianco Resort & Spa
Contrada Casello Cavuzzi, Polignano a Mare.
080 887 00 01.
www.borgobianco.it

Dermasin Centro Benessere
Club Hotel Aurora e del Benessere, Via Pola 33, Santa Cesarea Terme.
0833 94 97 55.
www.dermasin.it

Giardino dei Pini Wellness Resort
S.P. 266, Marina di Alliste.
0833 93 12 09.
www.giardinodeipini.it

Masseria San Domenico
Strada Litoranea 379, Savelletri di Fasano.
080 482 77 69.
www.masseriasandomenico.com

Masseria Torre Coccaro
Contrada da Coccaro 8, Savelletri di Fasano.
080 482 93 10.
www.masseriatorrecoccaro.com

San Giorgio Resort & Spa
Provinciale Noha–Collepasso, Cutrofiano.
0836 54 28 48.
www.sangiorgioresort.it

Yoga

Associazione Yoga in Salento
Le Campino Eco Resort, Via Stazione 116, Zollino.
0836 60 02 84.
www.yogainsalento.com

Yoga Solari
0831 34 21 53.
www.yogainpuglia.com

Grund-informationen

Praktische Hinweise

Das weitläufige Apulien besitzt mit seinen wunderschönen Landschaften und eindrucksvollen Baudenkmälern mehrerer Epochen viele Attraktionen – auch für einen längeren Aufenthalt. Bei kürzerer Urlaubsdauer ist es ratsam, vor der Reise die Gegend herauszufinden, die Ihnen am meisten entspricht – oder Sie orientieren sich an Themenrouten, die durch interessante Orte in verschiedenen Gegenden führen, z.B. die klassische Route der Stauferkastelle und romanischen Kathedralen. Auch die größeren Städte warten mit zahlreichen kunsthistorisch bedeutenden Bauten (u.a. Kirchen und Museen) auf. Immer beliebter werden Ferien in der Natur mit ihren vielfältigen Sportmöglichkeiten oder der Aufenthalt in einem Agriturismo in der erholsamen Stille und Weite Apuliens.

Wappen der Region Apulien

Information

In jedem Ort von touristischem Interesse gibt es Informationsstellen. In den Provinzhauptstädten finden Sie jeweils Büros des Fremdenverkehrsamts (APT: *Azienda di Promozione Turistica*). Die Mitarbeiter helfen bei der Zimmerbuchung oder Organisation von Besichtigungstouren und versorgen Sie mit kostenlosem Informationsmaterial (u.a. auch Stadtplänen). In kleineren Orten übernehmen die Büros des Vereins Pro Loco diese Funktion. Sie sind häufig im Rathaus *(comune)* untergebracht, haben aber zum Teil nur von Frühling bis Herbst geöffnet. Ferner gibt es die Möglichkeit, sich vor Ort mit spezialisierten Fremdenführern in Verbindung zu setzen oder sich an Verbände und Vereine zu wenden, die sich mit Sporturlaub befassen *(siehe S. 201)*.

Eine wichtige Informationsquelle ist auch das Internet. Mittlerweile haben die meisten Veranstalter, APT-Büros, Gemeinden, Hotels, Restaurants und andere touristisch wichtige Einrichtungen und Lokalitäten eine eigene Website. Berücksichtigen Sie aber, dass die Daten häufig nicht auf dem aktuellsten Stand sind.

Informationen über Apulien bekommen Sie auch bei der Italienischen Zentrale für Tourismus (ENIT).

Schild der APT, Provinz Lecce

Beste Reisezeit

Die süditalienische Region ist zu allen Jahreszeiten eine Reise wert. Jede Saison hat hier ihren eigenen Reiz. Die Nähe zum Meer bewirkt, dass auch in der kalten Jahreszeit die Temperaturen nicht allzu tief sinken. Allerdings sind im Winter einige Sehenswürdigkeiten nicht zugänglich. Im Juli und August kann es in Apulien sehr heiß werden, diese Zeit ist jedoch bei Strandurlaubern sehr beliebt. Eine frühzeitige Buchung ist für die Hochsommermonate unbedingt erforderlich. Juni und September haben sehr angenehme Temperaturen, der Besucherandrang hält sich in diesen Monaten jedoch in Grenzen. Besonders zu empfehlen ist der Frühling, unter anderem wegen der Farbenpracht der Blüten.

Einreise und Zoll

Alle Staaten, die das Schengener Abkommen unterzeichnet haben (auch Italien), verzichten auf Kontrollen an gemeinsamen Grenzen. Bei der Einreise aus fast allen EU-Staaten (u.a. Deutschland und Österreich) und seit 2008 auch aus der Schweiz gibt es keine Grenzkontrollen mehr. Trotzdem müssen Sie sich mit einem gültigen Personalausweis oder Pass ausweisen können. Kinder benötigen seit 2012 einen eigenen Ausweis. Impfbescheinigungen sind für Italien nicht notwendig.

Bürger aus Mitgliedsstaaten der EU dürfen alle Waren für den persönlichen Gebrauch zollfrei ein- oder ausführen. Als Abgrenzung zur gewerblichen Verwendung gelten als Richtmengen pro Person: 10 Liter Spirituosen (über 22 Prozent Alkohol), 90 Liter Wein oder 110 Liter Bier, 800 Zigaretten und 10 Kilogramm Kaffee.

Antike Keramik im Museo Civico von Grottaglie

◁ Der kleine Hafen von Monopoli *(siehe S. 96)*, an den die Altstadt anschließt

Bürger aus Ländern außerhalb der Europäischen Union können sich in Italien bezahlte Mehrwertsteuer (IVA) rückerstatten lassen. Für die meisten Artikel beträgt sie derzeit 20 Prozent. In Läden, die am »Tax Free Shopping« teilnehmen, füllen Sie beim Einkauf das entsprechende Formular aus. Bei der Ausreise beantragen Sie dann an einem der Schalter an der Grenze die Rückzahlung.

Museen

Das Spektrum an Museen und Sammlungen ist in Apulien riesig. In jeder Stadt und fast jedem Ort gibt es ein *museo civico*, in dem lokale Geschichte dokumentiert wird. Andere sind auf Sammlung und Präsentation von Ausgrabungsfunden spezialisiert. Bedeutend sind u. a. die Archäologischen Museen in Tarent, Ruvo di Puglia und Manfredonia sowie das Grabungsgelände von Egnazia *(siehe S. 124f)*.

In großen Städten gibt es auch Gemäldesammlungen. Wichtige Kirchen bergen Domschätze, die ebenfalls zu besichtigen sind. Viele Sammlungen sind dem bäuerlichen Brauchtum der Region oder – wie das Keramikmuseum in Grottaglie *(siehe S. 118f)* – einem speziellen, lokal bedeutenden Handwerkszweig gewidmet. Die großen Museen sind in der Regel behindertengerecht. Achten Sie auf die Öffnungszeiten: Einige Museen haben täglich geöffnet, andere sind montags oder an einem anderen Wochentag geschlossen, in kleineren Orten sind manche Museen nur am Wochenende offen. Ob in der Stadt oder auf dem Land – kalkulieren Sie bei Ihrem Besuch auch eine etwaige Schließung über die Mittagszeit ein. Außerdem variieren die Öffnungszeiten vieler Museen je nach Saison, im Sommer sind sie meist eine oder mehrere Stunden länger offen. In manchen Städten wechseln die Öffnungszeiten in mehr oder weniger regelmäßigen Abständen, was auch für Kirchen und andere Bauwerke (u. a. Kastelle) gelten kann.

Figur, Kathedrale Ruvo di Puglia

Kirchen

Zahllose Kirchen in der Region sind von großer kunsthistorischer Bedeutung und stehen Besuchern zu bestimmten Zeiten offen. In einigen Kirchen mit besonderen Kunstschätzen wie Fresken und Mosaiken wird auch Eintritt verlangt.

Während der Gottesdienste ist keine Besichtigung möglich. Achten Sie zudem auf eine angemessene Kleidung: Besucher in Shorts, ärmelloser Kleidung oder gar mit nacktem Oberkörper werden nicht gern gesehen, unter Umständen wird ihnen sogar der Zutritt zur Kirche verweigert.

Madonna, Kathedrale von Ruvo di Puglia

Apulien für wenig Geld

Viele kulturelle Schätze Apuliens kann man preisgünstig erleben. Der Besuch einiger Museen, Kirchen und Palazzi ist kostenlos. Cafés und Bars sind gute Alternativen zu Restaurants, außerhalb der Hochsaison zahlt man für die Unterkunft meist wesentlich weniger.

Zu den stimmungsvollsten – garantiert kostenlosen – Erlebnissen gehört das Schlendern durch historische Altstädte sowie über die bunten Märkte. Neben den Wochenmärkten sind auch die Kunsthandwerksmärkte ganz besondere Augenweiden.

Umweltbewusst reisen

Der Aufenthalt in einer Masseria oder einem Agriturismo *(siehe S. 169)* ist nicht nur ein außergewöhnliches Erlebnis, sondern auch eine sehr ökologische Art, seinen Urlaub zu verbringen.

Zwischen den Städten fahren Eisenbahnen, allerdings sind nicht alle Gebiete an das Schienennetz angeschlossen. In größeren Städten kann man Fahrräder mieten.

AUF EINEN BLICK

Information

ENIT (Agenzia Nazionale del Turismo)
Barckhausstraße 10,
60325 Frankfurt
am Main.
Tel. *069 23 74 34.*
FAX *069 23 28 94.*

In Österreich:
Mariahilfer Straße 1b,
1060 Wien.
Tel. *01 505 16 39.*
FAX *01 505 02 48.*
www.enit.at

In der Schweiz:
Uraniastrasse 32,
8001 Zürich.
Tel. *043 466 40 40.*
FAX *043 466 40 41.*
www.enit.ch

Fremdenverkehrsämter (APT bzw. Pro Loco)

www.viaggiareinpuglia.it
www.unioneproloco.it

Bari
Piazza Moro 33/A,
70121 Bari.
Tel. *080 524 23 61.*
@ aptbari
@viaggiareinpuglia.it

Brindisi
Lungomare Regina
Margherita 44,
72100 Brindisi.
Tel. *0831 56 21 26.*
@ aptbrindisi@
viaggiareinpuglia.it

Foggia
Via Emilio Perrone 17,
71100 Foggia.
Tel. *0881 72 31 41.*
@ aptfoggia@
viaggiareinpuglia.it

Lecce
Via Monte
San Michele 20,
73100 Lecce.
Tel. *0832 31 41 17.*
@ aptlecce@
viaggiareinpuglia.it

Tarent
Corso Umberto I 121,
74100 Tarent.
Tel. *099 453 23 97.*
@ apttaranto@
viaggiareinpuglia.it

Haustiere

In vielen Hotels ist es erlaubt, einen – nicht zu großen – Hund mitzubringen. Achten Sie auf das entsprechende Symbol in der Hotelauswahl *(siehe S. 172–177)*. Dies gilt auch für viele Ferienhäuser. Am meisten Auslauf haben die Tiere natürlich bei Übernachtung in einer Masseria und einem Agriturismo *(siehe S. 169)*. Die Mitnahme eines Tieres sollte man schon bei der Buchung anmelden. Allgemein muss man den EU-Heimtierausweis mitführen, der nur in Kombination mit Tätowierung oder Chip gültig ist. Dieser wird Ihnen von Tierärzten ausgestellt. Hunde müssen gegen Tollwut geimpft sein.

Innerhalb der EU sind alle Waren zum Privatverbrauch zollfrei

Beachten Sie, dass Hunde an öffentlichen Stränden nur selten erlaubt sind. Auch in vielen Restaurants hat man mit Hund keinen Zutritt – gern gesehen sind sie in den allerwenigsten Lokalen. In der Regel werden kleine Hunde eher akzeptiert. Denken Sie daran, in der Öffentlichkeit immer eine Leine und einen Maulkorb bei sich zu haben. Maulkörbe müssen nicht immer angelegt werden, es wird jedoch erwartet, dass Sie einen dabeihaben. In öffentlichen Verkehrsmitteln sind Leine und Maulkorb oder Transportbox zwingend vorgeschrieben.

Stadtrundfahrten, Führungen und Ausflüge

Stadtrundfahrten sowie Führungen zu Fuß werden in den Städten Apuliens auch für fremdsprachige Gäste angeboten. Informationen erhalten Sie bei den Fremdenverkehrsämtern in den Provinzhauptstädten *(siehe S. 205)*. Private

Verhaltensregeln beim Besuch einer Kathedrale oder Kirche

Anbieter mit vielfältigem Programm in Lecce sind u. a. **Iter Salento** und **Theutra**. Neben Führungen gehören in Lecce eine Rundfahrt mit dem Trenino und in Bari eine im offenen Doppeldeckerbus zu den beliebtesten Optionen. Sehr geschätzt werden unter anderem auch kulinarische Exkursionen aufs Land, die Degustationen einschließen.

Für viele Kreuzfahrtreisende gehört nach Anlegen in Bari eine (nicht im Preis enthaltene) Führung durch das historische Zentrum mit zum Programm. Weitere Landausflüge führen nach Alberobello und zum Castel del Monte.

Konsulate

Deutschland, Österreich und die Schweiz unterhalten in Bari, der Hauptstadt der Region Apulien, Konsulate. Falls Sie etwa Ihren Ausweis verloren haben, Rechtsbeistand oder Hilfe in einer Notsituation benötigen, wenden Sie sich am besten an die Auslandsvertretung Ihres Landes.

Sprachschulen und Kurse

Einige Sprachschulen bieten in Apulien Italienischkurse in allen Niveaus an. Sprachurlaube in Otranto kann man auf der deutschsprachigen Website von **Porta d'Oriente** buchen. Den Aufenthalt kann man auch um einen zweitägigen Kochkurs bereichern, in dem die Zubereitung apulischer Spezialitäten *(siehe S. 180f)* vermittelt wird. Keramik- und Mosaikkurse sowie Weinlehrgänge ergänzen das Angebot. Italienischen Sprachunterricht bieten u. a. auch **La Giara** in Mola di Bari und **L'Acanto** in Mesagne.

Etikette und Trinkgeld

Die meisten Hotels haben mehrsprachiges Personal. Dennoch wird der Versuch honoriert, sich auf Italienisch zu verständigen, selbst wenn es nur ein paar Worte sind.

Geraucht wurde früher in Italien fast überall, seit 2005 ist Rauchen in Restaurants, Cafés und Bars verboten. Nur an Tischen im Freien ist Rauchen noch erlaubt.

In Restaurants ist der Service im Preis inbegriffen. Dennoch ist es üblich, dass man dem Kellner ein Trinkgeld gibt. Halten Sie Kleingeld für Gepäckträger und Portiers bereit, auch Taxifahrer erwarten ein Trinkgeld.

Studenten

Mit dem Internationalen Studentenausweis (ISIC) erhält man bei Vorlage des Personalausweises z. B. in vielen Museen und in anderen Sehenswürdigkeiten Ermäßigungen. Preisreduzierte Bahn-

Stadtrundfahrt in Lecce mit dem Trenino

Die ISIC (International Student Identity Card)-Karte bringt Rabatte

und Flugreisen vermittelt die nationale Reisegesellschaft für Studenten, **CTS** *(Centro Turistico Studentesco e Giovanile)*. Filialen befinden sich in jeder Provinzhauptstadt in der Region. Dort können alle unter 26 Jahren auch InterRail-Pässe erwerben. Die Adressen finden Sie in den Gelben Seiten *(pagine gialle)* oder auf der Website der Organisation. Die **AIG** *(Associazione Italiana Alberghi per la Gioventù)* betreibt einige Jugendherbergen in Apulien.

Mit Kindern reisen

Kinder sind in Apulien gerne gesehen, auch in den meisten Restaurants und Bars. Viele Hotels sind kinderfreundlich, doch nur wenige bieten einen Babysitter-Service an. Es ist üblich, dass Kinder im Sommer noch spätabends draußen spielen oder mit ihren Eltern unterwegs sind. Das ruhige Mittelmeer ist für kleine Wasserratten ideal, und die Ferienorte an der Küste sind in ihren Angeboten auf die Bedürfnisse von Familien bestens eingestellt.

Behinderte Reisende

Insgesamt ist man in Italien weniger gut auf die Bedürfnisse von Behinderten eingestellt als in Mitteleuropa. Allmählich verbessert sich die Situation, und immer mehr Hotels und Restaurants verfügen über die nötige Ausstattung. In der Hotel- *(siehe S. 172–177)* und Restaurantauswahl *(siehe S. 182–187)* dieses Reiseführers weist ein entsprechendes Symbol darauf hin. Zudem werden öffentliche Verkehrsmittel und Institutionen wie Museen, Kirchen und öffentliche Gebäude den Bedürfnissen Behinderter angepasst. Das Internet-Portal **italiavacanze** bietet Infos für Reisende mit Handicap. Tipps für ihren Aufenthalt in Italien bekommen Behinderte auch bei **CO.IN.Sociale**.

Senioren

Apulien bietet alles für einen erholsamen Urlaub. Vor allem beim Aufenthalt auf dem Land in einer Masseria oder einem Agriturismo kann man sich wunderbar entspannen, erfährt viel über Land und Leute und wird überdies auch kulinarisch verwöhnt.

Auch in den meisten Großstädten geht es weniger hektisch zu als in vielen anderen Regionen Italiens. Wählen Sie aber auch dort Ihre Unterkunft ein wenig abseits der Hauptsehenswürdigkeiten.

Senioren erhalten Ermäßigungen bei der Benutzung öffentlicher Verkehrsmittel.

Zeitzone und Strom

In Italien gilt die Mitteleuropäische Zeit, und im Sommer (von Ende März bis Ende Oktober) herrscht Sommerzeit. Die Stromspannung beträgt wie überall in Europa 230 Volt, 50 Hertz. Zweipolige flache Stecker passen immer.

Schwule und Lesben

Mit Ausnahme von Bari zählt Apulien nicht gerade zu den Hochburgen der italienischen Schwulen- und Lesbenszene. Hinweise zu Lokalitäten und Veranstaltungen findet man in einigen Internet-Portalen (z. B. unter www.gaybari.it).

Ein Meisterwerk der Fliesenkunst mit floralem Motiv in Gallipoli

AUF EINEN BLICK

Stadtrundfahrten, Führungen und Ausflüge

Iter Salento
Via Garibaldi 15, 73100 Lecce. ☎ *0832 27 91 96.*
www.itersalento.it

Theutra
Via G. Matteotti 13, 73100 Lecce. ☎ *0832 27 91 95.* **www**.theutra.it

Schulen und Kurse

L'Acanto
Via Albriggi 25, 72023 Mesagne.
☎ *0831 73 45 68.*
www.lacanto.it

La Giara
Via C. Beccaria 196, 70042 Mola di Bari.
☎ *349 462 65 41.*
www.lagiara-italia.it

Porta d'Oriente
Via Antonio Primaldo 70, 73028 Otranto.
☎ *338 456 27 22.*
www.italienischammeer.com

Konsulate

Deutsches Konsulat
Via Michele Garruba 125, 70122 Bari.
☎ & FAX *080 524 40 59.*

Österreichisches Konsulat
Via Bruno Buozzi 88, 70123 Bari.
☎ *080 562 61 11.*
FAX *080 562 56 00.*
www.bmeia.gv.at

Schweizer Konsulat
Piazza Luigi di Savoia 41/A, 70121 Bari.
☎ *080 524 96 97.*
FAX *080 524 73 29.*
www.eda.admin.ch

Studenten

CTS
Via Andrea Vesalio 6, 00161 Rom. ☎ *06 441 11 66.* **www**.cts.it

AIG
Via Cavour 44, 00184 Rom.
☎ *06 487 11 52.*
www.aighostels.com

Behinderte Reisende

CO.IN.Sociale
Via Enrico Giglioli 54/A, 00169 Rom.
www.coinsociale.it

italiavacanze
www.italiavacanze.com/de/reise-tipps/urlaub-fuer-behinderte-in-italien.html

Sicherheit und Gesundheit

Tabacchi-Schild

Apulien ist ein sicheres Reiseziel, doch sollte man auch hier die auf Reisen üblichen Sicherheitsvorkehrungen treffen. Wie auch in anderen Gebieten Europas ist Kleinkriminalität vor allem in den Städten ein Problem, in ländlichen Gebieten ist dies kaum der Fall. Vor allem an stark frequentierten Orten wie Bahnhöfen, Fährhäfen und bekannten Sehenswürdigkeiten sowie in öffentlichen Verkehrsmitteln ist Vorsicht angebracht. Der Abschluss einer Reiseversicherung ist zu empfehlen. Die medizinische Versorgung ist überall gut.

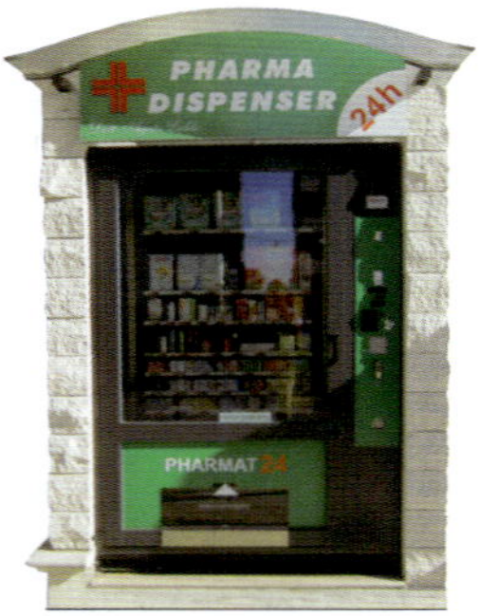

Apothekenautomat für rezeptfreie Medikamente – und auch Windeln

Persönliche Sicherheit

Gefährliche Übergriffe ereignen sich in Apulien nur selten. Mit ein paar Vorsichtsmaßnahmen können Sie das Risiko, Opfer einer Straftat zu werden, weitgehend einschränken. In Städten und Küstenorten sind die Straßen bis spätabends belebt. Dennoch sollte man nachts entlegene, schlecht beleuchtete Straßen meiden. Dies gilt v.a. für Frauen, die allein unterwegs sind.

Kleinkriminalität ist ein größeres Problem. Verwahren Sie Wertgegenstände und wichtige Dokumente im Hotelsafe. Stecken Sie nur so viel Bargeld ein, wie Sie brauchen. Verteilen Sie das mitgeführte Bargeld sowie Debit- und Kreditkarten auf mehrere Stellen (z. B. Gürteltaschen oder Brustbeutel). Achten Sie auch auf Kamera und Handy. Tragen Sie Umhängetaschen mit der Verschlussseite zum Körper. Die Benutzung von Rucksäcken oder Schultertaschen auf dem Rücken sollte vermieden werden. Mit diesen Maßnahmen minimieren Sie das Diebstahlrisiko erheblich.

Bedenken Sie: Taschendiebe mischen sich oft unter größere Menschenansammlungen – z. B. bei Großveranstaltungen und in Kaufhäusern. Auch Bahnhöfe, Häfen und Flughäfen sind ihr Revier. Lassen Sie daher Ihr Gepäck zu keinem Zeitpunkt unbeaufsichtigt.

Carabinieri-Motorrad, Polizisten der Polizia Municipale und di Stato (Mitte)

Hüten Sie sich vor inoffiziellen Fremdenführern oder Fremden, die Ihnen bei der Suche nach Hotels, Restaurants oder Läden – gegen Bezahlung – helfen wollen. Meiden Sie auch inoffizielle Taxis, sondern nehmen Sie immer ein offizielles Taxi mit Lizenz.

Wer mit dem Auto unterwegs ist, sollte Wertsachen nicht offen im Wagen liegen lassen, dies ist eine Einladung für Diebe. Lassen Sie das (leere) Handschuhfach geöffnet. Stellen Sie Ihren Wagen am besten in einer Garage oder auf einem bewachten Parkplatz *(parcheggio custodito)* ab.

Gemälde in der Farmacia Provenzano in Gallipoli

Denken Sie vor der Abreise an eine Reiseversicherung, die Diebstahl abdeckt. Wird Ihnen trotz aller Vorsichtsmaßnahmen etwas gestohlen, wird der Schaden ersetzt. Dazu müssen Sie den Diebstahl innerhalb von 24 Stunden bei der zuständigen Polizeidienststelle *(questura* oder *commissariato)* melden und die Kopie des Polizeiberichts *(denuncia)* bei Ihrer Versicherung einreichen.

Polizei

Bei den Ordnungskräften unterscheidet man in Italien zwischen den *carabinieri* und der Staatspolizei *(polizia di stato)*. Hinzu kommt auf kommunaler Ebene die Stadtpolizei *(polizia municipale)*. Ihre Polizisten, im Volksmund *vigili urbani* genannt, tragen blaue bzw. blau-weiße Uniformen und sind vor allem für die Verkehrsregelung zuständig. Die *carabinieri* unterstehen als Militärpolizei dem Verteidigungsministerium und sind für die öffentliche Ordnung auf kommunaler, Provinz- und regionaler Ebene verantwortlich. Sie tragen Hosen mit roten Streifen und kümmern sich um verschiedenste Delikte, vom Diebstahl bis zur Geschwindigkeitsübertretung. Die *polizia di stato* trägt blaue Uniformen mit weißem Gürtel. Sie ermittelt im Allgemeinen bei schweren Delikten und häufig mit landesweiter Kompetenz. Jeder dieser Polizisten hilft Ihnen im Notfall.

Feuerwehr

In trockenen Sommern ereignen sich vor allem im Gargano gelegentlich Waldbrände, die aber meist rasch gelöscht werden. Daneben tritt die Feuerwehr *(vigili del fuoco)* auch bei anderen Vorkommnissen in Zusammenarbeit mit den Ordnungskräften in Aktion. Feuerwehrstationen bilden in der ganzen Region ein dichtes Netz. Befolgen Sie bei einem Brand die Anweisungen der Löschtrupps.

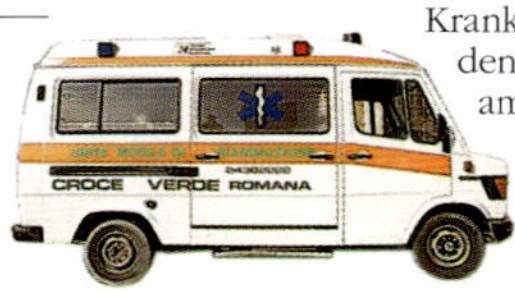

Krankenwagen des Croce Verde

Medizinische Versorgung

Besucher aus Ländern der Europäischen Union haben in Italien Anspruch auf staatliche medizinische Versorgung. Mit der Europäischen Krankenversicherungskarte (EHIC) können Sie ärztliche Leistungen bei einem Vertragsarzt in Anspruch nehmen oder sich zu Hause die Kosten bis zur Höhe des im Heimatland üblichen Satzes ersetzen lassen. Zur vollständigen Erstattung der Kosten benötigen Sie detaillierte Rechnungen, in denen auch Art und Umfang der Behandlung

Wappen der italienischen Feuerwehr *(vigili del fuoco)*

Internationales Apothekenzeichen

sowie Kosten für Behandlung und Medikamente genau aufgelistet sind. Sehr zu empfehlen ist der Abschluss einer Auslandskrankenversicherung. Sie sichert auch den Krankenrücktransport ab, der von gesetzlichen Krankenkassen nicht übernommen wird.

Dringende medizinische Behandlung erhalten Sie in ganz Italien im *Pronto Soccorso* (Ambulanz) des nächsten Krankenhauses. Zu den größten und am besten ausgestatteten Krankenhäusern in Apuliens Hauptstadt Bari gehören u. a. **Azienda Ospedale Policlinico Bari** und **Azienda Sanitaria Locale (Ospedale San Paolo)**. Kostenlose medizinische Versorgung für Urlauber bieten die Niederlassungen von **Guardia medica turistica**, die es in Ferienorten gibt. Dieser Service ist häufig auf die Hochsaison beschränkt, außerhalb der Sommermonate müssen Sie sich dann im Notfall an ein Krankenhaus wenden.

In jedem größeren Ort findet man mindestens eine Apotheke, in den Zentren größerer Städte sind sie natürlich häufiger anzutreffen. In den wenigsten verstehen die Mitarbeiter Englisch oder Deutsch. Die Apotheken mit Nacht- *(servizio notturno)* oder Wochenenddienst sind an jeder Apotheke vermerkt. Auch Tageszeitungen bieten diesen Service.

Zahnärzte in Italien sind teuer. Den nächsten finden Sie in den Gelben Seiten *(pagine gialle)*, oder Sie bitten im Hotel um eine Empfehlung.

Dolmetscher

Wenn Sie während Ihres Aufenthalts in Apulien die ausführliche Hilfe eines Muttersprachlers in Anspruch nehmen möchten oder müssen, dann wenden Sie sich an einen Übersetzer oder Dolmetscher. Viele von ihnen bieten ihre Dienste regelmäßig in Zeitungen und fremdsprachigen Buchläden an. Übersetzungsbüros inserieren in den Gelben Seiten *(pagine gialle)*. Der Dolmetscherverband AITI *(Associazione Italiana di Traduttori e Interpreti)* verfügt über eine Liste mit qualifizierten Mitgliedern. Auf der Website der Organisation erhalten Sie Kontaktdaten von Ansprechpartnern in Ihrer Nähe.

AUF EINEN BLICK

Notrufnummern

Euronotruf
112 (kostenlos).

Polizei und Carabinieri
113 bzw. 112.

Polizia Municipale
Bari *080 549 13 31.*
Brindisi *0831 22 95 22.*
Foggia *0881 79 05 11.*
Lecce *0832 23 32 11.*
Tarent *099 732 32 04.*

Feuerwehr
115 bzw. 112.

Medizinische Notfälle
118 bzw. 112.

Azienda Ospedale Policlinico Bari
Piazza Giulio Cesare 11,
70124 Bari.
080 559 11 11.
www.policlinico.ba.it

Azienda Sanitaria Locale (Ospedale San Paolo)
Via Caposcardicchio,
70100 Bari
080 584 11 11.
www.asl.bari.it

Dolmetscher

AITI
www.aiti.org

Banken und Währung

Adler am italienischen Finanzministerium

Die italienische Währung ist der Euro (€), für Besucher aus der Eurozone ist deshalb das zeitraubende Geldwechseln in Banken und Wechselstuben nicht mehr nötig. Darüber hinaus ist der Zahlungsverkehr mit Kredit- und Debitkarten in Apulien mittlerweile weitverbreitet. Sie werden bei den meisten Hotels und Campingplätzen, Läden und Restaurants akzeptiert. Dennoch sollte man immer Bargeld und vor allem Münzen etwa für Trinkgelder bei sich haben.

Banken

Banken haben in der Regel montags bis freitags von 8.30 bis 13.30 Uhr geöffnet. Die meisten Filialen öffnen auch nachmittags eine gewisse Zeit zwischen etwa 14.30 und 16 Uhr. Die Öffnungszeiten können von Ort zu Ort etwas variieren. Am Tag vor einem wichtigen Feiertag schließen viele Banken früher.

Die meisten Banken verfügen über Automaten, an denen man – unabhängig von den Öffnungszeiten der Bank – Geld abheben bzw. wechseln kann. Ist dies nicht der Fall, geht man an einen der Schalter. Bürger aus Staaten, die nicht Mitglied der Eurozone sind, wenden sich zum Geldwechsel an den Devisenschalter *(cambio)*.

Schriftzug der Banca Popolare Pugliese mit zwei verschiedenen Schriftarten

Geldautomaten findet man in Apulien an den meisten Banken

Kreditkarten sind in Apulien wie in ganz Italien weitverbreitet

Am weitesten verbreitet sind Filialen der **Banca Popolare Pugliese**. In jedem Viertel größerer Städte sowie in fast jedem kleineren Ort findet man eine Niederlassung.

Kredit- und Debitkarten

Gängige Kreditkarten wie **MasterCard** und **Visa**, aber auch **American Express** und **Diners Club** werden in Apulien immer häufiger akzeptiert. Neben den Kreditkarten kommen auch Debitkarten immer öfter zum Einsatz. Bekannteste Debitkarte ist die **girocard** (früher EC-Karte). Sie gibt es in zwei Ausführungen, mit dem Maestro-Logo oder mit dem VPay-Logo. Beide Ausführungen funktionieren gleichermaßen in Apulien. Daneben drängen auch die Firmen MasterCard und Visa auf den Markt der Debitkarten. Sie bieten Prepaid-Debitkarten, beispielsweise die Travel Money Card.

Wenn Sie Ihre Karte verloren haben oder sie Ihnen gestohlen wurde, dann sollten Sie umgehend die Karte sperren lassen. Nebenstehend finden Sie die Telefonnummern bei Kartenverlust. Damit wird Ihre Haftung bei Missbrauch auf 150 Euro begrenzt.

Wenn Sie aus einem Euroland kommen, dann machen Reiseschecks immer weniger Sinn. Sie werden zwar akzeptiert, verlieren aber zunehmend an Beliebtheit.

Geldautomaten

Mit Ihrer Kredit- oder Debitkarte können Sie an Geldautomaten Geld bis zu Ihrem individuellen Tageslimit abheben. Alle Automaten akzeptieren zumindest Visa- oder MasterCard-Karten. Die Gebühren betragen je nach Bank zwischen vier und zehn Euro.

Achten Sie bei jeder Geldabhebung immer auf Ihre Umgebung. Und werfen Sie zuerst einen kritischen Blick auf den Geldautomaten selbst.

AUF EINEN BLICK

Banken

Banca Popolare Pugliese
Filialen in Hauptstädten einzelner Provinzen:
Via S. Matarrese 10/A, Bari.
080 509 95 11.
Via Nino Bixio, Brindisi.
0831 51 78 61.
Via Trento 7, Foggia.
0881 79 41 11.
Via XXV Luglio 31, Lecce.
0832 24 72 11.
Via Ciro Giovinazzi 50, Tarent.
099 453 81 17.
www.bpp.it

Kartenverlust

Allg. Notrufnummer
0049 116 116.
www.116116.eu

American Express
0049 69 97 97 10 00.

Diners Club
800 39 39 39.

MasterCard
800 87 08 66.

Visa
800 81 90 14.

girocard
0049 69 740 987.

Währung

Die europäische Gemeinschaftswährung Euro (€) gilt zurzeit in 17 EU-Mitgliedsstaaten: Belgien, Deutschland, Estland, Finnland, Frankreich, Griechenland, Irland, Italien, Luxemburg, Malta, Niederlande, Österreich, Portugal, Slowakei, Slowenien, Spanien und in der Republik Zypern. Alte Lira-Scheine und -Münzen sind ungültig.

Alle Euroscheine sind auf Vorder- und Rückseite einheitlich gestaltet. Bei Münzen sind die Vorderseiten einheitlich, die Rückseiten hingegen von Land zu Land verschieden. Seit 2004 kann jeder Euro-Staat einmal im Jahr eine Zwei-Euro-Gedenkmünze wichtiger Bauwerke oder Ereignisse herausgeben. Alle diese Münzen gelten in jedem Staat der Eurozone.

Euro-Banknoten

Euro-Banknoten gibt es in sieben Werten (5, 10, 20, 50, 100, 200 und 500 €). Die unterschiedlich großen Scheine wurden vom Österreicher Robert Kalina entworfen und zeigen Architekturelemente und Baustile verschiedener Epochen, eine Europakarte und die EU-Flagge mit den zwölf Sternen.

5-Euro-Schein
(Baustil: Klassik)

10-Euro-Schein (Baustil: Romanik)

20-Euro-Schein
(Baustil: Gotik)

50-Euro-Schein
(Baustil: Renaissance)

100-Euro-Schein (Baustil: Barock und Rokoko)

200-Euro-Schein
(Eisen- und Glasarchitektur)

500-Euro-Schein (Moderne Architektur des 20. Jahrhunderts)

2-Euro-Münze

1-Euro-Münze

50-Cent-Münze

20-Cent-Münze

10-Cent-Münze

Euromünzen

Euromünzen gibt es in acht Werten (2€, 1€ sowie 50, 20, 10, 5, 2 und 1 Cent). Die einheitlichen Vorderseiten entwarf der Belgier Luc Luycx; die Rückseiten sind in jedem Land anders. Wer Münzen ergattern will, die im Vatikanstaat geprägt wurden, braucht viel Glück.

5-Cent-Münze

2-Cent-Münze

1-Cent-Münze

Kommunikation

Nach Abschaffung des Monopols der staatlichen Telecom Italia vor ein paar Jahren konkurrieren diverse Telefonanbieter auf dem italienischen Telekommunikationsmarkt um die Gunst der Kunden. Telefonieren ist damit auch in Italien preiswerter geworden. Beachten Sie: Man muss immer – auch für Telefonate innerhalb des Ortsnetzes – die vollständige Vorwahlnummer (einschließlich der Null) wählen. Die italienische Post ist effizienter, als häufig kolportiert wird. Die Verbreitung von WLAN und Internet-Cafés nimmt zu.

Öffentliches Telefon

Öffentliche Telefone

Obwohl Mobiltelefone aus dem Alltag nicht mehr wegzudenken sind, gibt es in Italien noch viele öffentliche Telefone an den Straßen oder etwa in Bars. Von diesen Apparaten können Sie in Direktwahl Ferngespräche und internationale Telefonate führen. Sie sind eine preisgünstige Alternative zu Telefonaten mit dem Handy.

Zeichen für öffentliches Telefon

Nur die wenigsten öffentlichen Telefone nehmen Münzen an, und ganz selten gibt es in Bars noch *telefoni a scatti*, Telefone mit Gebührenzähler. In diesem Fall bezahlen Sie nach Ende des Gesprächs an der Theke. An vielen öffentlichen Telefonen kann man mit Kreditkarte, an fast allen mit einer Telefonkarte *(scheda* oder *carta telefonica)* bezahlen. Sie werden in vielen Läden, Bars, Postämtern, Tankstellen, Hotels und den allgegenwärtigen Tabakgeschäften verkauft, die man am T-Zeichen erkennt.

In den *tabacchi* und anderen oben genannten Verkaufsstellen kann man außerdem internationale Telefonkarten *(Calling Cards)* erwerben. Mit diesen Karten können Sie, meist schon für fünf oder zehn Euro, rund 120 Minuten oder auch länger telefonieren. Unter der Farbschicht der Karten verbirgt sich ein Code, den Sie freirubbeln müssen. Zum Telefonieren wählen Sie die kostenlose Zugangsnummer, die auf der Karte vermerkt ist. Anschließend tippen Sie den Code oder die PIN ein und schließlich die Teilnehmernummer. Es wird angezeigt, über wie viel Guthaben Sie verfügen bzw. wie viele Minuten Sie damit telefonieren können.

Mit *Calling Cards* können Sie übrigens auch in Hotels telefonieren. Dort werden jedoch bisweilen Gebühren für die ansonsten kostenfreie Einwahlnummer verlangt. Achten Sie darauf, ob das soeben benutzte öffentliche Telefon eine Wahlwiederholungstaste hat. In diesem Fall sollten Sie nach dem Gespräch eine andere Nummer wählen, damit Ihre Einwahl- und Codenummer aus dem Speicher verschwindet und nicht von anderen benutzt werden kann.

Schriftzug der Telecom Italia

Telefongebühren

Die Höhe der Gebühren kann erheblich variieren – je nachdem, wann Sie telefonieren. Als Faustregel gilt, dass man montags bis freitags von 18.30 bis 8 Uhr, samstags ab 13 Uhr sowie sonntags günstiger telefoniert. Die Gebühren sind in etwa mit denen in Deutschland, Österreich und der Schweiz vergleichbar.

Telefonate von Hotelzimmern aus können eine kostspielige Angelegenheit sein – teilweise werden dem Gast horrende Beträge in Rechnung gestellt. Relativ hohe Gebühren fallen außerdem für Auskünfte an sowie für Service-Nummern wie etwa *trovatutto*. Dieser Service bietet in neun Sprachen alle möglichen Informationen vom Kinoprogramm über Flug- und Zugpläne bis hin zur Streikauskunft.

Manche Ferienwohnungen oder Agriturismi in sehr abgelegenen Gebieten verfügen nicht über einen Telefonanschluss.

Telefonnummern

- **Landesvorwahl Italien:** 0039.
- **Ortsnetz-Vorwahl:** Bari 080, Brindisi 0831, Foggia 0881, Lecce 0832, Tarent 099.
- **Achtung:** Auch bei den Ortsgesprächen muss die Vorwahl stets mitgewählt werden. Bei Anrufen aus dem Ausland ist nach der 0039 auch die 0 der Ortsnetz-Vorwahl mitzuwählen. Italienische Handynummern haben keine vorangestellte 0.
- **Telefonauskunft der Telecom Italia (national und international):** 1254.
- **Mehrsprachiger Service *trovatutto*:** 89 24 12.
- **Deutschland Direkt (R-Gespräch):** 800 172 490.
- **Internationale Vorwahlen:** Deutschland 0049, Österreich 0043, Schweiz 0041. Ohne 0 der Ortsvorwahl.
- **Sperrung von Handykarten:** +49 177 1000 (E-Plus), +49-179 55 222 (O_2), +49 1803 302 202 (T-Mobile), +49 172 1212 (Vodafone).

Posteitaliane

Logo der italienischen Post

Mobiltelefone

Alle in Europa gängigen GSM-Handys funktionieren in Italien problemlos. Wie überall bezahlen Mobiltelefonierer auch dort für Anrufe aus der Heimat. Dies kann teuer werden, obwohl die Roaming-Verordnung der EU verbindliche Obergrenzen für die Kosten sowohl für Vertrags- als auch für Prepaid-Kunden vorgibt: Der Minutenpreis für ein abgehendes Telefonat beträgt ab 1. Juli 2013 maximal 0,24 Euro, für ein ankommendes Gespräch 0,07 Euro. Eine SMS kostet bis 0,08 Euro, Datenübertragung pro MB 0,45 Euro (jeweils zuzüglich Mehrwertsteuer). Viele Netzbetreiber bieten günstigere Optionstarife für das Telefonieren im Ausland an.

Wer in Italien oft mit dem Handy telefonieren möchte, kann sich eine lokale Prepaid-Karte kaufen. Die Karten sind in den üblichen Verkaufsstellen ab ca. 15 Euro erhältlich. Tauschen Sie die lokale SIM-Karte einfach gegen die Karte in Ihrem Handy aus.

Italienische Pressevielfalt

Internet

In allen größeren Städten gibt es im Zentrum Internet-Cafés oder andere Lokalitäten (u.a. Computerläden oder Bibliotheken), in denen Sie online gehen können. Dort kann man günstig im Netz surfen und E-Mails lesen, abgerechnet wird in der Regel im 15- oder 30-Minuten-Takt. Zudem bieten die meisten Hotels Internet-Anschluss im Zimmer oder einem Gemeinschaftsraum an, oft über WLAN. In der Hotelauswahl *(siehe S. 172–177)* erkennen Sie dies am entsprechenden Symbol.

Zeitungen

Zu den wichtigsten überregionalen Tageszeitungen Italiens gehören *La Stampa*, *La Repubblica* und *Il Corriere della Sera*. Detaillierte Informationen über Ereignisse der jeweiligen Stadt findet man in lokalen Tageszeitungen, die auch die Kino-, Theater- und Konzertprogramme auflisten. Die in Bari erscheinende *La Gazzetta del Mezzogiorno* und *Il Quotidiano di Lecce* zählen zu den wichtigsten Tageszeitungen in Süditalien.

Ausländische Zeitungen wie *Süddeutsche Zeitung*, *Frankfurter Allgemeine Zeitung*, *Kurier* und *Neue Zürcher Zeitung* sind – wenn auch mit etwas Verspätung – in allen großen Städten erhältlich, oft auch in den Ferienorten an der Küste.

Post

Das italienische Postwesen ist besser als sein Ruf. Für nicht eilige Urlaubskarten reicht der Standard-Service. Dringende Post sollten Sie auch innerhalb Italiens mit Schnellpost *(posta prioritaria)* versenden. Die Aufkleber erhalten Sie, ebenso wie Briefmarken *(francobolli)*, in Tabakläden und Postämtern. Wichtige oder dringende Sendungen versenden Sie besser per Einschreiben bzw. per Express.

Kiosk in Lecce: Hier bekommt man wirklich fast alles

Briefe und Postkarten in europäische Länder kosten je nach Größe und Gewicht mit *posta prioritaria* ab 0,75 Euro. Die roten Briefkästen der Post haben meist zwei Schlitze: *per la città* (Stadtbereich) und *tutte le altre destinazioni* (alle anderen Ziele).

Hauptpostämter in den Stadtzentren sind montags bis freitags von 8 bis 18.30 Uhr offen, kleinere Postämter bis 13.30 Uhr. Samstags schließen alle um 12.30 Uhr.

AUF EINEN BLICK

Hauptpostämter

Bari
Piazza Umberto I 31.
080 525 01 11.

Brindisi
Piazza Crispi Francesco 1.
0831 52 02 82.

Foggia
Via di Motta della Regina.
0881 56 32 11.

Lecce
Piazza Giuseppe Libertini 5.
0832 27 42 21.

Tarent
Piazza della Libertà 1.
099 478 11 11.

Internet

Officine Cantelmo
73100 Lecce.
Viale Michele de Pietro.
0832 30 48 96.
www.officinecantelmo.it

Puntocom
70017 Bari.
Via Roma 54.
080 405 96 21.
www.puntocomshop.com

Briefkasten der italienischen Post mit zwei Einwurfschlitzen

Reiseinformationen

Die süditalienische Region Apulien ist von Mitteleuropa aus mit vielen Verkehrsmitteln gut erreichbar. Die internationalen Flughäfen Bari und Brindisi sind durch Linienflüge mit einigen europäischen Städten verbunden. Die Anreise per Zug ist natürlich zeitraubend, die Eisenbahnstrecke Bologna–Bari zählt aber zu den wichtigsten auf dem »Stiefel«. Auch für Autofahrer ist Bologna ein Etappenziel und Ausgangspunkt für die Weiterfahrt Richtung Süden auf der A14 Bologna–Tarent. Wer mehr Zeit hat, fährt auf der A1 die Strecke Bologna–Toskana–Rom–Apulien. Für beide Varianten müssen Autobahngebühren bezahlt werden. Innerhalb Apuliens erreicht man mit Zügen und Bussen auch abgelegene Orte sehr bequem.

Flugzeug der Alitalia, der staatlichen Fluglinie Italiens

Anreise mit dem Flugzeug

In Apulien gibt es mehrere Flughäfen, von denen nur die internationalen Airports in Bari und Brindisi regelmäßige Verbindungen mit Flughäfen in Deutschland und der Schweiz (nicht jedoch mit Österreich) bieten. Die Airports in Foggia, Lecce und Tarent sind hingegen nur für den regionalen Flugverkehr von Bedeutung.

Die **Lufthansa** bietet regelmäßige Direktflüge zwischen München und Bari. Ansonsten werden Flugverbindungen zwischen mitteleuropäischen Airports und den Flughäfen in Bari und Brindisi von Billigfluglinien bedient. So fliegt **Air Berlin** von Berlin, Köln, Stuttgart und München nach Bari sowie von München nach Brindisi. **Ryanair** fliegt von Düsseldorf-Weeze und Frankfurt-Hahn nach Bari. Verbindungen zwischen Airports in der Schweiz und Apulien bedienen **easyJet** (von Genf nach Brindisi) und **helvetic airways** (von Zürich nach Bari und Brindisi).

Von anderen mitteleuropäischen Flughäfen gelangt man z. B. mit Lufthansa, **Austrian**, **Swiss** oder **Alitalia** mit Umsteigen an italienischen Airports (z. B. Rom, Mailand, Genua, Turin, Verona, Venedig oder Bologna) nach Bari oder Brindisi. Auskünfte über das Flugangebot gibt es bei den jeweiligen Fluggesellschaften und direkt am Flughafen.

Es lohnt sich in jedem Fall, die Preise zu vergleichen. Vor allem die im Low-Cost-Segment tätigen Airlines bieten zum Teil sehr günstige Flüge an. Allerdings müssen Sie bei derartigen Angeboten in der Regel mehrere Monate im Voraus buchen. Außerdem sind Sie an feste Hin- und Rückflugzeiten gebunden und können nicht umbuchen.

Flughafen Gino Lisa in Foggia

Berücksichtigen Sie auch, dass die Flugpreise häufig noch keine Steuern und Flughafengebühren enthalten.

Preisgünstige Alternativen können Pauschalreisen sein, die neben der Anreise auch die Unterkunft in Apulien umfassen. Die Veranstalter organisieren in der Regel den Transport vom Flughafen zu Ihrer Unterkunft. Wenn Sie hingegen nur einen Flug buchen, können Sie bei größerer Entfernung zum Zielort unter Umständen den Shuttle-Service eines Hotels nutzen. Auch einige Agriturismi bieten eine derartige Dienstleistung an, die eventuell bereits im Preis für die Unterkunft enthalten ist.

Flughäfen Bari und Brindisi

Die internationalen Flughäfen in Bari und Brindisi werden von dem Unternehmen Aeroporti di Puglia betrieben, dessen Website *(siehe Kasten)* Informationen über Lage, Ausstattung und Service-Einrichtungen der Airports liefert. Beide bieten zahlreiche Dienstleistungen, sind aber von ihrer Größe her recht überschaubar. Die meisten Einrichtungen können auch von Menschen mit Mobilitätseinschränkungen genutzt werden.

Bari-Palese ist der größere und bedeutendere der beiden Flughäfen, er befindet sich etwa acht Kilometer nordwestlich von Bari. Brindisi-Casale – für viele Besucher das Tor zum Salento – liegt rund drei Kilometer nördlich von Brindisi.

An allen Flughäfen können Autos zur Weiterfahrt gemietet werden

Ausflüge mit Flugzeug oder Helikopter

Der Flughafen Gino Lisa in Foggia ist ganzjährig mit der Insel San Domino durch einen Hubschrauberdienst verbunden (nach Voranmeldung), der Flug mit einem Helikopter von **Alidaunia Servizio Elicotteri** dauert etwa 20 Minuten. Am Flughafen Lecce-Lepore bietet der in San Cataldo ansässige **Aero Club Lecce** Rundflüge über den Salento und der Straße von Otranto an, auch Flugstunden und Fallschirmkurse können gebucht werden. Eine klassische, nach Dauer und Kosten variierende Aktivität ist auch der Flug über die adriatische und die ionische Küste einschließlich Otranto, Santa Maria di Leuca und Gallipoli (1:15 Std.). Auch ein Rundflug über Lecce (15 Minuten) bietet spannende Ausblicke.

Mietwagen

Um im Urlaub möglichst flexibel zu sein, ist es sinnvoll, nach der Ankunft ein Auto zu mieten. Schalter von Mietwagenfirmen finden Sie auf den Hauptflughäfen, in der Nähe der Fährhäfen und in allen größeren Orten. In der Region operieren sowohl die großen internationalen Gesellschaften (**Avis**, **Hertz**, **holiday autos**, **Sixt**) als auch kleinere italienische Verleihfirmen (**Maggiore**, **Sicily by Car**), die eine Vielzahl von Angeboten für alle Bedürfnisse haben. Erkundigen Sie sich bei der Flugbuchung nach günstigen Fly-&-Drive-Angeboten. Man kann natürlich einen Wagen vom Heimatort aus vorbestellen, am vereinbarten Ort abholen und woanders wieder abliefern, was allerdings teuer werden kann.

Reisende am Airport Bari, einem der Hauptflughäfen in Apulien

AUF EINEN BLICK

Flughäfen

Informationen zu allen Flughäfen in Apulien:

Aeroporti di Puglia
www.aeroportidipuglia.it
info@aeroportidipuglia.it

Bari: Palese
080 580 02 00 (Info).
080 580 02 24 (Fundbüro).

Brindisi: Casale
0831 411 74 08 (Info).
0831 411 72 06 (Fundbüro).

Foggia: Gino Lisa
0881 65 05 42.

Lecce: Lepore
0832 89 60 50.
www.aeroportolecce.it

Taranto: Grottaglie
099 562 52 04.

Fluglinien

Air Berlin
01805 73 78 00.
www.airberlin.com

Alitalia
06 22 22 (Ital.).
www.alitalia.com

Austrian
05 17 66 10 00 (Ö).
02 89 63 42 96 (Ital.).
www.aua.com

easyJet
0900 110 01 59.
www.easyjet.com

helvetic airways
044 270 85 00 (CH).
www.helvetic.com

Lufthansa
01805 80 58 05 (D).
199 40 00 44 (Ital.).
www.lufthansa.com

Ryanair
0900 116 05 00.
www.ryanair.com

Swiss
848 70 07 00 (CH).
026 968 20 70 (Ital.).
www.swiss.com

Ausflüge mit Flugzeug oder Helikopter

Aero Club Lecce
Via Lecce,
73100 San Cataldo.
0832 89 60 50.
www.aeroportolecce.it

Alidaunia Servizio Elicotteri (Helikopter)
Aeroporto Gino Lisa,
71100 Foggia.
199 24 03 02.
www.alidaunia.it

Mietwagen

Avis
01805 21 77 02 (D).
800 80 11 80 (Ital.).
www.avis.com

Hertz
01805 33 35 35 (D).
199 11 22 11 (Ital.).
www.hertz.com

holiday autos
089 17 92 30 02 (D).
www.holidayautos.de

Maggiore
06 22 93 51 (Ital.).
www.maggiore.it

Sicily by Car
091 639 01 11.
www.autoeuropa.it

Sixt
01805 25 25 25 (D).
199 10 06 66 (Ital.).
www.sixt.com

Mit dem Zug unterwegs

Logo der FS

Das italienische Schienennetz ist gut ausgebaut. Mit den Zügen der italienischen Staatseisenbahnen FS (Ferrovie dello Stato) bzw. deren Tochterunternehmen Trenitalia kommt man schnell voran. Die Verbindungen zwischen Großstädten sind sehr gut, im Regionalverkehr ist man mit dem Bus *(siehe S. 219)* manchmal besser beraten.

Der Eurostar fährt auch bis nach Apulien

Anreise mit dem Zug

Von Deutschland, Österreich und der Schweiz gibt es zahlreiche schnelle und direkte Zugverbindungen nach Süditalien. Am meisten Komfort bietet der Eurostar (ES). Für eine Fahrt mit diesem Hochgeschwindigkeitszug ist eine Platzreservierung erforderlich. Apulien erreicht man mit dem Eurostar am besten über die Verbindung Florenz–Rom–Neapel–Bari sowie über die Strecke Venedig–Bologna–Ancona–Bari. Beide werden regelmäßig bedient.

Nach Bari braucht man mit dem Eurostar von Mailand aus etwa acht Stunden, von Parma knapp sieben Stunden, von Bologna weniger als sechs Stunden, von Rom sind es vier Stunden und 45 Minuten und von Caserta rund drei Stunden.

Wegen der insgesamt doch recht großen Entfernung zum Reiseziel Apulien kann es sinnvoll sein, tagsüber nach Norditalien – z. B. Mailand, Verona oder Bologna – zu fahren und dort mit einem Nachtzug weiter nach Apulien. Auch die Benutzung eines Autoreisezugs ist eine Option.

Die erwähnten, vom Eurostar bedienten Eisenbahnlinien treffen sich in Bari, dessen Hauptbahnhof (Bari Centrale) mit Abstand wichtigster Knotenpunkt und Drehscheibe des apulischen Schienennetzes ist. Von der Regionshauptstadt erreicht man nicht nur die anderen größeren Städte, sondern kommt in alle Teile Apuliens.

Bahnhofsschild in Otranto der Ferrovie del Sud Est

Netz der italienischen Staatsbahn (FS)

Die Züge der italienischen Staatsbahn (Ferrovie dello Stato, FS) befahren ein dichtes Streckennetz. An den Eisenbahnknotenpunkten hat man Anschluss in alle Teile des Landes.

Regionalbahnen

Von Bari verkehren eine ganze Reihe Nebenlinien, die im Inneren Apuliens häufig auch von Privatbahnen per Schiene oder Bus bedient werden: Bari–Barletta (Ferrotramviaria – Ferrovie del Nord Barese), Bari–Matera und Bari–Altamura (Ferrovie Appulo-Lucane), Bari–Martina Franca–Tarent und Bari–Putignano (Ferrovie del Sud Est) sind die wichtigsten Linien. Tarent, das mit Brindisi durch die Trenitalia verbunden ist, erreicht man von Bari und Kalabrien über die an der ionischen Küste entlangführende Strecke.

Kleinere regionale Linien sind Foggia–Manfredonia, Foggia–Lucera und San Severo–Peschici (Ferrovie del Gargano). Die Ferrovie del Sud Est sind vor allem im Salento aktiv: Sie betreiben neben den erwähnten Linien auch die Strecken Lecce–Martina Franca, Novoli–Gagliano, Casarano–Gallipoli, Lecce–Gallipoli, Zollino–Gagliano und Maglie–Otranto. Diese Verbindungen sind auch interessant, wenn man das Auto einmal stehen lassen will.

Fahrkartenautomat am Bahnhof

Fahrpläne und Zugverbindungen

Auskunft über Zugverbindungen erhalten Sie an den Bahnhöfen, in Reisebüros, auf den Websites von FS und Trenitalia sowie auf der überaus informativen Website ViaggiaTreno von Trenitalia (www.viaggiatreno.it), deren Inhalt auch auf Deutsch angezeigt werden kann. Dort kann man die Züge wie in Echtzeit verfolgen und weiß sofort über Verspätungen Bescheid. Für Vielfahrer gibt es an Kiosken das Kursbuch *(pozzorario)* zu kaufen.

Preis und Dauer der Zugfahrten hängen vom Zugtyp ab. Am schnellsten und teuersten sind natürlich die Hochgeschwindigkeitszüge.

Fahrkarten und Reservierung

Fahrkarten erhalten Sie an Bahnhöfen, in Reisebüros, teilweise an Kiosken und Zeitschriftenläden und über die Websites von FS/Trenitalia. Buchungen können Sie auch online über die Websites von FS/Trenitalia oder telefonisch ausführen. Bei der Online- oder telefonischen Buchung bezahlen Sie mit Angabe Ihrer Kreditkartennummer und bekommen entweder per E-Mail oder als SMS eine Code-Nummer (PNR) zugeschickt. Diese geben Sie im Zug dem Schaffner an, der Ihre Fahrkarte ausdruckt. Auch Fahrkarten für Regionalzüge können online erworben werden. Das Ticket erhalten Sie per E-Mail und drucken es aus. Es ist nur gültig, wenn Sie es im Zug zusammen mit Ihrem Ausweis vorzeigen. Tickets für Zugfahrten innerhalb Italiens können Sie außerdem vor Antritt der Reise – auch online – bei den jeweiligen nationalen Eisenbahngesellschaften in Deutschland, Österreich und der Schweiz kaufen.

Fahrkartenentwerter

Wer nicht an den bisweilen langen Schlangen vor den Fahrkartenschaltern *(biglietterie)* warten möchte, kann das Ticket an Automaten kaufen. Diese nehmen Bargeld und Kreditkarten an. Der Bedienungsanleitung in sechs Sprachen ist leicht zu folgen.

AUF EINEN BLICK

Staatliche Eisenbahnen (FS)

FS/Trenitalia
☎ 89 20 21.
www.trenitalia.com
www.ferroviedellostato.it
Bari ☎ 080 524 01 48.
Brindisi ☎ 0831 56 83 74.
Foggia ☎ 0881 72 72 34.
Lecce ☎ 0832 30 34 03.
Tarent ☎ 099 471 49 74.

Ferrovie del Sud Est
Bari ☎ 080 546 21 11.
Lecce ☎ 0832 66 81 11.
www.fseonline.it

Ferrovie del Gargano
☎ 0881 72 51 88.
www.ferroviedelgargano.it

Ferrovie Appulo-Lucane
☎ 199 81 18 11.
www.fal-srl.it

Ferrotramviaria – Ferrovie del Nord Barese
☎ 080 529 91 11.
www.ferrovienordbarese.it

Wenn Sie eine Fahrkarte kaufen, wählen Sie entweder *andata* (einfach) oder *andate e ritorno* (Hin- und Rückfahrt) in der ersten *(prima)* oder zweiten Klasse *(seconda classe)*. Wer innerhalb der Region maximal 200 Kilometer weit fährt, kauft ein Kurzstreckenticket *(biglietto a fascia chilometrica)*. Alle Tickets müssen vor dem Zustieg an Automaten entwertet werden.

Der Platz vor dem Bahnhof von Bari, dem wichtigsten Eisenbahnknotenpunkt der Region

Auto, Bus und Fähre

Logo einer Tankstelle

Trotz der Abgelegenheit ist Apulien sehr gut an das italienische Straßennetz angeschlossen. Zwei Autobahnen sowie zahlreiche gut ausgebaute Schnell- und Landstraßen erschließen die Region. Dank dieser guten Verkehrsinfrastruktur ist Apulien von Norden und Westen aus sehr gut mit Auto oder Bus zu erreichen. An der ungefähr 830 Kilometer langen Küste gibt es einige Fährhäfen, von denen Verbindungen zu anderen Häfen in Italien sowie u. a. an der griechischen und kroatischen Küste bestehen. Sehr beliebt bei Urlaubern sind Ausflüge mit der Fähre zu den Tremiti-Inseln.

Auf einer zweispurigen Autobahn in Apulien

Anreise mit dem Auto

Die Anfahrtsrouten aus Deutschland, Österreich und der Schweiz in Richtung Süditalien laufen in Bologna zusammen. Von dort geht es auf Autobahnen nach Apulien. Die A14 verläuft von Bologna über Rimini und von dort zeitweise an der Adriaküste entlang über Ancona, Pescara und die apulischen Städte Foggia und Bari bis Tarent. Die westlichere Route führt auf der A1 von Bologna über Florenz, Rom und Neapel. Dort nimmt man die A16, die bei Canosa di Puglia in die A14 mündet.

Die Entfernung von Bologna nach Bari beträgt 800 Kilometer. Angesichts der langen Strecke ist die Anreise aus Mitteleuropa mit dem Auto nicht ohne eine Zwischenübernachtung zu bewältigen. Alternativ könne Sie einen Teil der Strecke im Autoreisezug zurücklegen.

Wenn Sie über ausreichend Zeit verfügen, lohnt es sich – vor allem bei der Strecke entlang der Küste – auf Landstraßen auszuweichen, die zum Teil wahre Panoramastraßen sind.

Maut

Die meisten Autobahnen in Italien sind gebührenpflichtig. Die Ermittlung der Kosten erfolgt über eine Magnetkarte *(biglietto)*, die man am Autobahnanfang aus Automaten zieht. Bezahlt wird an den Mautstationen, die mit der Beschilderung »Alt – Stazione« angekündigt werden. Dort schieben Sie Ihr *biglietto* in einen Automaten oder geben es dem Kassierer. Die Gebühren können Sie mit Bargeld, mit einer gängigen Kreditkarte oder mit einer Viacard begleichen. Diese Prepaid-Karten können vor der Reise über Automobilclubs wie **ADAC**, **ÖAMTC** und **ACS** erworben werden, in Italien an den Autobahnraststätten, beim **A.C.I.** und in Tabakläden.

An Wochenenden und in der Urlaubszeit bilden sich an den Mautstationen oft lange Staus.

Ein dichtes Netz von Tankstellen säumt die Autobahnen

Dokumente

Autofahrer müssen ihren nationalen Führerschein *(patente di guida)* und die Fahrzeugpapiere bei sich haben. Dringend empfohlen werden außerdem die grüne Versicherungskarte und das mehrsprachige Europäische Unfallprotokoll (EUP). Dieses kann sich besonders bei Unfällen mit mehreren Beteiligten als hilfreich erweisen. Beide Dokumente erhalten Sie bei Ihrer Kfz-Versicherung.

In Italien ist das Mitführen einer orangefarbenen reflektierenden Warnweste im Auto vorgeschrieben. Sobald man sich außerhalb von Ortschaften – etwa bei einer Panne – auf der Fahrbahn aufhält, muss man sie tragen.

Tanken

Durchgehend geöffnete Tankstellen gibt es an Autobahnen. Auf dem Land schließen viele Tankstellen mittags für ein paar Stunden und abends ab etwa 20 Uhr. Auch sonntags bleiben viele Tankstellen geschlossen, ebenso im August.

Mautstation an einer Autobahn

Straßenkarte *siehe hintere Umschlaginnenseiten*

Fähr- und Yachthafen von Trani

Pannen und Unfälle

Bei einer Panne oder einem Unfall schalten Sie die Warnblinkanlage ein, ziehen die Warnweste an und sichern die Unfallstelle mit dem Warndreieck. Gegebenenfalls leisten Sie Erste Hilfe und rufen die Polizei oder Unfallrettung. Ansonsten wenden Sie sich an den A.C.I., der mit den Automobilclubs anderer Länder kooperiert.

Bei einem Unfall notieren Sie sich – am besten mithilfe des Europäischen Unfallprotokolls – relevante Daten des Unfallgegners. Vergessen Sie dabei nicht, den Namen und die Nummer der Haftpflichtversicherung aufzuschreiben. Sie stehen auf der rechteckigen Plakette an der Windschutzscheibe. Sind Sie mit einem Leihwagen unterwegs, verständigen Sie auf jeden Fall die Mietwagenfirma, bevor Sie das beschädigte Auto abschleppen oder reparieren lassen.

Anreise mit dem Bus

Fernreisebusse sind eine in der Regel kostengünstige Alternative zur Anreise mit Auto oder Zug. Sie sind meist komfortabel ausgestattet, mit Klimaanlage und Extras wie Monitoren und Toilette versehen. An Autobahn-Raststätten halten sie regelmäßig an.

Busfahrten von Deutschland bietet das Unternehmen **Eurolines** an, das in Deutschland durch die **Deutsche Touring GmbH** vertreten wird. Von einigen deutschen Städten bestehen mehrmals in der Woche Busverbindungen nach Bari, Brindisi, Foggia, Lecce und Tarent. Die Fahrt von München nach Bari beispielsweise dauert mit einem Eurolines-Bus rund 17 Stunden. In nahezu jeder größeren Stadt in Deutschland gibt es ein DTG-Ticket-Center, bei dem man sich die Fahrkarten kauft. Auf der Website des Unternehmens können die Tickets auch online gebucht werden.

Bei **buswelt.de** können Sie ebenfalls Busreisen nach Apulien im Internet buchen. Das Online-Reisebüro bietet Reisen verschiedener Veranstalter an.

Klassischer Sportwagen von Ferrari

Fährverkehr

Von einigen apulischen Städten, vor allem Bari und Brindisi, bestehen Fährverbindungen mit anderen Städten am Mittelmeer – für Urlauber eine gute Möglichkeit, mehrere Reiseziele zu kombinieren. Besonders gefragt sind die Verbindungen nach Griechenland (u.a. Patras und Korfu) und Kroatien (Dubrovnik). Außerdem werden Routen nach Bar (Montenegro) und Durrës (Albanien) bedient.

Für diese Verbindungen gibt es zahlreiche Anbieter. Einen Überblick über Fahrpläne und Preise verschafft man sich am besten im Internet (z.B. bei www.faehreonline.com).

Die Tremiti-Inseln *(siehe S. 64f)* sind ein beliebtes Ausflugsziel. Im Sommer bestehen von einigen Küstenorten des Gargano – u.a. von den apulischen Häfen in Manfredonia, Vieste, Rodi Garganico und Peschici – regelmäßige Fährverbindungen mit dem Archipel. Ganzjährig werden die Inseln von Termoli in der Region Molise angelaufen. Zu den wichtigsten Anbietern gehören **Aliscafi**, **Navigazione Libera del Golfo** und **Tirrenia di Navigazione**.

AUF EINEN BLICK

Pannendienst

A.C.I.
Notruf *80 31 16 (24 Std.).*
www.aci.it

ACS
Notruf *44 628 88 99 (Schweiz).*
www.acs.ch

ADAC
Notruf *0180 222 2222 (Deutschland).*
Notruf *039 210 41 (Italien).*
www.adac.de

ÖAMTC
Notruf *120 (Österreich).*
Notruf *039 210 45 53 (Italien).*
www.oeamtc.at

Busreisen

buswelt.de
(030) 44 67 78 88.
www.buswelt.de

Eurolines – Deutsche Touring GmbH
Am Römerhof 17,
60486 Frankfurt am Main.
069 790 35 01 (Service-Hotline).
www.touring.de
www.eurolines.de

Fährverkehr

Aliscafi
www.aliscafi.it

Navigazione Libera del Golfo
www.navlib.it

Tirrenia di Navigazione
www.tirrenia.it

Mit Regionalbussen erreicht man auch abgelegene Gebiete

In Städten unterwegs

Fiat 500 – der Klassiker

Auch wenn Apulien nicht mit den ganz großen Metropolen aufwartet, gibt es hier doch einige Städte, die es sich zu erkunden lohnt. Die Zentren sind recht kompakt, sodass man den Stadtbummel in der Regel zu Fuß zurücklegen kann. Für Abstecher stehen öffentliche Verkehrsmittel (vor allem Busse) zur Verfügung. Autofahren ist in den Städten Apuliens mitunter kompliziert, Parkplätze sind Mangelware. Sehr gut vorwärts kommt man mit einem Fahrrad oder einem Motorroller. Verleihstellen gibt es in den Stadtzentren.

Braune Hinweisschilder zeigen den Weg zu Sehenswürdigkeiten

Zu Fuß unterwegs

Wichtigste Anziehungspunkte sind die historischen Altstädte und – bei Küstenstädten – die oft stimmungsvollen Hafenviertel. In den meisten Städten Apuliens liegen die architektonisch oder kunsthistorisch interessantesten Bauwerke relativ nahe beieinander und können im Rahmen eines Spaziergangs besichtigt werden. In einigen Städten – u. a. in Bari und Lecce – ist die Stadtstruktur aus dem Mittelalter mit verwinkelten Gassen, Bogengängen und den Resten einer alten Stadtmauer noch gut erhalten. Viele Kirchen können – teils gegen Gebühr – betreten werden. Vor allem an heißen Sommertagen findet man hier auch Linderung von der großen Hitze. Darüber hinaus sind auch viele Palazzi und weitere Bauwerke wahre Augenweiden.

Die Orientierung in den Stadtzentren ist sehr einfach – Hinweisschilder zeigen die Richtung, die man zu einzelnen Sehenswürdigkeiten einschlagen muss. In den Provinzhauptstädten erhält man bei den Büros des Fremdenverkehrsamts (APT: *Azienda di Promozione Turistica*) vielfältiges Informationsmaterial und Stadtpläne, in kleineren Städten wendet man sich an die Büros des Vereins Pro Loco *(siehe S. 205)*.

Wenn Sie bei Ihrem Stadtbummel eine Pause einlegen möchten, können Sie dies in einem der Straßencafés, von denen in jedem Stadtzentrum einige zur Auswahl stehen.

Im Zentrum der meisten italienischen Städte gibt es Bereiche mit eingeschränktem Verkehr, was für Fußgänger sehr angenehm ist.

Im Sommer kann es sehr heiß werden. Planen Sie Ihren Tagesablauf am besten so, dass Sie die Mittagsstunden nicht im Freien verbringen. Erholen Sie sich lieber bei einem gemütlichen Mittagessen und einer Siesta. Shopping ist erst am frühen Abend angesagt, wenn es kühler wird. Auch wenn Sie keine allzu langen Wege zurücklegen, sollten Sie auf robustes Schuhwerk achten.

Salento Rent vermietet fast alles

Fahren in der Stadt

In den Innenstädten ist in der Regel eine sogenannte *zona a traffico limitato (ZTL)* ausgewiesen. In dieser »verkehrsbeschränkten Zone« herrscht entweder ein generelles oder auf bestimmte Tageszeiten beschränktes Fahrverbot – auch in diesem Fall dürfen nur Fahrzeuge mit Sondergenehmigung in die Zone einfahren. Hinweistafeln zeigen den Beginn der ZTL.

Der Motorroller ist in Städten ein praktisches Fortbewegungsmittel

Hotelgäste, deren Unterkunft innerhalb dieser Zone liegt, sollten bereits bei der Buchung angeben, dass sie mit dem Auto anreisen möchten. Die Hotels können in diesem Fall eine Genehmigung für die betreffenden Wagen einholen.

Die gesamte Zone wird mithilfe elektronischer Sensoren und Kameras streng überwacht. Stellen Sie deshalb Ihr Auto außerhalb der ZTL ab, wenn Sie keine Genehmigung besitzen.

Parken

Die Suche nach einem Parkplatz im Stadtzentrum kann nervenaufreibend sein. Nutzen Sie daher am besten gebührenpflichtige Parkplätze, die Sie am Rand der Innenstadt finden. Alternativ können Sie Ihren Wagen auch in einem Parkhaus oder einer Parkgarage abstellen. In Bari etwa befindet sich eines an der Via de Rossi, in Foggia an der Piazza Cavour. In der Nähe der meisten größeren Parkmöglichkeiten befinden sich Haltestellen von Bussen, mit denen Sie zu Ihrem Ziel kommen.

Bicincittà: Fahrräder zum Mieten

Auch in Apulien werden Falschparker unter Umständen abgeschleppt

Achten Sie beim Abstellen Ihres Autos auf der Straße auf etwaige zeitliche Einschränkungen. Bei Zuwiderhandlungen wird Ihr Auto möglicherweise abgeschleppt. Wenden Sie sich in diesem Fall an die örtliche **Polizia Municipale**.

Fahrrad- und Motorrollerverleih

Da in vielen Innenstädten der Autoverkehr eingeschränkt ist, kann man sich dort sehr gut mit dem Fahrrad fortbewegen. Fahrräder sind für Stadtbesichtigungen geradezu ideal, auch wenn Radwege in apulischen Städten selten sind. In den größeren Städten kann man beim Label *Bicincittà* Räder tageweise mieten. Sehr hilfreich ist dieser Service auch in Bari, wo er unter dem Namen **Bari in Bici** firmiert. An insgesamt zehn Orten der Stadt kann man ein Rad ausleihen und wieder zurückgeben. Zu diesem mit Magnetkarten funktionierenden System kann man sich schon vor der Reise online anmelden. Die Mitarbeiter des Anbieters **pugliainbici** bringen das gemietete Rad direkt zum Hotel des Kunden.

Parkscheinautomat

Infos rund ums Radfahren in Apulien (auch zum Fahrradverleih in Städten) bietet auch **Ruotalibera Bari**.

Das Knattern von Motorrollern ist aus italienischen Städten kaum wegzudenken. Wer sich gerne motorisiert auf zwei Rädern fortbewegt, kommt bequem und recht schnell durch die Stadt – obwohl Verkehrsbeschränkungen in den Innenstädten auch Rollerfahrer betreffen. Verleihstellen gibt es in allen Städten.

Denken Sie daran, dass auch in Italien Helmpflicht besteht und das Tragen des Helms von der Polizei kontrolliert wird.

Busse

Die größeren Städte sind durch ein dichtes Netz an Linienbussen erschlossen. Die Systeme sind sehr ähnlich, gut ausgebaut und so leistungsfähig, wie der Verkehr und die stellenweise engen Straßen es gestatten. Busfahren ist sehr bequem und außerdem preiswert. Bushaltestellen befinden sich am Hauptbahnhof sowie in der Nähe vieler bedeutender Attraktionen.

In den meisten Städten Apuliens fahren Linienbusse etwa von 6 bis 23 Uhr. Für Besucher von Bari sehr nützlich ist der Service *circolari del centro città*, bei dem zwei sich ergänzende Linien das Zentrum jeweils halbkreisförmig umfahren. Die Busse dieser Linien sind von 10 bis 13.40 Uhr und von 17 bis 20.40 Uhr im Einsatz und fahren im 20-Minuten-Takt.

Die Fahrkarten *(biglietti)* kauft man vor dem Einsteigen z. B. an Kiosken, in Tabacchi-Läden und Bars sowie an den Automaten am Bahnhof und an den Haltestellen. Wenn Sie viel unterwegs sind, lohnt sich der Erwerb einer Tageskarte oder zumindest einer Mehrfahrtenkarte. In jeder Stadt gibt es dazu entsprechende Angebote. Die Tickets müssen in jedem Fall an Automaten im Bus entwertet werden.

AUF EINEN BLICK

Abgeschlepptes Auto

Polizia Municipale
Bari ☎ *080 549 13 31.*
Brindisi ☎ *0831 22 95 22.*
Foggia ☎ *0881 79 05 11.*
Lecce ☎ *0832 23 32 11.*
Tarent ☎ *099 732 32 04.*

Fahrrad- und Motorrollerverleih

Bari in Bici
Via Vito Fornari 12,
70122 Bari.
☎ *080 528 95 87.*
www.amtabservizio.it

pugliainbici
Via Beccaria 42,
70043 Monopoli.
☎ *340 264 41 28.*
www.pugliainbici.com

Ruotalibera Bari
Via de Nittis 42.
☎ *338 311 88 34.*
www.ruotaliberabari.it

Taxis

Taxi Bari
☎ *554 33 33.*
www.taxibari.it

Taxis

Fahren Sie nur in offiziellen Taxis, die ein Leuchtschild auf dem Dach haben. Sie können einen Wagen unterwegs anhalten, am Taxistand zusteigen oder telefonisch bestellen. Taxistände finden Sie an großen Plätzen. Die Tarife sind fix. Nacht- und Feiertagsfahrten, die Mitnahme von Gepäck und die telefonische Bestellung werden mit einem Zuschlag bedacht.

Ohne lästige Parkplatzsuche zum Ziel gelangt man mit Taxis

Textregister

Fett gedruckte Seitenzahlen verweisen auf Haupteinträge.

A

B

N

W

Y

Z

Danksagung und Bildnachweis

Dorling Kindersley bedankt sich bei allen Personen und Institutionen, durch deren Arbeit und Unterstützung dieses Buch möglich wurde.

Besonderer Dank

gilt Juliane Adameit, Chiara Bandini, Cavalier Giuseppe Massei, Maio di Donfrancesco, Giovanni Rizzo, Rossella Barletta sowie den lokalen Verbänden, Verkehrsämtern und allen, die Materialien beigetragen haben.

Foto-Erlaubnis

Dorling Kindersley dankt allen Verbänden und Firmen, die die Wiedergabe von Fotos gestattet haben, im Besonderen:
Museo Archeologico Nazionale, Tarent; Museo Civico De Nittis, Barletta; Museo Civico Giuseppe Fiorelli, Lucera; Museo della Ceramica, Grottaglie; Museo Civico, Maglie.

Dorling Kindersley hat sich intensiv bemüht, alle Urheber von Fotos ausfindig zu machen. Sollte uns das in einigen Fällen nicht gelungen sein, bitten wir dies zu entschuldigen und uns zu benachrichtigen. In der nächsten Auflage werden wir versäumte Nennungen nachholen.

Bildnachweis

o = oben; m = Mitte; u = unten; l = links; r = rechts; d = Detail.

Fotografien

Ghigo Roli, Modena: 1, 2–3 alle Fotos, 8–9, 11mr 14–15 alle Fotos, 16o, 16ul, 17or, 17u, 18mol, 18mor, 18ul, 18uml, 19or, 19mol, 19mor, 20ml, 20ur, 21mo, 21mr, 22–23 alle Fotos, 24–25 alle Fotos, 26or, 28 alle Fotos, 32, 33m, 34ol, 35ul, 36ml, 37ol, 37mr, 37ur, 41mr, 43mr, 46–47, 48–49 alle Fotos, 50–51 alle Fotos, 52–53 alle Fotos, 54–55 alle Fotos, 56–57 alle Fotos, 58mr, 59ol, 59ur, 60–61 alle Fotos, 62–63 alle Fotos, 64ml, 64or, 64ul, 65ml, 65ur, 66–67 alle Fotos, 68–69, 70or, 70ul, 71 alle Fotos, 72–73 alle Fotos, 74ol, 74ur, 75ml, 75mor, 75mur, 75ul, 76–77 alle Fotos, 78–79 alle Fotos, 80–81 alle Fotos, 82 alle Fotos, 83ol, 83um, 84ol, 84mr, 85 alle Fotos, 86 alle Fotos, 87m, 87u, 88or, 88m, 89m, 89ul, 90–91 alle Fotos, 92 alle Fotos, 93ol, 93mr, 93ur, 94–95 alle Fotos, 96 alle Fotos, 97ul, 97ur, 98–99, 100ul, 101 alle Fotos, 102–103 alle Fotos, 104ml, 104ul, 105mr, 106–107 alle Fotos, 109 alle Fotos, 110–111 alle Fotos, 112–113 alle Fotos, 114–115 alle Fotos, 116–117 alle Fotos, 118–119 alle Fotos, 120om, 120m, 121 alle Fotos, 122–123, 124–125 alle Fotos, 126–127 alle Fotos, 128ml, 128um, 129 alle Fotos, 130–131 alle Fotos, 132–133 alle Fotos, 134–135 alle Fotos, 136ul, 138–139 alle Fotos, 140–141 alle Fotos, 142–143 alle Fotos, 144 alle Fotos, 146–147 alle Fotos, 148–149 alle Fotos, 150–151 alle Fotos, 152–153 alle Fotos, 154–155 alle Fotos, 158–159, 160–161 alle Fotos, 162–163 alle Fotos, 164–165 alle Fotos, 166–167, 190om, 199ur, 200 alle Fotos, 202–203, 204ur, 219ol.

Weitere Fotografien

Juliane Adameit, Frankfurt am Main: 168o, 168l, 169ol, 170–171 alle Fotos außer 171ul, 178–179 alle Fotos außer 178l, 180ur, 181or, 181m, 181ur, 188–189 alle Fotos außer 188m, 190–191 alle Fotos außer 190ol, 190mr u. 190mu, 192ol, 193m, 194–195 alle Fotos außer 194or, 197or, 204m, 206–207 alle Fotos außer 206l u. 207ol, 208mr, 210m, 213m, 213ul, 216or, 216mr, 218ml, 219u, 220 alle Fotos außer oben, 221ur.

Alinari, Florenz: 34m.

Fabrizio Ardito, Rom: 40mr.

Gerhard Bruschke, München: 190ol, 194or, 198u, 208ml, 215r.

Centro Documentazione Mondadori, Mailand: 31mr.

Contrasto, Mailand: 156–157 alle Fotos.

Farabolafoto, Mailand: 45mr, 84um, 88ul, 89or, 136mr, 137ul, 145 alle Fotos, 217u.

Cristina Gambaro Frongia, Mailand: 108 alle Fotos, 205 alle Fotos.

Vittorio Giacoia, Tarent: 137or.

Paolo Gonzato, Mailand: 104or.

Marialaura Magrì, Mailand: 199ml.

Pia Oddo, Bologna: 217ol, 217m, 218or, 221m.

Lucio Rossi, Mailand: 215ur.

Barbara Rusch, München: 212or.

Guido Stecchi, Mailand: 5or, 18ul, 181m.

Umschlag

Vorderseite: Dorling Kindersley: John Heseltine.
Rückseite: Dorling Kindersley: John Heseltine, Ghigo Roli.
Buchrücken: Dorling Kindersley: John Heseltine o; Christine Gambero Frongia u.

Sprachführer Italienisch

Notfälle

Hilfe!	**Aiuto!**	[ai'u:to]
Halt!	**Alt!**	[alt]
Rufen Sie einen Arzt!	**Chiami un medico!**	['kia:mi un 'mɛ:diko]
Rufen Sie einen Krankenwagen!	**Chiami un ambulanza!**	['kia:mi un ambu'lantsa]
Rufen Sie die Polizei!	**Chiami la polizia!**	['kia:mi la poli'tsi:a]
Rufen Sie die Feuerwehr!	**Chiami i pompieri!**	['kia:mi i pompi'ɛ:ri]
Wo ist das Telefon?	**Dov'è il telefono?**	['do:vɛ il te'lɛ:fono]
Wo ist das Krankenhaus?	**Dov'è l'ospedale?**	['do:vɛ lospe'da:le]

Grundwortschatz

Ja/Nein	**Sì/No**	[si/nɔ]
Bitte	**Per favore**	[per fa'vo:re]
Danke	**Grazie**	['gra:tsie]
Entschuldigung!	**Mi scusi!**	[mi 'sku:zi]
Guten Tag	**Buon giorno**	[bu'ɔn 'dʒorno]
Auf Wiedersehen	**Arrivederci**	[arrive'dertʃi]
Guten Abend	**Buona sera**	['buɔ:na 'se:ra]
Morgen	**la mattina**	[mat'ti:na]
Vormittag	**la mattinata**	[matti'na:ta]
Nachmittag	**il pomeriggio**	[pome'riddʒo]
Abend	**la sera**	['se:ra]
gestern	**ieri**	[i'ɛ:ri]
heute	**oggi**	['ɔddʒi]
morgen	**domani**	[do'ma:ni]
hier	**qui**	[ku'i]
dort	**là**	[la]
Welche ...?	**Quale ...?**	[ku'a:le]
Was?	**Che cosa?**	[ke 'kɔ:za]
Wann?	**Quando?**	[ku'ando]
Warum?	**Perché?**	[per'ke]
Wo?	**Dove?**	['do:ve]

Nützliche Redewendungen

Wie geht es Ihnen?	**Come sta?**	['ko:me sta]
Sehr gut, danke.	**Molto bene, grazie.**	['molto 'bɛ:ne, 'gra:tsie]
Freut mich, Sie kennenzulernen.	**Piacere di conoscerla.**	[pia'tʃɛ:re di ko'noʃʃerla]
Bis bald.	**A più tardi.**	[a pi'u 'tardi]
In Ordnung.	**Va bene.**	[va 'bɛ:ne]
Wo ist/Wo sind ...?	**Dov'è/ Dove sono ...?**	['do:vɛ/ 'do:ve 'so:no]
Sprechen Sie Deutsch?	**Parla tedesco?**	['parla te'desko]
Ich verstehe nicht.	**Non capisco.**	[non ka'pisko]
Wie lange braucht man bis nach ...?	**Quanto tempo ci vuole per andare a ...?**	[ku'anto 'tɛmpo tʃi vu'ɔle per an'da:re a]
Wie komme ich nach ...?	**Come faccio per arrivare a ...?**	['ko:me 'fattʃo per arri'va:re a]
Tut mir leid!	**Mi dispiace!**	[mi dis'piatʃe]

Nützliche Wörter

groß	**grande**	['grande]
klein	**piccolo**	['pikkolo]
heiß/warm	**caldo**	['kaldo]
kalt	**freddo**	['freddo]
gut (Adjektiv)	**buono**	['buɔ:no]
schlecht	**cattivo**	[kat'ti:vo]
genug	**basta**	['basta]
gut (Adverb)	**bene**	['bɛ:ne]
offen	**aperto**	[a'pɛrto]
geschlossen	**chiuso**	[ki'u:so]
links	**a sinistra**	[a si'nistra]
rechts	**a destra**	[a 'dɛstra]
geradeaus	**sempre diritto**	['sɛmpre di'ritto]
nah	**vicino**	[vi'tʃi:no]
fern	**lontano**	[lon'ta:no]
auf	**su**	[su]
über	**giù**	[dʒu]
früh	**presto**	['prɛsto]
spät	**tardi**	['tardi]
Eingang	**l'entrata**	[en'trata]
Ausgang	**l'uscita**	[u'ʃi:ta]
Toilette	**il gabinetto**	[gabi'netto]
frei	**libero**	['li:bero]
gratis	**gratuito**	[gra'tu:ito]

Telefonieren

Ich möchte ein ... führen.	**Vorrei fare una ...**	[vor'rɛi 'fa:re 'u:na]
Ortsgespräch	**telefonata urbana**	[telefo'na:ta ur'ba:na]
Ferngespräch	**telefonata interurbana**	[telefo'na:ta interur'ba:na]
R-Gespräch	**chiamata a carico del destinatario**	[kia'ma:ta a 'ka:riko del destina'ta:rio]
Kann ich eine Nachricht hinterlassen?	**Posso lasciare un messaggio?**	['pɔsso laʃ'ʃa:re un mes'saddʒo]
Moment, bitte.	**Un attimo, per favore**	['un 'attimo, per fa'vo:re]
Könnten Sie etwas lauter sprechen?	**Può parlare più forte per favore?**	[pu'ɔ par'la:re pi'u 'fɔrte, per fa'vo:re]

Shopping

Wie viel kostet das?	**Quanto costa?**	[ku'anto 'kɔsta]
Ich hätte gerne ...	**Vorrei ...**	[vor'rɛi]
Haben Sie ...?	**Avete ...?**	[a've:te]
Ich möchte mich nur umsehen.	**Voglio solo dare un'occhiata.**	['vɔ:ʎo 'so:lo 'da:re unokki'a:ta]
Akzeptieren Sie Kreditkarten?	**Accetate carte di credito?**	[attʃet'ta:te 'karte di 'kre:dito]
Wann öffnen/ schließen Sie?	**A che ora apre/ chiude?**	[a ke 'o:ra 'apre/ki'u:de]
das hier	**questo**	[ku'esto]
das da	**quello**	[ku'ello]
preiswert	**a buon prezzo**	[a bu'ɔn 'prɛttso]
teuer	**caro**	['ka:ro]
Kleidergröße	**la taglia**	['ta:ʎa]

Schuhgröße	**il numero**	['nu:mero]
weiß	**bianco**	[bi'aŋko]
schwarz	**nero**	['ne:ro]
rot	**rosso**	['rosso]
gelb	**giallo**	['dʒallo]
grün	**verde**	['verde]
blau	**blu**	[blu]

Läden

Antiquitätenladen	**l'antiquariato**	[antikuari'a:to]
Apotheke	**la farmacia**	[farma'tʃi:a]
Bäckerei	**la panetteria**	[panette'ri:a]
Bank	**la banca**	['baŋka]
Blumenhändler	**il fioraio**	[fio'ra:io]
Buchhandlung	**la libreria**	[libre'ri:a]
Delikatessen	**la salumeria**	[salume'ri:a]
Eisdiele	**la gelateria**	[dʒelate'ri:a]
Fischgeschäft	**la pescheria**	[peske'ri:a]
Friseur	**il parrucchiere**	[parrukki'ɛ:re]
Kaufhaus	**il grande magazzino**	['grande magad'dzi:no]
Konditorei	**la pasticceria**	[pastittʃe'ri:a]
Lebensmittelladen	**il negozio di alimentari**	[ne'gɔ:tsio di alimen'ta:ri]
Markt	**il mercato**	[mer'ka:to]
Metzgerei	**la macelleria**	[maʃelle'ri:a]
Obst-/Gemüsehändler	**il fruttivendolo**	[frutti'vendolo]
Postamt	**l'ufficio postale**	[uf'fi:tʃo pos'ta:le]
Reisebüro	**l'agenzia di viaggi**	[adʒen'tsi:a di vi'addʒi]
Schuhgeschäft	**il negozio di calzature**	[ne'gɔ:tsio di kaltsa'tu:re]
Supermarkt	**il supermercato**	[supermer'ka:to]
Tabakladen	**la tabaccheria**	[tabakke'ri:a]
Zeitungsstand	**l'edicola**	[e'di:kola]

Sightseeing

Informationsbüro	**l'ufficio turistico**	[uf'fi:tʃo tu'ristico]
Bahnhof	**la stazione**	[statsi'o:ne]
Bibliothek	**la biblioteca**	[biblio'tɛ:ka]
Bushaltestelle	**la fermata dell'autobus**	[fer'ma:ta delauto'bus]
Garten	**il giardino**	[dʒar'di:no]
Kirche	**la chiesa, la basilica**	[ki'ɛ:za, ba'zi:lika]
Kunstgalerie	**la pinacoteca**	[pinako'tɛ:ka]
Museum	**il museo**	[mu'zɛ:o]
Wegen Feiertag geschlossen.	**Chiuso per la festa.**	[ki'u:so per la 'fɛsta]

Im Hotel

Haben Sie Zimmer frei?	**Avete camere libere?**	[a've:te 'ka:mere 'li:bere]
Einzelzimmer	**una camera singola**	['ka:mera 'siŋgola]
Doppelzimmer	**una camera doppia**	['ka:mera 'doppia]
Bad/Dusche	**il bagno/la doccia**	['ba:ɲo/'dottʃa]
Gepäckträger	**il facchino**	[fak'ki:no]
Schlüssel	**la chiave**	[ki'a:ve]
Reservierung	**la prenotazione**	[prenotatsi'o:ne]

Im Restaurant

Haben Sie einen Tisch für ...?	**Avete un tavolo per ...?**	[a've:te un 'ta:volo per]
Ich möchte einen Tisch reservieren.	**Vorrei riservare un tavolo.**	[vor'rɛi riser'va:re un 'ta:volo]
Frühstück	**la colazione**	[kolatsi'o:ne]
Mittagessen	**il pranzo**	['prandzo]
Abendessen	**la cena**	['tʃe:na]
Rechnung	**il conto**	['konto]
Vegetarier	**il vegetariano**	[vedʒetari'a:no]
Kellner	**il cameriere**	[kameri'ɛ:re]
Tagesmenü	**il menù a prezzo fisso**	[me'nu a 'prɛttso 'fisso]
Tagesgericht	**il piatto del giorno**	[pi'atto del 'dʒorno]
Vorspeise	**l'antipasto**	[anti'pasto]
Erster Gang	**il primo**	['pri:mo]
Hauptgang	**il secondo**	[se'kondo]
Beilagen	**il contorno**	[kon'torno]
Dessert	**il dolce**	['doltʃe]
Gedeck	**il coperto**	[ko'pɛrto]
Weinkarte	**la lista dei vini**	['lista dei 'vi:ni]
blutig	**al sangue**	[al 'saŋgue]
halb durch(gebraten)	**a puntino**	[a pun'ti:no]
durch(gebraten)	**ben cotto**	[bɛn 'kɔtto]
Glas	**il bicchiere**	[bikki'ɛ:re]
Flasche	**la bottiglia**	[bot'ti:ʎa]
Teller	**il piatto**	[pi'atto]
Serviette	**la tovaglia**	[to'va:ʎa]
Besteck	**le posate**	[po'za:te]
Messer	**il coltello**	[kol'tɛllo]
Gabel	**la forchetta**	[for'ketta]
Löffel	**il cucchiaio**	[kukki'a:io]

Speisekarte

l'aceto	[a'tʃe:to]	Essig
l'acqua minerale gassata/naturale	['akkua mine'ra:le gas'sa:ta/natu'ra:le]	Mineralwasser mit/ohne Kohlensäure
l'aglio	['a:ʎo]	Knoblauch
l'agnello	[a'ɲɛllo]	Lamm
al forno	[al 'forno]	gebacken
alla griglia	['alla 'gri:ʎa]	gegrillt
l'anatra	['a:natra]	Ente
l'antipasto	[anti'pasto]	Vorspeise
l'aragosta	[ara'gosta]	Languste
l'arancia	[a'rantʃa]	Orange
arrosto	[ar'rɔsto]	gebraten
il baccalà	[bakka'la]	Stockfisch
la birra	['birra]	Bier
la bistecca	[bis'tekka]	Steak
il branzino	[bran'zi:no]	Seebarsch
il brasato	[bra'sa:to]	Schmorbraten
il brodo	['brɔ:do]	klare Brühe
il burro	['burro]	Butter
il caffè	[kaf'fɛ]	Kaffee, Espresso
il carciofo	[kar'tʃɔ:fo]	Artischocke
la carne	['karne]	Fleisch
carne di maiale	['karne di ma'ia:le]	Schwein
il cinghiale	[tʃiŋgi'a:le]	Wildschwein
la cipolla	[tʃi'polla]	Zwiebel

il coniglio	[ko'ni:ʎo]	Kaninchen
la cozza	['kɔttsa]	Miesmuschel
i fagioli	[fa'dʒɔ:li]	Bohnen
il filetto	[fi'letto]	Filet
il formaggio	[for'maddʒo]	Käse
le fragole	['fra:gole]	Erdbeeren
la frittata	[frit'ta:ta]	Omelett
la frutta fresca	['frutta 'freska]	frisches Obst
i frutti di mare	['frutti di 'ma:re]	Meeresfrüchte
i funghi	['fuŋgi]	Pilze
il gamberetto	[gambe'retto]	Garnele
i gamberi	['gamberi]	Krebse
il gelato	[dʒe'la:to]	Eiscreme
l'insalata	[insa'la:ta]	Salat
il latte	['latte]	Milch
la lattuga	[lat'tu:ga]	Kopfsalat
i legumi	[le'gu:mi]	Hülsenfrüchte
la lepre	['le:pre]	Hase
lesso	['lesso]	gekocht
il manzo	['mandzo]	Rind
la mela	['me:la]	Apfel
la melanzana	[melan'dza:na]	Aubergine
la menta	['menta]	Minze
la minestra	[mi'nɛstra]	Suppe
la nocciola	[not'tʃɔ:la]	Haselnuss
la noce	['no:tʃe]	(Wal)Nuss
la noce moscata	['no:tʃe mos'ka:ta]	Muskatnuss
l'olio	['ɔ:lio]	Öl
l'oliva	[o'li:va]	Olive
l'orata	[o'ra:ta]	Goldbrasse
l'ostrica	['ɔstrika]	Auster
il pane	['pa:ne]	Brot
il panino	[pa'ni:no]	Brötchen
la panna	['panna]	Sahne
il parmigiano	[parmi'dʒa:no]	Parmesankäse
le patate	[pa'ta:te]	Kartoffeln
patatine fritte	[pata'ti:ne 'fritte]	Pommes frites
il pecorino	[peko'ri:no]	harter Schafskäse
il pepe	['pe:pe]	Pfeffer
la pesca	['pɛ:ska]	Pfirsich
il pesce	['peʃʃe]	Fisch
i piselli	[pi'sɛlli]	Erbsen
il pollo	['pollo]	Huhn
il pomodoro	[pomo'dɔ:ro]	Tomate
il prosciutto	[proʃ'ʃutto]	Schinken
il ragù	[ra'gu]	Hackfleischsauce
ripieno	[ripi'ɛ:no]	gefüllt
il riso	['ri:zo]	Reis
il sale	['sa:le]	Salz
la salsiccia	[sal'sittʃa]	Wurst
la salvia	['salvia]	Salbei
la scaloppina	[skalop'pi:na]	Kalbsschnitzel
la selvaggina	[selvad'dʒi:na]	Wild
la senape	['sɛ:nape]	Senf
la spremuta	[spre'mu:ta]	frisch gepresster Saft
il succo	['sukko]	Saft
il tè	[tɛ]	Tee
il tonno	['tonno]	Thunfisch
la torta	['tɔrta]	Torte, Kuchen
la triglia	['tri:ʎa]	Meerbarbe
la trota	['trɔ:ta]	Forelle
l'uovo	[u'ɔ:vo]	Ei
l'uva	['u:va]	Traube
la verdura	[ver'du:ra]	Gemüse
il vino	['vi:no]	Wein
il vitello	[vi'tɛllo]	Kalb
la vongola	['voŋgola]	Venusmuschel
la zucca	['tsukka]	Kürbis
lo zucchero	['tsukkero]	Zucker
gli zucchini	[tsuk'ki:ni]	Zucchini
la zuppa	['tsuppa]	Suppe

Zahlen

1	**uno**	['u:no]
2	**due**	['du:e]
3	**tre**	[tre]
4	**quattro**	[ku'attro]
5	**cinque**	['tʃiŋkue]
6	**sei**	[s'ɛ:i]
7	**sette**	['sɛtte]
8	**otto**	['ɔtto]
9	**nove**	['nɔ:ve]
10	**dieci**	[di'ɛ:tʃi]
11	**undici**	['unditʃi]
12	**dodici**	['do:ditʃi]
13	**tredici**	['tre:ditʃi]
14	**quattordici**	[kuat'torditʃi]
15	**quindici**	[ku'inditʃi]
16	**sedici**	['se:ditʃi]
17	**diciassette**	[ditʃas'sɛtte]
18	**diciotto**	[di'tʃɔtto]
19	**diciannove**	[ditʃan'nɔ:ve]
20	**venti**	['venti]
30	**trenta**	['trenta]
40	**quaranta**	[kua'ranta]
50	**cinquanta**	[tʃiŋku'anta]
60	**sessanta**	[ses'santa]
70	**settanta**	[set'tanta]
80	**ottanta**	[ot'tanta]
90	**novanta**	[no'vanta]
100	**cento**	['tʃɛnto]
1000	**mille**	['mille]
2000	**duemila**	[due'mi:la]
5000	**cinquemila**	[tʃiŋkue'mi:la]
1000000	**un milione**	[mili'o:ne]

Zeit

Minute	**un minuto**	[mi'nu:to]
Stunde	**un'ora**	['o:ra]
halbe Stunde	**mezz'ora**	[med'dzo:ra]
Tag	**un giorno**	['dʒorno]
Woche	**una settimana**	[setti'ma:na]
Monat	**un mese**	['me:ze]
Jahr	**un anno**	['anno]
Montag	**il lunedì**	[lune'di]
Dienstag	**il martedì**	[marte'di]
Mittwoch	**il mercoledì**	[merkole'di]
Donnerstag	**il giovedì**	[dʒove'di]
Freitag	**il venerdì**	[vener'di]
Samstag	**il sabato**	['sa:bato]
Sonntag	**la domenica**	[do'me:nika]

Januar	**gennaio**	[dʒen'na:io]
Februar	**febbraio**	[feb'bra:io]
März	**marzo**	['martso]
April	**aprile**	[a'pri:le]
Mai	**maggio**	['maddʒo]
Juni	**giugno**	['dʒu:ɲo]
Juli	**luglio**	['lu:ʎo]
August	**agosto**	[a'gosto]
September	**settembre**	[set'tɛmbre]
Oktober	**ottobre**	[ot'to:bre]
November	**novembre**	[no'vɛmbre]
Dezember	**dicembre**	[di'tʃɛmbre]
Frühling	**primavera**	[prima'vɛ:ra]
Sommer	**estate**	[es'ta:te]
Herbst	**autunno**	[au'tunno]
Winter	**inverno**	[in'vɛrno]
Weihnachten	**Natale**	[na'ta:le]
Heiligabend	**Vigilia di Natale**	[vi'dʒi:lia di na'ta:le]
Karfreitag	**Venerdì Santo**	[vener'di 'santo]
Ostern	**Pasqua**	['paskua]
Neujahr	**Capodanno**	[kapo'danno]
Silvester	**San Silvestro**	[san sil'vestro]
Pfingsten	**Pentecoste**	[pente'kɔste]

Unterwegs

Aufpreis/Zuschlag	**il supplemento**	[supple'mento]
Bahnhof	**la stazione**	[statsi'o:ne]
Boot	**la barca**	['barka]
Bordkarte	**la carta d'imbarco**	['karta dim'barko]
Bus	**l'autobus**	[auto'bus]
Bushaltestelle	**la fermata dell'autobus**	[fer'ma:ta delauto'bus]
Einzelfahrschein	**solo andata**	['so:lo an'da:ta]
Eisenbahn	**la ferrovia**	[ferro'vi:a]
Erste Klasse	**prima classe**	['pri:ma 'klasse]
Erwachsener	**l'adulto**	[a'dulto]
Fähre	**il traghetto**	[tra'getto]
Fahrkarte	**il biglietto**	[bi'ʎetto]
Fahrkartenschalter	**la biglietteria**	[biʎette'ri:a]
Fahrplan	**l'orario**	[o'ra:rio]
Flug	**il volo**	['vo:lo]
Flughafen	**l'aeroporto**	[aɛro'pɔrto]
Flugsteig	**l'uscita**	[u'ʃi:ta]
Fundbüro	**l'ufficio oggetti smarriti**	[uf'fi:tʃo od'dʒɛtti smar'ri:ti]
Gepäck	**i bagagli**	[ba'ga:ʎi]
Gepäckannahme	**l'accettazione bagagli**	[attʃettatsi'o:ne ba'ga:ʎi]
Gepäckausgabe	**il ritiro bagagli**	[ri'ti:ro ba'ga:ʎi]
Gleis	**il binario**	[bi'na:rio]
Hin- und Rückfahrt	**andata e ritorno**	[an'da:ta e ri'torno]
Kind (männlich)	**il bambino**	[bam'bi:no]
Kind (weiblich)	**la bambina**	[bam'bi:na]
Kofferkuli	**il carrello**	[ka'rɛllo]
Nichtraucher	**non fumatori**	[nonfuma'to:ri]
Pass	**il passaporto**	[passa'pɔrto]
Preis/Tarif	**la tariffa**	[ta'riffa]
Raucher	**fumatori**	[fuma'to:ri]
Reisebus	**la corriera**	[korri'ɛ:ra]
Reservierung	**la prenotazione**	[prenotatsi'o:ne]
Schlafwagen	**il vagone letto**	[va'go:ne 'lɛtto]
Sitzplatz	**il posto**	['posto]
Taxi	**il tassì**	[tas'si]
U-Bahn	**la metropolitana**	[metropoli'ta:na]
Verbindung	**la coincidenza**	[kointʃi'dɛntsa]
Verspätung	**il ritardo**	[ri'tardo]
Zoll	**la dogana**	[do'ga:na]
Zug	**il treno**	['trɛ:no]
Zweite Klasse	**seconda classe**	[se'konda 'klasse]

Rund ums Auto / Straßenverkehr

Ampel	**il semaforo**	[se'ma:foro]
Auto	**l'automobile, la macchina**	[auto'mɔ:bile, 'makkina]
Autobahn	**l'autostrada**	[auto'stra:da]
Autofähre	**il traghetto**	[tra'getto]
Benzin	**la benzina**	[ben'dzi:na]
bleifrei	**senza piombo**	['sɛntsa pi'ombo]
Diesel	**gasolio**	[ga'zɔ:lio]
Einbahnstraße	**il senso unico**	['sɛnso 'u:niko]
Eis	**il ghiaccio**	[gi'attʃo]
Führerschein	**la patente**	[pa'tɛnte]
Fußgängerzone	**la zona pedonale**	['dzɔ:na pedo'na:le]
Gefahr	**il pericolo**	[pe'ri:kolo]
Halteverbot	**il divieto di sosta**	[divi'ɛ:to di 'sɔsta]
Ich möchte ein Auto mieten.	**Vorrei noleggiare una macchina.**	[vor'rɛi noled'dʒa:re 'u:na 'makkina]
Keine Zufahrt	**il divieto d'accesso**	[divi'ɛ:to dat'tʃɛsso]
Kofferraum	**il bagagliaio**	[baga'ʎa:io]
langsamer fahren	**rallentare**	[rallen'ta:re]
Licht einschalten	**accendere le luci**	[at'tʃɛndere le 'lu:tʃi]
Maut	**il pedaggio**	[pe'daddʒo]
Mechaniker	**il meccanico**	[mek'ka:niko]
Motorrad	**la motocicletta**	[mototʃi'kletta]
mit Automatik	**con il cambio automatico**	[kon il 'kambio auto'ma:tiko]
Nebel	**la nebbia**	['nebbia]
Nur für Anwohner	**escluso residenti**	[es'klu:zo resi'dɛnti]
Parkplatz (gebührenpflichtig)	**il parcheggio a pagamento**	[par'keddʒo a paga'mento]
Parkplatz (bewacht)	**il parcheggio custodito**	[par'keddʒo kus'tɔ:dito]
Reparieren Sie?	**Effettua riparazioni?**	[effet'tua ripara'tsio:ni]
Steinschlag	**la caduta massi**	[ka'du:ta 'massi]
Straße	**la strada**	['stra:da]
Straßenarbeiten	**lavori in corso**	[la'vo:ri in 'korso]
Superbenzin	**benzina super**	[ben'dzi:na 'super]
Tankstelle	**la stazione di servizio**	[statsi'o:ne di ser'vi:tsio]
Umgehungsstraße	**raccordo anulare**	[rak'kɔrdo anu'la:re]
Volltanken	**il pieno**	[pi'ɛ:no]

Dorling Kindersley Vis-à-Vis

Vis-à-Vis-Reiseführer

Ägypten Alaska Amsterdam Apulien Argentinien Australien Bali & Lombok Baltikum Barcelona & Katalonien Beijing & Shanghai Belgien & Luxemburg Berlin Bologna & Emilia-Romagna Brasilien Bretagne Brüssel Budapest Bulgarien Chile Chicago China Costa Rica Dänemark Danzig & Ostpommern Delhi, Agra & Jaipur Deutschland Dresden Dublin Florenz & Toskana Florida Frankreich Genua & Ligurien Griechenland Griechische Inseln Großbritannien Hamburg Hawaii Indien Irland Istanbul Italien Japan Jerusalem Kalifornien Kambodscha & Laos Kanada Kanarische Inseln Karibik Kenia Korsika Krakau Kroatien Kuba Las Vegas Lissabon Loire-Tal London Madrid Mailand Malaysia & Singapur Mallorca, Menorca & Ibiza Marokko Mexiko Moskau München & Südbayern Neapel Neuengland Neuseeland New Orleans New York Niederlande Nordspanien Norwegen Österreich Paris Peru Polen Portugal Prag Provence & Côte d'Azur Rom San Francisco St. Petersburg Sardinien Schottland Schweden Schweiz Sevilla & Andalusien Sizilien Spanien Stockholm Südafrika Südtirol & Trentino Südwestfrankreich Thailand Thailand – Strände & Inseln Tokyo Tschechien & Slowakei Türkei USA USA Nordwesten & Vancouver USA Südwesten & Las Vegas Venedig & Veneto Vietnam & Angkor Washington, DC Wien

DORLING KINDERSLEY
www.traveldk.com

Vis-à-Vis

Straßenkarte Apulien
A
B
C
1
2
3
4
5
Isole Tremiti
Capraia
San Nicola
San Domino
Termoli
Rodi Garganico
Peschici
Vico del Gargano
Vieste
Foresta Umbra
Lago di Lesina
Lesina
Lago di Varano
Cagnano Varano
Sannicandro Garganico
Parco Nazionale del Gargano
Serracapriola
Apricena
San Marco in Lamis
San Giovanni Rotondo
Monte Sant'Angelo
Mattinata
Manfredonia
Torremaggiore
San Severo
Castello di Dragonara
Lago di Occhito
Cellenza Valfortore
Pietra Montecorvino
Lucera
Foggia
FS
Golfo di Manfredonia
Saline di Margherita di Savoia
Biccari
Troia
Faeto
Subappennino Dauno
Orta Nova
Trinitapoli
S. Ferdinando di Puglia
Barletta
Trani
Bisceglie
Molfetta
Canne della Battaglia
Cerignola
Canosa di Puglia
Andria
Bovino
Ascoli Satriano
Ariano Irpino
Lago di Capaciotti
Candela
Corato
Ruvo di Puglia
Bitonto
Castel del Monte
Minervino Murge
PUGLIA (APULIEN)
Bitetto
Spinazzola
Toritto
Melfi
Lago di S. Pietro
CAMPANIA
Venosa
Lago di Conza
Lago di Serra di Corvo
Cassano Murge
Altamura
Gravina
Potenza
Matera
Lago di S. Giuliano
Battipaglia
Lago di Ponte Fontanelle
BASILICATA
Sala Consilina
Agropoli
Lago di Pietra del Pertusillo
Lago di Gannano
Lago di Monte Cotugno
Sapri
Lauria
Maratea
Golfo di Policastro
Castrovillari
A14
A16
16
16ter
89
528
376
272
160
17
546
90
90bis
161
93
98
378
170d
170
303
400
91
399
401
93
168
169
97
96
96bis
7
94
92
407
171
271
164
18
166
95
103
380
598
176
653
267
447
562
104
585
19
481
106
Fortore
Triolo
Candelaro
Salsola
Celone
Cervaro
Carapelle
Vulgano
Sannoro
Frugna
Locone
Ofanto
Atella
Bradano
Besentello
Basento
Sele
Calore
Tanagro
Misegna
Salandrella
Cavone
Agri
Sinni